차밍시티,
사람을 연결하여 매력적인 도시를 만듭니다.

도시 국가는 어떻게 아시아 부동산의 중심이 되었는가?

싱가포르의 기적

싱가포르의 기적 도시 국가는 어떻게 아시아 부동산의 중심이 되었는가?

지은이 식니후앗(Seek Ngee Huat), 싱텐푸(Sing Tien Foo), 유시밍(Yu Shi Ming)
옮긴이 조철민, 김민정(MJ Kim), 김민정
디자인 정서연, 최인섭
펴낸이 조철민

펴낸곳 차밍시티 **등록번호** 제2018-000205호(2018년 6월 25일)
주소 서울특별시 강남구 테헤란로64길 13, 1010사
전화 02-857-4877 **팩스** 02-6442-4871 **전자우편** cheolmincho@gmail.com
홈페이지 https://www.facebook.com/making.charmingcity/
제작 총괄/총판 비팬북스(02-857-4877)
초판1쇄 발행 2019년 4월 30일

차밍시티 값 24,000원
ISBN 979-11-965311-0-2 (93320)

이 도서의 국립중앙도서관 출판예정도서목록(CIP)은 서지정보유통지원시스템 홈페이지(http://seoji.nl.go.kr)와 국가자료공동목록시스템(http://www.nl.go.kr/kolisnet)에서 이용하실 수 있습니다.(CIP제어번호: CIP2019015439)

해당 책 판매를 통한 차밍시티의 순수익 10%는 도시의 문제 해결을 위해 기부됩니다.

SINGAPORE'S REAL ESTATE : 50 Years of Transformation
Copyright © 2016 by World Scientific Publishing Co. Pte. Ltd. All rights reserved. This book, or parts thereof, may not be reproduced in any form or by any means, electronic or mechanical, including photocopying, recording or any information storage and retrieval system now known or to be invented, without written permission from the Publisher.

Korean translation arranged with World Scientific Publishing Co. Pte. Ltd., Singapore.

이 책의 한국어 판 저작권은 대니홍 에이전시를 통한 저작권사와의 독점 계약으로 차밍시티에 있습니다. 신저작권법에 의해 한국내에서 보호를 받는 저작물이므로 무단 전재와 복제를 금합니다.

도시 국가는 어떻게 아시아 부동산의 중심이 되었는가?

싱가포르의 기적

식니후앗, 싱텐푸, 유시밍 지음
차밍시티 번역진 옮김

차밍시티

추천사

로렌스윙 Lawrence Wong
싱가포르 국가개발부 장관

1969년 설립된 싱가포르국립대학교 부동산학과는 부동산에 관한 사람들의 인식을 확장하는 데 도움을 주었고, 부동산 업계의 많은 리더들을 양성해 왔다.

이와 더불어, 싱가포르 국내, 아시아 태평양, 전 세계의 부동산 시장이 점점 더 복잡해지는 환경에서 싱가포르국립대학교의 부동산 연구소는 새로운 해결책을 제공하기 위해 기업들과 협력하며 연구 및 분석을 진행하는 중요한 역할을 수행하고 있다.

이 책은 싱가포르국립대학교 부동산학과와 부동산 연구소가 만들어 낸 값진 결과물이다.

싱가포르 부동산 산업의 발전과 이에 따른 싱가포르의 물리적 환경 변화에 관심이 있는 사람들에게, 이 책은 간결하면서 예리한 관찰의 결과물을 제공한다. 여기서 가장 주목할 점은 싱가포르 부동산 산업의 선구자 역할을 한 의사결정권자들과 부동산 개발 회사들의 역할이다.

첫 번째 장에서, 식니후앗 Seek Ngee Huat 박사는 싱가포르가 정체성 있는 글로벌 도시가 되는 데 기여한 토지 이용 계획과 건축 인허가 과정에 대해서 논하고, 상업용 부동산 산업의 확장을 촉진시킨 도시 재생 정책, 그리고 싱가포르 인구 대다수가 주택을 소유할 수 있게 해 준 공공 주택 프로그램에 대해 논의한다.

　또한 민간 부문의 기여에 대해서도 논의한다. 기술 혁신을 수용하고, 변화하는 싱가포르 국민들의 요구에 대응하고자 하는 기업들의 노력과 수고는, 싱가포르의 정교하고 활기찬 부동산 개발 산업을 재창조해 왔으며, 우리는 이를 자랑스럽게 여기고 있다.

　지난 50년 동안 시너지 효과를 발휘했던 공공과 민간의 파트너십이, 앞으로도 싱가포르의 발전에 효과적으로 기여하기를 희망한다.

서문

탄초르추완Tan Chorh Chuan
싱가포르국립대학교 총장

싱가포르국립대학교의 부동산 연구소와 부동산학과에서 출간한 이 책은 싱가포르 독립 50주년 기념 출간 시리즈에 시기적절한 공헌을 했다.

  지난 반세기 동안 싱가포르의 물리적 환경과 인프라 시설은 크게 변혁되었다. 싱가포르는 식민지 무역 국가에서 세계 최고 수준의 국가이자 세계적인 글로벌 도시로 부상했다. 싱가포르의 부동산 산업은 이러한 놀라운 변화에 발맞춰 발전하였고, 싱가포르가 번성한 메타폴리스 도시이자, 전 세계와 연결된 글로벌 경제를 구축하는 데 중요한 역할을 담당하였다.

  빠르게 변화하는 환경 속에서 부동산 산업을 뒷받침한 핵심 사항 중 한 가지는 싱가포르의 공공 부문과 민간 부문 간의 강력한 협력 관계였다. 공공 부문의 장기적인 계획, 투명한 정책, 우수한 실행력은 시장의 기업가 정신 및 혁신과 보완적인 역할을 했다.

  그 결과는 명확하게 나타났으며 매우 놀라웠다. 몇 가지 뚜렷한 성장 단계를 거치는데, 싱가포르의 독립 초기 당시 가장 시급한 문제는 주거지, 주택, 인프라 기반 시설의 구축이었다. 이후, 산업과 제조업을 위한 토지 사용은 싱가포르 경제의 도약과 빠른 발전을 이끌었다. 또한, 싱가포르가 점차 글로벌화되면서, 부동산 산업은 국내에서 해외로 점차 확대되었다. 새로운 성격의 자금이 공급되었고, 인적 자원들이 양성되었으며, 이를 통해 해외 시장에 과감하게 진출하였다.

부동산 부문에서 이루어 낸 가장 중요한 업적은 살기 좋은 지속 가능한 환경을 조성했다는 것이다. 살기 좋은 도시를 선정하는 설문조사에서 싱가포르는 항상 높은 순위를 차지하고 있으며, 안전한 사회 기반 시설, 삶과 업무의 균형, 그리고 녹색으로 뒤덮인 조경 공간 등으로 전 세계에 알려졌다. 도시 계획과 지속 가능한 개발을 통해 싱가포르가 지닌 전문성은 전 세계적으로 그 경쟁력을 인정받고 있다.

이 책은 이 특별한 반세기 동안의 여정을 보여주며, 부동산 전문가와 부동산에 관심을 가지고 있는 대중들에게 훌륭한 안내 역할을 한다. 이 책은 학계 및 정책 입안자들 이외에도 부동산 업계 리더들의 견해를 독특하게 담아내고 있는데, 이들 중 다수는 싱가포르국립대학교 졸업생들이다.

싱가포르가 새로운 성장 단계에 진입함에 따라, 부동산 산업은 변화에 빠르게 적응해야 하며 새로운 능력을 계속 갖춰야 할 것이다. 앞으로의 세계는 기후 변화, 고밀도 생활, 인구 변화, 불안정한 세계 경제라는 새로운 도전을 맞이할 것이다. 싱가포르 개발사에 있어서 부동산 산업이 주도적인 역할을 계속 담당하기 위해서는 세계적인 경쟁력을 계속 유지해야 하며, 지난 50년 동안 증명해 왔던 것처럼, 앞으로도 부동산 산업의 우수성, 혁신성, 풍부한 인적 자원, 회복성을 보여줘야 한다.

들어가며

덩융헝Deng Yongheng
싱가포르국립대학교 부동산 연구소 이사
싱가포르국립대학교 부동산학과 학과장

싱가포르 독립 50주년을 회고하는 기념비적인 출판 프로젝트의 일환으로, 싱가포르국립대학교 부동산 연구소 소장인 식니후앗Seek Ngee Huat 박사와 연구소 동료인 싱톈푸Sing Tien Foo와 유시밍Yu Shi Ming이 부동산 분야의 책을 출간한 것에 대해 깊은 축하의 인사를 전한다.

월드 사이언티픽 퍼블리싱World Scientific Publishing은 싱가포르 독립 50주년 기념 도서 시리즈의 일환으로 싱가포르의 부동산 시장에 관한 책의 출판을 톈푸에게 처음 제안했다. 이 책의 방향성은 싱가포르국립대학교 부동산학과를 통해, 독립 이래 싱가포르 부동산 시장의 성장 과정 중에 있었던 중요한 교훈과 경험을 기록하고자 했던 식 박사의 생각과 일치했다.

싱가포르의 성장사는 정책 입안자들과 도시 계획자들에 의해 잘 알려지고 인정받았다. 도시화 전략도 마찬가지로 학계로부터 큰 관심을 받았다. 여러 개발도상국과 선진국은 각자 처한 나름의 상황에 맞게 지속 가능하고 살기 좋은 유토피아를 만들기 위해 노력하는 동시에 싱가포르의 도시화 경험을 모방하였다. 그러나 싱가포르 부동산 시장의 발전과 변혁을 기록한 출판 서적은 부족한 상황이다. 싱가포르 변혁기 동안 부동산 시장에 대한 정보는 단편화되어 체계적으로 정리되지 못하였다. 이러한 정보는 부동산 산업의 변화를 실제 피부로 경험한 일부 부동산 업계의 실무자와 개척자들의 구두 설명에 의존하게 되었다. 미래 세대를 위해 싱가포르 부동산 시장이 경험한 풍부한 사례를 보존하고, 지역 부동산 산업에 기여하기 위해 싱가포르국립대학교 부동산 연구소는 이 책의 집필을 지원했다.

2014년 8월부터 책의 개요에 대한 브레인스토밍과 컨셉화를 시작했다. 집필 방향성은 독자들이 싱가포르 부동산 시장의 여러 변화 과정, 동기, 영향 등을 배우고 이해할 수 있는 유용한 참고 자료를 만드는 데 있었다. 편집팀은 싱가포르의 부동산 산업에서 오랜 경험과 영향력을 갖춘 리더들과의 수많은 인터뷰를 통해 값진 정보와 지식을 얻을 수 있었다. 이 책의 또 다른 특징은 싱가포르국립대학교 출신인 30명의 뛰어난 부동산 전문가들이 집필 과정에 참여했다는 것이다. 편집팀은 그들의 이야기, 논평, 견해를 직접 반영하여 싱가포르 부동산에 관한 이야기를 더욱 일관성 있게 전달할 수 있었다. 이 책은 업계 리더들의 통찰력을 모은 책이며 싱가포르 부동산 산업의 유산이다.

싱가포르 부동산 시장의 발전을 대표하는 두 가지 주제가 있다. 하나는 부동산 산업의 세계화이고, 또 다른 하나는 실물 부동산과 자본 시장의 통합이다.

전통적으로 부동산과 관련된 전문성을 해외로 수출하는 것은 어려운 일이었다. 하지만 싱가포르는 국가의 작은 규모에도 불구하고, 해외 부동산 시장에서 경쟁력을 계속해서 확보해 왔다. 싱가포르는 효율성과 전문성을 기반으로 해외 부동산 프로젝트에서 확고한 명성을 구축할 수 있었다. 기관투자자, 개발 회사, 컨설턴트, 부동산 관련 전문 서비스 제공업체(건축사, 엔지니어, 도시 계획자)를 포함한 싱가포르의 많은 부동산 회사들은 해외 부동산 시장에서 새로운 사업 기회를 확장하고 모색해 왔다.

싱가포르는 아시아를 대표하는 금융 허브로서 외부의 변화에 빠르게 적응하였고, 부동산과 자본 시장의 통합에 필요한 새로운 금융 기술의 실현에 있어서 선구자적 역할을 담당하였다. 2002년에 싱가포르 부동산 시장에 리츠가 도입되면서 빠른 성장을 거듭하였고, 2015년 5월 기준 한화 약 56조 원(S$70.35billion) 규모에 이르는 놀라운 성장세를 보였다.

세계화와 증권화securitization(증권화는 부동산 자본 시장에서 흔히 사용되는 용어로, 유동성이 없는 부동산을 유동화시키는 것을 말하는데 부동산에서 발생하는 현금 흐름을 기초 자산으로 거래 가능한 수단으로 전환시키는 것을 말함)는 싱가포르 부동산 시장의 미래 성장을 견인할 두 개의 엔진이다. 이 책이 단지 싱가포르의 과거 발전사를 이야기하는 종합 서적이 아닌, 싱가포르 부동산 산업의 향후 50년 이상의 성장을 이끌기 위한 학습 서적이 되길 희망한다.

케펠 베이에 위치한 리플렉션(건축가: 다니엘 리베스킨트)
출처: 케펠랜드

마리나 베이에 위치한 더 세일(건축가: 피터 프랜과 티모시 존슨/엔비비제이)
출처: 시티디벨로먼트

스콧 타워(건축가: 벤 판 베르켈/유엔스튜디오)
출처: 펄이스트

스카이 헤비타트(건축가: 모쉐 샤프디)
출처: 에드워드 핸드릭, 캐피탈랜드

탄종 파가르 센터에 위치한 월리치 레지던스(건축 회사: SOM)
출처: 구코랜드

세계적으로 유명한 건축가 및 건축 회사에서 설계한 건물

역자 서문

•

•

•

자산운용사 근무 시절, 국내 부동산 개발 사업을 위한 투자금을 미국계 투자 기관으로부터 유치한 적이 있습니다. 당시 싱가포르 지부 대표가 서울에 와서 투자에 대한 주요한 결정을 하는 것에 의아함을 느꼈습니다. 한번은 글로벌 투자 기관의 홍콩 지부로부터 투자금을 유치한 적이 있었는데, 자금을 지급하는 주체가 홍콩 법인이 아닌 싱가포르 법인이었습니다. 홍콩 지부에서 투자를 결정했는데 굳이 싱가포르 법인을 활용하는 이유가 궁금했습니다. 업무 현장에서 싱가포르 부동산에 대한 간접 경험은 부동산 금융에 한정되지 않았습니다.

공동 주택 개발 사업 진행 당시, 아파트 외관 디자인 개선을 위한 컨설팅을 외부 전문 기관에 의뢰하였는데 대부분의 선진 사례가 싱가포르의 아파트 디자인이었습니다. 성냥갑 같은 한국의 아파트 설계에 익숙했던 저에게 싱가포르의 건축 디자인은 신선한 충격이었습니다. 이로 인해 싱가포르의 도시 계획 및 건축 디자인에 관심을 갖게 되었습니다. 국내에도 널리 알려진 마리나 베이뿐만 아니라, 유려한 건축 디자인으로 설계된 여러 건축물들을 알게 되었습니다. 특히, '정원 속 도시'라는 슬로건 아래 진행되는 싱가포르의 지속 가능한 개발에 감명을 받았습니다.

싱가포르 부동산에 대한 관심은 업무에서의 경험에서 비롯되었습니다. 이러한 관심 가운데 이 책을 구입하여 읽게 되었는데, 국내에 소개할 필요가 있다고 생각했습니다. 아시아의 대표적인 부동산 연구 기관인 싱가포르국립대학교 부동산 연구소에서 지난 반세기 동안의 싱가포르 부동산 산업을 집대성한 책으로 가치가 있었습니다. 공저자의 일면들도 금융 기관, 정부, 학계를 대표하는 인물들이었습니다. 싱가포르 부동산 산업에 있어 유산과 같은 책이었습니다. 국내 출판사와 파트너십을 맺고 해당 책의 번역 출간을 위한 판권을 구입하였고, 차밍시티 번역진이 해당 책의 번역을 진행하였습니다.

지난 반세기 동안 도시 국가 싱가포르의 개발사에 있어 정부는 매우 중요한 역할을 담당했습니다. 싱가포르 정부는 친 시장적인 규율자로서 비전을 갖고 장기적인 계획 아래 정책을 추진했습니다. 도시 계획에 있어서의 체계성, 명료성, 투명성, 합리성은 부동산 개발 회사들이 기업가 정신을 발휘하여 사업을 할 수 있는 기반이 되었습니다. 이는 국내의 부동산 개발 사업 환경과 크게 차이나는 특징입니다.

인허가에 있어 지자체의 비예측성은 부동산 개발 사업을 진행하는 민간 회사에 치명적인 악영향을 미칩니다. 국제투명성기구가 발표한 2018년 부패인식지수에 따르면 싱가포르는 덴마크, 뉴질랜드 다음으로 전 세계에서 세 번째로 부패도가 낮은 국가입니다. 이는 청렴하기로 널리 알려진 핀란드, 스웨덴 같은 북유럽 국가들과 비슷한 수준입니다. 반면에, 한국은 전체 조사 국가 중 45위로 아프리카 르완다와 비슷한 수준입니다.

한국 사회에 만연한 부패는 부동산 산업 성장에 악영향을 주었습니다. 지자체뿐만 아니라 민간 기업의 부도덕성도 큰 문제입니다. 국내 리츠 산업의 후진성은 이로 인한 피해의 단적인 예입니다. 2000년대 초 싱가포르 및 일본과 비슷한 시기에 리츠가 제도적으로 도입되었음에도 불구하고, 초기 리츠 업체들의 역량 부족 그리고 사기/배임 사건 등으로 리츠 산업이 발달하지 못했습니다. 그리고 국토교통부, 금융위원회 등 정부 부처들 간의 소모적인 갈등 또한 리츠 산업의 발전에 악영향을 미쳤습니다. 국내 부동산 산업이 발전하기 위해서는 정부, 지자체, 민간 기업 모두의 철저한 자기 반성이 요구됩니다.

싱가포르는 전 세계 기관투자자로부터 아시아 부동산 금융의 중심지로 인식되고 있습니다. 세계적인 여러 금융 회사들이 아시아 지역 본부를 싱가포르에 두고 있습니다. 싱가포르는 아시아 부동산 투자에 있어 관문 도시가 되었습니다. 정치 체제의 안정성 및 투명성, 민간 기업의 기업가 정신, 금융 인프라의 발달, 세제 혜택, 우수한 인력, 영어 활용도, 동남아시아 시장과의 접근성 등은 싱가포르를 아시아 부동산의 중심지로 만들었습니다. 부동산 금융의 발달로 개발 사업의 주체인 부동산 개발 회사의 자금 출처가 다양화되었고, 이는 도시의 창의성으로 이어졌습니다.

싱가포르 부동산 산업에 있어 가장 부러운 점은 사회적 가치를 고려한 지속 가능한 개발입니다. 세계에서 가장 살기 좋은 나라를 선정하는 설문조사에서 싱가포르는 매년 최상위권을 차지합니다. 서울은 그렇지 않습니다. 서울은 오랜 역사와 천혜의 자연을 지닌 역동성 넘치는 도시이지만, 사각형의 콘크리트 건물을 기계적으로 찍어낸 못생긴 도시가 되어버렸습니다. 성장기 한국 사회에서의 부동산 개발 사업은 최대한 많이 짓고 빨리 분양해서 이익을 극대화하는 것을 주된 목표로 하였습니다. 이로 인해 도시는 매력을 잃었습니다.

건물에서 효율은 매우 중요합니다. 하지만 효율뿐만이 아닌 사회성과 환경성을 함께 고민해야 합니다. 건물은 독립적으로 존재하는 것이 아니라 사람의 행위가 일어나는 커뮤니티에 존재합니다. 건물은 본질적으로 사람과의 관계성 안에서 그것의 가치를 갖습니다. 사회성을 고려하는 것이 단기적으로는 손해인 것처럼 느껴질 수 있지만, 중장기적으로는 더욱 큰 효율과 수익을 가져올 수 있습니다. 그것이 본질에 가까우며, 돈을 지급하는 주체도 결국 사람이기 때문입니다. 어쩌면 '부동산'이라는 단어가 한국 사회에서 부정적인 의미를 갖는 것은 도시의 가치를 고민하는 의식 있는 부동산 개발 회사가 현저히 부족해서인지도 모르겠습니다.

이 책을 번역하면서 일관되게 느껴졌던 감정은 싱가포르가 아시아 부동산을 대표한다고 생각히는 그들의 자부심이었습니다. 너무나 자연스러운 말투로 자신들이 21세기의 아시아 부동산 시장을 대표할 거라 이야기합니다. 현재 부동산 산업에서 가장 앞서가는 아시아 국가 중 한 곳이 싱가포르임을 부정하기 어렵습니다. 다만, 이 책을 번역한 목적은 싱가포르의 우수함을 찬양하기 위함이 절대 아닙니다. 그들의 기적과 같은 현대 개발사를 면밀히 살펴보고, 그들보다 더 앞서가기 위한 도구로 이 책이 활용되길 바랍니다. 21세기 아시아 부동산 금융의 중심지가 될 도시가 싱가포르도, 도쿄도, 상하이도, 시드니도 아닌 서울이 되기를 간절히 희망합니다.

마지막으로, '차밍시티'에 대해 소개 드리고자 합니다. 차밍시티는 '사람을 연결하여 매력적인 도시를 만듭니다'라는 미션을 수행하고 있습니다. 이를 위한 시작으로 어떻게 도시를 매력적으로 만들 수 있을지 고민하고, 이를 공유하기 위해 해외 서적 번역을 시작했습니다. '싱가포르의 기적'의 출간은 그것의 시작이며 해외의 좋은 책을 계속해서 소개드릴 예정입니다. 더불어 이를 만드는 과정에 일반의 참여를 포함하기 위해 노력할 것입니다. '싱가포르의 기적'은 감사하게도 많은 분들의 크라우드 펀딩 참여로 출간할 수 있었습니다.

'싱가포르의 기적' 출간을 통한 차밍시티의 순수익 10%는 도시의 문제 해결을 위해 기부될 것입니다. 구체적으로는 서울의 주거 빈곤층에 기부할 계획을 갖고 있습니다. 차밍시티는 '사람을 연결하여 매력적인 도시를 만듭니다'라는 미션을 적극적으로 수행해 나갈 것입니다.

2019년 4월, 차밍시티 조철민 올림

차례

추천사 · 4
서문 · 6
들어가며 · 8
역자 서문 · 16

──────────────────────── 1부 글로벌 도시로의 성장

1장 싱가포르 부동산 산업의 발전 · 29
    1.1 정부의 역할 · 33
    1.2 부동산 개발 산업의 성장 · 40
    1.3 국내에서 세계로 · 45
    1.4 실물 부동산 시장에서 자본 시장까지 · 50
    1.5 결론 · 55

2장 국가 변혁 과정에서 정부 기관의 역할 · 57
    2.1 들어가며 · 59
    2.2 부동산 개발 주기에 따른 정부 기관의 역할 · 61
    2.3 부동산 개발 산업에 대한 정부 지원 · 87
    2.4 주택에서 정부의 역할 · 91
    2.5 정부의 주택 시장 개입 · 99

2.6 부동산 부문에서 정부의 역할 • 107
     2.7 결론 • 112

3장 스카이라인의 변화: 싱가포르 부동산 개발 산업 • 117
     3.1 들어가며 • 119
     3.2 싱가포르의 주택 시장 • 120
     3.3 싱가포르 부동산 개발 회사의 특징 • 129
     3.4 개발을 위한 토지 공급 • 152
     3.5 상업용 부동산 시장 • 163
     3.6 리테일 쇼핑몰 개발 • 168
     3.7 결론 • 173
     부록. 싱가포르 주요 부동산 개발 회사 • 174

4장 부동산 산업 성장에서 부동산 서비스 제공자의 역할 • 183
     4.1 들어가며 • 185
     4.2 개발 및 성장 단계 • 188
     4.3 주요 트렌드 • 197

―――――――――――――――――― 2부 글로벌 부동산 시장

5장 글로벌 관점에서의 싱가포르 상업용 부동산 산업 • 205
     5.1 실사용 목적에서 투자 시장으로 • 208
     5.2 국내에서 세계로 • 216
     5.3 세계화의 요인들 • 223
     5.4 실물 자산에서 자본 시장으로 • 230
     5.5 마무리하며 • 238

6장 싱가포르의 부동산 개발 및 도시 계획 수출 · 241
    6.1 들어가며 · 243
    6.2 싱가포르 외부 세계에서의 경제 성장 · 243
    6.3 주요 정부 간 개발 협력 프로젝트 · 248
    6.4 정부 연계 회사의 개발 협력 프로젝트 주도 · 252
    6.5 부동산 개발 회사의 해외 지역화 · 255
    6.6 싱가포르 부동산 개발 회사들의 해외 진출 · 263
    6.7 결론 · 271

3부 부동산 자본 시장

7장 싱가포르 리츠 시장의 부상 · 277
    7.1 리츠의 역사와 진화 · 279
    7.2 싱가포르 리츠 산업의 성장 · 286
    7.3 싱가포르 리츠에 상장하는 이유 · 294
    7.4 리츠 성장 전략 · 300
    7.5 집단 투자 계획 규정 – 부동산 펀드 가이드라인 · 312
    7.6 싱가포르 리츠의 특징 · 313
    7.7 국경을 넘는 리츠 · 320
    7.8 대안적 리츠 모델 – 리츠와 결합된 사업 신탁 · 328
    7.9 자산 관리 회사 모델 – 수수료 수익 모델 · 334
    7.10 싱가포르 리츠에 투자하기 · 341
    7.11 결론 · 344
    부록 1. 싱가포르 증권거래소에서 활발히 거래되는 리츠 · 345
    부록 2. 부동산 펀드 가이드라인의 개정 사항 · 348

8장 자본 시장과 부동산 시장의 격차 완화 • 353
    8.1 들어가며 • 355
    8.2 부동산 현금 흐름의 증권화 • 356
    8.3 미국의 부동산 증권화 • 358
    8.4 싱가포르의 부동산 증권화 • 366
    8.5 싱가포르 상업용 부동산 증권화 기구 • 378
    8.6 결론 • 402

4부 부동산 산업의 인재 양성

9장 부동산 교육 • 405
    9.1 부동산 교육의 성장과 발전 • 407
    9.2 싱가포르 부동산 교육에서의 주요한 이정표 • 410
    9.3 진화하는 교육 과정 • 414
    9.4 부동산 전공자의 산업에서의 위상 • 420
    9.5 부동산 연구 및 고위직 교육 과정 • 422
    9.6 앞으로의 도전 과제 • 423

10장 싱가포르 부동산의 변혁 • 427
    10.1 들어가며 • 429
    10.2 부동산 전문가 및 리더 양성 교육 • 433
    10.3 지난 50년의 변천사에 대한 회상 • 435
    10.4 싱가포르 부동산 산업에 다가올 새로운 변혁 • 476

감사의 말 • 484
저자 소개 • 487

사례 연구 목록

2.1 마리나 다운타운 지역의 새로운 중심업무지구 · 68
2.2 임의 개발 가능 부지 · 71
2.3 부동산시장자문위원회 보고서 · 102
3.1 피뎀코와 DBS랜드의 합병 · 135
3.2 세계적 건축가의 참여 증가 · 139
3.3 부동산 프로젝트 파이낸싱의 혁신 · 145
3.4 혁신적인 토지 입찰 계획 - 마리나 다운타운 국제 금융센터 · 153
3.5 싱가포르 토지 통합 매각 과정 · 160
6.1 캐피탈랜드 래플스 시티 브랜드의 중국 진출 · 258
6.2 홍콩 진출 - 시노랜드 · 264
6.3 시티디벨로먼트의 밀레니엄&코프손 인수 · 268
7.1 호주 리츠 산업의 성장 · 280
7.2 캐피탈몰 트러스트 리츠 - 첫 번째 실패에서 얻은 교훈 · 288
7.3 캐피탈커머셜 트러스트 - 리츠 주식 배당을 통한 설립 · 297
7.4 아센다스 리츠 - 적극적인 역동적 성장 전략 · 301
7.5 IMM 빌딩 - 자산 가치 증대 정책을 통한 유기적인 성장 · 307

7.6 메이플트리 그레이터차이나 커머셜 트러스트 – 싱가포르 리츠 최대 규모의 기업 공개 • 325

7.7 CDL 호스피탈리티 트러스트 – 결합 증권 모델 • 331

7.8 에이알에이 에셋매니지먼트 – 스폰서 기관과 독립된 리츠 자산 관리 회사 • 338

8.1 골든뷰프로퍼티 담보대출채권 • 371

8.2 바이저의 로빈슨 포인트 상업용부동산대출채권 • 375

8.3 건설 중인 주거용 프로젝트에서 발생하는 분양 수익금 증권화 • 388

8.4 캐피탈리테일 싱가포르가 발행한 상업용담보대출증권 • 393

일러두기

- 싱가포르 1달러: 한화 800원 기준
- 미국 1달러: 한화 1,000원 기준
- 호주 1달러: 한화 800원 기준
- 일본 1엔: 한화 10원 기준

1부
글로벌 도시로의 성장

1장
싱가포르 부동산 산업의 발전

식니후앗

싱가포르의 기적

싱가포르는 1965년 독립 후 반세기 만에 제3세계의 가난한 항구 도시에서 세계에서 가장 발전되고 정교한 부동산 시장을 갖춘 최고 수준의 메트로폴리스로 변화하였다. 이는 매우 놀라운 일이다. 전 세계적으로 싱가포르처럼 짧은 기간에 높은 수준의 성취를 이뤄낸 나라는 극히 드물다. 고난과 역경 속에서 성장한 싱가포르 부동산 산업의 지난 반세기 동안의 여정은 공공 부문과 민간 부문 상호 간의 성공적인 파트너십을 반영한다. 이는 실용성에 입각한 정부 정책과 기업가 정신으로 무장한 민간 기업 상호 간 협력의 결과이다. 이 책은 싱가포르 부동산 산업의 발전 과정을 살펴보고, 공공과 민간 상호 간에 성공적인 협력 관계가 가능했던 원인을 살필 것이다. 1장에서는 책의 전반적인 내용을 요약 설명한다. 그 다음 장부터는 실사용 목적의 국내 실물 자산 시장에서 시작하여 부동산의 세계화 및 증권화를 이뤄낸 싱가포르 부동산 산업의 혁명적 발전 과정을 살펴볼 것이며, 이러한 성장을 주도했던 정부와 민간 주체(부동산 개발 회사, 투자자, 금융 전문가, 펀드 매니저, 컨설턴트, 기타 중개업자 등)들의 역할을 면밀하게 살펴볼 것이다. 그리고 마지막 두 장에서는 부동산 교육의 역할에 대해 알아보고 싱가포르국립대학교 부동산학과 졸업생들이 부동산 산업의 미래를 어떻게 보고 있는지 그 견해를 들어볼 것이다.

싱가포르 경제가 높은 성장세를 지속적으로 보이는 가운데 공공과 민간 단체들 상호 간에 효과적인 협력 체제가 구축되었다. 경제 성장은 공공과 민간 상호 간 파트너십의 원동력이 되었으며 부동산 가치가 지속적으로 증가하면서 이들의 협력 관계는 더욱 강화되었다. 경제가 지속적으로 성장하면서 싱가포르 1인당 국내총생산은 1965년 한화 약 1백만 원(S$1,580)에서 2014년 한화 약 57백만 원(S$71,318)으로 상승하였고,[1] 소득 수준이 증가함에 따라 더 높은 수준의 주거용, 업무용, 리테일 부동산에 대한 수요가 증가하였다. 싱가포르 내부에서의 이와 같은 부의 증대와 구매력의 상승은 주거용 및 상업용 부동산의 가치 상승으로 이어졌다. 오늘날의 싱가포르는 '글로벌 슈퍼스타 시티global superstar cities' 중 한 곳이 되었다. 글로벌 슈퍼스타 시티란 오랜 기간 집값이 상승한 공통점이 있는 도시들로, 뉴욕, 런던, 파리, 홍콩 등이 이에 속하며 국내 및 외국 기관투자자들의 높은 투자 수요가 존재한다.[2] 기관투자자들은 글로벌 슈퍼스타 시티의 지속적인 강세를 믿고 투자한다. 싱가포르는 기관투자자들에게 신뢰받는 부동산 시장 중 한 곳이 되었다. 글로벌 슈퍼스타 시티들은 저마다의 경기 사이클을 통해 호황과 불황의 시기를 겪지만, 전반적으로 실질적, 명목적 성장을 보인다. 예를 들어, 싱가포르 주거용 부동산 가격은 1965년에서 2014년 사이에 23배 가까이 상승하였다.[3] 부동산 가치의 상승이 시장의 성과를 나타내기는 하지만 싱가포르 시장을 변화시킨 근본 원인은 설명하지 못한다.

경제 성장은 성숙하고 고도화된 부동산 시장 형성에 필요조건이지만 충분조건은 아니다. 지난 50년 동안, 지속적인 경제 성장으로 모든 유형의 부동산에 대한 수요 및 투자가 증대되었고 공공과 민간의 효율적인 협력 관계가 이를 뒷받침하였다. 시장에 대한 전문 지식, 사업 능력, 위험을 감수할 자본과 의지를 지닌 민간 부문과 건전한 경제 및 사회 정책을 효과적으로 실행할 수 있는 공공 기관 상호 간에 협력 관

---

1) 시장 가격 기준이다. 싱가포르 통계청.
2) Phang Sock Yong, "Home prices and inequality: Singapore versus other global superstar cities", The Straits Times, 3 April 2015.
3) 3장의 그림 3.4를 참고한다.

계가 형성되었다. 공공과 민간의 성공적인 협력 관계를 기반으로 민간 기관들은 성장과 혁신을 이룰 수 있었고 변화하는 국내 및 국제 상황에 적응할 수 있었다.

1.1 정부의 역할

싱가포르 정부는 건국 이래 지금까지 국가 성장에 주도적인 역할을 담당했다. 정부는 정책 입안 및 규제 역할을 담당할 뿐만 아니라, 다양한 공공기관을 통해 사회 기반 시설과 시스템을 제공 및 관리하였고, 실물 부동산을 시장에 직접 공급하였다. 정부는 싱가포르 내에 가장 많은 토지를 소유하였으며, 동시에 가장 많은 주거용 부동산을 개발하는 공급자이다.[4]

정부의 주요 업무 중 하나는 교통 시설, 통신 네트워크, 공공시설(물, 전기, 하수, 쓰레기 수거 등), 공공장소(공원, 관광 장소 등)와 같은 사회 기반 시설을 사회에 제공하는 것이다. 싱가포르의 도시 계획과 사회 기반 시설은 세계 최고 수준으로 평가받으며, 전 세계에서 가장 살기 좋은 도시 중 하나로 선정되곤 한다. 싱가포르의 사회적 시스템 또한 사회 기반 시설만큼 높은 수준을 보인다. 여러 정부 부처와 공공 기관에 의한 효과적인 도시 관리 그리고 엄격한 법 집행은 사회적 시스템의 중요성을 보여준다. 또한 정부의 명확한 토지 이용 계획과 건축 인허가 절차는 민간 부문의 투자 의사결정에 있어서의 불확실성을 감소시킨다. 불확실성을 감소시키는 또 다른 사항으로는 싱가포르 정부에 의한 마스터 플랜Master Plan이 있다. 컨셉 플랜Concept Plan을 통

---

4) 정부 관련 기관의 다양한 역할을 2장에서 자세히 설명한다.

해 도시 계획의 향후 40~50년의 장기적 방향성을 계획하며, 이는 10년마다 재정비된다. 마스터 플랜은 5년마다 재정비되는데 싱가포르 내 토지 이용 계획의 자세한 사항들을 규정한다. 그리고 마스턴 플랜은 개발 가이드 플랜Development Guide Plan에 의해 보다 구체화되며, 여기서는 싱가포르 내 55개 지역의 고유한 특성을 고려하여 각 지역의 개발 계획을 규정한다. 토지의 구역을 정하고, 높이를 제한하며, 개발의 밀도를 규정한다. 이는 부동산 개발 회사들이 어떤 공간을 개발해야 할지 명확하게 해주고, 장기적으로는 변화하는 사회적 요구를 반영할 수 있는 유연성을 제공한다.

    싱가포르 정부는 사회적 자본을 공공에 제공할 뿐만 아니라, 영국의 영향을 받은 싱가포르 법률 체계를 통해 시장 참여자들을 감독하는 규제 기관이기도 하다. 시간이 지나면서 정부 정책을 시행하기 위해 새로운 법들이 제정되었고 기존 법들이 개정되기도 하였다. 싱가포르 독립 초기, 1966년에 제정된 토지취득법Land Acquisition Act은 기존의 슬럼가를 빠르게 정리하고 새로운 거주자를 확보할 수 있게 하였으며, 1969년에 제정된 임대목적물통제(특별조항)법Controlled Premises(Special Provisions) Act은 건물 소유주가 재개발을 목적으로 임차인들을 일정 수준 보상하고 퇴거시킬 수 있게 하였다. 1963년에 유엔United Nations 전문가들의 권고에 따라 설립된 이 두 법안은 1970년대에 싱가포르의 도시 재개발을 가속화하는 데 기여했다. 2001년에는 임대료 통제rent control를 폐지하여 민간 건물 소유자에게 재개발의 길을 열어 주었다. 이러한 신속한 법규 변경으로 인해 중심업무지구의 스카이라인과 여러 공공 주택 단지가 새롭게 조성될 수 있었다. 정책 입안자들은 한정된 국토로 인해 거주자들의 밀도 높은 주거

환경을 장려해야만 했었고, 이를 위해 1967년에 토지구분소유법Land Titles (Strata) Act을, 1973년에는 건물 및 공용면적 유지관리법Buildings and Common Property (Maintenance and Management) Act을 도입하였다. 2004년 싱가포르 정부는 집합건물관리법Building Management and Strata Management Act을 제정하였다. 이를 통해 복합 건물의 공용면적 관리법에 대한 기반을 조성하였다. 토지구분소유법은 집합 건물을 분할 소유한 각각의 자산 보유자가 자신이 소유한 지분을 집단으로 매각할 수 있는 법적 토대가 되었고, 이로 인해 오래된 집합 건물의 분할된 소유권을 재개발 목적으로 일괄적으로 매각할 수 있게 되었다.

정부는 또한 부동산 시장이 정부의 정책 목표에 맞지 않을 경우 시장에 적극 개입할 수 있다는 의지를 보였다. 주택 시장이 호황 및 불황을 반복하는 과정에서 경기 변동으로 유발되는 사회적 병폐와 낭비를 완화하기 위해 정부는 여러 차례 거시적 안전 정책을 도입하며 시장의 변동성을 완화시켰다. 2013년 실행된 매수자의 인지세 인상 및 대출 요건 강화가 그 예이다. 정부는 경제적, 사회적 목표를 달성하기 위해 부족한 자원을 효율적으로 배분하며 민간 기업들의 기업가 정신과 시장 메커니즘을 방해하지 않고자 하였다. 예를 들어, 2013년 부동산 시장 상승세가 정점에 이르자 정부는 시장 메커니즘을 통해 가격 상승을 완화시키기 위해 더 많은 토지 공급을 계획하였다. 물론 정부의 개입 시기가 항상 최적의 타이밍은 아니며 이로 인해 차선의 결과가 나올 수도 있다.

정부는 싱가포르 리츠 시장의 성공적인 발전을 위해 시장 친화적인 시스템을 적극적으로 구축하였다. 싱가포르 정부 차원의 종합적 프로그램의 일환으로 싱가포르를 아시아 금융의 중심지로 만들고자 하였다. 싱가포르 정부는 부동산 증권화에 대한 증가하는 시장 수요를 충족하기 위해 공모형 리츠 시장의 기반을 조성하고자 하였고, 이를 위해 국내 부동산 개발 회사 및 펀드 매니저에 대한 합리적인 규제와 세금 감면 혜택을 실시하였다.

정부는 사회 기반 시설을 공급 및 관리하고, 법률을 규제하며, 정책 입안자로서의 역할을 수행하는데 이러한 정부의 역할은 본질적으로 수동적이다. 정부의 역할은 민간 부문이 활동할 수 있는 기반을 제공하는 것이다. 싱가포르의 독특한 점은 정부가 부동산 개발 사업에 적극적으로 참여한다는 것이다. 토지 및 공공 주택 공급에 정부가 적극적으로 참여하였고 이는 싱가포르 부동산 산업의 발전에 긍정적인 영향을 미쳤다.

국가는 싱가포르에서 가장 많은 토지를 소유하고 있다. 싱가포르의 독립과 토지 개간 작업 이후, 정부는 대규모 토지 소유권과 함께 국가를 대신하여 토지를 강제로 취득할 수 있는 권한을 부여받았다. 1960년대 이후 도시재개발청Urban Redevelopment Authority이 관리하는 '부지 매각Sale of Sites' 프로그램에 따라 개발 사업이 가능한 토지를 시장에 정기적으로 내놓았다. 각 토지에 대한 구획은 특정 용도를 위해 지정되거나 혹은 '임의 개발 가능 부지white site'로 지정되어 부동산 개발 회사가 최적의 용도를 스스로 결정할 수 있다. 부지 매각의 시기와 빈도, 부지의 위치, 부지의 가격(최저 경매가 설정)은 준공 후 건물 가격과 더불어 부동산 개발 회사가 언제, 무엇을, 얼마나, 어디에 개발해야 하는지를 결정하는 기준이 된다.

부지 공급량을 조절할 수 있는 정부의 권한은 정책 목표를 수행하는 데 있어 매우 효과적인 수단이 된다. 예를 들어, 유엔에서 제안한 도시 재개발 프로그램을 가속화하기 위하여 1967년과 1969년 사이에 46개의 토지가 도시재개발부서Urban Renewal Department에 의해 상업 구역 재개발 목적으로 매각되었다.[5] 이 프로그램의 성공 여부는 주요 입지에 권리 관계가 정리된 토지를 제공할 수 있는 도시재개발부서의 능력과 민간 부문에서의 사업 역량, 자본 투자 그리고 위험 감수 수준에 달려 있다. 오늘날 싱가포르 중심업무지구의 스카이라인을 형성하는 수많은 고층 상업용 건물들은 1970년대와 1980년대에 걸친 공공과 민간 상호 간 파트너십의 결과물들이다. 이후로 마리나 센터 Marina Centre[6]와 마리나 베이Marina Bay[7] 지역에 복합 시설 위주의 개발 사업을 통해 클러스터가 형성되었고, 이는 업무 시간 이후에도 도심에 활기를 불어넣었다. 마리나 베이 지역에서 진행된 개발 사업으로 인해 래플스 플레이스Raffles Place의 남쪽 지역으로 중심업무지구를 확장하려는 정부의 정책 목표를 달성할 수 있었다. 이와 유사하게, 싱가포르 전역에 위치한 복합 시설 개발 용도 토지를 시장에 매각하면서 탬피니스Tampines, 주롱Jurong, 우드랜드Woodlands, 셀레타Seletar 지역이 성장하였고, 중심업무지구에 집중된 상업 활동을 도시 전역에 분산시키려는 정부의 목표를 달성하였다.

싱가포르 정부는 경제 개발 계획의 일환인 산업화 프로그램을 위해 설립한 주롱타운공사Jurong Town Corporation를 통해 자국내 산업용 부지 대부분을 통제한다. 주롱타운공사는 약 2천 1백만 평(7,000ha) 이상의 토지를 개발하였고, 약 1백 2십만 평(4million sqm) 규모의 산업

---

5) Singapore: A Pictorial History, 1819-2000, Gretchen Liu, Psychology Press, 2001, pg 324.
6) "The Changing Face of Singapore: Marina Centre", URA, Skyline Jan-Feb 2000.
7) "Realising the Marina Bay Vision", URA, Skyline Jul-Aug 2008.

용도 공간을 건설했다. 주룽타운공사는 처음에는 단순히 제조업을 위한 공장 및 창고 건설에서 시작하였지만 지식 기반 산업의 선두가 되고자 하는 싱가포르의 야심 찬 목표를 위해, 바이오메디컬 및 하이테크 산업과 같은 고부가 가치 산업군을 위한 정교한 시설물들을 건설하였으나 최근에는 바이오폴리스Biopolis와 퓨저노폴리스Fusionopolis 산업 관련 시설물들을 건설하고 있다.

싱가포르의 또 다른 특징은 정부 차원의 리더십을 적극적으로 발휘하여 소위 싱가포르 경제의 '외부 날개external wing'라는 수출 상품을 통해 싱가포르의 경제 성장 모델을 주위 국가들로 확장하는 전략을 취하는 것이다. 싱가포르는 현대에 가장 성공한 도시국가라는 그들의 명성을 바탕으로 도시 및 지역의 개발, 관리, 계획에서의 노하우를 인근 국가에 전하고 있다. 대규모 개발 프로젝트의 리스크를 관리하고 이해 관계를 조정하기 위해 싱가포르 정부 연계 기업들과 현지의 국영 기업 혹은 민간 기업으로 구성된 컨소시엄을 통해 개발 사업에 필요한 자원과 자본을 확보하였다. 이러한 인근 국가와의 컨소시엄 사업에서 성공을 거둔 대표적인 프로젝트에는 쑤저우 산업 단지Suzhou Industrial Park와 방갈로 IT 단지Bangalore IT Park가 있다. 두 프로젝트가 성공할 수 있었던 것은 초기 몇 년 동안 있었던 여러 문제를 극복할 수 있었기 때문이다. 1994년 시작된 쑤저우 산업 단지는 싱가포르와 중국 사이에 처음으로 진행된 정부 간 협력 개발 프로젝트였다. 이후 2008년에 텐진 에코시티Tianjin Eco-City 개발 사업이 진행되었으며, 좀 더 최근에는 광저우 지식 기반 도시Guangzhou Knowledge City, 중국-싱가포르 푸드 존Sino-Singapore Food Zone 개발 사업이 양 정부 간 협력 아래 진행되었다. 방갈로 IT 단지의 경우, 싱가포르와 인도 정부가 프로젝트를 주관하고 인도의 거대 대기업인 타타Tata Corporation와 싱가포르 주롱 타운공사의 자회사인 아센다스Ascendas가 주도했다. 정부 간 협력 개발 프로젝트들을 통해 해외 개발 사업이 진행됨에 따라 싱가포르 부동산 개발 회사 및 투자 기관들은 중국, 동남 아시아, 인도 등지의 부동산 사업에 상당한 자본을 투자하였다.[8]

또한 정부는 가장 많은 주거 공간을 시장에 공급하는 주체이다. 국가 설립 초기부터 국가가 대규모의 토지를 소유하였고 이를 통해 싱가포르 정부의 원대한 공공 주택 계획을 실행할 수 있었다. 싱가포르 주택개발청Housing Development Board이 운영하는 공동 주택은 전 세계가 부러워하는 대상이다. 높은 수준으로 건설되고 운영되는 주택개발청 공동 주택의 질적 수준이 계속 개선되고 있으며, 싱가포르의 80%에 가까운 인구가 주택개발청에서 공급한 공공 주택에서 살고 있으며, 이들 중 91.6%가 공공 주택을 실소유하고 있다.[9] 정부는 주택에 대한 소비자의 요구 수준이 높아짐에 따라 정부의 사회 정책적 목표를 실현하는 것이 어려워졌음에도 불구하고 정책적 목표를 이루어냈다. 기존에 주택개발청이 시장에 공급한 공공 주택을 리모델링하고 새로운 고품질의 아파트를 공급하면서 소비자의 요구를 일정 수준 충족할 수 있었다. 주택개발청 공공 주택에 살 수 있는 자격이 없으면서 민간 주택을 살 수 있는 경제적 여력이 없는 계층을 위해 1995년 이그제큐티브 콘도미니엄Executive Condominium이라는 복합형 주거 시설을 공급하였다. 그럼에도 불구하고 소위 '업그레이더upgraders'라 불리는 사람들은 더 나은 주거환경에 대한 욕구를 충족시키기 위해 계속해서 민

---

8) 싱가포르의 부동산 개발 및 도시 계획 전문성 수출에 관한 내용은 6장에서 자세히 설명한다.
9) 싱가포르 통계 연감 2015.

간 주택 시장을 찾았다. 공공 부문 주택에서 5년 이상 거주한 소유자들이 개방 시장open market을 통해 그들의 주택개발청 주택을 민간 시장의 주택과 교환할 수 있는 2차 시장이 존재한다. 많은 사람들이 주택개발청 주택을 매각하고 이에 따른 수익을 바탕으로 민간 시장에서 새로운 주택을 구입한다. 이러한 2차 주택 시장은 공공 부문과 민간 부문 상호 간에 중요한 연결 고리 역할을 한다. 또한 싱가포르 주택 시장의 경우 공공 주택 시장이 민간 주택 시장을 압도하는 특징을 갖고 있다. 민간에서 공급하는 주택은 싱가포르 전체 주택의 약 20%만 차지하고 있지만, 그럼에도 불구하고 민간 주택은 주택개발청 공공 주택에 거주할 수 있는 자격이 없는 사람들과, 더 좋은 주거환경을 모색하는 업그레이더들, 그리고 다수의 외국인들에게 매우 중요한 주거 공간이 된다.

1.2 부동산 개발 산업의 성장

싱가포르 초기 부동산 산업은 전문 지식과 자본력이 부족한 비전문가들이 주도하였다. 싱가포르에서 활동하는 대부분의 부동산 개발 회사는 싱가포르가 독립하기 이전부터 주거 부문에서 개발 사업을 시작하였고 향후에 상업용 부동산으로 비즈니스를 확장하였다. 펄이스트Far East Organization, 홍룽/CDL그룹Hong Leong/CDL Group과 같은 오랜 역사를 지닌 싱가포르 대형 개발 회사들의 주된 포트폴리오는 주거용 부동산이다. 실제로 상위 10개 개발 회사가 민간 주택 시장의 75% 이상을 점유하고 있으며, 상위 5개 개발 회사가 50% 이상을 차지하고 있다.[10]

---

10) 3장에서 부동산 개발 회사의 시장 점유율을 분석하였다.

산업 초기에 자본이 부족했던 부동산 개발 회사들은 주로 테라스 주택 및 연립 주택을 짓기 위해 작은 규모의 토지를 구입했다. 개발 회사들은 규모가 좀 더 큰 주거 개발 프로젝트를 위한 자금을 확보하기 위해 자신들이 개발한 주택들을 가능한 빨리 매각하여 자본화하였다. 1970년대에 비로소 시장의 자본력이 뒷받침되기 시작하였고 부킷 티마Bukit Timah, 케언힐Cairnhill, 리버 밸리River Valley, 그랜지 로드Grange Road의 주요 입지에 고층 건물들이 들어서기 시작했다. 콘도미니엄과 같은 대규모의 공동 주택 개발 컨셉은 1970년대 중반에 싱가포르에 도입되었지만, 1980년대에 본격적으로 시장에 공급되기 시작했다. 싱가포르의 첫 콘도미니엄 공동 주택 모델은 톰린슨Tomlinson 지역에 위치한 28층 규모의 비버리 마이Beverly Mai 건물로, 1974년에 완공되었다. 이후 1976년 펄힐즈Pearl Hills 지역에 펄뱅크 아파트Pearl Bank Apartment가 들어섰고, 1978년에는 DBS리얼티DBS Realty Pte Ltd가 625개 주거 유닛이 있는 판단 밸리Pandan Valley 건물을 개발하였다. (DBS리얼티는 후에 피뎀코Pidemco에 합병되어 캐피탈랜드CapitaLand가 되었다.) 1981년에 제정된 정부의 주거용 부동산 계획에서는 중앙적립기금Central Provident Fund(CPF)을 활용하여 사유재산을 구입할 수 있도록 하였고, 이는 시장에서의 공동 주택 수요 증가로 이어졌다. 1980년에는 32%의 가구[11]가 민간 주택에서 거주하였고, 4%의 가구만이 콘도미니엄과 아파트에 거주하였다. 2014년에는 20%의 인구가 민간 주택에 거주하였고, 14%의 인구가 콘도미니엄과 아파트에 거주하였다.[12]

---

11) 실거주 기준의 가계를 의미하며, 싱가포르 자국민 및 영주권자를 지칭한다. 싱가포르 주거용 부동산 시장에 대한 보다 자세한 설명이 3장에 있다.

12) 출처: 싱가포르 통계청.

주거용 부동산 시장은 1983~1984년, 1996년 그리고 2013년에 시장 정점을 기록하며 세 번의 뚜렷한 경기 사이클을 경험한다. 마지막 사이클은 1997년 아시아 금융 위기로 인해 촉발되었는데 세계 금융 위기로 타격을 받은 2008~2009년 이전까지 주거용 부동산 가격은 회복되지 않았으며 2008년 세계 금융 위기 당시 일시적인 하락세를 보였다. 이후 2013년에 거시 건전성 정책이 도입될 때까지 상승세를 보였다. 주거용 부동산 개발 사업은 경기에 매우 민감하여 경제 침체기에는 어려운 시기를 견딜 수 있는 개발 회사의 역량과 회복력이 요구된다. 역으로, 소규모 개발 회사들은 경제 침체기를 견디기 어렵다. 정부는 극심한 경기 변동을 완화하는 정책을 통해 시장을 안정화시키기 위한 여러 조치들을 취하지만, 역설적으로 부지 매각의 지연, 인지세 및 재산세 환급 연기 등의 이유로 부동산에 대한 시장의 수요를 증가시켜 경기에 악영향을 미치기도 한다.

상승과 하락을 수반하는 경기 사이클 속에서 부동산 개발 회사들은 계속해서 변화하는 시장의 수요와 인구 구조에 적응해야만 했다. 1970년대와 1980년대에는 약 56평(2,000sqf)이 넘는 대형 평수의 주택을 짓는 것이 유행이었다. 하지만 건설 비용 상승, 변화하는 소비자의 욕구, 합리적인 주택 가격에 대한 선호도로 인해, 1990년대부터 2000년대까지 14~16평(500~600sqf) 수준의 '신발 상자shoe-box'라 불리는 작은 규모의 주택들이 일반화되었다. 건물 디자인과 건설 시공의 수준도 점진적으로 개선되었다. 특히 1989년 건설청Building and Construction Authority에 의해 품질 평가 시스템이 시장에 도입되면서 1990년대에는 도시재개발청 및 주택개발청 부지에서 진행되는 모든 개발 사업 프로젝트가 건설청의 품질 평가 시스템을 반드시 충족해야 했다.

싱가포르를 대표하는 부동산 회사들은 주택 개발 사업에서부터 사업을 시작했고 도시재개발 프로그램이 시작된 1970년대에 이르러 상업용 부동산을 개발하기 시작했다. 1960년대 싱가포르 부동산 시장은 세계의 다른 부동산 시장과 마찬가지로 발전하지 못했다. 대부분의 상업용 건물들은 소유주의 실사용 목적으로 개인, 가족 또는 기업에 의해 지어졌다. 1965년까지 싱가포르 중심업무지구에는 몇 개의 유명 오피스 빌딩들과 1954년 준공된 20층 규모의 아시아보험 빌딩Asia Insurance Building(현재는 에스콧Ascott이 서비스드 아파트 운영 중)이 있었다. 아시아보험 빌딩은 당시 싱가포르에서 가장 높은 건물이었다. 도시재개발 프로그램은 싱가포르의 스카이라인을 빠르게 변화시켰고, 1970년대에 로비나 하우스Robina House(1973), UIC 빌딩 UIC Building(1973), 쉔톤 하우스Shenton House(1973), 오션 빌딩Ocean Building(1974), 홍룽 빌딩Hong Leong Building(1975), DBS 빌딩DBS Building(1975), OCBC 빌딩OCBC Building(1976)과 같은 초고층 건물들이 쉔톤 웨이Shenton Way와 래플스 플레이스 지역 주변에 공급되었다.[13] 이들 중 일부 건물은 완전히 노후화된 건물을 재개발하거나 대수선하여 건설되었다. 도시재개발공사는 리뉴얼 사업을 추진하였고 이를 통해 1980년대에 수많은 초고층 오피스 빌딩과 호텔이 시장에 공급되었다. 대표적으로 차타드뱅크 빌딩Chartered Bank Building(1984), 래플스 시티Raffles City(1984), OUB 센터OUB(Overseas Union Bank) Center(1988)를 들 수 있다. 이러한 재개발 사업이 도시재개발청이 소유한 부지에서 진행된 것은 아니다. 높은 건물 사양을 지닌 현대적 고층 건물들은 마리나 베이 지역에 새롭게 조성된 매립지 지역에 건설되었다.

---

13) Singapore Then & Now, Ray Tyers, Siow Kin Hua 개정, Landmark Books (1993).

독립 후 처음 25년 동안, 부동산 개발 회사들이 시장에서 자금을 확보할 수 있는 방법은 상당히 제한되었고 이로 인해 부동산 개발 사업을 진행하는 데 어려움을 겪었다. 싱가포르는 1970년대에서 1980년대까지 미국, 영국, 호주와 같은 선진 시장들처럼 자국의 기관투자자로부터 혜택을 받지 못했다.[14] 시장의 충분하지 못한 자본과 기관투자자의 부재로 부동산 개발 회사들은 사업에 필요한 자본을 확보할 혁신적 방법을 찾아야만 했다. 1970년대에 부동산 개발 회사들은 그들이 개발한 쇼핑센터와 사무실 건물의 소유권을 분할하여 개별 단위로 판매하였고, 이를 투자 혹은 실사용 목적으로 활용하려는 수분양자들에게 매각하여 빠르게 자금을 확보할 수 있었다. 지금도 있는 주요 위치의 분양형 상업용 건물들로는, 오차드 로드Orchard Road 거리의 럭키 플라자Lucky Plaza와 펄이스트 쇼핑센터Far East Shopping Centre, 안손 로드Anson Road 거리의 인터내셔널 플라자International Plaza, 비치 로드Beach Road 거리의 골든 마일 컴플렉스Golden Mile Complex, 골든 마일 타워Golden Mile Tower, 더 플라자The Plaza 등이 있다.[15] 부동산 개발 회사들의 이러한 자본 회수 방법은 지금까지도 사용되고 있다. 1970년대 이후에는 부동산 회사가 개발 사업을 추진하는 데 충분한 자본을 확보할 수 있는 방법들이 시장에 나타나기 시작했고, 여러 기업들이 주식에 상장되면서 그들이 개발한 부동산을 더 오랜 기간 소유 및 운영할 수 있게 되었다. 주식에 상장된 초기의 부동산 개발 회사로는 유나이티드엔지니어United Engineers Limited, 시티디벨로먼트City

---

14) 4장에서 자세히 설명한다.

15) Colliers International White Paper, "Bright Spot in Singapore Property Market: Stratatitled Office", March 2012.

Developments Limited, 싱가포르랜드Singapore Land Limited, 보우스티드 싱가포르Boustead Singapore Limited, 구코랜드GuocoLand Limited 등이 있다. 시간이 지남에 따라 개발 회사들의 자본화 방법은 점차 개선되었고 이에 따라 새롭게 공급되는 건물들의 질적인 향상도 이루어졌다.

부동산 개발 회사들이 시장을 주도했던 1990년대를 지나 2000년대로 넘어오면서, 싱가포르 부동산 산업은 세계화와 증권화라는 두 가지 트렌드를 맞게 되었고 이는 산업의 비약적인 성장으로 이어졌다.

1.3 국내에서 세계로

독립 초기 싱가포르 부동산 산업은 부동산 개발 회사 및 기업에 의한 실물 자산 시장이었으며, 국내 시장에 집중하였다. 당시에는 해외 부동산 시장에 진출하는 경우가 드물었다. 자본의 규모 및 흐름의 관점에서 보았을 때 1990년대 후반에 이르러 진정한 의미에서의 세계화가 시작되었다. 싱가포르는 이러한 세계화의 흐름 속에서 외국인 투자자로부터 자본을 유치하였고 더불어 싱가포르 자국의 기관투자자 및 개발 회사의 해외 투자가 이루어졌다.

국경을 넘어 해외 부동산에 투자하는 것은 새로운 현상이 아니다. 1990년대까지 해외 부동산 투자의 규모는 상대적으로 작았지만 간헐적으로 이루어졌다. 과거의 해외 부동산 투자는 주요 해외 선진 시장에서 다른 해외 선진 시장으로 단일 프로젝트 별로 이루어졌다. 1960년대에는 영국이, 1970년대에는 네덜란드가, 1980년대에는 일본이 해외 부동산 투자를 시작하였다. 1990년대에 들어서면서부터 다양한 형태의 투자 자금이 부동산에 본격적으로 유입되기 시작하였으며,

2010년대에는 중국이 주요한 해외 투자자로 새롭게 부상하였다.

지난 20년 동안 국가 간 해외 투자가 급증한 데는 크게 세 가지 이유가 있었다. 첫 번째는 1970년대에서 1980년대까지, 당시 싱가포르에서는 미진하였지만, 선진 국가에서 기관투자자들의 부동산 투자가 증가하였다. 부동산이 공식적으로 기관투자자의 대체 자산군에 편입되면서 투자 포트폴리오가 다양화되었고 이를 통해 위험의 분산화, 인플레이션 헤지, 안정적인 장기 수익 등의 이점이 생겼다. 이로 인해 부동산 시장에 대규모 자금이 유입되었고 결과적으로 부동산 자산 운용 전문가들의 질적, 양적 향상이 이루어졌다. 두 번째로는 전 세계적으로 보유한 저축성 자산이 크게 증가하면서, 기관투자자들은 점점 더 경쟁이 치열해지는 해외 시장에서 상대적으로 더 높은 투자 수익의 기회를 모색해야만 했다. 컨설팅 회사인 PwC의 보고서에 따르면 전 세계의 연기금, 보험사, 국부 펀드의 운용 자산의 총 규모는 2014년 한화 약 6경 3천 9백조 원(US$63.9trillion)에서 2020년 한화 약 10경 1천 7백조 원(US$101.7trillion)으로 크게 증가할 것으로 예상된다.[16] 이는 기관투자자의 운용 자산 규모가 6년만에 63%나 증가함을 의미한다. 세 번째로는 해외 부동산 투자 시장의 범위가 계속해서 확장하고 있다는 것이었다. 지난 20년 동안 신흥 시장을 포함한 많은 시장이 외국인 기관투자자들의 자국 내 부동산에 대한 투자를 허용하였고, 이와 더불어 리츠REITs, 대출 기구debt instruments 등의 투자 수단 저변이 확대되었다.

---

16) "Real Estate 2020: Building the Future", PwC, 2014.

싱가포르 투자청Government of Singapore Investment Corporation(GIC)은 1990년대 후반 들어 본격적으로 투자 국가군을 다양화했다. 싱가포르 투자청이 설립된 이후 현재까지의 투자 형태는 세계적 트렌드를 반영한다. 네덜란드와 중동의 일부 기관을 제외하고 1980년대에 해외 부동산을 투자 포트폴리오에 필수 자산으로 지정한 기관은 극히 드물었다. 1982년 설립된 싱가포르 투자청은 초기에 해외 부동산 투자 대부분을 미국 부동산에 한정하였다. 당시 신중한 투자 기관의 보수적인 투자 관점을 만족시킬 수 있는 부동산 시장은 미국 한 곳뿐이었다. 싱가포르 투자청은 다른 국가의 부동산 시장을 이해하기 시작하면서 투자 국가군을 점차 늘려갔다. 유럽의 부동산에 대한 투자는 1980년대 후반에 시작되었으며 아시아의 다른 국가에는 1990년대 중후반부터 투자하였다. 이때부터 싱가포르 투자청의 부동산 포트폴리오는 진정한 의미의 글로벌화를 이루었으며 투자 국가군을 계속 확장해 나갔다. 오늘날 싱가포르 투사청은 30개기 넘는 국가의 부동산에 투자하고 있다.

싱가포르 투자청은 싱가포르에서 해외 부동산에 투자한 가장 초기의 투자 기관 중 한 곳이지만 유일한 기관은 아니다. 1990년대까지 일부 싱가포르 투자 기관들은 세계적 트렌드에 따라 해외 부동산에 투자하였다. 싱가포르랜드, 펄이스트Far East, 테마섹Temasek, 캐피탈랜드, DBS랜드DBS Land와 피뎀코(캐피탈랜드의 전신들), 케펠랜드 Keppel Land, 아센다스, 시티디벨로먼트, 구코랜드, 프레이저스 센터포인트Frasers Centerpoint 등이 해외 부동산에 투자하였다. 특히 중국, 홍콩, 인도, 한국, 동남아시아와 같이 성장하는 아시아 국가에 주로 투자하였고, 영국, 호주, 일본, 미국과 같은 선진 시장에도 투자하였다. 그러나 이들 투자 기관의 주요 사업은 싱가포르 국내 시장에 머물러 있었다. 2013년 싱가포르 회사들의 해외 부동산 투자 규모는 한화 약 35조 원(S$44.2billion) 수준이었으며 이는 싱가포르 해외 직접 투자 규모의 8.3% 수준이다. 이 중 중국 부동산 시장에 가장 많은 투자가 이루어졌고 한화 약 18조 원(S$23.3billion) 규모였다.[17] 세계적 부동산 트렌드에 따라 싱가포르 투자자들은 과감하게 해외 투자를 계속해 나갔고, 싱가포르 부동산에도 해외 투자자들의 자본이 유입되었다. 해외 투자자들은 초기에는 싱가포르의 실물 부동산을 직접 매입하였으나 나중에 싱가포르의 부동산 증권화 시장이 발전하자 리츠에 대한 투자를 확대하였다.

외국의 부동산 개발 회사 및 기관투자자들도 1990년대에 싱가포르 부동산에 투자하기 시작하였다. 당시 싱가포르에서 가장 중요한 부동산 개발 프로젝트는 선텍 시티Suntec City였으며, 1997년 청쿵 홀딩스 Cheung Kong Holdings가 주도한 홍콩 컨소시엄Hong Kong consortium에 의해 진행되었다. 당시 홍콩, 호주, 인도네시아, 말레이시아, 일본, 중국 등지의 해외의 부동산 개발 회사들이 싱가포르 시장의 주거용 및 상업용 프로젝트에 투자하였으며, 그들 스스로 개발 사업을 진행하거나 싱가포르 지역의 개발 회사들과 조인트 벤처joint venture 형태로 사업을 진행하였다. 최근에 싱가포르 중심업무지구에서 진행된 가장 큰 두 개의 복합 상업 개발 사업인 아시아 스퀘어Asia Square와 마리나 비즈니스 파이낸셜 센터Marina Business and Financial Centre에도 외국 투자자들이 참여하였다. 아시아 스퀘어 개발 사업은 맥쿼리 글로벌프로퍼티 어드바이저Macquarie Global Property Advisors가 사업을 주도하였고 2013년 준공

---

17) 싱가포르 통계청.

되었다. 마리나 비즈니스 파이낸셜 센터는 홍콩랜드Hongkong Land, 케펠랜드, 청쿵그룹Cheung Kong Group에 의해 2012년 준공되었다.

세계화 트렌드가 지속되면서 국제적인 자산운용사들은 아시아 지역 본사를 싱가포르에 설립하기 시작하였다. 해외 기관들은 안정적인 정치 체제와 신뢰도 높은 사회 기반 시설을 갖춘 싱가포르를 아시아 금융의 중심지로 인식하였다. 또한 싱가포르의 선진화된 부동산 산업은 경험 많고 숙련된 인적 자원을 다수 보유하고 있었다. 세금 절세 효과 또한 아시아 지역 본사를 싱가포르에 설립하는 데 영향을 미쳤다. 싱가포르는 해외 투자 기관으로부터 아시아 금융 중심지로 인식되었으며 싱가포르가 지닌 여러 장점들로 인해 해외 기관들은 아시아 부동산 투자 거점으로 싱가포르를 선택하였다.

미국 보험사인 프루덴셜Prudential의 아시아 지역 자회사인 파르메리카Parmerica, 영국 기업인 프루덴셜 피엘씨Prudential plc가 보유한 이스트스프링 투자East Spring Investment, 차타드 투자 운용Chartered Investment Management, 라살 투자 운용LaSalle Investment Management, SEB, AVIVA(JP모건에게 인수됨)를 포함한 다수의 기관투자자들은 싱가포르에 아시아 지역 본사를 설립하였다. 캐나다의 대표적 연기금인 퀘백투자신탁기금La Caisse de depot et placement du Quebec, 중화인민공화국투자청Investment Company of People's Republic of China, 노르웨이은행투자관리공사Norges Bank Investment Management 등의 연기금들도 싱가포르에 아시아 지역 본사를 설립하였다.[18] 포트폴리오 매니저, 애널리스트, 트레이더, 경제학자 등 싱가포르에서 활동하는 금융 전문가

---

18) "2014 Singapore Asset Management Survey, Singapore - Global City, World of Opportunities", 싱가포르 통화청.

의 수는 1997년 814명에서 2012년 3,312명으로 무려 4배 가까이 증가하였고, 싱가포르는 아시아 부동산 금융의 중심지로서의 위상을 갖게 되었다.[19]

부동산 관련 자문사들은 기관투자자들의 의사결정에 필요한 정보들을 제공한다. 외국 투자자들은 그들의 국내 시장의 안락함과 친숙함에서 벗어나 낯선 곳에 투자할 때 그곳 시장만의 펀더멘털fundamental, 구조, 사업 관행, 규제, 그리고 조세 체계에 직면하게 된다. 이로 인해 은행, 펀드 매니저, 자산운용사, 변호사, 회계사, 컨설턴트, 중개업자 등 부동산 투자와 관련된 전문 종사자의 수가 크게 증가하였다. 특히 존스랑라살Jones Lang LaSalle, CBRE, 나이트 프랭크 Knight Frank, DTZ, 컬리어스Colliers와 같이 오랜 역사를 지닌 국제적인 부동산 컨설팅 회사들 간의 경쟁이 치열하였고, 이들은 싱가포르 시장의 성장과 함께 싱가포르에서 그들의 세력을 확장하며, 국내 및 외국 고객들에게 더 나은 서비스를 제공하였다.

1.4 실물 부동산 시장에서 자본 시장까지

싱가포르는 실물 자산과 자본 시장이 결합하는 부동산 산업의 세계적 트렌드로부터 혜택을 입었다. 부동산 개발 사업 및 실물 자산 매입을 위한 투자 방법론은 오랜 기간 변하지 않았으며 이것의 자본 구조는 개인이 집을 구매할 때와 마찬가지로 자기 자본 및 은행 대출로 이루어진다. 근본적인 자금 구조는 변하지 않았지만, 지난 20년 간 부동산 산업과 자본 시장에서의 혁신들은 사적private 및 공적public 시장에서의 자

---

[19] Singapore Asset Management Industry Surveys 1998-2012, 싱가포르 통화청.

본화를 통해 부동산의 유동성을 증가시켰다. 이러한 혁신적 변화는 시장에서의 부동산 투자 기구vehicle 및 수단instrument의 저변을 크게 확대하였다. 실제로 부동산을 매입하거나 매각하는 것을 넘어, 자본 시장의 새로운 혁신들로 인해 부동산 투자에 있어서 자본(주식) 및 대출 거래가 가능하게 되었다. 부동산 투자에서의 네 가지 접근법은 선진 시장에서 기관투자자들의 부동산 투자에 있어 필수적인 접근법으로 간주된다. 네 가지 요소로는 사모 대출Private Debt, 공모 대출Public Debt, 사모 자본Private Equity 그리고 공모 자본Public Equity이 있다.

산업 초기에 혁신적 대출 상품들은 미국에 한정되었지만 나중에는 유럽의 선진 시장들로 확대되었다. 일본과 호주를 제외하고, 아시아에서는 부동산 대출 상품 시장이 발달하지 못했다. 싱가포르 최초의 상업용담보대출채권(CMBB)은 홍룽 빌딩을 담보로 대출한 한화 약 148억 원(S$18.5million) 수준의 소규모 발행 채권이었다. 1994~1997년에 걸쳐 싱가포르에 부동신 붐이 일었고, 한화 약 1조 8천억 원(S$2.32billion) 규모로 총 16개의 상업용담보대출채권이 시장에 발행되었다. 1997년 아시아 금융 위기로 시장이 타격을 입었을 때, 재정적 어려움에 직면한 부동산 개발 회사들은 그들의 자산을 특수 목적 회사에 이전하였고 이를 통해 고정 수익률의 상업용부동산대출증권(CREBS)을 시장에 발행했다. 싱가포르의 초기 부동산 대출 시장은 세계 경제 위기로 인해 실질적인 성장을 멈추었고, 2006년까지 한화 약 4.7조 원(S$5.91billion) 수준으로 총 31개의 상업용담보대출증권(CMBS)이 시장에 공급되었다. 그 이후로 상업용 부동산 담보 대출 관련 채권은 시장에 더 이상 발행되지 않고 있다. 그러나 2014년에 센토사Sentosa 지역 부동산 투자와 관련하여 블랙스톤Blackstone과 시티디벨로먼트 양사 간에 구조화 대출 거래를 통한 딜이 진행되었는데, 이는 기존의 전통적인 대출 채권의 활용 방안이 점점 제한되어 가는 시장 분위기 속에서, 혁신적인 대출 상품이 시장에 확대될 수 있다는 기대감을 주었다.[20]

리츠의 도입으로 공모 및 사모 시장에서 부동산 자본equity의 증권화를 통한 투자가 전 세계적으로 급증하게 되었다. 현대적 관점에서의 리츠는 그것의 규모와 영향력으로 보았을 때 미국에서 시작되었다고 볼 수 있다. 1980년대에서 1990년대에 있었던 미국의 저축 은행 사태Savings and Loan Crisis 시절 부실 자산 소유자들은 시장에서 자금을 확보하는 데 어려움을 겪었고, 이의 대안으로 리츠를 활성화시키고자 하였다. 리츠는 시장에서 매우 빠르게 받아들여졌고 10년 만에 60개의 리츠가 주식에 상장되었으며 시장 규모는 한화 약 118조 원(US$118billion) 수준에 이르렀다.

리츠 모델이 전 세계 37개국으로 확산되면서[21] 부동산 업계는 혁명적 변화를 맞이하게 되었다. 시장에 리츠가 도입되면서 투자자들은 새로운 투자 수단을 갖게 되었고, 환가성이 떨어진다고 인식되던 부동산에 유동성을 부여하였다. 소규모 투자가들도 리츠를 통해 상업용 부동산에 투자할 수 있게 되었고 부동산 개발 회사 및 자산 소유자들에게는 또 다른 자금 확보 수단이 되었다.

싱가포르 리츠 시장은 캐피탈랜드몰 트러스트CaplitaLand Mall Trust(CMT)가 주식에 상장되면서 2002년 본격적으로 시작되었고, 이

---

20) 8장에 싱가포르 대출 시장 발전사가 정리되어 있다.

21) European Public Real Estate Association(EPREA), http://www.epra.com/regulationand-reporting/taxation/reit-survey/, 2015년 11월 11일 기준.

후 리츠 시장은 급격한 성장세를 보였다. 2005년에 5개의 싱가포르 리츠가 주식에 상장되었으며 시장 규모는 한화 약 4조 원(S$5.2billion) 수준이었다.[22] 2016년 리츠 시장 규모는 2005년 대비 12배 성장하여 한화 약 53조 원(S$66.7billion) 규모에 이르렀으며 28개의 리츠가 주식에 상장되었고, 부동산 증권이 여럿 결합된 스테이플 상장 리츠 stapled listed property trusts가 6개 존재한다.[23]

싱가포르 리츠 시장의 성장은 부동산 자본 투자에 있어 새로운 수단을 시장에 제공하였으며 이는 상업용 부동산 시장 발전에 크게 기여하였다. 부동산 개발 회사들은 자본 활용에 있어 신뢰할 수 있는 수단을 추가적으로 갖게 되었고, 소액 투자자들은 기존에 접근할 수 없었던 상업용 부동산에 대한 투자를 할 수 있게 되었다. 싱가포르 리츠는 싱가포르 상업용 부동산 및 아시아 부동산 시장에 간접 투자를 원하는 투자자들에게 매력적인 투자 수단이 되었다.

싱가포르 리츠는 시장의 다른 투자 기구와 다르지 않게 주로 자국의 부동산에 대한 투자 수단으로 시장에 처음 도입되었다. 그러나 싱가포르 리츠의 상당수가 외국 부동산에 투자하는 상품으로 구성되었는데 이는 싱가포르의 한정된 시장 규모를 생각하면 놀라운 일은 아니다. 28개의 리츠 중 최소한 10개[24]의 리츠가 외국 부동산을 포함하고 있고, 6개[25]의 리츠는 온전히 해외 부동산만 보유하고 있다. 싱가포르

---

[22] The Growth of REIT Markets in Asia, Joseph T. L. Ooi, Graeme Newell and Sing Tien Foo (2006), Journal of Real Estate Literature, Volume 14 No. 2, pp. 203-222.

[23] 싱가포르 증권거래소.

[24] CDL Hospitality Trust, Ascendas Real Estate Investment Trust, Ascendas Hospitality Trust, Ascott Residence Trust, First Real Estate Investment Trust, Keppel REIT, Frasers Commercial Trust, OUE Commercial REIT, ParkwayLife REIT, Suntec REIT.

[25] Fortune REIT, CapitaRetail China Trust, Mapletree Greater China Comm, Saizen REIT, Lippo Malls Indonesia Retail Trust, IREIT Global.

는 다른 아시아 국가들에 비해 굉장히 발전된 리츠 시장을 보유하였고, 이로 인해 아시아 다른 국가의 부동산들이 싱가포르 리츠 시장에 상장하려는 유인이 되었다. 이렇게 독특한 구조가 형성될 수 있었던 것은 싱가포르의 한정된 시장 규모를 극복하기 위해 해외 부동산에 대한 투자 기회를 탐색한 리츠 매니저들의 역할도 관련이 있다.

부동산 산업에 있어 또 다른 국제적 현상은 지난 20년에 걸친 부동산 사모 펀드의 성장이다. 사모 펀드 시장 규모는 2007년 한화 약 760조 원(US$760billion)으로 시장 정점에 이르렀다.[26] 글로벌 경제 위기 당시 많은 기업들이 위기를 넘기지 못했다. 경제 위기 이후 몇 년 동안 시장에서의 자금 확보가 어려웠고, 몇 개의 거대 글로벌 펀드를 통해서만 적시성 있게 자금 확보가 가능했다. 그러나 최근 몇 년 동안 사모 펀드 시장의 자금 펀딩 규모는 매우 빠르게 증가하고 있다. 대체 투자 분야 리서치 회사인 프레킨Preqin의 자료에 따르면, 2014년 전 세계 펀드 시장 규모는 한화 약 710조 원(US$710billion) 수준인데, 이는 2009년 글로벌 경제 위기 직후 한화 약 195조 원(US$195billion)과 비교하면 큰 회복세를 보인 것이다.[27]

SEAPACSouth East Asian Property Co은 싱가포르 부동산을 기초로 한 첫 사모 펀드로 US 푸르덴셜US Prudential, 존스랑우튼Jones Lang Wootton, 싱가포르 투자청, 세 회사 합작으로 1994년에 만들어졌다. 2003년에는 케펠랜드 펀드매니지먼트 암Keppel Land's fund management arm과 알파 인베스트먼트 파트너스Alpha Investment Partners가 함께 폐쇄형 사모 펀드인 아시아NO.1 부동산펀드ASIA No.1 Property Fund를 만들었으

---

26) 프레킨
27) 프레킨

며,[28] 캐피탈랜드는 2008년 그들의 첫 사모형 펀드인 래플스시티 차이나 펀드Raffles City China Fund를 만들었다.[29] 싱가포르에는 에이알에이 에셋매니지먼트ARA Asset Management, 퍼시픽스타 파이낸셜Pacific Star Financial, 페리니얼 리얼이스테이트Perennial Real Estate, 푸르덴셜 리얼이스테이트 인베스터 아시아퍼시픽Prudential Real Estate Investors Asia Pacific, 글로벌 로지스틱 프로퍼티Global Logistic Properties와 같은 자산운용사들에 의해 보다 많은 펀드들이 지속적으로 만들어졌다.[30] 싱가포르의 작은 시장 규모로 인해 대부분의 부동산 펀드들은 해외 부동산에 투자하였으며, 주된 대상은 아시아 지역이었다.

1.5 결론

초기의 싱가포르 부동산 산업은 발달하지 못한 실물 부동산 시장이었지만, 현재는 금융 자본과 결합된 선진화된 유동화 시장이 되었다. 이를 통해 공공 및 민간 시장에 다양한 투자 선택권을 제공하였으며 아시아 부동산 금융의 중심이 되었다. 공공 및 민간의 효과적인 협력 관계는 싱가포르 부동산에 매우 긍정적인 영향을 미쳤는데, 민간의 시장 논리를 보장하며 부동산 개발 회사 및 기관투자자의 수익에 대한 동기를 극대화함과 동시에 정부 정책의 목표를 충족시켰다. 효과적인 민관 협력 관계는 시장의 기회를 자본화하고 위기를 극복할 수 있다는 것을 증명하였다.

---

28) "Alpha raises $1.6b for its latest fund", Business Times Singapore, 16 July 2008.
29) "CapitaLand sets up first integrated development private equity fund in China", CapitaLand, News Release, 16 July 2008.
30) 프레킨

싱가포르 부동산 산업은 지난 반세기 동안 시장에서의 회복력, 혁신, 적응력을 보여주었다. 기존 산업이 지녔던 장점들을 발휘하여 앞으로 있을 새로운 도전들도 극복할 수 있을 것이다. 이를 위해서는 일과 삶의 균형, 업무 공간의 변화, 새로운 건축 설계 및 시공법을 통한 지속 가능성, 고령화를 수반한 인구 구조의 변화, 부의 증대 등의 사회적 변화를 수용할 수 있어야 한다. 정보 기술과 전자상거래의 발달은 쇼핑센터를 과거의 모델로 만들었으며 사람들의 일상에 깊은 영향을 미치고 있다. 싱가포르는 리츠, 펀드, 자산 운용의 발달로 아시아 부동산 금융의 중심지로서의 명성을 갖고 있지만, 다른 국가의 주요 도시들의 성장으로 지금의 명성에 도전을 받을 것이다. 현재도 다른 도시들의 도전을 받고 있다. 지난 반세기 동안 싱가포르 부동산 산업은 경이로운 성장을 이루어냈지만, 이것이 다음 반세기 동안의 성장을 보장하는 것은 아니다. 싱가포르 부동산 산업은 이제 새로운 성장 방식을 모색해야 한다.

2장
국가 변혁 과정에서 정부 기관의 역할

유시밍 / 싱톈푸

싱가포르의 기적

2.1 들어가며

독립 이후 싱가포르 정부는 관계 공공 기관을 통해 부동산 산업을 포함한 국가의 경제 발전을 주도해 왔다. 따라서 독립 후 반세기 동안 싱가포르 부동산 산업 및 시장의 발전 과정을 이해하기 위해서는 관련 정부 기관들이 부동산 산업 발전에 상당한 기여를 했음을 인정하고 그들이 어떤 역할을 하였는지 살펴볼 필요가 있다. 이들 정부 기관 중 상당수는 독립 전에 설립되었고, 일부는 싱가포르가 1959년 자치권을 획득했을 때 설립되었다. 1960년에 설립된 주택개발청이 그 예이다. 싱가포르 주택 정책의 큰 방향성은 1965년 싱가포르가 말레이시아연방으로부터 독립하기 이전 시점에 이미 정립되어 있었다. 현재 주택개발청은 싱가포르 인구 80% 이상이 거주하는 공공 주택을 공급한 가장 큰 규모의 주택 공급자이다. 이는 정부 기관이 싱가포르 부동산 산업 발전에 있어 수행한 여러 주요 역할들 중 하나의 예이다.

정부 기관들이 싱가포르 부동산 산업의 성장을 실질적으로 주도했다고 말해도 과언은 아니다. 정부는 민간 부문이 본격적으로 활동하기 전에 산업의 주도권을 갖고 민간 주체들이 활동할 시장의 틀을 형성할 필요가 있다. 공공 및 민간 상호 간의 긴밀한 파트너십은 부동산 산업의 빠른 발전에 중요한 요인이 되었다. 각 정부 기관이 부동산 산업 발전 과정에서 수행했던 역할과 기여는 체계적으로 문서화되어 있다. 2장에서는 독립 후 반세기 동안 싱가포르 도시 환경의 혁명적 변화에 있어 정부 기관들이 수행했던 주요 역할을 다룰 것이다. 부동산 개발 주기 관점에서 정부 공공 기관들이 수행했던 역할을 살펴보는 것에서부터 시작할 것이다. 다음으로는 정부가 수행했던 주요 역할을 도시 계획 및 개발, 주택과 산업 그리고 경제 개발이라는 세 가지 주요 영역에서 구체적으로 살펴볼 것이다. 마지막으로, 독립 후 반세기 동안 부동산 산업의 발전에 있어 정부와 민간 부문 상호 간의 효과적인 협력 관계가 부동산 산업 발전에 있어서 얼마나 중요한 역할을 하였는지 다시 한번 강조하며 마무리할 것이다.

부동산은 다양한 성격을 지닌 복잡한 주제이다. 부동산은 인간의 기본적인 욕구를 해결할 수 있는 주거 공간을 일반에 공급하고 이와 관련된 각종 편의 시설을 제공한다. 그리고 산업 시설 및 오피스 공간을 기업들에 제공하여 국가 경제의 성장과 발전을 지원한다. 또한 부동산은 호텔, 서비스드 아파트, 관광 명소를 통해 관광과 레저 산업의 기반 역할을 담당한다. 이밖에도 학교, 병원, 공공시설 등을 제공하며, 더 나아가 공원, 녹지 공간, 스포츠 및 레크리에이션 등의 시설을 지역 사회에 제공한다. 이러한 부동산의 다양한 성격과 광범위한 영향력을 고려했을 때, 싱가포르의 16개 정부 부처 중 6개 부처가 부동산 산업에 직접적인 영향을 미친다는 것은 놀라운 사실이 아니다. 6개 부처로는 국가개발부 Ministry of National Development, 무역산업부 Ministry of Trade and Industry, 환경수자원부 Ministry of Environment and Water Resources, 재무부 Ministry of Finance, 법무부 Ministry of Law 그리고 교통부 Ministry of Transport가 해당된다. 이들 정부 기관이 구체적으로 어떠한 역할을 수행하였는지 부동산 개발 주기 단계별로 살펴볼 것이다. 이밖에도 부동산 산업에 간접적인 영향을 미치는 정부 기관들도 있다는 사실을 인지해야 한다. 예를 들어 인력부 Ministry of Manpower는 건설 산업 인적 자원의 상당 부분을 차지하는 외국인 노동자들의 고용을 감독한다. 일반적으로 인력부의 전반적인 정책 및 규제가 부동산 산업에 직접적인 영향을 미치지 않지만, 외국인 근로자의 고용을 규제하며 산업에 간접적인 영향을 미친다.

2.2 부동산 개발 주기에 따른 정부 기관의 역할

부동산 개발 주기는 6단계로 구성된다(그림 2.1 참고). 토지 정리 작업에서부터 시작하여 개발 계획 및 인허가, 시공, 준공 및 입주 그리고 재개발의 주기를 거치면서 부동산 개발 사업이 진행되며, 정부는 각 단계마다 여러 역할을 수행한다.

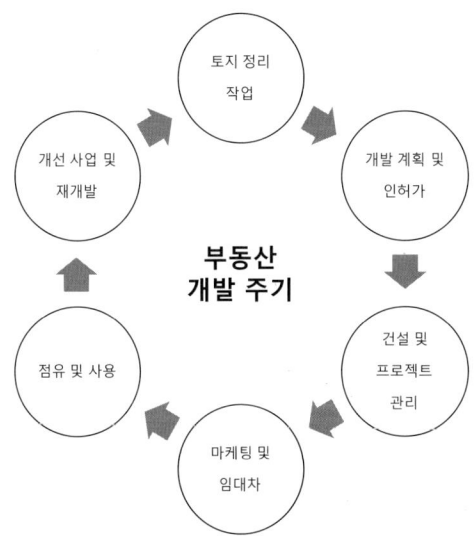

그림 2.1 부동산 개발 주기

2.2.1 토지 정리 작업

부동산 개발 주기 초기 단계에서 싱가포르는 비슷한 시기에 독립한 다른 국가들과 차이를 보였다. 작은 섬 국가인 싱가포르의 토지 규제 체계는 부동산 개발과 관련된 결정에 있어서 단일 주체가 의사결정 권한을 갖는 이점을 갖고 있었다. 반면에 국가의 물리적 크기가 작음으로 인해 토지의 매립을 통해 영토의 크기를 확장해야 하는 노력이 필요했다. 오늘날, 창이공항Changi Airport과 마리나 베이와 같은 주요 기반 시설 및 건물들은 새롭게 개간된 매립지 위에 건설되었다. 1960년대에 걸쳐 정부의 토지 취득이 진행되었고, 1970년대는 이러한 토지를 기반으로 교통 시설, 공공 주택, 학교 시설과 같은 공공을 위한 개발 사업이 진행되었다. 토지취득법은 1960년대 도시의 혁명적 발전의 토대를 마련하기 위해 제정된 주요 법률 중 하나였다. 다른 일부 국가들 또한 토지 확보에 있어 유사한 제약이 있었지만, 싱가포르는 토지수용권을 활용하여 오늘날의 싱가포르를 이루는 데 필요한 기반을 조성하였다. 당시 대부분의 토지 정리 작업은 정부 차원에서 진행되었지만 민간 부문에서의 부동산 정리 및 개발 사업 또한 적극 장려되었다.

독립 당시 가장 중요한 사회 문제 중 하나는 싱가포르 중앙 지역 주민들의 주거환경 개선 작업이었다. 이 지역의 도심 재개발을 위해 1964년 도심재개발팀Urban Renewal Unit이 정부에 의해 설립되었다. 정부는 도시재개발팀을 통해 중앙 지역을 활기가 넘치는 현대적인 상업 지역으로 탈바꿈하고자 하였다. 이를 위해 중앙 지역의 기존 주민들을 위한 보금자리와 기존 산업이 사업을 영위할 수 있는 장소를 모색해야 했다. 중앙 지역을 재개발하는 것은 난이도가 굉장히 높은 일이었다. 독립 초기 정부의 통제권 부족과 도시 계획의 부재로 중앙 지역에 수많은 숍하우스shophouse[동남아시아 지역 건축 양식으로 대개 2~3층짜리의 복합 용도 건물이다. 저층부의 리테일과 그 위에 주거 시설로 구성된다. 싱가포르 중앙 지역의 숍하우스 밀집 지역은 과거에는 슬럼가였지만, 성공적인 재개발 사업을 통해 현재는 유명 관광지가 되었다. 옮긴이의 설명]들이 생겼고, 이것들이 한데 모여 클러스터를 형성하며 빈민가로 전락하게 되었다. 이 지역의 토지는 작은 구획으로 분할되어 있어서 도심재개발팀이 이곳 필지를 통합해서 재개발을 진행하는 데 어려움이 있었다. 노후화된 숍하우스들은 높은 밀도로 서로 붙어 있었고, 건물 간 간격이 좁았으며, 더 큰 문제는 중앙 지역의 주민들이 외곽 지역으로 나가면서 슬럼 지역이 점점 확산되었다는 것이다. 도심재개발팀은 1966년 명칭을 도시재개발부서로 바꾸며 도심재개발을 위해 적극적으로 움직였다. 도심재개발부서 공무원들은 지역 주민들의 실제 정서와 현실을 피부로 느끼기 위해 계속해서 현장을 방문했고 공공 주택 기획자들과 협업하였다. 중앙 지역 빈민가 주민들은 수도, 전기, 위생 등의 현대적 편의 시설이 구비된 초기 형태의 주택개발청 공공 주택에 입주하며 삶의 터전을 마련하기 시작하였다. 이를 통해 거주자들은 예전처럼 임시적으로 숍하우스에 머물며 다른 가정들과 주거 공간을 함께 사용하는 것이 아니라, 기존보다 넓은 독립된 주거 공간을 갖게 되었다. 도시재개발부서는 이곳 지역 주민들의 주거 문제를 일정 수준 개선한 이후 중심업무지구에 대한 재개발 사업에 착수하였다.

1966년에 토지취득법이 제정되면서 도시재개발부서가 분할된 필지들을 취득, 정리, 합필하는 작업이 용이해졌고, 이를 통해 국가의 토지 소유를 확대할 수 있었으며 이주민들의 재정착 과정을 도울 수 있었다. 1967년까지 도시재개발부서는 '부지 매각' 프로그램을 통해 13개의 국가 소유 부지를 시장에 성공적으로 매각하였다. '부지 매각' 프로그램은 도시재개발부서가 싱가포르 중심업무지구에 대한 정책적 비전을 실현하는 데 도움이 되었다. 이를 통해 준공된 최초의 건물 중 하나가 피플스 파크 컴플렉스People's Park Complex다. 이 건물은 동남아 지역 최초의 국제적 수준의 현대적 복합 건물로서, 상점, 오피스, 주거용 아파트 용도로 구성되었다. 1970년대에서 1980년대에 진행된 도시재개발부서(도시재개발부서Urban Redevelopment Department는 향후 도시재개발청으로 명칭이 바뀜)의 부지 매각 프로그램은 중앙 지역에 숍하우스가 밀집된 슬럼가에 대한 재개발 사업을 가능하게 하였고, 이를 통해 슬럼가 지역이었던 중앙 지역을 중심 상업 지역으로 개선시키며 재개발 사업에 있어 국제적인 명성을 얻게 되었다.

'부지 매각' 다음으로 도입된 '정부 토지 매각Government Land Sale' 프로그램은 정부와 민간 부문 상호 간의 파트너십을 통해 구축되었다. 정부 소유 토지를 입찰하여 시장에 매각하기 전에 토지 인근의 주요 인프라를 계획 및 건설하였고, 민간은 이러한 정부 차원에서의 토지 정비 작업을 위해 자본을 투입하고 기업이 지닌 전문성을 제공하였다. 도시재개발청은 정부의 토지 매각 대리인으로서, 싱가포르 강 지역Singapore River Area의 역사적인 재개발 사업을 성공적으로 수행하여 이곳 지역을 활기가 넘치는 세계적 수준의 상업용 엔터테인먼트 구역으로 변화시켰고, 탄종 루Tanjong Rhu 지역을 해안가에 위치한 높은 수준의 생활 지역으로 변화시켰다. 정부 토지 매각 프로그램을 통해 마리나 베이 금융센터Marina Bay Financial Centre 및 아시아 스퀘어와 같은 주요 개발 프로젝트를 진행할 수 있었고 이를 통해 싱가포르의 새로운 금융 지구인 마리나 베이 지역을 매우 성공적으로 개발할 수 있었다. 또한 새롭게 성장하는 지역인 주롱 호수Jurong Lake 지역과 파야 레바 센트럴Paya Lebar Central 지역의 개발 사업도 정부 토지 매각 프로그램에 의해 진행될 수 있었다.

개발 사업을 위해 토지 구획 정리 작업을 마친 합필된 토지에는 물, 전기, 하수, 기타 편의 시설과 같은 기본적인 기반 시설이 갖춰져야 한다. 싱가포르 정부는 개발 사업에 있어 이러한 기반 시설 정비 작업을 필수적으로 진행했다. 이로 인해 많은 부동산 개발 사업들이 계획된 일정에 맞게 성공적으로 진행될 수 있었고, 이는 싱가포르의 도시 개발 속도를 높이는 데 도움이 되었다. 또 다른 중요한 인프라 개발로 육상 교통망 구축이 있다. 부동산은 위치와 접근성이 매우 중요하며 이는 교통 접근성에 의해 결정된다. 육상교통청Land Transport Authority은 싱가포르의 교통 인프라와 이것에 관련된 교통 시스템을 계획, 운영, 관리하는 업무를 담당한다. 다시 말하면, 도로와 철도는 육상 교통 인프라에 중요한 요소임과 동시에 이것의 효과적인 구축은 부동산 개발 사업과 직접적인 연관성을 갖는다.

효과적인 토지 계획 용도와 이에 따른 육상 교통망의 구축은 부동산 개발 사업을 위한 계획 수립에 가장 중요하게 고려되는 요소였다. 지난 몇 년 동안 토지의 사용 용도, 부지 제한 사항, 공사 비용에 따라 수평적, 수직적 차원의 물리적 통합이 증가하였다(그림 2.2 참고).

MRT역, 버스 환승 센터, 주거용/상업용 개발 사업의 통합
예) 클레멘티Clementi, 토아 파요 뉴타운Toa Payoh New Towns

지하 공간 활용 및 토지 용도 최적화를 통한 비슷한 용도의 토지 결합
예) 도비 가웃 MRT 환승역Dhoby Ghaut MRT Interchange

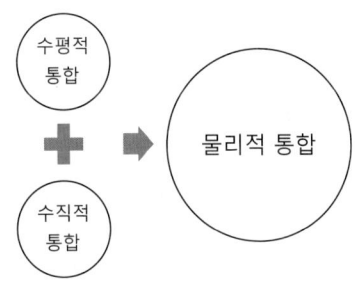

그림 2.2 교통 시스템과 부동산 개발의 통합

도로는 부동산 개발 사업에 있어 매우 주요한 수단이다. 도로가 적절하게 관리되지 못하면 교통 혼잡 및 소음과 같은 부정적인 외부 현상이 발생한다. 싱가포르 정부는 오랜 기간 국토 전반에 걸친 도로 인프라 구축에 상당한 투자를 해 왔다. 싱가포르 정부는 국토의 제한적인 규모를 고려하여 국토 내 보유 차량의 수뿐 아니라, 대중들의 차량 사용을 제한하기 위해 운행 증명서[싱가포르에서 통용되는 자동차 소유 및 운행과 관련된 증명서로서 10년(혹은 5년) 동안 차량 등록 및 사용을 위한 법적 권리를 나타내며 그 수가 한정되어 있어 경매를 통해 제한적으로 소유가 가능하다. 이를 통해 싱가포르 내에 운행 가능한 자동차의 수를 제한한다. 옮긴이의 설명]와 전자식 도로 통행세와 같은 제한적인 제도를 도입하였다. 싱가포르는 협소한 국토의 크기를 극복하기 위해 지하에 대규모의 교통수단을 개발하였다. 예를 들어, 9킬로미터 길이의 고속도로인 라랑-파야 레바 고속도로Lallang-Paya Lebar Expressway와 마리나 해변 고속도로Marina Coastal Express를 지하에 건설하였다. 그리고 1982년부터는 도심을 관통하는 초고속 교통 시스템을 구축하기 시작했다. 대표적인 예로 고속 철도인 MRTMass Rapid Transit가 있다. MRT는 1988년 남북선North-South Line의 일부 구간에서 운행을 시작하여, 1990년에는 동서선East-West Line과 남북선을 걸쳐 운행되었다. MRT는 대중들을 위한 매우 효과적인 교통수단이 되었고, 특히 버스 사용 동선과의 원활한 연결이 가능해지면서 새로운 MRT 노선들과 역들이 추가 개설되었다. MRT는 싱가포르 국토 계획에서 중요한 역할을 담당하였고 부동산 개발 사업 계획에 있어 MRT역과의 접근성은 매우 중요한 고려 사항이 되었다. 지난 20년 동안, 역과의 접근성이 주는 편의성으로 인해 MRT역 근처에 위치한 부동산들의 자산 가치는 크게 증가하였다.

2.2.2 개발 계획 및 인허가

도시 계획 관점에서 볼 때 작은 크기의 영토는 양날의 검이다. 토지가 작을 경우 계획 및 통제는 유리할 수 있지만, 토지 이용에 있어 상당한 제약이 따른다. 정부의 토지 계획 및 개발에 대한 효과적인 통제 권한은 싱가포르 부동산 산업의 혁명적 발전에 있어 가장 근본적인 성공 요인 중 하나가 되었다.

도시재개발청은 제한된 토지의 최적화된 개발에 대한 책임을 맡고 있는 정부 기관이다. 싱가포르의 토지 이용 계획은 2단계 시스템으로 이원화되어 운용된다. 첫 번째는 컨셉 플랜으로 국가 차원에서 사회, 경제, 환경 문제를 해결하기 위한 장기적, 전략적 계획을 반영한다. 두 번째는 마스터 플랜으로 각 지역의 요구들을 충족할 수 있도록 각 토지 구획별로 상세한 항목들을 규정하는데, 토지 용도, 건물 밀도, 도로 교통망, 공용 공간, 건물 형태, 건물 높이 등에 대한 상세한 규정들을 정한다. 이러한 컨셉 플랜 및 마스터 플랜은 각 지역 사회 주민들의 사회, 상업, 산업, 교통 및 여가 시설에 대한 요구를 반영한다. 장기적 관점에서의 상세 계획들은 싱가포르 발전사에 있어 주요한 역할을 하였다. 싱가포르의 모든 토지 이용자를 대표하기 위해 마스터플랜위원회가 구성되었고 이들은 컨셉 플랜 및 마스터 플랜에 대한 심사 역할을 한다. 도시재개발청은 국토 전반의 토지 이용 계획을 설립하는 것과 더불어, 토지 및 건물 보존 방안을 포함한 개발 사업의 모든 측면을 감독하는 역할을 한다. 이로 인해 싱가포르에서의 토지 이용 계획은 정부의 토지 계획 및 개발에 대한 통제권과 정부의 입법권이 결합된 종합적 시스템을 통해 수립된다.

첫 번째 컨셉 플랜은 1971년 유엔 개발 프로그램United Nations Development Programme의 기술적 지원을 통해 진행되었다. 이 계획을 통해 '고리 모양ring-shape'의 토지 구획이 조성되었는데 이는 고밀도의 개발 지역과 집수water catchment 시설이 있는 수변 지역으로 계획되었으며 이 두 지역을 구분하는 완충 지대로 녹지를 조성하였다. 창이공항, MRT, 중심업무지구와 같은 싱가포르 내 주요 개발 사업들 또한 첫 번째 컨셉 플랜의 일환으로 진행되었다. 컨셉 플랜은 급변하는 사회 환경, 인구 구조 변화, 경제 성장을 충족시키기 위해 1991년, 2001년, 2011년에 걸쳐 10년마다 재검토되었다. 도시재개발청은 2003년에 래플스 플레이스, 쉔톤 웨이, 마리나 센터 지역의 기존 중심업무지구와 다운타운 마리나 사우스Downtown Marina South 지역을 통합하여 싱가포르를 세계 최고 수준의 비즈니스 센터로 도약시키겠다는 야심 찬 포부를 드러냈다(사례 연구 2.1 참고).

사례 연구 2.1: 마리나 다운타운 지역의 새로운 중심업무지구[1]

2003년 6월, 도시재개발청은 마리나 베이(사례 연구 그림 2.1) 마스터 플랜을 일반에 공개하며 싱가포르를 세계적 수준의 비즈니스, 금융 허브로 만들겠다는 목표를 발표하였다. 마리나 베이 다운타운은 기존의 래플스 플레이스, 쉔톤 웨이, 마리나 센터 지역의 중심업무지구 권역과 연결 및 확장되어, 마리나 베이 지역은 비즈니스, 주거, 업무, 여가 시설이 구비된 세계적 명소가 되었다.

---

1) 출처: 싱가포르 도시재개발청(http://www.ura.gov.sg/uol/masterplan/Veiw-Master-Plan/master-plan-2014/Growth-Area/Marina-Bay-Marina-South.aspx)

사례 연구 그림 2.1 세계 최고 수준의 도시로 진화 - 마리나 베이 다운타운
사진 제공: 싱가포르 도시재개발청

마리나 다운타운은 중심업무지구의 잠재적 성장을 예상하여 1970년대와 1980년대에 걸쳐 약 1백만 평(360ha) 규모로 개간된 매립지 위에 조성되었다. 이곳은 지속 가능 개발 전략에 따라 24시간 생활권의 복합 용도 주거 지역으로 계획되었다. 이곳에는 4개의 RTSRapid Transport System 노선과 9개의 MRT 역이 있으며, 자전거 전용 노선이 연결되었다. 조경이 조성된 대로변의 보도, 포장 보행로, 지하로 연결된 쇼핑몰, 그리고 높은 층에 위치한 도보 동선 등 종합적인 보행자 시스템을 구축하여 보행자의 편안한 이동을 가능하게 하였다. 마리나 비즈니스 금융센터 부지와 연결된 약 5,445평(1.8ha) 규모의 지하 쇼핑몰은 래플스 플레이스 MRT역과 마리나 비즈니스 파이낸셜 센터, 원 래플스 쿼이One Raffles Quay 그리고 인근 시설들의 지하 공간과 직접 연결되며, 허브 주차장, 공용 서비스 터널, 중앙집중 쓰레기 폐기 시스템을 포함한 최첨단 시설들을 갖추고 있다.

마리나 베이 다운타운 지역의 대부분의 토지 구획은 부동산 개발 회사의 목적에 맞게 유연하게 복합 용도로 개발할 수 있도록, 개발 용도에 제한을 두지 않는 '임의 개발 가능 부지'로 구획되었고 이

> 에 따라 오피스, 호텔, 주거, 리테일, 엔터테인먼트 등 다양한 용도의 시설이 들어서게 되었다. 정부는 이곳에 고밀도의 고층 주거지를 공급하여 이곳 지역 거주민들에게 높은 수준의 도시 생활을 제공하고자 한다. 마리나 베이 지역에 새롭게 개간된 매립지에 총 연면적 약 38만 평(1.27million sqm) 규모의 1,150개 주거 공간을 점진적으로 시장에 개방하여 향후 15~20년 동안 이곳 지역의 성장을 지원할 것이다.

1958년에 싱가포르 도시 계획에 도입된 마스터 플랜은 토지 이용 계획의 법적 기반으로, 10년에서 15년 동안의 중기적인 개발 계획을 규정한다. 컨셉 계획의 장기적인 목표를 실현할 수 있도록 마스터 플랜은 5년마다 정비되며, 이는 각 지역의 특수성을 반영한 개발을 위한 지침이 된다. 규정 사항들이 항목별로 명확하게 제시되어 있기 때문에 개발 회사와 투자자들은 부동산 개발 사업의 예측 불가능에서 오는 불확실성을 줄이고 투명성을 제공받을 수 있었다. 1987년 도시재개발청은 개발 가이드 플랜을 도입했다. 이 개발 가이드 플랜은 1985년 마스터 플랜의 체계적이고 종합적인 검토를 위해 만들어졌으며 싱가포르 지역 내 55개 지역에 대한 세부적인 토지 계획을 마련하였다. 1998년 12월 싱가포르 내 55개 모든 지역에 대한 개발 가이드 플랜이 완성되었고 이러한 개발 가이드 플랜의 내용들은 새로운 마스터 플랜에 반영되어 정부 간행물을 통해 배포되었다. 이때 이후로 수립된 마스터 플랜들은 기존의 정적이고 규범적인 틀에서 탈피하여 미래 지향적인 계획을 담은 플랜으로 발전하였다. 개발 가이드 플랜의 독특한 특징 중 하나로 1995년 10월에 도입된 '임의 개발 가능 부지' 개념을 들 수 있다. 계획 수립 관계 부처의 관점에서 임의 개발 가능 부지는 시장 상황에 맞게 부동산 개발 회사가 토지 활용 계획을 직접 세울 수 있도록 하는 시장 친화적 정책이었다. 임의 개발 가능 토지의 경우, 부지에 허용된 최대 연면적을 초과하지 않는 한, 개발 회사가 건물의 사용 용도와 용도별 바닥 면적을 자유롭게 정할 수 있다. 부동산 개발 회사가 더 높은 가치를 창출하기 위해 기존 건물의 사용 용도를 변경하고자 할 때, 이에 따른 세금을 낼 필요 없이 언제라도 용도를 바꿀 수 있다. 이러한 혁신적인 접근법은 싱가포르 정부가 한정적인 국가의 토지 규모를 극복하기 위해 어떻게 대처했는지 단적으로 보여준다(사례 연구 2.2 참고).

사례 연구 2.2: 임의 개발 가능 부지

임의 개발 가능 부지에서는 부동산 개발 회사들이 토지의 사용 용도를 스스로 결정할 수 있는 창의성을 보장하여 변화하는 시장 상황에 신속하게 대응할 수 있으며, 이로 인해 시장 수요와 건물 용도 사이의 불일치 위험을 최소화한다.[1] 변동성이 높은 부동산 시장에서 임의 개발 가능 부지는 사용 용도가 미리 정해진 일반적인 부지에 비해 상대적으로 높은 프리미엄을 갖는다.[2] 정부의 토지 매각 프로그램을 통해 매각된 임의 개발 가능 부지 목록을 사례 연구 표 2.1에 정리해 두었다.[3]

---

1) Ong, S.E., Sing, T.F. and Malone-Lee, L.C., (2004) "Strategy Considerations in Land Use Planning: The Case of Singaporean White Site" Journal of Property Research, 21:3, 235-253.

2) Sing, T.F., Yu, S.M. and Ong, S.E. (2002) ""White" Site Valuation: A Real Option Approach," Pacific Rim Property Research Journal, 8:2, pp. 140-157.

3) 프린셉Prinsep 거리 인근의 역사 보존 건물인 청짐치완 플레이스Cheang Jim Chwan Place가 속한 개발 구역 부지가 매각되었다.

사례 연구 표 2.1 싱가포르 도시재개발청이 매각한 임의 개발 가능 부지

번호	매각 시기	위치 (개발 가이드 플랜)	개발 허용 용도	토지면적 (m^2)	용적률	연면적 (m^2)	임대 기간(년)	매각 선정자	입찰 가격 (m^2당 가격)
1	1996/ 03/13	Middle Road/Prinsep Street (Rochor)	상업용, 호텔, 상업용/주거용	2,600.6	4.2	10,923	99	IOI Properties Berhad	$52,222,222 ($4,780.94)
2	1996/ 03/13	China Square (Downtown Core)	상업용, 호텔, 상업용/주거용	3,077.5	13.9	42,655	99	The Development Bank of Singapore Ltd	$367,310,736 ($8,611.20)
3	1996/ 09/16	Esplanade Mall (Raffles Link/Raffles Boulevard/Nicoll Highway) (Downtown Core)	상업용, 상업용/주거용, 지하 쇼핑몰과 연결된 호텔	17,992.6	3.5#	36,740	99	HKL (Marina) Ltd	$292,005,000 ($7,947.92)
4	1996/ 10/21	Tekka Corner (A) (Serangoon Road/ Sungei Road) (Rochor)	상업용, 호텔, 상업용/주거용/주차 타워	6,332.0	3.5	22,162	99	Hicom Properties Sdn Bhd	$84,000,000 ($3,790.27)
5	1996/ 11/06	China Square(F) (South Bridge Road/ Cross Street/China Street/Nankin Street) (Downtown Core)	상업용, 상업용/주거용, 호텔	13,981.7	3.5	48,550	99	Merevale Holdings Pte Ltd	$308,000,100 ($6,343.98)

번호	매각 시기	위치 (개발 가이드 플랜)	개발 허용 용도	토지면적 (m^2)	용적률	연면적 (m^2)	임대 기간(년)	매각 선정자	입찰 가격 (m^2당 가격)
6	1997/ 06/04	China Square G (South Bridge Road/ Pickering Street/China Street/Nankin Street) (Downtown Core)	임의 개발 가능 부지 : 상업용, 주거용, 호텔, 메디컬 센터(병원과 요양원 제외)	13,554.1	3.0	40,300	99	Merevale Holdings Pte Ltd & The Great Eastern Life Assurance Co Ltd	$340,050,000 ($8,437.97)
7	2000/ 02/21	Clarke Quay MRT Station(Singapore River)	임의 개발 가능 부지 : 상업용, 호텔, 주거용 (서비스드 아파트 허용)	15,302.3	5.6*	77,577.36	99	Arts Associate Company Pte Ltd	$340,800,000 ($4,393.03)
8	2001/ 03/16	Raffles Quay/Marina Boulevard(Downtown Core)	임의 개발 가능 부지 : 상업용, 호텔, 주거용, 지하 쇼핑몰	11,366.9	13.0	147,770	99	Boulevard Development Pte Ltd, Comina Investment Limited & Freyland Pte Ltd	$461,816,800 ($3,125.24)
9	2002/ 05/14	Marina Boulevard(B) (Downtown Core)	임의 개발 가능 부지 : 상업용, 호텔, 주거용	9,090.9	13.0	118,182	99	Glengary Pte Ltd	$288,900,000 ($2,444.53)
10	2002/ 05/31	Sinaran Drive (Novena)	임의 개발 가능 부지 : 상업용, 호텔, 주거용, 주민 지역 사회 시설	7,822.6	4.2	32,855	99	Glory Realty Co Pte Ltd	$100,800,000 ($3,068.03)

번호	매각 시기	위치 (개발 가이드 플랜)	개발 허용 용도	토지면적 (m^2)	용적률	연면적 (m^2)	임대 기간(년)	매각 선정자	입찰 가격 (m^2당 가격)
11	2005/ 07/14	Marina Boulevard/ Central Boulevard (BFC) (Downtown Core)	비즈니스, 파이낸셜센터 개발: 용적률의 최대 60%까지 오피스 용도, 잔여 용적률은 호텔, 주거용, 레크리에이션/엔터테인먼트와 같은 상호 보완적 용도로 활용 가능	35,515.2	12.3	438,000	99	Bayfront Development Pte Ltd, Choicewide Group Limited, Sageland Pte Ltd	$1,908,315,094.77 ($ 4,356.88)
12	2007/ 05/25	Belilios Road/Klang Lane(Rochor)	상업용, 호텔, 주거용, 주차타워	3,086.7	3.5	10,803	99	Hotel Grand Central Ltd	$48,888,888 ($4,525.49)
13	2007/ 09/25	Marina View(Land Parcel A) (Downtown Core)	상업용, 호텔, 주거용	10,238.4	13.0	133,120	99	MGP Berth Pte. Limited	$2,018,888,988 ($15,165.93)
14	2007/ 10/01	Race Course Road/ Rangoon Road (Rochor)	호텔, 상업용, 주거용, 병원 용도(용적률 최소 40%는 호텔 용도)	13,625.0	4.2	57,225	99	Singapore Healthpartners Pte Ltd	$265,265,000 ($4,635.47)
15	2007/ 12/05	Marina View(Land Parcel B) (Downtown Core)	상업용, 호텔, 주거용	8,735.7	13.0	113,580	99	MGP Kimi Pte. Limited	$952,888,888 ($8,389.58)

번 매각 호 시기	위치 (개발 가이드 플랜)	개발 허용 용도	토지면적 (m²)	용적률	연면적 (m²)	임대 기간(년)	매각 신청자	입찰 가격 (m²당 가격)
16	2010/ 06/28	Jurong Gateway Road (Jurong East)	상업용, 호텔, 주거용	19,124.5	5.6	107,098	99	Lend Lease Retail Investments 3 Pte. Ltd., Lend Lease Commercial Investments Pte. Ltd.	$748,888,000 ($6,992.55)
17	2010/ 11/22	Peck Seah Street/ Choon Guan Street (Downtown Core)	상업용, 호텔, 주거용	15,022.6	10.5	157,738	99	Perfect Eagle Pte. Ltd., Guston Pte. Ltd., Belmeth Pte. Ltd.	$1,708,080,000 ($10,828.59)
18	2011/ 05/30	Boon Lay Way(Jurong East)	상업용, 호텔, 주거용	18,159.1	4.9	88,980	99	JG Trustee Pte. Ltd. (in its capacity as trustee of Infinity Mall Trust) and JG2 Trustee Pte. Ltd. (in its capacity as trustee of Infinity Office Trust)	$968,999,999 ($10,890.09)
19	2012/ 12/07	Thomson Road/ Irrawaddy Road (Novena)	호텔/주거용, 오피스, 리테일	6,676.8	4.2	28,043	99	Hoi Hup Realty Pte Ltd, Sunway Developments Pte. Ltd., Hoi Hup J.V. Development Pte Ltd	$492,500,000 ($17,562.32)

출처: 싱가포르 도시재개발청
ᵃLPA1: 8,782.8sqm
ᵇLand Parcel A1:11,321.5sqm, A2:2,531.6sqm

오늘날의 싱가포르는 경제적으로 번성하였고 세계에서 가장 살기 좋은 도시 중 한 곳이 되었다. 이러한 성공은 토지 이용 계획에 있어서의 포괄적이고 장기적인 접근에 의해 달성될 수 있었다. 통합적 접근법은 싱가포르의 한정된 토지 이용을 최적화하고 사람들의 현재 및 미래의 요구를 충족시키기 위해 필요하다. 모든 이해 당사자의 현재와 미래의 요구를 살펴보기 위해서는 통합적 접근법이 필수적으로 요구되며 컨셉 플랜과 마스터 플랜은 모든 대중의 협의와 피드백을 거친 후에 비로소 완전해질 수 있다. 모든 싱가포르 사람을 위해 포괄적이고, 삶의 질이 높고, 경제적으로 번성하고, 친환경적인 삶의 공간을 제공하고자 하는 국가적 비전을 성취하는 데 있어서 통합적 관점에서의 합의된 도시 계획은 필수적이다.

도시재개발청은 마스터 플랜과 일치하는 일관성 있는 도시 계획을 추진할 수 있도록 개발 가이드라인을 제공하고 이를 적용해야 할 의무가 있다. 이러한 관점에서, 도시재개발청은 관계 전문가 및 일반 대중과의 정기적인 소통을 통하여 추진 중인 정책이 사용자 측면에서 친화적이며 사회적 요구에 적합한지 지속적으로 확인해야 한다. 수년간 여러 정부 기관의 개발 가이드라인이 간소화되고 개정되면서 시장 트렌드에 맞게 민간의 유연성이 증대되었다. 예를 들어, 고객 서비스를 개선하기 위해 전자식 개발 사업 신고 시스템이 도입되어 편의성과 효율성을 높였고, 온라인을 통해 개발 사업의 신고 및 수정이 가능하게 되었다.

2.2.3 건설 및 프로젝트 관리

부동산 개발 사업에서 건설 단계는 곧 생산 단계를 의미한다. 바로 우리 주변에서 볼 수 있는 단계이다. 건설 공사에 대한 통제와 관리는 매우 중요하며 어떤 건물이 지어지고 완공되는 데 어느 정도의 기간이 소요되는지도 중요하다. 건축가, 엔지니어 및 관련 전문가들이 건물의 미적인 디자인 및 건물의 품질에 책임을 지는 동안, 정부는 건설청을 통하여 남이 보지 않는 곳에서 건축 공정을 관리하는 중요한 역할을 수행한다. 안전은 건설에 있어서 최우선 과제이다. 특히 1986년 뉴월드 호텔Hotel New World 붕괴 이후 안전에 대한 중요성은 더욱 강조되었다. 싱가포르에 있는 건물들은 건물 규제 시스템에 의해 설계, 건설, 관리 부분에서 높은 안전 기준을 충족시켜야만 하고 이를 위해 전문 엔지니어들의 점검과 책임이 의무화되었다. 건설청은 건축 및 구조 계획의 인허가, 건물에 대한 주기적인 구조 점검, 굴착 공사 규정, 허가받지 않은 신축 공사, 민방위대, 건물 외관, 옥외 광고물 등을 감독한다. 또한 시공업을 하기 위한 건설업 면허를 발급하여 건축 공사가 전문적인 수준을 유지할 수 있도록 관리한다.

건설청은 통제와 규제 이외에도, 선진 기술을 수용하고 새로운 혁신을 촉진하여 싱가포르의 제한된 국토 크기와 한정된 자원 시장의 한계점을 극복하려 했다. 건설 산업을 발전 및 촉진시키기 위해서 건축 자재 저장, 건설 기술력, 생산성 개선을 위한 조치들을 시행하였으며 이는 싱가포르에 높은 품질의 안전하고, 지속 가능하며, 사용자 친화적인 건축 환경을 제공하였다.

하지만 정부의 수년간의 노력에도 불구하고, 싱가포르 건설 산업은 선진국과 비교할 때 여전히 전문성, 생산성, 공사 품질 등에 문제가 있다. 값싼 외국인 노동자들에 대한 지나친 의존은 낮은 생산성과 낮은 공사 품질로 이어진다. 주요 도급 업체와 하청 업체들은 도급 공사비에 대한 분쟁으로 프로젝트를 완료할 수 없는 상황에 놓이기도 한다. 공사 현장에서 비전문적인 관리 기준과 행동 양식들은 종종 서투른 기술력의 원인이 되고, 심한 경우에는 콘크리트 균열, 파이프 막힘, 누수와 같은 결과로 이어지기도 한다. 인력부와 같은 정부 기관들은 건설 산업의 전문성, 생산성, 품질의 향상을 위해 산업을 관리 및 감독해야 하며, 건설 산업 이해 관계자들은 부동산 개발 회사, 소유주, 매도자, 사용자들과 협력하여 더 나은 정책과 관행을 만들기 위해 함께 노력해야 한다.

2.2.4 마케팅 및 임대차

부동산 개발 사업 주기에서 마케팅 및 임대차 단계는 부동산 거래와 임대차의 공급과 수요를 연결하는 중요한 단계이다. 부동산은 언제든지 거래될 수 있지만, 일반적으로 새롭게 신축되는 개발 사업의 경우 마케팅 및 임대차에 더 많은 노력이 요구되며 성공적인 마케팅은 프로젝트의 성공 여부를 결정하는 데 중요한 역할을 담당한다. 주택 사업의 경우, 부동산 개발 회사는 직접 마케팅을 수행하거나 부동산 서비스 제공자 혹은 중개인에게 위임하여 마케팅을 진행한다. 주택개발업(규제와 면허)법Housing Developers (Control and Licensing) Act에 따라, 개발 회사들은 신규 개발 사업에 대한 분양 허가를 받은 후 부동산 분양 및 임대차를 위한 마케팅을 시작할 수 있다. 공사가 시작되기 전에 성공적인 사전 분양을 진행하기 위해서 모델 하우스 건립과 잠재적 수분양자에게 마케팅을 진행할 영업팀을 필요로 한다. 오피스나 쇼핑몰과 같은 상업 시설 프로젝트의 경우, 프로젝트에 알맞은 임차인과 수분양자로 임차를 구성하여 개발 회사 및 소유자가 의도하는 이미지와 평판을 갖게 하는 것이 매우 중요하기 때문에 마케팅의 역할이 중요하다.

  부동산 소유자, 개발 회사, 잠재 수분양자 이외에, 마케팅 및 임대차 단계에서의 핵심 당사자로는 부동산 컨설턴트 및 부동산 서비스 제공 업체가 있다(4장 참고). 그들은 판매자와 구매자를 연결하는 중간 역할을 한다. 컨설턴트와 서비스 제공업체는 중간 역할자로서 부동산 거래와 관련된 전문 지식과 이와 관련된 법적인 이해가 요구된다. 서비스 제공자 및 부동산 중개업자가 부동산 거래에 관한 전문적인 자문 서비스를 제공하기 위해서는 해당 업에 대한 면허를 취득해야 한다. 2010년 이전에는 싱가포르 국세청Inland Revenue Authority of Singapore이 해당 면허의 발행 업무를 담당하였는데 이는 정부가 부동산 마케팅 및 임대차에 직간접적으로 참여하였음을 의미한다. 부동산 거래의 양과 규모가 증가함에 따라 정부는 소비자에 대한 보호 역할을 확대했다. 특히 상업용 부동산, 산업용 부동산, 외국 부동산과 같은 복잡한 부동산 프로젝트들을 보호 및 규제할 수 있는 정부 차원의 노력이 요구되었다. 이로 인해 2010년 부동산 중개법이 개정되었고, 국가개발부 산하의 부동산중개위원회Council for Estate Agencies가 설립되었다. 부동산중개위원회는 부동산 중개 산업과 관련된 새로운 규제를 관리, 감독하는 권한을 부여받았다. 부동산중개위원회는 관련 업계와의 협력을 통해 산업 발전을 위한 교육을 마련하여 부동산 중개 업계의 전문성을 높이는 데 전념하는 것과 동시에 일반 대중들을 위한 교육 프로그램을 마련하여 소비자의 권리를 보장하기 위해서도 노력하고 있다. 이러한 포괄적인 규제 시스템은 시장에서의 부동산 거래의 양과 규모가 증가하는 추세에 발맞춰 적절한 시기에 도입되었다. 더불어 이러한 조치는 부동산 산업의 전문성 향상에 도움이 되었다.

부동산 중개인들이 2차 시장에서의 부동산 거래를 담당하는 동안, 법무부 산하 싱가포르 국토청Singapore Land Authority은 토지 매매, 임대, 매입 및 매각을 통해 정부 소유 토지를 관리한다. 또한 국토청은 정부 관계 기관으로서 국가 소유 토지를 산업의 모든 이해 당사자들이 자신들의 사용 목적에 최적화하여 사용할 수 있도록 개발 및 판매한다. 국토청은 토지 사용의 최적화를 위해 토지 정보 데이터베이스를 구축하였다. 지리 정보 데이터와 관련된 인프라 시설 및 정책을 개발하였고, 이를 통해 정부, 기업, 사회 커뮤니티들이 시장의 정보를 얻고 가치를 창출하는 데 도움을 주었다. 시장의 규제자라는 정부 역할의 관점에서 볼 때, 국토청은 토지 등기와 관련된 업무를 담당하며 이를 통해 싱가포르의 부동산 거래를 관리한다. 또한 국가의 토지 측량 시스템의 관리 및 유지에 대한 책임이 있다.

4장에서 상세히 논의하겠지만, 부동산 시장에서 '정보'는 시장이 효율적으로 기능하는 데 있어서 매우 중요한 역할을 한다. 싱가포르는 국가 발전 초기 단계에서도 신뢰할 수 있는 정보를 시장에 제공하였다. 국토청 및 정부 기관들은 시장의 부동산 거래에 있어 시기 적절하고 정확한 정보를 제공하기 위해 노력하였으며, 이를 통해 산업의 이해 관계 당사자들은 부동산 시장에 대한 심도 있는 이해를 바탕으로 판단할 수 있었다.

2.2.5 점유 및 사용

부동산에 대한 적절한 관리 및 운영은 산업에서 가장 중요한 사항 중 하나임에도 불구하고 종종 그 중요성이 간과된다. 부동산 투자와 일반적인 투자의 차이점 중 하나는, 부동산은 투자 후에도 물리적 환경에 대한 전문적 관리가 지속적으로 요구된다는 것이다. 보기에는 쉬워 보일지 모르지만 지속적인 관리를 위해서는 실제로 많은 노력이 요구된다. 적절한 임차인을 유치하고, 효율적으로 운영하기 위해서는 건물 소유주뿐 아니라, 사용자 및 관련된 모든 이해 관계 당사자들이 각자의 역할을 충실히 이행해야 한다. 또한, 일부 정부 기관들이 부동산의 관리와 관련된 업무를 하고 있다.

개발 사업 주기 단계 중 점유 및 사용 단계에서 정부의 역할은 명확하다. 부동산 소유권에서부터 부동산과 관련된 의무와 책임은 분명히 명시되고 이해되어야 한다. 부동산이 실물 자산이라는 점을 감안할 때, 국세청은 누 가지 이유에서 부동산 소유자에게 재산세를 부과한다. 재산세는 정부의 중요한 수입원이며, 국고금 형태로 거둬들여지며, 사회 기반 시설 및 편의 시설 건설 자금으로 사용되어 결국엔 부동산 소유자들에게 혜택을 준다. 또한 누진세 구조의 부유세 형태로 고액의 주거용 부동산에 더 높은 세율의 재산세가 부과된다. 부동산 세제의 핵심은 단순함과 명확성이다. 자가 사용 중인 주거용 부동산을 제외하고, 나머지 주거용 부동산의 연간 가치 10% 수준의 재산세가 부과된다. (연간 가치란 부동산을 통하여 얻을 수 있는 총 연간 임대료를 의미한다.) 부동산의 점유 및 사용과 관련하여 상품 및 서비스세, 소득세, 개발 부담금 등 여러 종류의 세금이 존재한다.

세금 부담 외에도, 소유주들은 그들이 소유한 부동산의 물리적 상태에 대한 책임을 진다. 건설청은 건물 주인들이 화재 안전 규정을 준수하고 건물의 입면과 지붕을 깨끗하게 잘 유지 관리하도록 규제하는 규칙과 규정을 제정한다. 집합 건축물과 같이 여러 소유자가 분할 소유한 건물의 경우, 건물 관리를 책임질 별도 관리 법인을 설립해야 한다. 공공 주택의 경우, 공용부를 관리하기 위해 1990년 지역 의회town council가 설립되었고 지역 의회 차원에서 공공 주택 공용부를 관리하고 있다. 공용부로는 공용 복도, 보이드 데크void deck[싱가포르 주택개발청에서 개발하는 공공 주택의 경우 1층에 주민들의 커뮤니티 공간을 위한 오픈 공간을 만드는데 이 공간을 보이드 데크라 부른다. 옮긴이의 설명], 로비, 루프탑, 정원, 놀이터, 기타 시설 등이 포함되고, 시의회는 이러한 공용부 공간을 적절히 유지 및 관리하는 책임을 갖는다.

 싱가포르 인구 80% 이상이 거주하는 주택개발청 공공 주택의 경우, 1988년 지역 의회 조례가 제정된 이후 지역 의회가 해당 지역 내 공공 주택 공용부에 대한 유지 및 관리의 책임을 갖게 되었다. 주택개발청은 공공 주택을 시장에 공급할 뿐 아니라 공공 주택 공용부 관리에 대한 책임을 갖고 있다. 총선거가 끝난 후 1~3개 선거구(단원 및 단체 대표) 단위를 기준으로 지역 의회가 설립된다. 선출된 국회의원들은 그들의 선거구 내에 있는 공공 주택의 공용부 관리에 대한 책임을 맡게 된다. 당선된 국회의원은 6~10명의 인원을 지역 의원으로 지정할 수 있는데 이들 중 최소 3분의 2 이상은 해당 지역의 공공 주택 거주자로 구성해야 한다. 지역 의회는 공용부의 관리를 위해 전문 관리자 팀(일반적으로 지자체 혹은 부동산 관리 회사의 전문가들)을 구성하여 관리하거나 직원들을 직접 고용한다. 이를 통해 주택 관리의 권한 주체를 분산하고, 지역 의회는 지역이 어떻게 운영되어야 하는지에 대한 방향성을 정할 수 있다. 또한 이를 통해 의회 또는 분과 위원회 수준에서의 주민 참여를 가능하게 한다. 편의 시설, 승강기, 정화조 시설, 놀이터 등과 같은 지역 내의 편의 시설을 관리하기 위하여, 위원회는 해당 지역 주택개발청 공공 주택 거주자들로부터 관리비 형태의 비용을 징수할 수 있다. 이렇게 거둬들인 자금 중 일부는 장기적 관점에서 건물의 수리 및 도장, 승강기 교체, 전기/기계 시설 설치와 같은 건물 유지 비용으로 사용하기 위해 감채기금sinking funds 형태로 따로 적립해 두어야 한다. 2011년부터 국가개발부에 의해 각 지역 의회가 관리하는 공동 주택의 청결도, 관리 수준, 관리비 체납 사항 등을 평가하는 지역 의회 관리 보고서가 작성되었다. 현재까지 거의 모든 지역 의회들은 연 2회 작성되는 보고서에서 만족스러운 점수를 얻었다. 국가 차원에서는 주기적으로 작성되는 보고서를 통해 공동 주택들이 쾌적한 주거환경을 갖추고 있는지를 확인하며, 이와 더불어 주택개발청 주택들의 자산 가치가 온전하게 유지되는지 확인할 수 있다.

환경청National Environment Agency에게는 청결한 녹지 환경을 유지하고 발전시킬 책임이 있다. 싱가포르의 환경 보전을 위한 계획과 이와 관련된 프로그램을 개발 및 주도하며, 모든 개인에게 환경 소유권에 대한 인식을 심어 주고 일상 생활에서의 환경 보전을 위한 행동 양식을 전하기 위해 노력한다. 싱가포르의 환경 자원을 공해로부터 보호하고, 높은 수준의 공중 보건을 유지하고, 기상 정보를 시기 적절하게 제공함으로써, 현재와 미래 세대를 위한 지속 가능한 발전을 추구하고, 그들의 삶의 환경을 보장하기 위해 노력하고 있다.

오늘날 싱가포르의 건축 환경은 효과적으로 유지 및 관리되고 있다. 정부 기관들은 건물 소유주 및 모든 이해 당사자와의 협력을 통해 효과적인 건축 환경이 조성되는 데 이바지하였다. 이를 당연하게 여겨서는 안 되며 미래에도 이러한 제반 환경이 지속될 수 있도록 노력해야 한다. 급속한 부동산 개발을 경험한 많은 개발도상국들은 건물의 유지 및 관리에 대한 전문성 부족으로 건물의 물리적 환경의 질적 수준이 빠르게 낙후되었다. 싱가포르의 건물들의 연식이 점차 늘어남에 따라 부동산에 대한 유지 및 관리의 중요성은 더욱 강조되어야 할 것이다. 부동산 및 시설 관리에 대한 더 높은 전문성이 필요하다는 것을 반드시 인지해야 한다.

2.2.6 개선 사업 및 재개발

부동산 개발 주기의 마지막 단계는 기존 건물의 단순 업그레이드와 전면적인 철거 및 재개발을 통한 개선 사업이다. 이 두 가지 결정은 건물 소유주뿐만 아니라 도시의 경관 그리고 정부 기관의 역할에도 영향을 미친다.

초창기에는 재개발에 중점을 두었다. 이로 인해 새로운 개발 사업들이 여럿 진행되었고, 불행하게도 역사 문화 유산 일부를 개발 사업 과정에서 잃었다. 1980년대에 들어서 문화 유산 보존에 더 많은 관심을 기울일 수 있는 수준으로 싱가포르 경제가 발전하였다. 도시재개발청은 싱가포르의 오래된 지역, 특히 중부 지방의 여러 지역을 복구하기 위한 문화 유산 보존 프로그램에 착수했다. 대개의 경우 이들 프로젝트에서는 건물 내부를 리모델링하거나 기존 문화 유산물에 새로운 건물을 통합하고, 동시에 역사적 가치가 있는 외관 입면을 보호하는 사업을 진행하였다. 오래된 숍하우스 및 역사적 가치를 지닌 건물은 도시재개발청의 개선 사업을 통해 생명을 얻고 새로운 용도로 탈바꿈하였다. 도시재개발청은 중요한 문화 유산 보존 프로젝트들을 진행하기 위해서 2단계의 입찰 시스템을 도입했다. 첫 번째 단계는 부동산 개발 회사들의 개발 계획이 설계 요건을 충족하는지 여부를 확인하는 것이고, 두 번째 단계는 설계 요건을 충족한 일부 개발 회사들에게서 입찰 가격을 포함한 개발업 제안서를 제안받는 것이다. 이러한 접근은 정부가 그 지역의 역사와 문화 유산을 보존하는 가운데 싱가포르 중심 지역의 주요 관할구들을 활성화하는 데 주요한 역할을 하였다.

정부는 집합 소유 건물에 대한 재개발을 장려하는 법을 도입했다. 20년 이상 된 부동산의 경우, 집합 건물 소유자의 80% 이상이 동의하면 해당 부동산을 일괄적으로 매각하거나 재개발할 수 있게 하였으며, 10년에서 20년 사이의 부동산의 경우, 집합 건물 소유자의 90% 이상이 동의하면 일괄적으로 처리할 수 있게 법을 제정하였다. 주택개발청은 1990년대부터 기존 공공 주택에 대한 리모델링 및 재개발 사업을 진행하였다. 상업용 부동산, 특히 리테일 부동산의 경우, 리모델링과 같은 개선 사업을 정기적으로 진행하는 것이 트렌드가 되었다. 많은 경우, 이러한 상업용 부동산은 리츠에 의해 소유되었고 임대 수익 증대를 위해 정기적으로 개선 산업을 진행한다. 새로운 신축 및 재개발 프로젝트들이 지속적으로 진행됨으로 인해 싱가포르를 방문하는 방문객들은 계속해서 변화하는 도심의 스카이라인과 전경을 볼 수 있다.

정부는 재건축과 재개발 과정에서 건물을 지속 가능하고 사용자 친화적으로 개선하기 위한 전략을 도입했다. 예를 들어, 건설청이 1990년에 도입한 '장애물 없는 접근성Barrier Free Accessibility' 법규는 건물 간의 상호 연결성을 개선하고 기존 건물에 더 쉽게 접근할 수 있도록 개선하여 건물에서의 접근성을 높이고자 하였다. 인구가 고령화되면서 싱가포르 건설 환경에서 '장애물 없는 접근성'은 필수 요소가 되었다. 또한 새로운 개발 사업이 추진됨에 있어 지속 가능성에 대한 중요성이 점차 대두되고 있다. 건물에서 소모되는 에너지가 싱가포르 전체 에너지 소비의 40%를 차지한다는 점을 고려했을 때, 친환경 건물이 건설되는 것은 매우 중요하다. 이와 관련하여, 건설청은 2005년에 그린마크 제도Green Mark Scheme를 도입하였고, 2030년까지 싱가포르 모든 건물의 80%가 그린마크 인증을 획득하는 것을 목표로 하였다. 이를 위해, 건설청은 친환경 건물 마스터플랜Green Building Masterplan과 기타 다양한 이니셔티브를 통해 친환경 빌딩 기술과 설계의 사용을 적극 권장하고 있다. 이러한 방안으로는 건물의 환경 친화성과 에너지 효율을 평가하는 그린마크 제도, 그린마크 인센티브 제도 Green Mark Incentive Scheme 그리고 건물 개보수 에너지 효율 재정 지원 Building Retrofit Energy Efficiency Financing이 있다. 건설청은 이러한 제도들을 통해 에너지 효율성이 높은 친환경 건물을 건설하도록 유도하고, 기존 건물들의 에너지 효율성 개선 사업을 권장한다.

2.3 부동산 개발 산업에 대한 정부 지원

부동산 개발 주기 전반에 걸쳐 여러 정부 기관들이 수행했던 구체적 역할들 이외에도, 싱가포르 정부가 독립 후 반세기 동안 고수하였던 두 가지 중요한 정책적 전략은 부동산 개발 산업 발전에 중대한 영향을 미쳤다. 첫 번째는 창이공항과 해양항구Maritime Port와 같이 장기적 관점에서 특정 지역을 전략적으로 활성화하는 전략이다. 이를 통해 부동산 산업의 미래 시나리오를 살펴볼 수 있다. 두 번째는 공원 및 수변 공간을 통한 도심 환경 개선으로 이러한 자연 공간을 도심 속에 제공하면서 부동산 산업 발전에 긍정적인 환경을 조성하였다.

독립 후 반세기 동안, 싱가포르의 부동산 산업은 크게 변화되었다. 다운타운의 마리나 베이 지역에 새로운 금융 허브가 등장하였고, 구심 지역인 쉔톤 웨이에는 주거용 부동산이 증가하고 있으며, 탄종 파가르Tanjong Pagar 지역에는 싱가포르에서 가장 높은 건물이 될 탄종 파가르 센티Tanjong Pagar Centre가 준공을 앞두고 있는 등 도심 재활성화가 이루어지고 있다. 주요 쇼핑 지역인 오차드 로드에는 여러 개의 새로운 쇼핑몰이 들어섰으며, 지하를 통해 쇼핑몰에 접근할 수 있는 보행 동선들이 계속 확장 중에 있다. 그리고 브라스 바사-부기스Bras Basah-Bugis 지역은 싱가포르의 예술, 문화, 교육, 엔터테인먼트의 중심지로의 도약을 앞두고 있다.

1991년 컨셉 플랜에서 구상된 각 지역별로 분산화시킨 지역 센터 건설 계획은 순조롭게 진행되고 있다. 동부에 있는 탬피니스 지역 센터Tampines Regional Centre는 비즈니스 및 상업 지역 허브로 성공적으로 개발되었고, 북부 지역의 우드랜드 지역 센터Woodlands Regional Centre

가 새로운 상업 지역으로 개발되었다. 서부 지역에서는 주롱 호수 지구Jurong Lake District 주변에 지역 센터 개발 계획이 여럿 수립되었고, 향후 10년에서 15년에 걸쳐 비즈니스와 여가 활동이 가능한 수변 개발 사업이 진행될 것이다. 칼랑 리버사이드Kallang Riverside 지역과 파야 레바 센트럴 지역에 상업용 및 복합 시설 부동산 개발 사업 또한 진행 중이다.

위의 개발 사업들은 계속 진행 중이며, 더불어 싱가포르의 향후 20~30년의 계획을 담은 개발 사업 계획안이 공개되었다. 이 장기 계획에는 파야 레바 공군 기지Paya Lebar airbase 이전 사업과 탄종 파가르 항구Tanjong Pagar port 이전 사업이 포함되었다. 공군 기지가 이전함에 따라, 공군 기지가 위치해 있던 대규모 토지와 더불어 공군 기지로 인한 주변 지역의 높이 제한이 해제되면서 인근 지역에 대한 재개발 수요가 발생할 가능성이 높다. 이와 유사하게, 기존 항구가 있던 넓은 대지 면적과 그곳의 수변 환경으로 인해 탄종 파가르 지역은 최적의 개발 사업 입지를 갖추게 되었다.

싱가포르의 부동산 개발 산업은 국토의 제한적인 크기에도 불구하고 지난 50년 동안 지속되었으며 앞으로도 계속될 것이다. 위에서 논의된 부동산 개발 주기는 계속되는 순환 주기이다. 국가의 물리적 지형은 국가의 경제적, 사회적 변화에 맞추기 위해 진보할 필요가 있다.

싱가포르의 섬들 전역에 걸쳐 부동산 개발 프로젝트들이 활발하게 진행 중인데, 현재의 싱가포르는 반세기 전 독립 당시보다도 더 많은 공원, 녹지 공간, 수변 공간을 갖게 되었다. 흥미롭게도, 부동산 개발 프로젝트들이 증가함에 따라 도심 속의 녹지 공간은 더욱 증가하였다 (표 2.1 참고).

표 2.1 싱가포르 내 녹색 공간 및 수변 지역

항목	2009	2013
건물 외부의 녹색 공간(ha)	10	61
녹색 공간(ha)	3,602	4,040
공원 간 연결 동선 길이(km)	113	216
레크리에이션 활동을 위한 개방된 수변 공간(ha)	650	959
레크리에이션 활동을 위한 수로 길이(km)	72	93

출처: 지속 가능한 싱가포르 청사진 2015, 환경수자원부/국가개발부

1960년대 초부터, 싱가포르의 초대 총리인 리콴유Lee Kuan Yew는 싱가포르를 아시아 중심부에 위치한 정원 도시로 만들려는 계획을 세웠다. 그는 싱가포르 섬 전역을 녹지화시키자는 비전을 제시했는데, 도심화로 발생하는 도시의 척박함을 녹지 공간을 통해 완화시키고, 사람들의 삶의 질을 향상시키며, 외국으로부터 투자를 유치하는 데 도움이 될 거라 믿었다. 싱가포르에서 나무 심기 캠페인은 1963년 처음 시작되었다. 1년 만에 50종 15,000그루의 나무가 심어졌다. 그리고 5년 만에 100만 그루의 나무가 심어졌다. 도심의 옹벽, 육교, 고가도로, 주차장 등에 녹화를 진행하며 섬 전체를 가능한 빨리 녹지화시키고자 하였다. 공공의 열린 공간들은 공원과 정원으로 바뀌었고, 이곳 대부분은 도심 및 주거 지역과 가까웠다. 그리고 꽃과 과일 나무를 싱가포르 전역에 심어 싱가포르 도심에 색깔을 더하였다.

싱가포르 녹지화 프로젝트는 국립공원위원회National Parks Board가 주관하였다. 국립공원위원회는 단순히 녹색 환경을 조성하는 것에서부터, 약 200킬로미터에 달하는 녹색 길을 조성하여 공원과 연결시켰으며, 공원과 주거지를 연결하고, 녹지 지역을 수변 지역과 연결하였다. 이러한 예로 사우던 브릿지Southern Bridge 개발 사업이 있는데,

이는 9킬로미터 길이의 녹색 체인 형태의 다리로, 마운트 파버 공원 Mount Faber Park, 텔록 블랑가 힐 파크Telok Blahgah Hill Park, 켄트리지 파크Kent Ridge Park의 구릉들을 가로지르는 개방된 공간으로 웨스트 코스트 파크West Coast Park까지 연결된다. 오늘날 국립공원위원회의 비전은 도시에 정원을 개발하는 것을 넘어 싱가포르 자체를 정원으로 만들어 정원 속 도시를 만드는 개념으로 확장되었다.

공원과 녹지 공간 외에도, 수변 지역에 인접한 주거지 개발 사업은 인기가 많다. 국가 기관인 공공시설청Public Utilities Board은 '액티브, 뷰 티플, 클린 워터Active, Beautiful and Clean Water' 프로그램을 통해 운하 및 배수구 지역을 활용하여 일반의 접근이 가능하고 레크리에이션 활 동이 가능한 매력적인 수변 공간을 만들었다. 국립공원위원회와 함 께, 그린 앤 블루 계획Green and Blue Plan 프로젝트를 진행하여 공원과 수변 지역에 인접한 개발 사업을 진행하였고 이를 통해 사람들의 생 활 환경을 향상시키고자 하였다. 우드랜드 해안가Woodlands Waterfront, 풍골 워터웨이Punggol Waterway, 래브라도르 자연 해안 거리Labrador Nature and Coastal Walk와 같은 프로젝트들은 사람들을 자연과 해안 지 역에 맞닿게 하였다.

싱가포르 부동산 개발 사업은 친환경적이고 살기 좋은 환경을 조성 하려는 정부의 여러 정책으로부터 혜택을 입었다. 다른 도시 및 국가 에서 이러한 정책을 수행할 때는 세 가지 주요 사항을 명심할 필요가 있다. 첫 번째는 아이디어를 현실로 만드는 능력이다. 예를 들어, 마리 나 배라지Marina Barrage가 건설된 이유는 도심의 수도 공급을 위해 댐 을 만들기 위해서였다. 강을 댐으로 막음으로써 대규모의 저수지가 조 성되었다. 이런 방식으로 싱가포르 내에 10개 이상의 저수지가 조성되었다. (맥리치MacRitchie, 오이어스Oierce, 셀레타와 같이 널리 알려진 중심부 지역의 3개의 저수 지역을 포함한다.) 이렇게 조성된 수변 공간들은 도심에 물 공급의 주요 공급처일 뿐 아니라 여가와 레크리에이션의 장소가 된다. 두 번째는 일반에게 공원과 수변 지역을 개방하기 위한 정교한 계획을 수립하는 것이다. 이러한 친환경 개방 공간을 많은 사람들이 활용하면서 커뮤니티에 긍정적인 혜택을 줄 수 있다. 세 번째는 이러한 친환경 편의 시설을 유지하고 개선하기 위해 지속적으로 노력하여 후손들이 편의 시설을 즐길 수 있도록 해야 한다.

2.4 주택에서 정부의 역할

인간의 기본적인 욕구인 주택은 종종 사회적 공익으로 간주되며 정부의 참여가 요구된다. 앞서 강조했듯이, 싱가포르의 공공 주택 개발은 싱가포르 독립 후 반세기 동안 걸쳐 진행된 도시 변천사와 함께 이루어졌다. 싱가포르 도시 경관에서 내부에서는 보편적이지만 외부에서는 특별하게 보이는 특징 중 하나가 주택개발청에 의해 개발된 아파트 단지이다. 실제로 주택개발청이 지은 공공 주택 단지들은 싱가포르 개발 산업의 물리적 성장 그 자체를 의미한다.

싱가포르 공공 주택 프로그램은 1960년대에 시작되었는데 당시에 주거 공간이 매우 부족했기 때문에 가능한 빠른 시간 내에 주민들의 기본적인 욕구를 충족시킬 수 있는 저가의 주택 모델이 필요했다. 이에 단순하고 실용적인 주택 설계가 도입되었고 1개에서 3개의 방을 갖춘 아파트 공간에 수도 및 전기와 같은 기본적인 편의 시설이 들어간 주거 공간이 보급되었다. 오늘날의 기준으로 볼 때는 다소 낮은 수준의 주택일 수 있지만, 당시 빈민가 혹은 지방의 주거 공간에 비하면

훨씬 좋은 주거환경이 제공되었다. 싱가포르의 첫 번째 컨셉 플랜이 1971년 수립되었고, 주택개발청은 두 가지 기본 원칙에 따라 공공 주택을 설계하였다.

- 장기적인 주택 수요를 충족하며 제한적 규모의 토지를 극복하기 위한 최적화 방안으로 고밀도의 고층 공공 주택 건설 유도
- 완전한 주거환경을 제공하기 위해 교육, 사회, 커뮤니티 시설을 갖춘 지속 가능한 자립형 신도시 구축

1980년대에 사회 전반적인 부의 증대는 더 나은 공공 주택에 대한 사회적 열망과 기대를 가져왔다. 도시 계획은 도시의 형태 및 구조, 공원 등과 같은 커뮤니티 시설 요소를 고려하기 시작했다. 더불어 거리의 경관 개선과 아파트 단지 건설의 중요성이 강조되었다. '관할 구역 precincts' 개념이 도입되면서 각 구역마다 놀이터, 운동 시설과 같은 공용 공간과 레크리에이션 시설을 제공하였고 이를 통해 지역 간 상호작용이 촉진되었다. 1990년대에는 높은 수준의 주거환경 조성과 커뮤니티 정체성 형성에 중점을 두었다. 강력한 시각적 효과를 통해 커뮤니티에 정체성을 부여하고자 랜드마크, 조경, 공공 공간에 특수한 건축적 요소를 반영하였다. 싱가포르 국민들의 변화하는 라이프스타일과 열망에 대응하여 '풍골21 Punggol 21' 해안 도시와 같은 새로운 주거 개념이 도입되었다. 변화하는 사람들의 요구와 라이프스타일을 충족시키기 위해 싱가포르의 공공 주택은 1960년대의 낮은 가격의 주거 형태에서 오늘날 싱가포르 도시 경관을 대표하는 높은 품질의 합리적인 가격의 아파트 단지 형태로 발전했다.

주택은 단순한 소비재가 아닌 투자재의 성격을 띤 자산으로 간주된다. 주택은 거래 비용이 높아 다른 금융 자산만큼 자주 거래되지 않는

다. 주택 가격의 상승은 개인의 자산에 긍정적인 효과를 주고 더 나은 주거환경으로의 이동에 유인이 된다.[1] 현재 소유한 주택개발청 아파트의 가격 상승분이 주택 담보 대출의 잔여 대출 원리금과 신규 주택의 계약금을 감당할 수 있을 수준이라면 더 큰 규모의 신축 주택으로 이사할 것이다. 반면에 주택 가격이 하락하는 시기에는 이사를 꺼리게 된다.

싱가포르의 공공 주택 시장은 강한 규제가 있는 1차 시장과 자유방임 형태의 2차 시장이 공존한다. 주택개발청 보조금을 통해 아파트를 구입한 소유주는 최소 5년 간의 점유 기간을 충족한 후에만 아파트를 판매할 수 있다. 2차 시장에서 새롭게 매입할 주택개발청 아파트와 기존의 주택개발청 아파트 간의 시세 차익을 확보할 수 있고 이를 통해 자산 축적이 가능하다. 이 과정에서 확보한 자산으로 공공 주택에서 민간 주택으로 주택을 업그레이드하는 목표를 실현할 수 있다.

그림 2.3은 공공 주택 정책과 싱가포르 중앙적립기금 정책을 민간 주거용 부동산 가격 추세에 반영한 것이며 이들 정책에 대한 세부 사항은 표 2.2에 요약되어 있다. 이들 정책은 주택개발청 아파트 가격 변동에 큰 영향을 준다.[2] 일부 연구 조사는 민간 주택 가격 또한 공공 정책의 변화에 민감하게 반응함을 나타내며,[3] 싱가포르의 민간 주택 시장과 공공 주택 시장 사이의 가격 형성 상관성에 대한 연구 결과도 있다.[4]

---

1) Ortalo-Magne, F. and Rady, S., 2006. "Housing Market Dynamics: On the contribution of Income shocks and credit constraints," Review of Economic Studies, 73, 459-485.

2) Tu, Yong and Wong, Grace K.M., 2002, Public Policies and Public Resale Housing Prices in Singapore, International Real Estate Review, 5:1, 115-132.

3) Sing, Tien Foo, Tsai, I-Chun and Chen, Ming-Chi, (2007), "Price Dynamics in Public and Private Housing Markets in Singapore" Journal of Housing Economics, Vol. 15, No. 4, pp. 305-320.

4) Ong, Seow Eng and Sing, Tien Foo, 2002, "Price Discovery between Private and Public Housing Markets," Urban Studies, 39(1), 57-67.

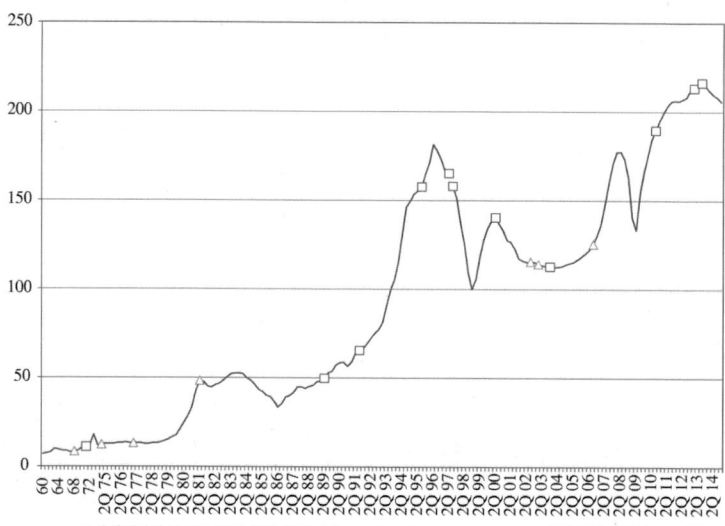

그림 2.3 공공 주택 및 중앙적립기금이 민간 주거용 부동산 가격에 미치는 영향
출처: 부동산 시장, 도시재개발청(URA), 싱가포르 부동산개발협회(REDAS), 저자진

표 2.2 주택개발청 및 중앙적립기금 정책이 민간 주거용 시장에 미치는 영향

년도	주택개발청(HDB) 규정	중앙적립기금(CDF) 규정
1968년 4월		중앙적립기금 주택 소유권 계획
1971년 3월	주택개발청 주택 재매각 시장 설립	
1975년 3월		내집마련을 위한 중앙적립기금 활용
1977년 3월		국방부 주택을 위한 중앙적립기금 활용
1981년 6월		중앙적립기금의 주거용 부동산 계획 승인
1989년 8월	주택개발청 주택 매각 규정의 완화	
1991년 10월	단일 싱가포르 주민 계획	
1995년 8월	이그제큐티브 콘도미니엄 계획 도입	
1997년 4월	주택개발청 주택 담보 대출 관련 규정 도입	
1997년 9월	민간 부동산 매입 시 최소 5년 입주 의무화	

년도	주택개발청(HDB) 규정	중앙적립기금(CDF) 규정
2000년 6월	주택개발청 소유자들에 의한 민간 부동산 매입 시 규정	
2002년 7월		주택 매입 관련된 중앙적립기금 자금 활용 규정 개정
2003년 3월		중앙적립기금 최소 인출 한도 상한, 2003년 7월 1일
2003년 10월	주택개발청 주택 전대차 규정 완화	
2006년 7월		다주택 구입 제한, 비주거용 부동산 계획 단계적 폐지
2010년 8월	최소 입주 기간 이내에 주택개발청 주택과 민간 주택 동시 소유 불가	
2013년 1월	영주권자의 주택개발청 주택 전대차 불허, 영주권자가 민간 주택 매입 시 5개월 이내에 주택개발청 주택을 매각해야 함, 산업용 부동산 및 부지 매각 시 매도자 인지세 부과(1년 이내 15%/2년 이내 10%/3년 이내 5%)	
2013년 8월	담보 대출 비율: 영주권자가 주택개발청 주택을 매입하기 위해서는 영주권을 취득한 지 3년이 지나야 함	

1995년 정부는 민간 주택 시장의 급격한 가격 상승으로 인한 시장에서의 수요 압박을 완화하기 위해 이그제큐티브 콘도미니엄이라는 민간 주택이 결합된 새로운 형태의 공공 주택을 도입하였다. 이그제큐티브 콘도미니엄은 각 호실별로 수분양자에게 분할 소유되며, 99년 임대차 형태로 소유되는 콘도미니엄으로, 부동산 개발 회사가 건설하고 판매하며 주택개발청에서 정한 소득 기준을 충족한 싱가포르 자국민이 매수할 수 있는 주거 상품이다.[5] 이그제큐티브 콘도미니엄은 주택개발청 아파트와 동일하게 최소 5년 간의 의무 점유 기간을 적용받으며, 10년 후에는 일반 시장에서 자유롭게 거래할 수 있다. 싱가포르 정

---

[5] 이그제큐티브 콘도미니엄이 처음 도입되었을 때 소득 한도는 매월 S$10,000이었다. 2011년 8월 15일부터 소득 한도는 S$12,000로 변경되었다.

부는 피뎀코랜드Pidemco Land의 전신이었던 공공 기업과 NTUC 초이스 홈스NTUC Choice Homes와 같은 정부 산하 기업들에게 정부 소유 토지에 이그제큐티브 콘도미니엄을 건설하고 판매하는 일을 맡겼다. 하지만 1997년에 이르러 이러한 정부 산하 공공 기업들의 시장 독점은 폐지되었고 이그제큐티브 콘도미니엄 개발 사업을 위한 정부 소유 토지는 시장에서의 경쟁 입찰을 통해 매각되었다. 럼창건설Lum Chang Building Construction은 1997년 6월 분레이 웨이Boon Lay Way에 위치한 이그제큐티브 콘도미니엄 부지를 입찰을 통해 낙찰받았다. 이는 나중에 서머데일 이그제큐티브 콘도미니엄Summerdale EC 개발 사업으로 이어졌다. 그림 2.4는 1997년부터 2015년까지 경쟁 입찰에 의해 매각된 이그제큐티브 콘도미니엄 부지 수를 나타낸다.

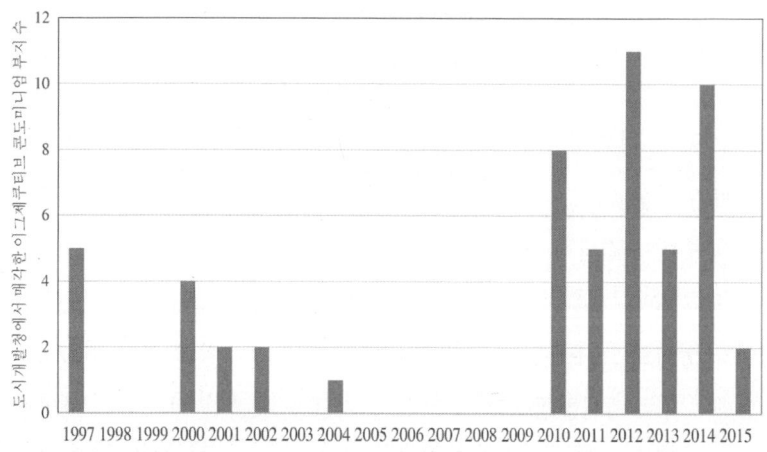

그림 2.4 주택개발청을 통해 매각된 이그제큐티브 콘도미니엄 부지
출처: HDB

오늘날 싱가포르 인구의 80% 이상이 주택개발청 아파트에 살고 있고 이 아파트의 90% 이상이 실사용 목적으로 소유되었다. 이에, 다른

국가들의 공공 주택과 비교했을 때 싱가포르 공공 주택에는 세 가지 다른 점이 있다. 첫째, 공공 주택은 국가 건설에 중요한 역할을 담당했다. 1964년 초, 싱가포르 정부는 이주민들을 끌어들여 싱가포르에 정착시키고 가정을 꾸릴 수 있게 하려면 개인들의 주택 소유가 필요하다고 생각했다. 오늘날의 싱가포르 국적 국민은 주택개발청에서 보조금을 받으며 수주 생산Build-to-Order 방식으로 새 아파트를 구입할 수 있다. 둘째, 공공 주택은 주거지를 제공한다는 측면에서 사회적 재화로 여겨질 뿐만 아니라 퇴직과 같은 미래를 대비하여 자본화할 수 있는 자산으로 간주된다. 1981년 이후 최소 점유 기간을 충족한 주택개발청 아파트 소유자는 아파트를 판매할 수 있는 권리를 갖게 되었고, 이로 인해 주택개발청 아파트 거래를 위한 주택개발청 아파트 2차 시장이 형성되었다. 소유자들은 통상 2차 시장에서 아파트 가격 차익을 통한 자본 이득을 얻을 수 있었다. 셋째, 공공 주택의 적절한 관리와 유지를 통하여 아파트의 가치가 유지된다. 1990년부터 선거 구역을 기준으로 공공 주택의 공용 공간을 관리하기 위해 지역 의회가 설립되었고, 선출된 의회 의원과 주민이 지역 의회의 운영을 결정했다. 강제력 있는 법률 제정과 명확한 규정들로 오늘날 싱가포르의 공공 주택은 대개의 경우 잘 유지되고 있다.

주택개발청은 물리적인 도시 계획 이외에도 공공 주택에 대한 감독 역할을 담당하는데, 신축된 공공 주택의 유형 및 디자인이 변화하는 인구 구조와 생애 주기에 따른 사회적 요구를 효과적으로 반영하고 있는지 주기적으로 검토한다. 싱가포르 주택 정책 또한 시간에 따라 변화하는 싱가포르 사람들의 요구, 열망, 환경에 맞춰 발전되어 왔다. 싱가포르의 고령화 현상 및 소득 격차 확대로 인한 빈부격차 현상으로,

노인과 저소득층 아파트 수요자들의 요구를 충족시키기 위한 주택 공급에 더 많은 관심을 기울이고 있다. 예를 들어, 스튜디오 아파트Studio Apartment는 고령층에게 기존과는 다른 형태의 주거 공간을 제공하기 위해 1998년 도입되었다. 스튜디오 아파트는 효율성 높은 설계, 손잡이, 커다란 크기의 스위치, 경보 장치 등의 고령층을 위한 안전 장치를 갖추고 있다. 또한 주택개발청은 최근 몇 년 동안 저소득층의 주거 문제를 해결하기 위해 2~3개의 방을 갖춘 저가의 주거 공간을 제공하는 시도를 하고 있다. 또한 정부 차원에서 추가적인 보조금을 지급하여 싱가포르 인구의 90% 가까이 되는 사람들이 주택개발청 공공주택을 구입할 수 있도록 자금 지원을 하고 있다. 싱가포르 내 1인 가구가 점점 늘어나면서, 핵 가족과 관련된 규정을 개정하여 35살 이상의 미혼이 2개의 방이 있는 신축 주택개발청 아파트를 매입할 수 있게 하였다.

싱가포르의 공공 주택 정책에서 부동산의 재개발 및 개선 사업은 중요하게 다뤄지고 있다. 1990년대에 부동산 주요 개선 사업, 부동산 임시 개선 사업, 엘리베이터 개선 사업 등의 프로그램으로 구성된 부동산 재개발 전략이 도입되면서 기존의 오래된 지역을 새로운 도시 기준에 맞는 커뮤니티로 개선했다. 선택적 단지 재개발 계획Selective En bloc Redevelopment Scheme이 도입되면서 주택개발청은 재개발 사업을 위해 노후된 주택을 매입할 수 있게 되었다. 이를 통해 주요 위치의 토지를 최적의 용도로 활용할 수 있도록 시장에 매각할 수 있게 되었다. 선택적 구획 개발 계획의 영향권 아래에 있는 기존 거주자들은 인근 지역의 현대식 시설을 갖춘 새로운 주거 공간을 99년 임차 기간 동안 제공받았고 이를 통해 기존 이웃과의 공동체 관계를 유지할 수 있도록 하였다. 향후 10년 동안 준공된 지 40~50년 된 주택개발청 아파트의 수가 증가함에 따라, 노후 부동산을 재개발하고 개선해야 하는 사회적 필요성이 더욱 커질 것이다. 한 가지 우선적으로 진행해야 할 사항은 단지 내 거주자들이 엘리베이터를 타고 모든 층에 접근할 수 있도록 하여 고령화 사회에서 고령층의 주거 공간 내의 동선을 개선할 필요가 있다. 엘리베이터 개선 사업은 이미 대부분 완료되었으며, 기존 공공 주택 단지의 내부 환경 개선에서 한발 더 나아가 인근 단지 전체에 대한 개선 작업으로 영역을 확대하고 있다.

21세기의 싱가포르 공공 주택은 사회의 요구를 반영한 다양한 주택 유형을 개발하며 계속 진화할 것이며, 응집력 높은 커뮤니티에 합리적 가격의 주택을 제공하는 것을 최우선 사명으로 삼을 것이다. 그리고 사회 경제적 변화 속에서 변화하는 시장 수요에 맞는 부동산을 공급하고, 경제 성장 가운데 합리적인 가격의 공공 주택을 사회 공동체에 공급해야 하는 도전을 계속해 나가야 할 것이다.

2.5 정부의 주택 시장 개입

다른 자산 시장에 비해 부동산 시장은 정보의 정확성이 부족하고 비효율적으로 움직임에 따라, 비합리적인 투자자들에 의해 시장에서의 왜곡이 발생할 수 있다. 투기꾼 그리고 정보를 보유한 투자자는 그들만이 확보한 정보를 활용하여 비정상적인 수익을 얻을 수 있다. 만약 외부에서의 제한이 없으면 민간 주택 시장은 정상적인 시장 가격에서 크게 벗어날 것이며 이로 인해 일부 주택 소유자들은 경제적, 사회적으로 큰 손실을 입을 수 있다. 따라서 정부는 시장의 불필요하고 극단적인 변동성을 완화하기 위해 때때로 시장에 개입하여 선제적으로 대응한다. 표 2.3은 정부 정책의 세부 사항을 설명하고 있고, 그림 2.5는 민간 부동산 시장에 대한 정부 개입 사례를 나타낸다.

표 2.3 시장 활성화를 위한 정부 부동산 정책

년도	경기 순행적 정책	시장 활성화를 위한 정부 정책 사항
1997년 11월	서프라이즈 패키지	• 정부의 토지 판매를 1998년 2분기까지 연기, 주거용 부동산 개발 사업에서의 준공 시점을 4~5년에서 8년으로 연장 • 1998년과 1999년에 시장에 매각한 토지에서 개발 사업의 준공 시점을 8년으로 지정, 외국 회사의 경우 개발 사업 준공 시점을 10년까지 연장 • 준공 기간을 1년 연장할 때마다 토지 가격의 5% 수준에 대한 재무적 지원; 단, 기술적 문제로 인한 연장은 제외 • 부동산 매입 후 3년 이내 매각 혹은 1997년 11월 19일 이후 매각 시 인지세 추가 요금 면제
1998년 6월	한화 약 1.6조 원(S$2billion) 규모의 예산외 자금 투입	• 1999년까지 정부의 토지 판매 중단 • 임시 사용 허가권 혹은 준공된 부동산에 대한 소유권 취득까지 인지세 납부 연기
2002년 12월	2002년 예산외 자금 투입 연장	• 정부 토지 판매를 2003년 1분기까지 중단 • 중심 상업 지역의 토지 판매를 2003년 1분기까지 중단; 상업용 및 산업용 부동산에 대해 연간 최대 한화 약 8백만 원($8,000)까지 환급; 더불어 잔여 부동산 재산세의 30% 환급
2003년 4월	한화 약 2천 3백억 원($230million) 규모의 SARS 구제책	• 상업용 부동산에 대한 추가적인 재산세 환급 조치 시행 • 기존의 상업용 부동산에 대한 환급 규정에 추가적으로 한화 약 2백만 원($2,000)의 추가 환급을 적용하고, 더불어 잔여 부동산 재산세의 10% 환급

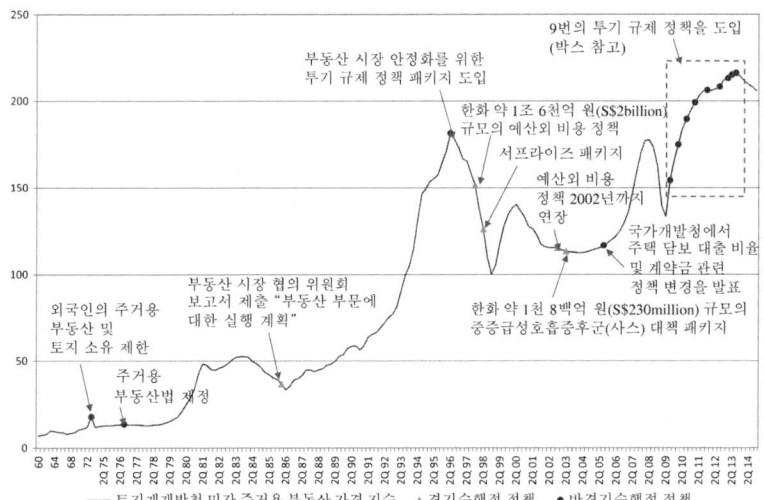

그림 2.5 민간용 부동산 시장에 대한 정부의 개입
출처: 부동산 시장, 도시재개발청(URA), 싱가포르 부동산개발협회(REDAS), 저자진

싱가포르는 독립 이후 1985년에 가장 심각한 경제 불황을 경험하였다. 당시 재정부 장관은 부동산 시장이 직면하고 있는 문제들을 평가하고 해결책을 제안하기 위해 정부 기관, 민간 부문, 학계를 대표하는 위원들을 소집하여 부동산시장자문위원회Property Market Consultative Committee를 만들었다. 1986년 2월, 부동산시장자문위원회의 의장은 재무부 수입 부서 대표였던 토펭킷 박사Dr. Toh Peng Kiat였고, 위원회는 침체된 부동산 시장을 해결하기 위해 세 가지 전략을 담은 '부동산 부문에 대한 실행 계획'이라는 보고서를 작성하였다(사례연구 2.3 참고). 이 보고서에서는 시장에서의 부동산에 대한 수요를 높이기 위한 전략 중 하나로 리츠 도입의 필요성이 제기되었지만 리츠 시장은 2002년 7월에 이르러야 비로소 싱가포르에 도입되었다. 싱가포르 민간 부동산 시장은 위원회에 의해 보고서가 작성되고 얼마 후 1986년 2분기에 회복세를 보이기 시작하였다.

사례 연구 2.3: 부동산시장자문위원회 보고서

부동산시장자문위원회는 1986년 2월 6일 발표한 '부동산 부문에 대한 실행 계획' 보고서를 통해 부동산 시장을 둘러싼 문제를 해결하기 위한 다각적인 접근법을 제안했다. 공급 제어, 수요 활성화, 시장의 신뢰도 개선이라는 세 가지 측면의 접근법을 아래에 요약해 두었다.

A) 부동산 공급 관리 전략

- 필수적인 경우를 제외하고 임차 부문에서 공공의 참여를 제한하여 민간이 임차 공간을 확보할 수 있도록 하고, 시장의 가격과 임차를 공공 부문에서 주도하는 것을 제한
- 민간과 공공 부문에서 진행하는 부동산 개발 사업 계획을 연기, 중단, 축소, 폐기
- 도시재개발청의 주거용, 상업용, 산업용 부지 매각 연기
- 민간과 공공 부문에서의 잉여 부동산을 기관, 레크리에이션, 그 밖의 사업자들의 사용 목적으로 전환

B) 부동산 수요 활성화 전략

- 규제 완화 정책 – 주택개발청 공공 주택 소유자들이 민간 주택을 매입하기 전에, 자신들이 보유한 주택개발청 공공 주택 매각 절차 상의 기간적 제한 사항을 완화, 외국인의 부동산에 대한 지분 및 소유권에 대한 제한 완화 등의 규제 완화 정책 도입
- 세금 우대 제공 – 자가 소유 주택에서 발생하는 운용 손실 및 주택 담보 대출 이자의 감면 혜택을 위해 개인 소득세 공제, 인지세 완화, 상업용 부동산에 대한 감가상각 충당금 제공

- 소유권 이전 등기 및 담보 대출 관련 수수료 감소
- 부동산 매입을 위한 자금 인출 및 계약금과 관련된 공적 자금 규정의 완화를 통해 주택 구입 능력 향상
- 부동산 가격 및 임대료의 국제적 경쟁력에 관한 마케팅 및 홍보
- 해외 자금의 싱가포르 부동산 투자 유인 정책
- 투자 활성화를 위한 리츠 제도 도입

C) 시장에서의 신뢰도 상승 전략
- 관련 관계자들의 전문성에 관한 기준 강화
- 부동산 중개인의 면허 취득 필수화와 이들의 운영에 관한 규제를 통한 시장 질서 확립
- 미디어 매체의 부동산 시장 관련 보도에 있어 최대한의 객관성 확보
- 부동산 시장에서 발생하는 사건 및 시장의 분위기 전달에 있어서 부동산 개발 회사, 소유자, 매수자, 금융 관계자, 중개자, 공무원 등 관계 당사자별 관점에서의 차별성에 입각한 정보 전달
- 금융 기관 대출 기법의 선진화
- 리츠와 같은 투자 기구 도입
- 부동산 정보의 가용성, 분석법, 발표 및 출판의 방법론적 개선
- 토지 매입과 토지 보상률과 같은 토지 사용에 관한 정부 정책의 명확성과 확실성 제고
- 일관성 있는 정부 정책 확립
- 다른 부문들의 부동산 부문에 대한 인식 제고를 위해 정부 차원에서의 노력

싱가포르 부동산 시장은 1997년 아시아 금융 위기가 장기화되면서 또 한번의 침체기를 경험하게 되었다. 여러 가지 부정적인 사건을 경험하면서 싱가포르 민간 부동산 시장은 두 번의 연속된 장기적인 가격 하락을 경험하게 되었다. 1996년 3분기에서 1998년 4분기에 걸친 2년 간의 장기 하락세와 2000년 3분기에서 2004년 1분기에 걸친 4년 간의 장기 하락세를 경험하였다. 도시재개발청의 자료에 따르면 2001년 2분기에 민간 주거용 부동산 시장에 무려 18,205개의 콘도미니엄 아파트가 미분양 상태로 남아있었다. 정부는 2002년에 4차례의 경기 부양책을 실시하였는데, 예산외 별도 자금 투입off-budget, 서프라이즈 패키지surprise package, 예산외 별도 자금 투입 연장, 중증급성호흡증후군SARS 구제책이 있었다. 부동산 시장을 감독하는 역할을 수행하는 싱가포르 국가개발부의 장관은 예산외 별도 자금 투입 발표 후 다음과 같이 언급했다.

"… 부동산 시장을 안정시키기 위해 시행한 예산외 자금 투입 조치가 즉각적인 효과를 낼 수 없지만, 시장의 신뢰를 높이고 도심의 부동산 산업 하락을 막는 데 도움이 될 것입니다. 예산외 자금 투입 조치만으로는 부동산 산업이 스스로 회복되지 못할 것입니다. 결국 부동산 부문의 회복은 경기 전체의 회복 여부에 달려 있습니다."

국가개발부 장관, 마보우탄Mah Bow Tan
싱가포르 비즈니스 타임스(라시왈라Rashiwala 기자, 2001년)

지난 50년 동안 싱가포르 정부는 1995년과 2009~2013년, 두 차례에 걸쳐 부동산 산업 주기 흐름에 반하는 조치를 시행하였다. 도시재개발청의 민간 부동산 가격 지표에 따르면 1991년 1분기부터 최고

점인 1996년 2분기까지 연속적인 분기별 상승세를 보였다. 물가 지수는 1993년 2분기에서 1996년 2분기 사이에 두 배 가까이 증가하였고, 연평균 성장률 관점에서 보았을 때 23.8%의 물가 지수 상승률을 보였다. 민간 부동산 가격의 유례없는 상승은 같은 기간 동안 소비 측면에서 분기별 평균 성장율을 5.92% 위축시켰다(출처: 중앙적립기금 통계자료).

정부는 1996년 5월 15일 과열된 시장을 진정시키기 위해 여러 조치들을 신속하고 결단력 있게 도입하였다.[6] 이러한 대책에는 주택담보대출비율(LTV)을 80%로 제한하고,[7] 부동산 매입 후 3년 이내 매각 시 양도소득세와 인지세를 부과하는 방안이 포함되었다. 또한 정부는 시장에서의 민간 주택 공급을 6,000세대에서 7,000~8,000세대로 늘리기 위해 정부 소유 토지 매각 프로그램을 활성화하였다. 이러한 부동산 투기 규제 대책들은 1997년 아시아 금융 위기와 함께 민간 주택 가격 하락에 크게 기여했다. 민간 주택 가격은 1996년 3분기 181.0포인트에서 1998년 4분기 100포인트로 무려 44.9% 하락하였다.

부동산 민간 주택 시장의 두 번째 버블은 2004년 2분기부터 형성되기 시작했으나 2008년 서브 프라임 위기와 리먼 브라더스 파산 등의 세계 금융 위기로 버블이 멈췄다. 하지만, 민간 주거용 부동산 가격은 2009년 3분기에 V자 모양의 반등세를 보이며 2013년 3분기에 부동산 가격 최고치를 기록했다. 2009년부터 2013년에 걸쳐 민간 주택 가격이 급등하는 동안 정부는 9차례의 시장 안정화 조치를 도입하였다(표 2.4 참고).

---

[6] 정부는 민간 주거용 부동산 가격의 급등을 막기 위해 LTV 대출 한도를 80%로 제한하였고, 부동산 양도소득세를 강화하였다. 그리고 매입 후 3년 이내에 부동산을 매각하는 경우에는 매도자에게 인지세를 부과하였다.

[7] 1996년 5월 이전까지는 민간 부동산을 매입하기 위해서 은행에서 감정가의 90%까지 대출을 받을 수 있었다.

표 2.4 정부의 반경기 순행적 정책

년도	반경기 순행적 정책	투기 규제 정책 사항
1976년 10월	주거용 부동산법 제정	• 외국인은 민간 아파트 6층 이상의 주택만 구입 가능. 또는 콘도미니엄 아파트의 집합건물 소유권 구입 가능 • 영주권자는 법무부에 신청하여 단독 주택 건물 매입 가능
1996년 5월	부동산 시장의 안정화를 위한 투기 규제 패키지 도입	• 부동산 매입을 위한 대출을 80%로 규제 • 1997년 7,000~8,000개의 주택을 시장에 공급 • 품질 관리 관점에서 민간의 부동산 개발 사업은 30개월 이내에 준공되어야 하며, 30개월 초과 시 연간 5%의 과징금이 부과됨 • 부동산 혹은 분양권 매수자에 대한 인지세 부과 연장 • 3년 이내에 부동산 매도 시 부가적인 인지세 및 양도소득세 부과
2005년 7월	국가개발부에 의해 계약금 및 주택담보대출비율(LTV) 관련 규정 발표	• 국가개발부는 부동산 시장에 영향을 주는 정책 변화 발표 • 주택담보대출비율을 80%에서 90%로 상향 조절하고 계약금을 10%에서 5%로 하향 조정 • 관계가 없는 개인들이 조인트joint 형태로 공적 기금을 활용하여 주택 구입 가능. 2016년 7월에는 비 주거용 부동산에 대한 공적 기금의 활용을 단계적으로 제한하였고, 여러 개의 주택 매입에 공적 기금 활용을 제한
2009년 9월	1단계 투기 규제 정책	• 국가개발부는 부동산 시장에 영향을 주는 정책적 변화를 발표 • 무이자 중도금 및 원금 만기 일시 상환 폐지
2010년 2월	2단계 투기 규제 정책	• 주택담보대출비율 강화 및 인지세 부과
2010년 8월	3단계 투기 규제 정책	• 매도자 인지세 부과 정책의 연장
2011년 1월	4단계 투기 규제 정책	• 매도자 인지세 인상 및 주택담보대출비율 강화
2011년 12월	5단계 투기 규제 정책	• 추가적인 매수자 인지세 부과
2012년 10월	6단계 투기 규제 정책	• 대출 나이 제한 및 주택담보대출비율 강화
2013년 1월	7단계 투기 규제 정책	• 추가적인 매수자 인지세 인상 및 주택담보대출비율 강화
2013년 6월	8단계 투기 규제 정책	• 총 부채상환비율 도입
2013년 8월	9단계 투기 규제 정책	• 최대 대출 기간 제한 및 주택개발청 아파트 및 이그제큐티브 콘도미니엄에 대한 주택담보대출비율 제한

시장 안정화 조치로는 주택담보대출비율의 제한, 총 부채상환비율(TDSR) 제한, 주택개발청 아파트 및 이그제큐티브 콘도미니엄에 대한 주택담보대출비율 제한과 같은 거시 건전성 차원에서의 여러 조치들과 매도자 인지세 인상 및 매수자의 추가적인 인지세 인상 등의 거래세 차원에서의 조치가 포함되었다. 이는 부동산 주택 가격의 과열을 유발하는 비이성적인 시장 활동을 억제하기 위한 조치들이었다.

2.6 부동산 부문에서 정부의 역할

싱가포르 정부는 부동산 개발 주기 전반에 걸쳐 여러 역할을 수행하였으며 주택 시장에도 직접적으로 참여하였다. 이와 더불어 정부는 주롱타운공사를 통해 산업 부문에서, 그리고 싱가포르 관광위원회Singapore Tourism Board를 통해 관광 부문에서 괄목할 만한 성취를 이루어 냈다. 실제로 주롱타운공사는 경제 성장을 추진하기 위한 정부의 산업화 프로그램의 일환으로 1968년 설립되었다. 마찬가지로, 싱가포르 관광진흥위원회Singapore Tourist Promotion Board는 1964년 싱가포르 관광 산업 발전을 위해 설립되었다.

2.6.1 주롱타운공사 - 산업용 부동산

주롱타운공사는 싱가포르 산업 공간의 계획, 홍보, 개발을 선도하는 주요 기관이다. 1968년 설립된 이래로, 주롱타운공사는 산업의 변화를 지원하고 고용을 창출하기 위한 토지와 공간을 개발함으로써 싱가포르의 경제 개발 과정에서 중요한 역할을 담당했다. 주롱타운공사는 경제개발청Economic Development Board과 함께 싱가포르 국가 설립 초기부터 싱가포르의 산업화에 중요한 역할을 담당해 왔다. 경제개발위원회가 해외로부터 투자를 전략화하고 유치하는 동안, 주롱타운공사는 여러 산업과 투자가 필요로 하는 공간을 제공하고 관리하였다. 제한된 싱가포르의 자원, 특히 작은 영토를 가진 나라에서 주롱타운공사는 독립 후 반세기 동안 공간에 대한 산업의 변화하는 요구에 지속적으로 부응해 왔다.

독립 초기에 제조업은 경제에서 중요한 부분을 차지했다. 주롱타운공사는 다양한 산업을 위한 공장을 지었고, 특정한 필요가 요구되는 산업을 위해 산업용 토지를 임대했다. 수십 년 동안 주롱타운공사는 산업화 각 단계마다 변화하는 기업의 요구를 충족하기 위해 첨단산업을 위한 인프라 시설을 구축하였다. 산업 공간 측면에서, 주롱타운공사는 약 2천 1백만 평(7,000ha) 규모 이상의 산업 부지와 약 1.2백만 평(4million sqm) 면적의 산업의 요구에 맞게 설계된 사전 시공된 건물ready built facilities을 개발하였다. 주롱타운공사의 주요 개발 사업으로는 습지대에 건설된 싱가포르 최초의 산업 도시인 주롱 산업 단지Jurong Industrial Estate가 있고 이외에도, 주롱섬Jurong Island 지역에 조성된 화학 산업 중심지가 있다. 이 밖에도, 싱가포르 항공 물류 파크Airport Logistics Park of Singapore, 국제 창이공항 비즈니스 파크International and Changi Business Parks, 셀레타 항공우주 파크Seletar Aerospace Park, 클린테크 파크CleanTech Park, 투아스 생명의학 파크Tuas Biomedical Park와 같은 산업 단지들이 있으며, 원노스one-north 지역에 바이오폴리스, 퓨저노폴리스, 미디아폴리스Mediapolis와 같은 지식 기반 산업 클러스터를 개발하였다. 주롱타운공사에 의해 설립된 아센다스는 오늘날 싱가포르 지역 내 비즈니스 파크를 개발하는 대표적인 부동산 개발 회사이며, 1990년대 뉴 테크놀로지 파크New Technology Park 개발 사업을 주도하였다.

주롱타운공사는 현재 산업의 변화하는 요구를 지원하기 위한 개발 사업을 진행할 뿐 아니라 새로운 산업의 미래 공간에 대한 요구를 예측하는 선구자적인 프로젝트도 진행하면서 새로운 영역을 개척하고 있다. 주롱 락 케버른Jurong Rock Caverns[동남아시아에서 최초로 개발된 암석 밑 동굴에 위치한 탄화수소 저장고이다. 옮긴이의 설명]은 토지 이용을 최적화하기 위하여 지하의 깊이를 고려하였다. 투캉 이노베이션 파크Tukang Innovation Park는 혁신 활동을 통해 새로운 산업 클러스터의 성장을 지원한다. 주롱섬 개발 계획은 싱가포르의 화학 중심지로서의 경쟁력을 보다 강화할 예정이다.

다양한 부동산 사용 용도 가운데서도 끊임없이 변화하는 경제 및 산업 환경을 고려할 때 산업용 부동산 부문은 아마도 가장 역동적인 부문일 것이다. 산업들은 지속적으로 변화하고 혁신함에 따라 산업용 부동산의 수명 주기는 일반적으로 짧으며 이에 따라 임대차 기간도 상대적으로 짧다. 산업의 기반 시설을 제공하는 공급 주체로서 주롱타운공사가 보인 역동성은 빠르게 변화하고 혁신하는 산업이 지닌 역동성을 보여주는 전형적인 예이다. 싱가포르가 미래를 위해 스스로 변화함에 따라, 주롱타운공사는 산업과 기업의 성장과 변화를 지원하기 위해 산업에 특화된 토지와 새로운 혁신적 공간을 지속적으로 개발하며 새로운 사업 클러스터를 지원하고 촉진할 것이다.

2.6.2 싱가포르 관광진흥위원회 - 숙박 및 관광

싱가포르 관광진흥위원회는 싱가포르를 대표적인 관광지로 외국에 홍보하기 위한 목적으로 1964년 설립되었으며, 시대적 흐름에 맞는 경제 성장에 기여하고자 노력하고 있다. 싱가포르 관광진흥위원회는 더 많은 호텔을 짓기 위해 여러 정부 기관 및 업계 이해 관계자들과 협력하며 시작되었는데, 이에 따라 탱린 로드와 오차드 로드 지역에 4개의 고급 호텔이 최초로 지어졌다. 1970년에 싱가포르의 역사적인 장소를 개발하고 보존하기 위해, 래플스 랜딩 투어리스트 프로젝트Raffles Landing Tourist Project와 멀리온 프로젝트Merlion Project가 도시재개발팀과의 협업 아래 진행되었다. 이후, 여러 개의 관광 인프라 프로젝트들이 계속되었다. 주롱 버드 파크Jurong Bird Park가 1971년에, 싱가포르 동물원 가든Singapore Zoological Gardens이 1973년에 개발되었고, 1973년에는 풀라우 블라캉 마티Pulau Blakang Mati(현재는 센토사로 불림)가 관광객 및 내국인을 위한 리조트 섬으로 개발되었다. 이러한 초기의 프로젝트들은 싱가포르 관광 산업에서 지금도 매우 중요한 역할을 담당하며 숙박 부문에 이바지하고 있다.

싱가포르 관광진흥위원회는 방문객 수, 방문객 체류 기간, 방문객 지출 증가를 목표로 '1빌리온달러 관광개발계획S$1billion Tourism Development Plan'이라 불리는 싱가포르의 첫 번째 관광 마스터 플랜을 1986년 발표했다. 이 계획은 5개의 주요 테마로 이루어져 있다. 주요 테마로는 열대 섬 휴양지, 깨끗한 녹색 정원 도시, 식민지적 유산이 풍부한 도시, 이국적인 동양의 도시 모델 그리고 국제적인 스포츠 및 행사의 주최국이라는 테마를 갖고 있다. 다섯 가지 테마로 구성된 관광 마스터 플랜은 향후 10년 간의 싱가포르 관광 산업 발전의 방향성을 제시하였다. 문화 구역의 활성화 사업, 알카프 맨션Alkaff Mansion과 래플스 호텔Raffles Hotel 같은 역사적 건물들의 보존 사업, 부기스 거리Bugis Street의 재건 사업, 보트 퀴이Boat Quay 및 클라크 퀴이Clarke Quay 재개발 사업 등 여러 중요한 성과들이 관광 개발 마스터 플랜을 통해 이루어졌다.

싱가포르 관광진흥위원회는 1990년대 아시아 태평양 지역의 관광 산업 잠재력이 증가하는 것을 활용하여 싱가포르를 글로벌 관광 수도로 만들기 위해 '관광21' 마스터 플랜을 발표하였다. 싱가포르 관광진흥위원회는 관광 산업이 싱가포르의 경제 성장의 주요 동력이 될 수 있음을 믿고 관광의 사업화를 추진하였다. 또한 방문객의 관광 경험을 향상시키기 위해 차이나타운 및 오차드 로드와 같은 기존 관광 지역을 다양한 주제를 지닌 '테마 지역'으로 탈바꿈시켰다. 관광21의 주요 전략 중 하나는 지역성에 기반한 관광을 통해 싱가포르를 지역 관광의 중심지이자 비즈니스 중심지로서의 명성을 갖게 하는 것이다. 또한 이 마스터 플랜의 핵심은 싱가포르를 활기차고 살기 좋은 도시로 변화시키기 위해 공공 부문, 민간 기업 그리고 지역 주민들 간의 파트너십을 구축하는 것이다. 이는 관광 산업이 외부에서 온 관광객을 위한 것일 뿐만 아니라 모든 싱가포르 사람을 위한 것이라는 믿음에 기초한다. 싱가포르 관광진흥위원회는 관광 부문에 모든 책임을 갖는 경제 기관으로서 관광 부문에서의 역할 확대와 그것이 지닌 위상을 더욱 잘 표현하기 위해 1997년에 싱가포르 관광위원회로 명칭을 바꾸게 된다.

'관광21' 로드맵은 싱가포르의 위상을 강력하고 역동적인 비즈니스 환경을 갖춘 아시아 최고의 컨벤션 및 전시 도시로 격상하기 위해 2004년에 발표되었다. 동시에 싱가포르가 레저 및 서비스 분야에서 동남아시아 지역의 중심이 되는 것을 목표하고 있다. 이 마스터 플랜을 통해 포뮬러 원 싱가포르 그랑프리Formula One Singapore Grand Prix, 카지노가 있는 종합 리조트, 싱가포르 플라이어Singapore Flyer[165미터 높이의 세계 최대 규모의 대관람차이다. 옮긴이의 설명]와 같은 대규모 관광 사업이 시작될 수 있었다. 이를 통해 싱가포르는 세계적 수준의 편의 시설과 라이프스타일 이벤트로 가득 찬 매력적인 장소로 발돋움하였다.

오늘날 전 세계적인 부의 증대 속에서 해외 여행이 쉬워지고 보편화됨에 따라, 숙박업과 관광업은 경제에 중요한 역할을 담당하게 되었다. 많은 프로젝트는 민간 기업에 의해 소유되었고, 정부는 개발 계획을 수립하며 통합 리조트와 같은 프로젝트가 착수되는 데 중요한 역할을 담당하였고, 철저한 논의 가운데 사업이 진행되었다. 공공 기관과 민간 기업 상호 간의 협력 관계는 독립 후 반세기 동안 부동산 분야를 혁신하는 데 중요한 역할을 수행하였다.

2.7 결론

독립 후 반세기 동안의 싱가포르 개발 과정을 살펴보면 다섯 가지 주제가 나타난다.

1. 부동산 산업에 대한 국가의 광범위한 참여와 개입. 특히, 주택은 사회적 재화로 간주되고 사회 경제적, 정치적 목적을 달성하기 위한

정책 수단으로 활용되어 주거 부동산 부문에 정부가 광범위하게 참여 및 개입한다. 주택개발청을 통해 인구의 80% 이상이 거주하는 공공 주택을 제공하는 것 외에도, 국가는 주택 공급 메커니즘과 거시 건전성 정책을 통해 시장을 규제한다. 정부는 부동산 산업의 혁신에 대한 전략과 목표를 세우고, 사회적 분위기를 조성하고, 이를 위해 민간 부문의 참여를 유도한다.

2. 독립 이후 경제의 발전과 성장은 국가 복지에 매우 필수적인 사항이었고, 경제가 성장함에 따라 부동산에 대한 수요가 증가하였고, 이는 상업용 및 산업용 부동산의 급속한 성장을 이끌었다. 오피스 부문은 싱가포르를 글로벌 금융센터로 발전시키려는 국가적 전략에 의해 추진되었다. 싱가포르 방문객 수가 늘어남에 따라 정부는 창이공항을 항공업의 중심지로 만들고자 정부 차원에서 노력하였으며 이로 인해 소매업과 숙박업이 성장하게 되었다. 주롱타운공사가 주도하는 산업 부문은 싱가포르를 제조업 중심 사회에서 고부가가치 중심 사회로 변혁시켰다.

3. 전통적인 투자와 비교했을 때 부동산 투자는 상대적으로 더 위험한 것으로 간주되기 때문에 정치 및 법과 같은 거시적 환경에서의 위험을 줄이는 것이 중요하다. 이에 싱가포르 정부는 거시적 환경의 안정성을 제공하였고 이는 외국인 투자자 유치에 있어 중요한 성공 요인 중 하나로 평가받는다. 해외 투자에 있어 사회적으로 법률 규칙이 준수된다는 것은 투자자의 불확실성 감소에 기여한다.

4. 개방 경제를 유지하는 싱가포르 정부의 전략은 외국 자본의 유입 요인이 되었다. 외국 자본의 투자는 싱가포르 부동산 시장 활성화에 이바지하였다. 이것이 시장 활성화에 도움을 주었지만, 부동산

가격, 특히 주택 가격 상승에도 기여했다는 점에서 양날의 검으로 작용하였다. 최근의 주택 시장 호황은 외국인 바이어의 투자에도 영향을 받았다.

5. 운송, 토지 공급, 녹색화, 스마트 국가와 같은 싱가포르 정부의 장기적인 개발 계획은 싱가포르 내 모든 이해 관계자가 미래에 있을 기회를 온전히 인식할 수 있도록 한다. 마리나 베이 지역의 개발 사업이 대표적인 예이다. 토지 매립 작업이 1970년대에 시작되었고, 1980년대에 12년에서 15년의 기간 동안 임시적 사용이 허가되었으며, 1990년대와 2000년에 걸쳐 현재의 마리나 베이 지역의 모습을 갖추게 되었다. 이와 같이 30년 이상의 장기 계획을 수립하고 이를 점차적으로 시행하였다. 정부 기관들은 장기적인 계획을 갖고 접근하면서 경제적, 사회적 변화에 의해 발생하는 단기적 변화에도 지속적으로 대응하였다. 예를 들어, 주택개발청은 독신들도 공공주택을 매입할 수 있게 허용하였는데 이는 10년 전만 해도 전혀 고려되지 않던 사항이었다.

독립 후 반세기 동안 싱가포르 부동산 산업의 혁신에 있어 정부의 역할은 매우 명백하다. 주거용 부동산에서 산업용 부동산에 이르기까지, 정부는 모든 종류의 부동산 개발 사업을 지원할 뿐만 아니라, 필요시에는 모험을 감수하고 개발 사업의 주체로서 주도적인 역할을 담당하였다. 예를 들어, 공공 주택 및 산업용 부동산 개발 분야에서 정부는 주된 개발 회사로서 이 분야의 성장을 주도하였다. 다른 부동산 부문에서도 프로젝트 주기 단계마다 중요한 역할을 수행한다. 무엇보다도, 정부는 부동산 산업이 활성화되고 성장할 수 있는 사회적 분위기를 조성한다. 정치적 안정성과 경제적 성장은 싱가포르 부동산 산업의 발전과 성장의 근본이 되었다.

미래에는 기술의 발전이 부동산 산업에 중대한 영향을 미칠 것이다. 학교, 주거용, 상업용, 산업용과 같은 부동산 용도와 상관없이 싱가포르 내 모든 건물은 녹색화될 뿐만 아니라 기술적으로 연결될 것이며 싱가포르는 세계 최초의 스마트 국가가 될 것이다.

참고 문헌

- CEA. http://www.cea.gov.sg/cea/content/aboutus/overview.html
- Government Land Sales. http://www.mnd.gov.sg/MND_Handbook/MND_English/files/assets/common/downloads/publication.pdf
- HDB. https://www.cscollege.gov.sg/Knowledge/ethos/Issue%202%20Apr%202007/Pages/Homes-for-a-Nation-Public-Housing-in-Singapore.aspx
- http://www.iras.gov.sg/irasHome/page04.aspx?id=5676
- http://www.mnd.gov.sg/MND_Handbook/MND_English/files/assets/common/downloads/publication.pdf
- http://www.mnd.gov.sg/MND_Handbook/MND_English/files/assets/common/downloads/publicatio
- JTC Corporation. http://www.jtc.gov.sg/About-JTC/Pages/default.aspx

- Land Acquisition. http://www.ura.gov.sg/skyline/skyline09/skyline09-02/text/01_2.htm
- Master Plan 2014. http://www.ura.gov.sg/uol/master-plan/view-master-plan/master-plan-2014/master-plan/Introduction.aspx
- NEA. http://www.nea.gov.sg/corporate-functions/about-nea/overview
- SLA. http://www.sla.gov.sg/AboutSLA.aspx#.VR_28PmUd1Y
- STB. https://www.stbtrc.com.sg/PASSPORT/STB _ ANNUAL_ REPORT%202013%202014.PDF
- URA. http://www.mnd.gov.sg/MND_Handbook/MND_English/files/assets/common/downloads/publication.pdf

3장
스카이라인의 변화: 싱가포르 부동산 개발 산업

싱텐푸

싱가포르의 기적

3.1 들어가며

오늘날 싱가포르의 아름다운 스카이라인은 우연히 만들어진 것이 아니다. 중심업무지구의 고층 빌딩들은 도시 국가인 싱가포르의 경제적 성장과 부를 단적으로 나타낸다. 이는 독립 후 반세기 동안 민간 부문과 공공 부문이 협력한 노력의 결과이다.

싱가포르 정부는 전반적인 토지 이용 계획을 주도하였으며, 공항, 항구, 학교, 공원, 시장, 고속도로 등 주요 기반 시설을 구축하였다. 민간 부문의 부동산 개발 회사들은 위험을 감수하는 기업가 정신을 갖고 공동 출자를 통해 개발 사업에 필요한 자본을 마련하였다. 또한 이들은 정부의 토지 매각 프로그램을 통해 토지를 매입한 뒤, 상업 시설, 산업 시설, 민간 주거 시설을 개발하였다.

일반적으로 부동산 개발은 민간 부동산 개발 회사 간의 경쟁을 통해 이루어지지만, 적정 가격의 주택을 공급해야 한다는 정부의 사회적 책임도 존재한다. 예를 들어, 싱가포르 정부는 1964년에 싱가포르 자국민의 주택 소유를 위한 야심찬 계획을 전개하였는데, 주택개발청을 통해 100만 세대 이상의 공공 주택을 공급하는 대규모 공공 주택 공급 프로그램을 진행하였다. 이를 통해 90% 이상의 싱가포르 주민들에게 주택을 제공할 수 있었다. 이와 같은 싱가포르의 공공 주택 보급은 여러 나라에 귀감이 되고 있다.

이번 장에서는 싱가포르의 민간 부동산 시장에 대해 논의하고자 한다. 싱가포르 주거용 부동산 시장을 거시적 관점에서 분석하고, 싱가포르에서 활발히 활동하고 있는 부동산 개발 회사들을 미시적 관점에서 분석하고자 한다. 또한 토지 공급 활동과 상업 시장 측면도 논의하고자 한다.

3.2 싱가포르의 주택 시장

싱가포르는 이중 시장 구조의 독특한 주거용 부동산 시장을 가지고 있는데 하나는 정부의 보조금으로 만들어진 공공 주택 시장이고,[1] 다른 하나는 시장에서 가격이 결정되는 민간 주택 시장이다. 그림 3.1은 1980년부터 2014년 사이 두 시장의 주택 공급량을 나타낸다. 1995년 기준 전체 주택 중 공공 주택이 차지하는 비중은 88.07%로 정점에 달했다. 전체 주택 공급량은 1980년 약 472,700세대에서 2014년 약 1,200,000세대로 크게 늘었다. 이는 1980년대 공공 주택 집중 보급 프로그램을 통해 주택 공급량이 급속하게 증가한 결과이다. 공공 주택 거주자들의 자가 소유율은 1990년에 89.8%에 이르렀고 이후로 계속해서 90%를 상회했다(그림 3.2 참고).

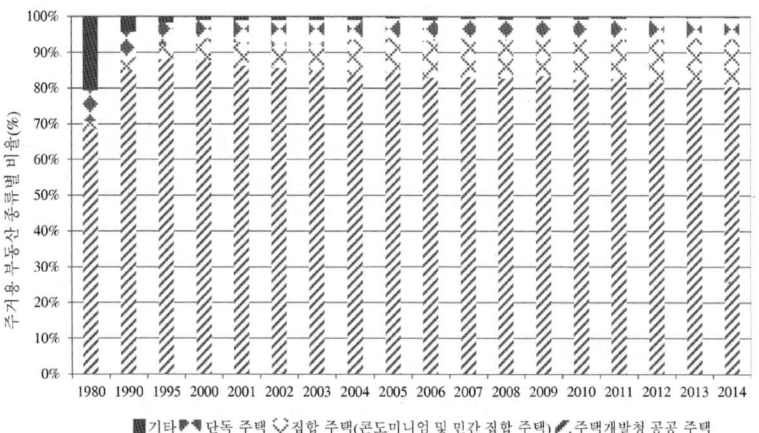

그림 3.1 종류별 주거용 부동산 분포: 1980년에서 2014년까지
출처: 싱가포르 통계청

---

1) 싱가포르 정부는 2015년 8월 24일부터 주택개발청을 통해 공공 주택을 할인된 가격으로 계획 및 건설한 뒤, 월 소득이 한화 960만 원(S$12,000)을 초과하지 않는 싱가포르 국민에게 판매했다.

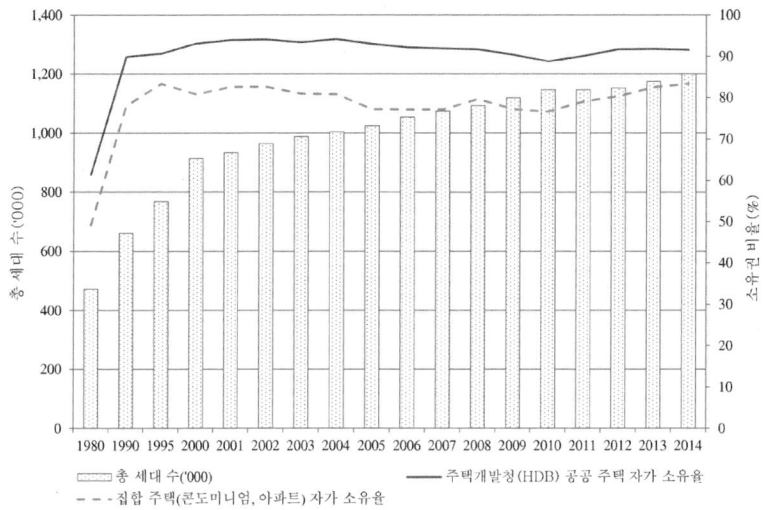

그림 3.2 주거용 부동산 수 및 소유권 비율
출처: 싱가포르 통계청

이처럼 대다수의 사람들에게 공공 주택이 공급된 이후, 다음 단계로 구매력이 높은 수요층의 요구를 충족시키기 위해 다양한 형태의 주거 시설 개발에 초점이 맞춰졌으며, 정부는 민간 사업자들이 주택을 건설할 수 있도록 토지를 매각했다. 그 결과 1995년부터 2009년까지 민간 주택(단독 주택landed housing 및 집합 주택non-landed housing) 공급률은 1990년 11.08%에서 2014년 19.27%로 꾸준히 증가했다(그림 3.1 참고). 민간 주택 공급량의 증가는 주로 콘도미니엄 및 아파트 형태로 이루어졌다. 싱가포르는 주택을 건설할 토지가 절대적으로 부족하였기 때문에 기존의 단독 주택 부지를 고밀도의 집합 주택으로 재개발하였다. 단독 주택 점유율은 1990년 7.0%에서 2014년 3.6%로 감소하였다. 반면에 집합 주택 점유율은 같은 기간 동안 4.08%에서 13.48%로 증가했다. 2014년 기준, 민간 주택의 70%는 집합 주택 형태였다. 민간 부동산 개발 회사들은 집합 주택 개발 사업으로 확장하였고, 이로 인해 공유 시설을 갖춘 구분소유등기 건물들이 주로 개발되었으며 이를 통해 보다 부유해진 거주자들의 민간 집합 주택에 대한 수요를 충족할 수 있었다.

주택은 인플레이션에 대처할 수 있는 훌륭한 자산이다. 인플레이션 발생 시 주택의 가치는 상승하고, 이는 소유자 및 투자자의 자산 가격 상승으로 이어져 부가 축적된다. 싱가포르를 포함한 많은 국가들은 부동산이 채권, 주식 등 다른 자산에 비해 인플레이션에 효과적으로 대응할 수 있다는 점을 입증하였다.[2] 또한 싱가포르에서는 민간 단독 주택이 인플레이션에 대해 높은 안전성을 갖고 있다는 것을 보여주었다.

3.2.1 민간 주택 공급

토지가 부족한 싱가포르에서는 콘도미니엄이나 아파트 같은 집합 주택이 가장 인기 있는 주거 형태이다.[3] 그림 3.3은 도시재개발청[4] 통계자료에 따른 민간 주택 종류별 공급률을 보여준다. 집합 주택은 싱가포르의 민간 주택 공급량의 2/3를 차지한다. 2015년 2분기 기준, 민간 주택 총 공급량은 318,524세대로 단독 주택 71,699세대(22.5%), 집합 주택 246,835세대(77.5%)로 구성되었다. 1996년 2분기 부동산

---

2) Sing, Tien Foo and Low, Swee Hiang Yvonne, 2001, "A Comparative Analysis of Inflation-Hedging Characteristics of Property and Non-Property Assets in Singapore," Journal of Real Estate Portfolio Management, Vol. 6, No. 4, pp. 373-386.

3) 싱가포르에서 집합 주택은 아파트와 콘도미니엄 두 가지 형태로 나뉜다. 콘도미니엄은 최소 약 1,210평(0.4ha)의 토지 면적 내에 각종 편의 시설을 갖춘 구분소유등기 건물이고, 아파트는 상대적으로 작은 면적의 토지에 지어지는 다세대 건물이다. 외국인에게 6층 미만 아파트의 판매는 제한된다. 또한 저층부 상가 위의 아파트 및 정부에서 개발하였지만 현재는 민영화된 아파트도 아파트에 포함된다.

4) 싱가포르 도시재개발청은 국가의 토지 계획을 관장하는 기관으로, 싱가포르의 한정된 토지를 개발하고 최적화하는 역할을 맡는다. 도시재개발청은 부동산 시장의 효율성과 투명성을 높이기 위해 종합적 관점에서 가장 최신의 정보를 시장에 제공한다.

가격이 절정으로 치솟은 이후, 민간 부동산 시장의 구조 변화가 시작되었다. 이후 콘도미니엄을 제외한 모든 종류의 주택 공급량이 감소했다. 1996년 2분기 민간 주택 총 공급량의 25.0%를 차지했던 콘도미니엄은 빠르게 확대되어 2015년 2분기 51.4%로 증가했다.

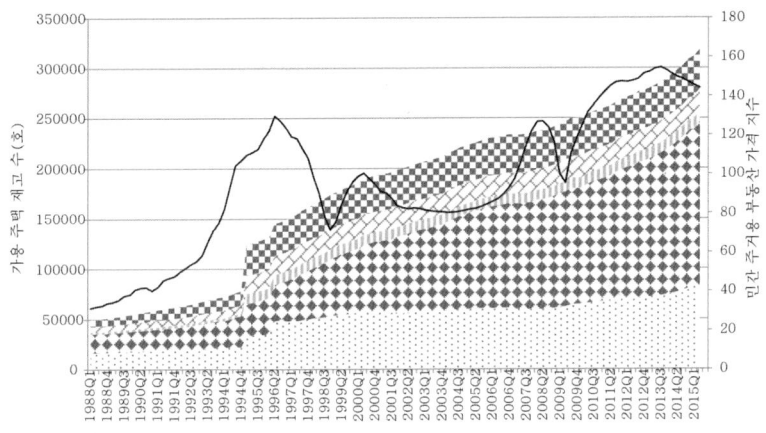

그림 3.3 종류별 가용 주택 재고 수
출처: 일반 부동산 시장, 싱가포르 도시재개발청

그림 3.3은 1988년부터 2015년에 걸쳐 민간 주택 시장에서의 두 가지 주택 유형인 단독 주택과 집합 주택의 점유율을 보여준다. 그림 3.3에 있는 선은 민간 주택 가격 지수를 나타낸다. 집합 주택 공급량은 1998년 1분기 35,802세대에서 2015년 2분기 246,835세대로 6.89배 이상 증가했으며, 같은 기간 단독 주택의 공급량도 14,132세대에서 71,699세대로 5.07배 증가했다. 한 가지 흥미로운 점은 1988년 1분기부터 민간 주택 가격이 상승하는 동안, 단독 주택 점유율이 1988년 1분기 28.3%에서 1992년 3분기 39.2%로 점차적으로 증가했다는 것이다. 1994년 4분기 기준 24,583세대였던 모든 종류의 단

독 주택(테라스형terrace, 연립형semi-detached, 단일형detached 포함)은 1995년 1분기에 이르러 58,955세대로 크게 증가하면서, 단독 주택 점유율은 47.4%로 치솟았다. 1996년 2분기 민간 주택 가격이 최고치를 기록한 후 더 많은 집합 주택 단지가 나타났고, 2015년 2분기에는 단독 주택 점유율이 22.5%로 하락했다. 이는 싱가포르의 부족한 토지를 높은 밀도로 활용하려는 정부 차원에서의 노력의 결과였다. 소유권 현황(그림 3.1 참고)을 살펴보면, 싱가포르 가구의 집합 주택 거주자의 자가 소유 비율은 1995년부터 2014년까지 77%에서 88.3% 범위 안에 있었으며, 이는 콘도미니엄을 소유하고자 하는 싱가포르 사람들의 열망이 반영된 것이었다.

3.2.2 민간 주택 시장의 주요 위기와 동향

그림 3.4는 1960년부터 2014년까지 민간 주택 시장에서의 세 번의 주기를 보여준다. 민간 주택 시장에서 주택 가격은 1975년부터 분기별로 평균 0.19%씩 상승했으며, 1983년~1984년, 1996년, 2013년에 세 차례의 주택 호황과 함께 부동산 가격 주기별 최고치를 보인다. 도시재개발청에서 발표한 민간 주택 가격 지수를 살펴보면 1965년 9포인트에서 2014년 205.7포인트로, 약 23배 상승했다.

독립 후 지난 반세기 동안 경기 침체의 상당 부분은 1970년대 석유 파동, 1985년의 극심한 경기 불황, 1997년의 아시아 통화 위기, 2007년 미국의 서브 프라임 위기와 같은 시장의 주요 경제 위기로 인해 촉발되었다. 또한 걸프전, 이라크 전쟁, 뉴욕 세계무역센터의 테러 공격, 중증급성호흡증후군, 2004년 쓰나미와 같은 주요 사건들도 민간 주택 가격 하락에 큰 영향을 주었다. 이러한 예상치 못한 악재는 광범위한 경제적 부작용을 낳았고, 민간 주택 시장의 단기적인 가격 하락을 초래했다.

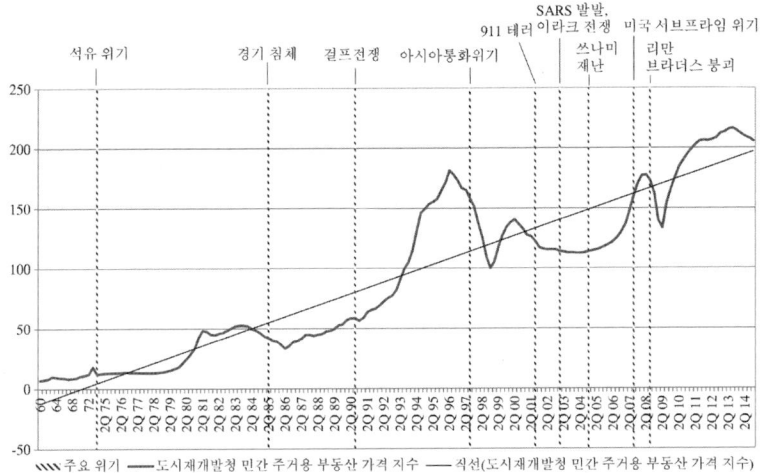

그림 3.4 주요 위기 및 민간 주거용 부동산 가격 트렌드
출처: 일반 부동산 시장, 싱가포르 도시재개발청

3.2.3 콘도미니엄 - 싱가포르의 새로운 고층 구분소유등기 건물

콘도미니엄은 공유 시설을 갖춘 새로운 주택 개념으로 싱가포르에는 1974년에 처음 도입되었다. 콘도미니엄을 소유하는 것이 사회적 신분 상승이라고 인식하는 중산층의 젊은 전문직 부부들에게 인기가 있었다.[5] 더불어 콘도미니엄을 통한 고층화 및 고밀도화 개발은 토지가 절대적으로 부족한 싱가포르의 도시 계획 전략에 최적화되었다.

1972년 DBS리얼티는 싱가포르에서 가장 큰 민간 콘도미니엄인 판단 밸리 콘도미니엄을 개발하기 위해 울루 판단/홀랜드 로드

---

[5] Sing, Tien Foo, 2001, "Dynamics of Condominium Market in Singapore," International Real Estate Review, Vol. 4, No. 1, pp. 135-158.

Ulu Pandan/Holland Road 인근의 거대한 면적의 토지를 평당 한화 약 20만 원(S$7psf)에 매입했다. 625세대로 구성된 판단 밸리 콘도미니엄은 싱가포르 최초의 콘도미니엄 개발 사업이었으며 1978년 후반 완공되었다.[6] 최초의 초고층 아파트인 펄뱅크 아파트는 혹셍 엔터프라이즈Hock Seng Enterprises Pte에 의해 개발되어 1976년 초 완공되었다.[7] 건축가 탄첸시옹Tan Cheng Siong은 싱가포르 초기 2개의 콘도미니엄 프로젝트를 진행하였다.[8] 1974년 준공된 비버리 마이는 톰린슨 로드Tomlinson Road에 위치한 28층 높이의 타워로서 싱가포르에서 최초로 완공된 콘도미니엄이라는 점에서 찬사를 받았다.[9] 비버리 마이 타워는 폰티악 트레이딩Pontiac Trading Co. Limited에 의해 약 2,187평(7,230sqm) 면적의 부지에 건설되었고, 2006년 호텔프로퍼티Hotel Properties Limited에게 한화 약 1천 9백억 원(S$238million)에 매각되었다.[10] 이 밖에 1976년 완공된 퓨추라Futura는 프리스티지 홈즈Prestige Homes Pte에 의해 레오니 힐 로드Leonie Hill Road 부지에 건설된 싱가포르의 두 번째 콘도미니엄이다. 퓨추라 콘도미니엄 단지는 2006년 10월 시티디벨로먼트에게 한화 약 2천 3백억 원(S$287.3million)에 매각되었다.[11]

---

6) Knight Frank, The Evolution of Singapore Real Estate - Journey to the Past and Future: 1940-2015, 2015, Page 57.

7) Whang, Rennie, "Plotting the 'high life' at low cost," The Straits Times, Saturday, Oct 04, 2014.

8) Liew, Christine, "Holding the Skye, Tan Cheng Siong, Archurban Architects Planners," Architecture and Environment, a magazine of Singapore Architect, SA280 Issue.

9) Au Yong, J., "Is S'pore's first condo worth preserving?" The Straits Times, September 24 2006.

10) Kalpana, R., "HPL bags Beverly Mai for $238m," The Business Times, April 27 2006.

11) 기존 퓨추라 부지는 콘도미니엄 개발 사업을 통해 2021년 완공될 뉴 퓨추라 건물로 대체될 예정이다.

과거에는 커뮤니티 생활 개념이 일반화되지 않아 1970년대에 들어서서야 콘도미니엄 개발 사업이 시작될 수 있었다. 민간 부동산 개발 회사들은 수요층의 인식에 대한 확신이 없었고 잠재 매수자들의 수요에 대한 이해도를 높이기 위해 노력하였다. 싱가포르 콘도미니엄 주택 시장의 성장을 이끈 첫 번째 주요 요인은 경제력의 뒷받침이었다.[12] 1980년대 초 싱가포르 경제의 급속한 성장은 다국적 기업과 외국 유수의 인재를 싱가포르에 유입시켰고, 이는 콘도미니엄 주택에 대한 수요로 이어졌다. 1981년에 시행된 공인주택제도 Approved Residential Properties Scheme는 중앙적립기금에 가입한 사람들에게 주택 매입에 필요한 자금을 지원했으며 이는 콘도미니엄의 수요를 증가시키는 중요한 요인이 되었다.

그러나 1985년 경기 침체로 인해 콘도미니엄에 대한 수요는 증가하지 않았고, 1986년 2분기에는 콘도미니엄 가격 지수가 폭락하였다. 하지만 1986년 3분기 콘도미니엄의 가격은 다시 반등했으며 분기별로 평균 4.27% 상승하였다. 1996년 2분기에 콘도미니엄 가격은 역대 최고치에 이르렀다. 특히 1994년 2분기와 1996년 2분기에는 각각 18.7%와 11.7%의 가격 상승률을 기록하였다. 시장이 계속 과열되자 1996년 5월에 이르러 싱가포르 정부는 투기 대책들을 도입하며 시장에 직접 개입하였다. 이에 따라 1996년 3분기에는 가격 상승 추세가 꺾였으며, 1997년 7월 아시아 금융 위기의 발발로 인해 싱가포르의 콘도미니엄 시장은 1998년 1년 간 침체되었으며 당시 콘도미니엄 가격은 7.15%~10.10% 수준 하락했다.

---

12) Ho, C.W. and Sim, L.L. (1992), Studies on the Property Market, Singapore University Press.

그림 3.5는 1998년 경제 위기 이후, 신규 콘도미니엄 공급량과 미분양 콘도미니엄 수치를 나타낸다. 경제 위기 이후, 콘도미니엄 시장이 약세를 보였음에도 불구하고 분기마다 평균 1,651세대의 콘도미니엄이 시장에 공급되었다. 한편 1999년과 2003년 사이 미분양 콘도미니엄은 6,600세대 미만이었다. 하지만 2003년 3월 1일 싱가포르에서 중증급성호흡증후군이 발병하면서 콘도미니엄 시장이 크게 위축되었다. 이로 인해 시장에 새롭게 공급되는 콘도미니엄 세대 수는 분기당 609세대 수준으로 감소했음에도 불구하고, 미분양된 콘도미니엄은 2003년과 2004년, 2년 사이에 8,760세대로 늘어났다.

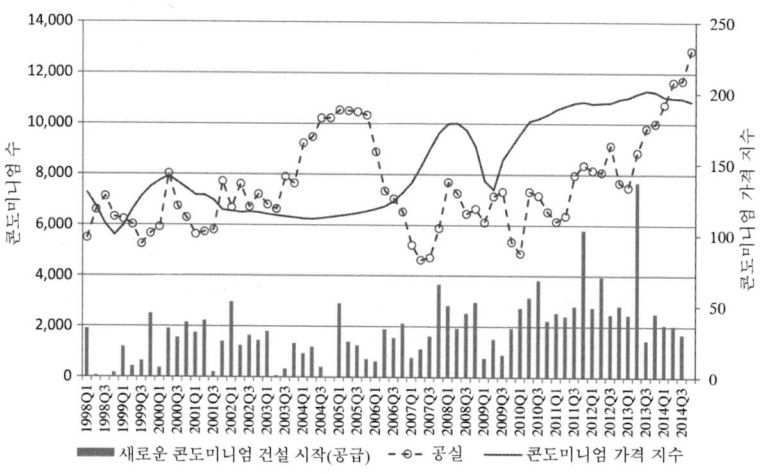

그림 3.5 공실 및 콘도미니엄 공급
출처: 일반 부동산 시장, 싱가포르 도시재개발청

콘도미니엄 시장은 2005년 이후에야 정상화되기 시작하였으며, 2007년 미국 서브 프라임 위기가 발생하기 전까지 호조를 보였다. 이후 미국의 서브 프라임으로 다시 침체되었지만 침체기는 오래가지 않았고 2009년 이후 시장이 다시 과열 징조를 보였다. 2009년과 2014

년 사이에 3,021세대 이상의 콘도미니엄이 시장에 공급되었으며, 초과 공급량은 분기당 평균 1,385세대로 증가했다. 미분양된 콘도미니엄은 2014년 4분기에 12,885세대로 증가했다.

3.3 싱가포르 부동산 개발 회사의 특징

3.3.1 싱가포르 국내 개발 회사 - 몽상가Dreamers와 제국 건설자Empire Builders

부동산 개발 회사는 기업가적 정신을 필요로 한다. 개발 회사는 조직 내부 또는 외부의 전문가들로 구성된 팀을 만들어 개발 사업을 진행하고, 토지의 사용 가치를 최대화한다. 프로젝트마다 비동질성, 고정된 위치, 자본 집약적인 성격을 갖는 부동산 개발은 주로 지역성과 밀접한 관계를 갖는 것이 특징이다. 싱가포르의 국내 개발 회사들은 규모의 경제, 지역에 대한 해박한 지식, 국내의 평판 등의 이점을 지니고 있어 자국 시장 내에서 수익을 창출하는 데 유리한 위치에 있다. 부동산 개발 회사인 펄이스트의 설립자인 응텡퐁Ng Teng Fong은 1996년 어플라이 데일리Apply Daily와의 인터뷰에서 다음과 같이 말했다.[13]

> "부동산 사업을 할 때 모든 지역에 투자할 수는 없습니다. 지도를 펴보세요. 이름은 보이지만 너무 작아서 지도에서 보기 어려운 곳이 있다면, 그곳이 바로 투자해야 할 곳입니다. 싱가포르와 홍콩이 가장 좋은 예입니다."[14]

---

13) 이 논평은 비즈니스 타임즈의 기사에서 발췌하였다(출처: Lee Meixian, "For Singapore's wealthiest, land is riches," The Business Times, 8-9 August, 2015).

14) 응Ng이 언급한 이야기는 싱가포르 국내 시장의 한정된 규모로 인해 부동산 개발 회사들이 해외의 개발 사업에서 기회를 찾고 있음을 암시한다.

1995년부터 2009년까지 싱가포르 내 393개의 집합 주택 개발 사업(102,318세대)을 기준으로, 각 부동산 개발 회사의 시장 점유율은 개발 회사별로 공급한 누적 신규 민간 주택 세대 수를 시장에 공급된 총 주택 세대 수로 나눈 값이다. 표 3.1[15]은 집합 주택 시장 점유율 기준 상위 10개의 개발 회사를 나타낸다.

표 3.1 싱가포르 상위 10개 부동산 개발 회사 시장 점유율(1995~2009년)

번호	회사명	총 호수	시장 점유율	누적 시장 점유율
1	City Development Ltd + Hong Leong Group	18,638	18.22%	18.22%
2	Far East Organization	16,691	16.31%	34.53%
3	CapitaLand	9,021	8.82%	43.34%
4	Frasers Centrepoint Ltd	8,930	8.73%	52.07%
5	Keppel Land Ltd	5,219	5.10%	57.17%
6	GuocoLand Ltd	4,983	4.87%	62.04%
7	Wing Tai Holdings Ltd Singapore	4,491	4.39%	66.43%
8	MCL Land Ltd	3,931	3.84%	70.27%
9	Allgreen Properties Ltd	3,534	3.45%	73.73%
10	Ho Bee Group	2,371	2.32%	76.04%

참고: 누적 시장 점유율은 부동산 개발 회사의 순위에 따라 시장 점유율을 누적하여 합하였다.
출처: Edward N. Coulson, Zhi Don and Tien Foo Sing(2015) "Estimating Hedonic Cost Functions: Case of Singapore's Private Residential Property Markets," NUS IRES Working Paper.

1995년부터 2009년까지 시티디벨로먼트와 시티디벨로먼트의 모기업인 홍롱 홀딩스가 가장 높은 시장 점유율인 18.22%(18,638세대 공급)를 보인다. 두 번째로 높은 시장 점유율을 나타낸 회사는 펄이

---

15) Coulson, N. Edward, Dong, Zhi and Sing, Tien Foo, (2015), "Estimating Hedonic Cost Functions: Case of Singapore's private residential property markets," NUS Institute of Real Estate Studies (IRES), Working paper.

스트(펄이스트의 상장 회사인 오차드 퍼레이드 홀딩스Orchard Parade Holdings 포함)로 시장 점유율은 16.31%(16,691세대 공급)를 보인다. 정부와 긴밀한 관계에 있는 두 부동산 회사인 캐피탈랜드(부록 (A) 참고)와 케펠랜드(부록 (E) 참고)는 각각 8.82%와 5.10%의 시장 점유율을 보이며 3위와 4위를 기록했다. 이외에도 궉링찬Quek Leng Chan이 설립한 홍룽그룹(말레이시아)Hong Leong Group(Malaysia)의 자회사인 구코랜드(부록 (D) 참고)는 1995년과 2009년 사이 싱가포르 민간 집합 주택 총 호수의 약 4.87%를 건설하여 시장에 매각했다.

싱가포르에서 부동산 개발 회사들은 크게 상장 기업 혹은 민간 기업으로 나뉜다. 이 중 민간 부동산 개발 회사의 상당수는 가족 기업이다. 대표적인 가족 기업으로 응텡퐁의 펄이스트(현재 필립응Philip Ng이 운영)(부록 (C) 참고), 퀴Kwee 형제의 폰티악랜드Pontiac Land, 라지쿠마르Raj Kumer와 키신RKKishin RK가 설립한 로얄홀딩스Royal Holdings와 RB 캐피탈RB Capital, 타오싱피Tao Shing Pee의 싱콴그룹Shing Kwan Group, 위초야우Wee Cho Yaw의 겡룽그룹Kheng Leong Group이 있다. 일부 부동산 개발 회사는 그들의 부동산 개발 사업을 진행하기 위해 공모 상장 회사를 활용한다. 궉링밍Kwek Leng Beng의 시티디벨로먼트(부록 (B) 참고), 궉링찬의 구코랜드, 탄친투언Tan Chin Tuan의 스트레이츠트레이딩컴퍼니Straits Trading Company(현재 츄걱킴Chew Gek Khim이 운영), 위초야우의 UOL 그룹UOL Group이 대표적이다. 그리고 정부와 밀접한 연관성을 지닌 개발 회사들이 있는데 상장 회사인 캐피탈랜드, 케펠랜드와 비상장 회사인 메이플트리, 아센다스그룹, NTUC 초이스 홈스가 정부와 관련된 부동산 개발 회사들이다.

싱가포르의 1세대 부동산 재벌들은 다음과 같은 공통점을 갖고 있다. 이들 대부분은 싱가포르가 독립하기 전에 싱가포르로 이주했으며, 이들의 부동산 사업 진출은 우연히 이루어진 것이 아니라는 점이다. 응텡퐁Ng Teng Fong의 부동산 사업 경험은 2010년에 출판된 펄이스트의 50주년 기념 도서인 〈랜드마크〉에 잘 나타나 있다. 책에는 다음과 같은 설명이 있다.

> "응텡퐁은 그의 아버지의 바람과는 달리, 20대 때부터 로우랜드Lowland, 피가로 스트릿Figaro Street, 하이랜드 로드Highland Road 등지에서 테라스 주택 및 연립 주택 개발 사업을 진행하며 부동산 개발 사업에 대한 꿈을 쫓았다." (2페이지, 4문단).

싱가포르 부동산의 성공은 산업 초기에 뛰어든 선지자들의 끈기와 선견지명이 없었다면 존재하지 않았을 것이다. 시티디벨로먼트의 설립자인 궈팡펑Kwek Hong Png은 다음과 같이 말했다.

> "땅을 매입하고 부동산을 개발하는 것은 항상 저의 꿈이었습니다. 견습생 신분일 때에도 저는 종종 싱가포르 강둑에 늘어선 숍하우스를 바라보며 그 가운데에 지어질 저의 타워 빌딩을 상상했습니다."[16]

1세대 기업가들의 타고난 근면 성실함은 부동산 사업의 성공을 뒷받침하는 중요한 요인이었다.

---

16) 홍룽그룹과 시티디벨로먼트를 통해 '부동산 제국'을 건설하려는 그의 비전은 2013년 출간된 시티디벨로먼트의 50주년 책자인 〈A Lasting Impression〉에 요약되어 있다.

3.3.2 민간 주거용 부동산 시장

싱가포르 지역 부동산 개발 회사들의 성장은 싱가포르의 경제 성장사를 반영한다. 1960년대 싱가포르의 독립 초기, 자본의 제한으로 인해 부동산 개발 회사들은 소규모의 땅을 매입하여 테라스형 주택과 연립형 주택을 지었다. 이들은 규모가 더 큰 단독 주택을 다수 짓기 위해서 기존에 건설한 주택을 매각하여 확보한 자본으로 새로운 땅을 매입하였다. 부동산 개발 회사들은 1970년대 공공 주택 보급 프로그램의 빠른 진행 속도에 맞춰 넓은 면적의 고층 아파트를 짓기 시작했는데 이를 '하늘의 방갈로bungalows in the sky'라고 묘사했다. 비벌리 힐Beverly Hill, 럭키 타워Lucky Tower, 호놀룰루 타워Honolulu Tower 등의 고층 아파트 프로젝트들은 주로 부킷 티마 로드Bukit Timah Road, 칸힐Carnhill, 그레인지 로드Grange Road, 리버 밸리와 같은 주요 지역에 위치해 있다. 1980년대 싱가포르에서는 조경 공간, 공동 시설, 레크리에이션 시설 등을 갖춘 콘도미니엄 개념의 대규모 주택 개발이 인기를 끌었다.

1990년대에 민간 개발 회사들은 자신들의 평판을 구축하고, 질 좋은 주택을 공급하며, 고객에게 더 나은 가치를 제공하는 것에 집중하기 시작했다. 싱가포르 건설청은 1989년에 건설품질평가시스템 Construction Quality Assessment System을 도입하여 시공 품질을 높이고자 하였다. 또한 도시재개발청과 주택개발청이 판매하는 토지에 건설되는 주택의 경우 의무적으로 건설 품질 평가를 통과해야만 했다.

같은 시기 동안 싱가포르의 부동산 회사와 관련된 주요한 인수 합병이 3차례 있었다. 1990년 4월, 세제 제조 업체인 유나이티드 인더스트리얼United Industrial Corporation은 와홍룽Oei Hong Leong의 투자 회사로 전환하여 싱가포르랜드(싱랜드)Singapore Land(SingLand)[17]를 인수하기 위한 적대적 인수에 참여했다. 싱랜드는 당시 S.P.타오S P Tao 회장과 그의 가족이 20%의 지분을 소유한 상장 부동산 회사였으며, 싱가포르 내 대규모 고급 상업용 부동산 포트폴리오를 소유하고 있었다. 포트폴리오에는 마리나 스퀘어Marina Square, 비치 로드에 위치한 게이트웨이Gateway, 쉘 타워Shell Towers, 클리포드 센터Clifford Centre, 라플즈 플래이스-쉔톤웨이에 위치한 싱콴 하우스Shing Kwan House 등이 포함되었다.[18] 1995년에는 식음료 기업인 여힙셍Yeo Hiap Seng(YHS)의 기업 인수를 위해 궈렁찬이 이끄는 컨소시엄과 응텡퐁의 오차드 퍼레이드 홀딩스 간에 치열한 경쟁이 있었다. 궈Quek의 투자 회사인 캐멀린Camerlin이 이끄는 컨소시엄에 대한 40%의 지분을 궈의 퍼스트캐피탈First Capital Corporation이 보유하였고 셈바왕Sembawang Corporation, 화파브라더스Haw Par Brothers, 인도네시아 살림그룹Salim Group이 각각 20%의 지분을 보유하였다.[19] 오차드 퍼레이드 홀딩스는 1995년 7월 9일부터 공개 시장에서 여힙셍 기업 주식을 매입하기 시작했고,[20] 1995년 9월까지 여힙셍의 지분 82.98%를 성공적으로 인수했다. 필립 응은 한 인터뷰[21]에서 펄이스트가 여힙셍을 인수한 이유에 대해 다음과 같이 설명하였다.

---

17) "SingLand urges shareholders to reject UIC offer," Business Times Singapore, 1 May 1990.
18) Magdalene Ng, "SingLand advises acceptance of UIC bid," Business Times Singapore, 15 May 1990.
19) Joyce Quek, "Alan Yeo tells employees why he backed Wing Tai," Business Times Singapore, 17 May 1994.
20) Genevieve Cua, "YHS tells shareholders not to act pending advice," Business Times Singapore, 28 June 1995.
21) 편집팀(싱텐푸와 쟌넷여Jeanette Yeo)은 2015년 1월 22일에 펄이스트의 대표인 필립응과 펄이스트 플라자에 위치한 그의 사무실에서 인터뷰를 하였다.

"우리는 여힙셍 기업의 브랜드와 식음료 사업에 관심이 있었습니다. … (기업 인수 후) 우리는 두넌 로드Dunearn Road에 위치한 여힙셍 기업의 공장들이 있는 두 개 부지를 개발하기 위해 펄이스트가 보유한 부동산 개발 시설을 담보로 대출을 받았습니다. 이를 통해 발생한 수익을 여힙셍의 제조 사업에 투입할 수 있었으며, 중국, 인도네시아, 말레이시아, 캄보디아 등지에 사업을 확대할 수 있었습니다."

사례 연구 3.1: 피뎀코와 DBS랜드의 합병

1996년, 싱가포르 정부 소유의 투자 회사인 테마섹 홀딩스 프라이빗Temasek Holdings Private Limited은 자신들의 포트폴리오에 있는 도시재개발청 재정비 사업들과 피뎀코랜드를 시장 최고 가격으로 싱가포르 테크놀로지스Singapore Technologies에 매각하였다. 피뎀코는 1999년 12월 31일 기준 총자산 약 6조 5천억 원(S$8.2billion)을 보유하였으며, 아시아 태평양 지역 및 유럽에 위치한 주요 관문 도시들(12개 국가의 24개 도시)에 투자하며 해외 부동산 시장에서 상당한 영향력을 지녔다.

피뎀코는 해외 진출에 있어서 규모의 경제가 상당한 경쟁력이 될 것을 알고 있었다. 2000년 초, DBS 은행이 자신들의 부동산 계열 회사인 DBS랜드의 매각을 추진할 때, 피뎀코가 이를 인수하여 규모의 경제를 확보할 기회를 갖게 되었다. 2000년 7월 11일 기준 DBS랜드의 시가 총액은 약 2조 8천억 원(S$3.5billion)이였으며, 싱가포르 증권거래소 메인보드에 상장된 두 번째로 큰 부동산 회사였다. 싱가포르에 본사를 둔 DBS랜드는 1999년 12월 31일 기준 총 약 6조 원(S$7.5billion)의 자산을 보유하고 있었으며, 아시아 태평양 및 유럽 등지의 11개 국가에 지사를 두고 있었다.

매입 당시 싱가포르 테크놀로지스가 엄청난 금액을 DBS 은행에 제안하면서 외국의 입찰자들은 DBS랜드에 대한 입찰을 사실상 포기해야 했으며, 싱가포르 테크놀로지스는 DBS랜드의 지분을 성공적으로 인수할 수 있었다. 싱가포르 테크놀로지스가 DBS랜드를 인수한 후, 2000년 7월 12일 DBS랜드와 피뎀코가 합병하면서 캐피탈랜드가 신설되었으며, 캐피탈랜드는 총 자산 약 14조 4천억 원(S$18billion)을 보유한 동남아 최대의 부동산 회사가 되었다. 이뿐만 아니라, 캐피탈랜드는 기술력과 규모 면에서도 경쟁력 있는 국제 기업이 될 수 있었다. 합병 약정서에 따라, DBS랜드는 피뎀코의 자회사로 전환되었으며, 주식 교환 협정에 의해 각 회사의 상대적인 순자산 가치 기준으로, DBS랜드의 주식 1주는 피뎀코 주식 0.928주와 교환되었다. 이후로 DBS랜드는 상장을 폐지하였고 피뎀코는 싱가포르 증권거래소에 캐피탈랜드라는 이름으로 새롭게 상장하였다.

합병의 이유

합병으로 인한 효과는 아래와 같으며, 두 회사에 상당한 이익을 주었다.

a. 회사 규모 확대, 핵심 업종에서의 규모의 경제

합병을 통해 한화 약 14조 4천억 원(S$18billion) 규모의 자산을 보유한 동남아시아 최대의 상장 부동산 회사가 되었고 해외 시장에 진출하기에 좋은 여건을 갖추게 되었다. 합병 회사는 확대된 수익과 핵심 사업에서의 규모의 경제를 통해서 해외 사업 확장 시에 운영의 효율성과 유연성을 크게 향상시킬 수 있었다.

b. 시가 총액 증가

1999년 12월 31일 기준, 합병 회사의 자본금은 한화 약 5조 6천억 원(S$7billion)으로 증가하였고, 이로 인해 다른 대형 부동산 회사들과의 인수 경쟁을 더 효과적으로 할 수 있었다. 합병 회사의 자본력은 잠재 투자자들로부터의 자금을 유치하는 데 우호적인 역할을 하였다.

c. 지리적 영역 확대

싱가포르, 말레이시아, 중국, 호주, 뉴질랜드, 영국을 포함한 15개 국가의 31개 도시에 진출한 합병 회사는 지리적 다양성을 누리는 동시에 단일 시장에 대한 지나친 의존을 줄일 수 있었다.

d. 운영 시너지와 규모의 경제

합병 회사는 재능과 전문성을 지닌 국제적인 인재들을 고용할 수 있었다. 또한 운영상의 시너지 효과가 나타났는데 인적 자원 개발, 모범 사례의 구현 및 적용, 협상 및 구매력 향상에 있어서 시너지 효과가 나타났다.

2000년대 전반에는 2001년 뉴욕 세계무역센터 쌍둥이 빌딩 테러와 같은 외부적 사건으로 인해 민간 주택 시장이 부진했다(3.4.1절의 그림 3.6 참고). 민간 주택 시장은 2004년과 2005년 사이 회복되어 주택 가격이 급등했으나, 2007년 미국 서브 프라임 위기로 인하여 성장세가 멈추었다. 그러나 민간 주택 가격의 하락세는 오래가지 않았으며, 2009년 민간 주택 시장 가격이 V자형으로 급반등하였고, 2009년에는 싱가포르 정부가 민간 시장에 직접 개입하기에 이르렀다. 2005년 이후 세 가지 흥미로운 현상이 싱가포르 민간 주택 시장에서 관찰되었다.

　　첫 번째는, 2005년 이전 시점까지 싱가포르에서 가장 큰 규모의 콘도미니엄 개발 사업은 펄이스트가 진행한 1996년 준공된 주거용 프로젝트인 '베이쇼어Bayshore'였다. 이는 총 1,038세대로 이루어진, 싱가포르에서 가장 큰 규모의 콘도미니엄이었다. 이후 1,000세대 이상의 대규모 주거 프로젝트들이 추진되었는데 이 중 두 개의 대규모 사업이 캐피탈랜드에 의해 진행되었다. 하나는 1,715세대의 드리돈d'Leedon 콘도미니엄 프로젝트였고 또 다른 하나는 1,040세대의 인터레이스Interlace 아파트 프로젝트였다. 두 개발 사업은 싱가포르 주거도시개발청HUDC이 일괄 매각한 부지에서 진행되었다. 이 밖에 케펠 베이Keppel Bay가 텔록 블랑가Telok Blangah 지역의 오래된 조선소와 부둣가 부지에 케펠 리플렉션Keppel's Reflection을 건설하였다. 또 다른 대표적인 대규모 주거 개발 사업에는 시티디벨로먼트가 진행한 1,111세대의 세일 앳 마리나 베이Sail @ Marina Bay가 있는데 도시재개발청이 소유한 다운타운 지역 부지에 지어졌다. 두 번째는, 2000년대 이후, 점점 더 많은 싱가포르 국내 개발 회사들이 상징적인 디자인을 위하여 해외의

유명 건축가들과 협업하기 시작했다(사례 연구 3.2 참고).[22]

세 번째로는, 2009년 주택 가격이 상승한 이후, 연면적 약 15평 (50sqm) 미만인 '신발 상자' 크기의 소규모 주택의 증가 현상이 두드러졌다. 정부는 '신발 상자' 크기의 소규모 주택의 수가 2012년 2,400세대에서 2015년 11,000세대로 기하급수적으로 증가할 것으로 예상했다.[23] 2012년 11월 4일, 도시재개발청은 평균 주택 면적을 약 21평 (70sqm)으로 제한하며 '신발 상자' 주택들이 싱가포르 중앙 지역 밖으로 확산되는 것을 막기 위해 빠르게 대응하였다.[24]

---

22) 폴 루돌프Paul Rudolph는 싱가포르에서 주거용 부동산 프로젝트 설계를 수행한 초기 외국인 건축가 중 한 명이었다. 그는 그레인지 로드에 위치한 90세대의 콘도미니엄 프로젝트인 콜로네이드Colonade(1986년)를 설계했다.

23) Agarwal, Sumit, Deng, Yongheng and Sing, Tien Foo, "The Rise and Rise of Shoebox Units," The Straits Times, NUS Expert Series, 12 September 2012.

24) Kalpana Rashiwala, "Govt to act to contain rash of shoebox units," Business Times Singapore, 5 September 2012.

사례 연구 3.2: 세계적 건축가의 참여 증가

폴 루돌프, 단게 겐조Kenzo Tange, I.M페이I.M Pei 등, 세계적인 건축가들은 싱가포르의 1980년대, 1990년대 스카이라인 형성에 주요한 역할을 수행했다. 외국 건축가들이 설계를 주도한 건물들은 주로 중심업무지구에 위치한 고층의 상업용 건물들이었다. I.M페이가 참여한 프로젝트에는 래플스 시티 싱가포르Raffles City Singapore, OCBC 센터OCBC Center, 게이트웨이, 선텍 시티Suntec City가 있고, 단게 겐조가 참여한 프로젝트에는 UBO 플라자UOB Plaza, OUB 센터(현재 원 래플스 플레이스One Raffles Place로 명칭 변경)가 있으며, 폴 루돌프가 참여한 프로젝트에는 컨콜스Concourse가 있다. 폴 루돌프가 설계한 주거 프로젝트로는 82 그레인지 로드82 Grange Road에 위치한 콜로네이드 콘도미니엄Colonnade Condominium(1986년 완공)이 있으며, 단게 겐조가 설계한 주거 프로젝트로는 어퍼 버킷 티마 로드Upper Bukit Timah Road에 위치한 리니어 아파트Linear apartment(2006년 완공)가 있다.

2000년대에 부동산 시장이 성장하면서, 더 많은 부동산 개발 회사들이 세계적인 해외 건축가에 관심을 갖기 시작했다. 이러한 시장 분위기 속에서 건축가들은 더욱 새롭고 신선한 아이디어를 반영할 수 있었다. 몇몇 개발 회사들은 외국 건축가의 명성이 프로젝트에 프리미엄을 더하는 브랜드 효과를 가져올 수 있다고 믿었다. 2000년대 중반에 접어들면서 캐피탈랜드, 시티디벨로먼트, 케펠랜드, 펄이스트와 같은 싱가포르의 대형 부동산 개발 회사들은 올레 스히렌Ole Scheeren, 다니엘 리베스킨트Daniel Libeskind, 모쉐 샤프디 Moshe Safdie 등 해외의 유명 건축가를 섭외하였다(사례 연구 표 3.1 참고). 모쉐 샤프디가 설계한 세 개의 다리로 연결된 두 개의 타워 블록인 캐피탈랜드의 스카이 해비타트Sky Habitat는 비산Bishan 지역 중심부에 위치한 상징적인 랜드마크 건물이 되었다. 일부는 모쉐 샤프디의 명성으로 인해 해당 건물의 가치에 30%에서 35%의 프리미엄이 형성되었다고 말하지만 실제 프리미엄이 어느 정도인지 정확하게 입증하기 어렵다.[1]

---

1) "Renowned foreign architects spice up Singapore's building design landscape," Channel News Asia, 21 June, 2012.

외국 건축가 외에도 덕스튼Duxton에 위치한 대규모 주거 프로젝트인 피나클Pinnacle과 같은 대표작을 포함하여 다수의 디자인 수상 경력이 있는 싱가포르 국내 건축가도 있다. SC 글로벌SC Global과 같은 일부 개발 회사들은 프로젝트를 설계할 때 현지 건축가를 주로 고용한다. 2011년 8월 평당 한화 약 1억 6,691만 원(S$5,842psf)의 기록적인 매매가를 기록한 SC 글로벌의 초특급 럭셔리 콘도미니엄 프로젝트인 마크 온 피터슨 힐Marq on Peterson Hill은 싱가포르 건축가인 찬수키안Chan Soo Khian이 설계했다.[2] SC 글로벌의 사이먼청Simon Cheong 회장은 "싱가포르 건축가들이 자국의 환경과 생활 조건들을 잘 이해하고, 건축 디자인에 이를 더 잘 반영할 수 있다"라고 언급했다.

외국 건축가의 등장은 싱가포르의 고층 건축 디자인에 다양성을 가져왔으며, 건축이 끊임없이 혁신하고 새로운 기술을 습득하도록 유도하며 건전한 경쟁을 이끌었다. 물론 외국 건축가들을 섭외하는 데 드는 비용이 비교적 클 수 있다. 하지만 고객들이 외국 건축가가 설계한 집을 소유하는 것에 프리미엄을 기꺼이 지불할 의사가 있는지를 먼저 알아보는 것이 중요하다. 부동산 개발 회사들 역시 그들의 건물을 판매하는 데 있어 건축가의 명성이 이득이 될 수 있을지 의구심을 갖는다. 그것의 효과를 확신할 수 없지만, 싱가포르의 주택 가격의 상승은 해외 유명한 건축가들의 프로젝트 참여 증가로 이어질 것으로 예상된다.

---

2) Tay, Suan Chiang, "Local architects make their Marq - Singapore architects can give foreign ones a run for their money in designing condos," The Straits Times - August 6, 2011.

사례 연구 표 3.1 외국인 건축가가 설계한 주거용 프로젝트(2000년대)

번호	주거용 프로젝트명	위치	주거용 부동산 호수	부지 면적	준공 연도	외국 건축가 및 설계 사무소	부동산 개발 회사
1	DUO Residences	Ophir Road/Rochor Road/Beach Road	660	26,688	2017	Buro Ole Scheeren	M+S Ptd Ltd(말레이시아의 Khazanah Nasional과 싱가포르의 Temasek Holdings)
2	Marina One Residence	Marina Way	1042	26,200	2017	Christoph Ingenhoven	M+S Ptd Ltd(말레이시아의 Khazanah Nasional과 싱가포르의 Temasek Holdings)
3	V on Shenton	5A Shenton Way	510	6,778	2017	Ben van Berkel/ UNStudio	United Industrial Corporation(UIC)
4	South Beach	Beach Road	190	35,000	2016	Lord Norman Foster/ Foster and Partners	City Developments Limited and IOI Group
5	Wallich Residence at Tanjong Pagar Centre	Peck Seah Street/ Choon Guan Street	181	15,023	2016	Skdmore, Owings & Merrill(SOM)	Guocoland Ltd
6	The Scotts Tower	38 Scott Road	231	6,100	2016	Ben van Berkel/ UNStudio	Far East Organization
7	Eden Residences Capitol	North Bridge Road/ Stamford Road	39	해당 없음	2015	Richard Meier	Capitol Investment Holdings(Perennial Real Estate Holdings의 JV: 24%, fotiac Land: 50%, Osim International: 26%)
8	HANA	8 Tomlinson Road	29	해당 없음	2015	Kerry Hill	Pontiac Land Group
9	Sky Habitat	Bishan Street 15	509	11,997	2015	Moshe Safdie, Safdie Architects/DCA Architects Pte Ltd	CapitaLand Limited, Mitsubishi Estate Asia Pte. Ltd., Shimizu Investment (Asia) Pte. Ltd.

번호	주거용 프로젝트명	위치	주거용 부동산 호수	부지 면적	준공 연도	외국 건축가 및 설계 사무소	부동산 개발 회사
10	d'Leedon	Farrer Road	1715	78,043	2014	Zaha Hadid, Zaha Hadid Architects/RSP Architects Planners & Engineers (Pte) Ltd	CapitaLand Limited, Hotel Properties Limited, 두 곳의 다른 주주
11	Admore Residence	7 Ardmore Park	58	5,625	2013	Ben van Berkel/ UNStudio	Pontiac Land Group
12	The Interlace	Depot Road	1040	81,300	2013	OMA/Ole Scheeren/ RSP Architects Planners & Engineers (Pte) Ltd	CapitaLand Limited, Hotel Properties Limited
13	Reflections at Keppel Bay	Keppel Bay	1129	84,000	2011	Daniel Libeskind	Keppel Bay Pte Ltd(Keppel Land의 자회사)
14	The Rochester	Rochester Drive	366	14,331	2011	Paul Noritaka Tange	UE One-North Developments Pte Ltd
15	The Clift	21 McCallum Street	312	1,820	2011	Japanese Super Potato	Far East Organization
16	The Sail @ Marina Bay	Marina Boulevard	1111	90,909	2008	Peter Pran and Timothy Johnson/NBBJ	City Developments Limited(CDL)와 AIG Global Real Estate
17	Orchard Scotts Residences	Anthony Road/Peck Hay Road	205	25,000	2007	Arquitectonica	Golden Development Pte Ltd(Far East Organization)/Far East Orchard Limited
18	The Linear	880 Upper Bukit Timah Road	221	해당 없음	2006	Kenzo Tange Associates	Creative Investments Pte Ltd(Amara Holdings Ltd의 자회사)

출처: 저자(모든 목록을 포함하지 않음)

3.3.3 해외 부동산 개발 회사

해외 부동산 개발 회사의 싱가포르 민간 주택 시장 진출은 1970년대로 거슬러 올라간다. 일본의 부동산 개발 회사들은 싱가포르에 진출한 최초의 외국 기업들 중 하나였다. TID Pte Ltd(이전 명칭은 무역산업개발Trade and Industrial Development Private Limited)는 1966년 일본의 미쓰이 부동산과 싱가포르의 홍릉그룹 양사 간에 조인트 벤처 형태로 설립되었다. TID는 파크 에밀리Parc Emily, 트레보스Trevose, 굿우드 가든Goodwood Gardens과 같은 주거용 프로젝트를 진행했다. 일본에서 가장 큰 주택 건설 업체인 세키수이 하우스Sekisui Houses는 싱가포르 탬피니스 지역의 큐베이 레지던스QBay Residences, 펑골Punggol 지역의 워터타운Watertown, 베독 사우스Bedok South 지역의 에코eCO와 같은 싱가포르 내의 프로젝트를 진행하기 위해 펄이스트, 프레이저스 센터포인트와 같은 싱가포르 부동산 개발 회사와 함께 합작 투자 회사를 만들었다.

홍콩의 부동산 개발 회사들은 1990년대 들어서 싱가포르 부동산 시장에 진출했다. 홍콩의 11명의 성공한 유명 재벌들(Tan Sri Frank Tsao, Dato' Dr. Cheng Yu-Teng, Dr. Lee Shau Kee, Dr. Li Ka-Shing, Sir Run Run Shaw, Dr. Chou Wen Hsien, Chow Chung Kai, Dr. Li Dak Sum, George Y.V. King, Robert W.H. Wang, Anthony Y.C. Yeh)은 리카싱의 주도 하에 선텍개발Suntec Development Pte Ltd 컨소시엄을 구성했다. 선텍개발은 도시재개발청으로부터 토지를 매입하여 1997년에 선텍 시티를 건설하였다. 홍콩의 청쿵 홀딩스와 홍콩랜드는 싱가포르 부동산 개발 회사인 케펠랜드와 협업하여 상업용 개

발 프로젝트인 원 래플스 퀘이(2006년 완공)와 마리나 비즈니스 파이낸셜 센터(2012년 완공) 프로젝트를 진행하였다. 리카싱의 민간 기업인 퍼시픽 엔터프라이즈 디벨로먼트Pacific Enterprise Development는 톰슨 800Thomson 800과 코스타 델 솔Costa del Sol과 같은 콘도미니엄 개발 프로젝트를 진행하였다. 퍼시픽 엔터프라이즈 디벨로먼트는 2004년 부동산 시장 침체기 당시 코스타 델 솔 콘도미니엄의 분양을 위해 마케팅적 측면에서 혁신적인 가격 상승 및 임대 보증 제도를 실행했다(사례 연구 3.3 참고).

사례 연구 3.3: 부동산 프로젝트 파이낸싱의 혁신

사례 1) 1994년 도시재개발청은 부킷 티마와 힐뷰Hillview 지역을 활성화시키기 위해 일부 산업용 부지를 주거 용도로 변경하였다. 1994년 8월 오차드 퍼레이드 홀딩스와 윙타이 홀딩스Wing Tai Holdings는 60 대 40 비율로 합작 투자 회사를 설립했다. 합작 투자 회사를 통해 싱가포르의 주요 주거 지역인 부킷 티마 로드에 있는 약 10,490평(373,277sqf)의 산업 부지를 한화 약 1,744억 원(S$218million), 평당 한화 약 1천 6백만 원(S$584psf)에 매입하였다.[1] 이 부지에는 1997년 3월까지 프린트 회사인 티엔와프레스Tien Wah Press가 임대차 계약을 맺고 입주해 있었다. 티엔와프레스의 임대차 계약이 만료된 후, 오차드 퍼레이드 홀딩스-윙타이 홀딩스(OPH-WTH) 합작 투자 회사는 기존 2.07의 용적률을 상향하여 467세대의 블리스빌 콘도미니엄Blissville Condominium 개발 사업을 제안했다.

---

1) Williams, Ann, "Orchard Parade, Wing Tai buy Tien Wah site" The Straits Times, 4 August 1994.

1997년 11월, 오차드 퍼레이드 홀딩스는 자회사인 오차드 퍼레이드 홀딩스 오리온OPH Orion을 통해 한화 약 744억 원(S$93million) 규모의 연간 6% 명목 금리의 5년 만기 중기 채권을 발행했다.[2] 오차드 퍼레이드 홀딩스는 채권 발행을 통해 모금한 자금을 1998년 당시 보유했던 한화 약 412억 원(S$51.5million) 규모의 잔여 채권을 상환하기 위해 사용하고, 블리스빌 콘도미니엄 개발 프로젝트에 일부 자금을 조달할 계획이었다.[3] 중기 채권은 세 가지 신용 보강을 통해 발행됐는데, 오차드 퍼레이드 홀딩스의 보증, 오차드 퍼레이드 홀딩스가 지닌 프로젝트 지분 60%에 대한 담보 설정, 피뎀코랜드의 풋옵션이 포함된다. 중기 채권은 크레딧 어그리콜 인도수에즈 머천트 뱅크Credit Agricole Indosuez Merchant Bank에 의하여 약 7%의 만기 수익률로 구조화되었다.

피뎀코랜드의 풋옵션은 침체된 시장에서 중기 채권 발행을 위한 신용 보강으로 활용되었으며 일종의 금융 혁신이었다. 풋옵션은 오차드 퍼레이드 홀딩스가 보유한 블리스빌 콘도미니엄 개발 프로젝트 지분 60% 가치가 그것의 절반인 한화 약 720억원(S$90million) 수준으로 하락할 경우 약정된 가격으로 피뎀코랜드가 매수하도록 하였다.[4] 프로젝트 가치가 50% 이상 하락할 경우만 풋옵션이 작용한다. 피뎀코는 프로젝트에 대한 위험을 감수한 대가

---

2) Abdul Hadhi, "Orchard Parade, Wing Tai to Refinance Tien Wah Site Purchase," Business Times Singapore, 5 November 1994.

3) 윙타이 홀딩스(WTH)는 토지 거래에서 그들의 지분을 리파이낸싱하기 위한 목적으로 싱가포르 은행 간 분기별 금리보다 1% 높은 금리의 5년 만기 변동 금리 채권인 '플레인 바닐라Plain Vanilla'를 S$62million 규모로 발행하였다.

4) 프로젝트의 예상 자산 가치 S$302million 중에서, 오차드 퍼레이드 홀딩스가 지닌 조인트 벤처의 60% 지분은 S$181.2million 가치로 추정된다.

로 미공개 수수료를 받았다.⁵⁾ 채권의 채무 불이행 시, 피뎀코랜드는 풋옵션에 의거하여 오차드 퍼레이드 홀딩스가 보유한 채권을 한화 약 720억원(S$90million) 이상의 가격으로 매수해야 한다.⁶⁾

사례 2) 홍콩을 대표하는 재벌인 리카싱의 청쿵 홀딩스는 톰슨 800 콘도미니엄 개발 사업을 통해 싱가포르의 주거용 부동산 시장에 첫 발을 내디뎠다. 리카싱은 본인이 100% 소유한 싱가포르 부동산 회사인 퍼시픽 엔터프라이즈 디벨로먼트를 통해 베이쇼어 로드Bayshore Road에 위치한 두 번째 콘도미니엄 프로젝트인 코스타 델 솔을 진행하였다.

코스타 델 솔 프로젝트는 906세대의 30층짜리 고층 건물로, 각 콘도미니엄의 유닛 크기는 약 27평(950sqf)에서 약 51평(1,800sqf)으로 구성되었으며 콘도미니엄마다 2~4개의 방을 갖고 있다. 23개의 펜트 하우스는 약 79평(2,800sqf)에서 약 98평(3,500sqf)으로 계획되었다. 코스타 델 솔 프로젝트의 콘도미니엄은 평당 평균 한화 약 2,177만 원(S$765psf)으로 2000년 5월 처음 분양되었다.⁷⁾

2002년 3월 22일 2단계 분양 당시, 퍼시픽 엔터프라이즈 디벨로먼트는 평당 평균 한화 약 2,228만 원(S$783psf) 가격의 신규 콘도미니엄 50개를 선보이며, 잠재적 수분양자 및 투자자에게 개

---

5) "Time will tell if Pidemco's OPH deal is profitable," Business Times Singapore, 3 October 1998.
6) Rashiwala, Kalpana, "Pidemco guarantees OPH bonds," The Straits Times, 2 October 1998.
7) PED 제너럴 매니저인 애니로크Annie Loke는 1차 콘도미니엄 판매 가격을 시장 가격보다 낮은 수준으로 제시했는데, 이는 콘도미니엄 상품을 기다려온 우리의 고객들에게 보답하기 위해서라고 언급하였다(출처: "First Costa del Sol units are a bargain, developer admits," The Straits Times, 31 May 2000).

발 사업의 가격 상승 잠재력을 기반으로 하는 가격 상승 보증 옵션을 제공하였다.[8)9)] 이 옵션은 퍼시픽 엔터프라이즈 디벨로먼트가 특정 기간 만기 시점에 코스타 델 솔 콘도미니엄 매수자에게 최소 10%의 가격 인상을 보증하는 선계약이었다.[10)] 이는 2002년 코스타 델 솔 콘도미니엄의 가격이 최초 구매 가격에서 최소 10% 이상 상승하지 않은 경우, 퍼시픽 엔터프라이즈 디벨로먼트가 2003년 12월 30일 만기 시점에 그것의 차액을 매수자에게 지급하는 조건이었다.[11)] 또한 퍼시픽 엔터프라이즈 디벨로먼트는 코스타 델 솔 콘도미니엄의 잠재적 수분양자들에게 임대 수익 보증 선계약 제도를 도입하였다.[12)] 계약에 따르면, 퍼시픽 엔터프라이즈 디벨로먼트가 수분양자에게 2년 동안 최소 5%의 임대 수익률을 보장했다. 수분양자는 가격 상승 옵션과 임대 수익 보증 옵션 둘 중 하나만 선택할 수 있었다.

리얼리스 데이터베이스Realis database에서 수집한 거래 데이터에 따르면, 코스타 델 솔 콘도미니엄의 평균 매각 금액은 평당 한화 약 2,445만 원(S$859psf)으로 추정된다(사례 연구 그림 3.1의 첫 번째 점선). 이는 생츄어리 그린Sanctuary Green(S$581psf)과 워터 플레이

---

8) "Costa del Sol developer guarantees up to 10% cash gain," The Straits Times, 22 March 2002.
9) "Buy a Costa del Sol unit and get price appreciation guarantee," Business Times, 22 March 2002.
10) Andrea Tan, "Buy a Costa del Sol unit and get price appreciation guarantee," Business Times Singapore, 22 March 2002.
11) "Few takers for Costa del Sol," The Straits Times, 25 March 2002.
12) "Costa del Sol offers 5% rental yield guarantee," Business Times, 2 May 2002.

스Water Place(S$659psf)의 평균 평당 매각 가격보다 각각 32.3%, 34.3% 높은 수치였다. 또한 사례 연구 그림 3.1을 보면 옵션 종료 시점인 2003년 4분기에 코스타 델 솔 세대의 평균 매매 가격이 급격하게 상승한 것을 알 수 있는데 생츄어리 그린 및 워터 플레이스 세대와의 평균 매매 가격 차이가 각각 47.2%와 52.6%까지 확대되었다(사례 연구 그림 3.1의 오른쪽 두 번째 점선). 코스타 델 솔의 콘도미니엄 세대 당 평균 가격 상승률은 2년 동안 12.53%로 가격 상승 옵션 10%를 넘었다. 10% 이상의 가격 상승으로 인해 옵션이 행사되지 않았다.

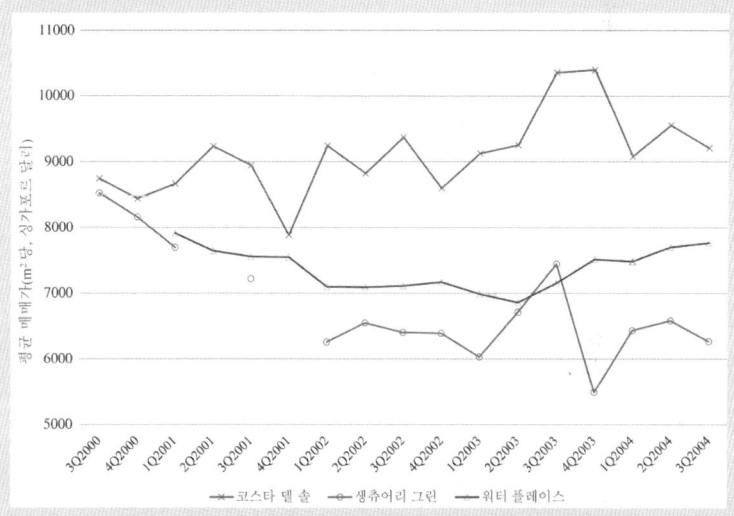

사례 연구 그림 3.1 사업별 평균 주택 매각 가격(m²당/싱가포르 달러)
출처: 도시재개발청, 리얼리스 데이터베이스

2000년대에는 인도네시아와 말레이시아의 대기업들이 싱가포르 부동산 시장에 진출했다. 2010년 인도네시아 리포그룹Lippo Group은 싱가포르의 주요 상업용 부동산(원 래플스 플레이스, OUE 베이프론트OUE Bayfront, OUE 타워OUE Tower, OUE 링크OUE Link 등)을 보유하고 있는 오버씨즈 유니언 엔터프라이즈Overseas Union Enterprises Ltd(OUE)의 지분 대부분을 인수했다.[25] 또한 리포그룹은 쉔톤 웨이에 위치한 기존 DBS 본사 빌딩을 매입하였고, OUE 다운타운 복합용도 개발 사업을 위해 기존 쌍둥이 빌딩의 재개발 사업을 진행하였다. 말레이시아의 YTL 그룹YTL Group은 웨스트우드 아파트Westwood Apartments를 일괄 매입하였고, 스타힐 글로벌 리츠Starhill Global REIT를 인수했다. 당시 스타힐 글로벌 리츠는 오차드 로드에 위치한 니안 시티Ngee Ann City와 위즈마 아트리아Wisma Atria와 같은 주요 상업 시설을 보유하고 있었다. 싱가포르의 부동산 시장에서 활동하고 있는 또 다른 말레이시아 개발 회사로는 SP 세테아 그룹SP Setia Group(18 우드빌18 Woodville과 에코 생츄어리Eco Sanctuary 프로젝트 진행), 호이헙 선웨이그룹Hoi Hup Sunway Group(싱가포르의 여러 주거 프로젝트 진행), IOI 그룹IOI Group(시티디베로먼트와 합작 투자 회사 형태로 사업 진행 - 사우스 비치South Beach, 더 트릴링The Trilinq, 시티스케이프Citiscape 프로젝트 진행) 등이 있다.

---

[25] 인도네시아의 리포그룹은 2010년 3월에 싱가포르 상장사인 오버씨즈 유니언 엔터프라이즈의 주요 지분을 말레이시아 재벌인 아난다 크리슈난Ananda Krishnan으로부터 S$957million에 인수했다(출처: Lee, Su Shyan, "Lippo Group buys tycoon's stake in OUE," The Straits Times, 10 March 2010).

중국의 부동산 개발 회사들은 싱가포르의 주택 시장 가격이 크게 상승한 2009년 이후 시점에 싱가포르 부동산 시장에 진출했다.[26] 첸젠 그룹Qianjian Group, 킹스포드 디벨로먼트Kingsford Development, MCC 랜드MCC Land 같은 중국의 개발 회사들은 도시재개발청의 부지 매각 프로그램을 통해 주거용 토지 입찰에 적극적으로 참여했다.[27] 새로운 전략적 협업 모델이 등장하기도 하였는데 차이나뱅크China Vanke는 케펠랜드와 타나 메라Tanah Merah 지역의 콘도미니엄 개발 프로젝트인 글레이즈Glades를 공동 개발하는 전략적 제휴를 맺었다.

2010년 5월,[28] 싱가포르와 말레이시아 정부는 랜드마크 토지 교환과 관련된 협정을 싱가포르에서 맺었는데 이로 인해 케라타피 타나 멜라유Keratapi Tanah Melayu(KTM) 철도 서비스가 중단되었다. 2011년 6월 28일 체결된 협정을 통해 탄종 파가르 철도역은 우드랜드 CIQWoodland CIQ와 체크포인트Checkpoint 지역 인근으로 이전하게 되었다. 당시 탄종 파가르, 크랜지Kranji, 부킷 티마, 우드랜드 역들과 이것들을 연결하는 철로가 있는 케라타피 타나 멜라유 부지가 말레이시아에서 싱가포르로 반환되었다. 싱가포르 정부는 이에 대한 대가로 마리나 사우스에 있는 약 7,926평(2.62ha) 면적의 4개 부지와 오퍼-로초 Ophir-Rochor에 있는 약 8,077평(2.67ha) 면적의 2개 부지를 조인트 벤

---

26) Nicholas Mak and Jenene Wong, "Competition from foreign developers" Business Times Singapore, Property 2014, 13 March 2014.

27) Cheryl Ong, "China developers' interest heating up," The Straits Times, 13 September 2014.

28) 2010년 5월은 양국의 수상이 토지교환협정(스와프)이 체결되었음을 공표한 날을 기준으로 반영하였는데, 이 공표한 날에 대해서는 다음 장에서 논의한다.

처 회사인 M+S Pte Ltd에게 이전하였다. M+S[29]는 이 부지들을 개발하기 위한 목적으로 두 나라가 함께 설립한 합작 투자 회사였으며, 싱가포르 투자 회사인 테마섹 홀딩스Temasek Holdings와 말레이시아 국부 펀드인 카자나 니스몰Kazanah Nismal이 합작 투자 회사의 지분을 40 대 60 비율로 보유하였다. M+S는 2013년 부기스 로드와 오퍼 로드 지역에 위치한 복합 개발 프로젝트인 듀오Duo와 다운타운 지역에 위치한 복합 개발 프로젝트인 마리나 원Marina One을 진행하였다. 2017년 복합 개발 시설인 듀오가 완공되면 듀오 레지던스Duo Residence(49층 660세대의 주거 시설), 듀오 타워Duo Tower(39층의 상업 시설과 호텔을 갖춘 컴플렉스), 듀오 갤러리아Duo Galleria(지하 주차장을 포함한 리테일 갤러리)가 조성된다. 마리나 원은 두 개의 30층짜리 오피스 타워(마리나 원 이스트 타워Marina One East Tower, 마리나 원 웨스트 타워Marina One West Tower)와 두 개의 주거 시설 블록(34층, 1,042세대)인 마리나 원 레지던스Marina One Residences로 구성된다.

3.4 개발을 위한 토지 공급

3.4.1 정부-토지 매각

싱가포르는 섬 국가로서 토지의 크기가 제한적이며 싱가포르 국토청이 개발 가능한 토지의 3/4 이상을 소유 및 관리하고 있다. 토지 매각 프로그램은 싱가포르의 토지에 대한 경제 활동 수요를 충족시켜 시장

---

29) M+S는 말레이시아와 싱가포르 두 정부가 마리나 사우스 및 오퍼-로초 지역의 부지를 개발하기 위한 목적으로 설립한 합작 투자 회사이다. 두 정부의 투자 기관인 말레이시아 카자나 내셔널 Khazanah Nasional과 싱가포르 테마섹 홀딩스가 합작 투자 회사의 지분을 각각 60%, 40% 보유하고 있다.

경제를 활성화하고, 시장이 지나치게 과열되지 않도록 안정화하는 역할을 한다. 정부는 경쟁 입찰을 통해 민간 주택과 상업 시설을 개발하려는 민간 사업자들에게 부지를 매각한다. 도시재개발청과 주택개발청 두 기관이 정부의 토지 매각 프로그램을 관리한다.

토지 매각 프로그램에서는 가격을 비공개로 진행하는 경매 방식이 일반적으로 사용된다. 다만, 마리나 비즈니스 파이낸셜 센터(사례 연구 3.4 참고) 토지 매각 당시 활용되었던 토지 옵션 및 이단계 입찰 제도two-envelop system와 같은 혁신적인 입찰 방식을 활용하는 경우도 있다.

사례 연구 3.4: 혁신적인 토지 입찰 계획 - 마리나 다운타운 국제 금융센터

2005년 7월, 도시재개발청은 정부의 토지 매각 프로그램에 따라 추진된 마리나 베이 금융센터 개발을 위해 다운타운 마리나 사우스 지역의 '임의 개발 가능 부지'를 매각했다. 약 10,739평(3.55ha) 면적의 이 부지는 약 5,445평(1.8ha)의 지하 공간을 통해 래플스 플레이스 MRT 환승역Raffles Place MRT interchange과 연결된다. 지하 공간은 상점, 음식점, 기타 상업 시설들이 있는 지하 쇼핑몰로 개발된다. 개발 사업이 성공적으로 완료될 경우 총 연면적 132,495평 (438,000sqm)에 해당하는 상업 공간이 만들어질 것이다.

2004년 5월 27일 시작된 마리나 베이 금융센터 부지 입찰에서 토지재개발청은 처음으로 '옵션 기반option-based'의 혁신적인 입찰 방식을 도입했다. 이 방식은 낙찰자가 단계적으로 프로젝트를 개발할 수 있도록 하였다. 각 입찰자는 밀봉된 봉투에 연면적 기준으로 계산한 입찰 가격을 제안해야 하는데 일시불 지급은 아니다. 입찰자는 연면적 약 30,250평(100,000sqm) 이상의 1단계 개발 계획을 제안해야 한다. 또한 2단계 개발 계획을 위해서 사례 연구 표 3.2에 있는 세 가지 옵션 중 하나를 사전에 선택해야 한다.

사례 연구 표 3.2 마리나 비즈니스 파이낸셜 센터 부지 입찰 시 옵션

옵션	옵션 기간(년)*	옵션 수수료(%)
A	6	6
B	8	8
C	10	10

*옵션 기간은 낙찰자 선정일로부터 옵션 만기일까지의 기간

　낙찰자가 토지를 인수하기 위해서는 다음 2단계 개발 사업을 위해 남겨둔 나머지 토지 가격(토지 입찰 가격 기준으로)의 6%에서 10%에 해당하는 옵션 수수료를 지불해야 한다. 낙찰자는 옵션을 통해 향후 6년에서 10년 사이에 합의된 가격으로 땅을 구입할 수 있는 권리를 갖게 된다. 옵션 수수료는 반환되지 않는다. 다시 말해, 옵션 수수료는 낙찰자가 다음 2단계 개발 사업을 진행하지 않기로 결정하거나, 옵션 기간이 만료되는 경우 모두 환불되지 않는다. 낙찰자는 옵션 금액의 3%를 향후 토지 가격 납부 용도로 사용할 수 있다. 각 개발 사업 단계별로 부여되는 프로젝트 완료 기간은 최대 8년이다. 따라서 10년 옵션을 선택한다면 옵션 기간과 최대 개발 사업 기간을 포함하여, 낙찰 시점부터 개발 사업 완료 시점까지 최대 18년까지 기간 책정이 가능하다.

마리나 베이 금융센터 부지는 2005년 7월 14일 홍콩랜드, 청쿵 홀딩스/허치슨 왐포아Hutchison Whampoa, 케펠랜드로 구성된 컨소시엄에 의해 평당 최고가인 한화 약 1,085만 원(S$4,101psm)에 낙찰되었다. 첫 번째 개발 단계에서 약 73,810평(244,000sqm; 총 허용 연면적 약 132,495평(438,000sqm)의 56%에 해당)이 개발되었다. 오피스 공간 약 54,450평(180,000sqm), 주거 공간 약 16,638평(55,000sqm), 리테일 공간 약 2,723평(9,000sqm)으로 구성되었다. 컨소시엄은 두 번째 개발 단계인 나머지 연면적 약 58,685평(194,000sqm) 개발을 위한 8년 옵션(옵션 B)을 선택했다. 컨소시엄은 2007년 2월 16일에 두 번째 개발 사업을 진행하기 위해 옵션을 행사하였고, 한화 약 7,070억 원(S$883.8million)을 지불하여 연면적 약 58,685평(194,000sqm) 규모의 개발 사업을 진행하였다.[1] 프로젝트가 완료되면 마리나 베이 금융센터 부지 개발 사업에서 연면적 약 132,495평(438,000sqm)의 공간이 만들어진다. 연면적 약 90,750평(300,000sqm)의 A급 오피스 건물 3개 동과, 649세대의 고급 아파트 2개 동과 펜트하우스, 그리고 리테일 시설 약 4,946평(176,000sqf)으로 구성될 것이다.

---

1) 개발 사업 2단계 부지를 위한 입찰가는 싱가포르 국세청에서 발표한 중심업무지구 상업 지역의 개발 부담금 요율을 기반으로 추정된다.

이단계 입찰 제도는 전략적인 개발이 필요한 부지에 사용된다. 컨셉/가격 수익 방식Concept and Price Revenue[싱가포르 토지 매각 프로그램에서 활용하는 입찰 방식 중 하나로 입찰 참여 시 개발 컨셉과 입찰 가격을 별도로 제시해야 한다. 개발 컨셉과 입찰 가격을 별도로 두 개 제출하여 두 단계의 심사를 거치기 때문에 이단계 입찰 제도라고 불린다. 1차적으로 컨셉평가위원회에서 개발 컨셉의 적정성 여부를 확인하고, 2차적으로 위원회의 기준에 부합한 업체들에 한정하여 최고가를 제시한 회사를 선정한다. 옮긴이의 설명]과 고정 가격 입찰 제안서 등이 활용되며 향후 부지를 개발할 때 높은 수준의 건축 디자인과 차별성 있는 개발 컨셉을 반영하는 것을 권장한다. 2005년 이후, 싱가포르 정부는 이단계 입찰 제도를 4차례 활용하여 토지를 매각하였다. 어반 엔터테인먼트 센터Urban Entertainment Centre 부지(이전에는 일루마Iluma라는 이름으로 불렸으며, 캐피탈랜드몰 트러스트가 해당 부지를 인수한 후 부기스 플러스Bugis+로 명칭을 변경함), 콜리어 퀴이Collyer Quay 부지(플러튼 헤리티지Fullerton Heritage 개발 사업), 비치 로드 부지(사우스 비치 개발 사업), 스탬포드 로드/노스 브릿지 로드Stamford Road/North Bridge Road에 위치한 캐피톨Capitol 부지가 이에 해당한다.[30] 2005년 마리나 베이 샌즈 지역에 위치한 복합 리조트와 2006년 센토사 지역에 위치한 리조트 월드Resort World 매각 당시에는 고정 가격 입찰 제안 방법이 활용되었다.

그림 3.6은 도시재개발청과 주택개발청이 토지 매각 프로그램을 통해 매각한 부지 수(입찰일 기준)를 연도별로 나타낸다. 도시재개발청

---

30) Serene Tng, "Capito Sale Site: Concept & Price Revenue Tender," Skyline, May/June 2011.

과 주택개발청의 토지 매각 프로그램 자료를 기반으로 차트에 작성되었다. 주거용 부지는 아파트 및 콘도미니엄과 같은 집합 주택 개발 사업에 한정된다. 상업용 부지에는 오피스 시설, 상업용 시설, 복합 시설로 개발할 수 있는 임의 개발 가능 부지와 상업용 부지가 포함된다.

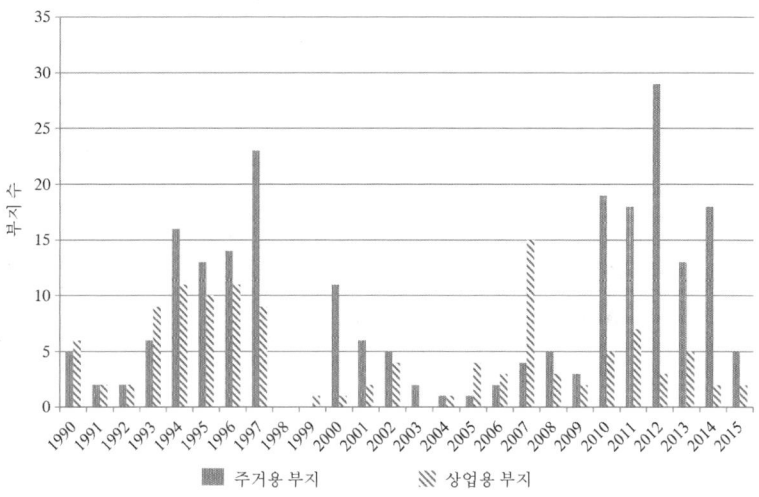

그림 3.6 정부의 토지 판매
출처: 도시재개발청(URA), 주택개발청(HDB)

토지 매각 프로그램은 호황 시장에서의 과열된 주택 가격을 규제하기 위한 효과적인 도구로 사용되었다. 정부는 민간 주택 개발의 수요와 공급 불균형을 완화하기 위해 1994~1997년과 2009~2014년 주택 가격 폭등 기간 동안 정부가 보유한 다수의 토지를 매각하였다. 도시재개발청과 주택개발청은 두 번의 호황기 동안 66개(첫 번째 호황기)와 97개(두 번째 호황기)의 택지를 공동으로 분양했다. 이를 면적으로 환산하면, 1994~1997년 사이에 약 795,575평(2.63million sqm) 면적의 토지를 분양했으며, 2009~2014년 사이에는 약 1,394,525평(4.61million sqm) 면적의 토지를 분양했다. 일반적인 세대 단위 면적인 33평(110sqm)을 기준으로 볼 때, 두 번의 호황기 동안 정부의 토지 매각을 통해 총 2만 3,884세대(1994~1997)의 주택과 4만 1,941세대(2009~2014)의 주택이 시장에 공급되었다. 이는 공동 주택 부문의 공급 부족 현상 완화에 크게 기여하였다.

반대로 싱가포르 정부는 민간 주택 시장이 약세를 보이는 시기에는 토지 매각을 일시적으로 중단함으로써 과도한 주택 공급량을 통제할 수 있었다. 2001년에는 유동적으로 시장의 수요와 공급의 균형을 맞추기 위해 '지정 리스트Reserve List' 제도를 도입하였다. 이 제도에 따르면 토지 매각 프로그램 지정 리스트에 있는 부지 중 특정 부지에 관심 있는 개발 회사가 해당 부지에 대하여 정부가 지정한 가격에 가까운 금액을 제안하면 부지를 매입할 수 있었다.

3.4.2 통합 매각

개발 가이드 플랜은 1991년 제정된 컨셉 플랜에 반영된 장기적 관점의 국토 개발 계획을 현실화시키기 위해 도시재개발청에 의해 구체화된 계획이다. 1993년부터 1998년까지 55개의 개발 가이드 플랜이 만들어졌고, 1999년 1월 22일 싱가포르의 새로운 마스터 플랜이 발표된 후, 개발 가이드 플랜 지역의 토지 활용도가 향상되었으며 이로 인해 오래된 주택 지역의 개발 가능성이 높아졌다. 일반적으로 오래된 주택 지역의 경우 토지내 건물의 노후화로 사용 가치가 낮다. 따라서 원활한 개발 사업을 위한 일괄 매각 방식으로 통매각이 진행되곤 한다. 1994년 코지 맨션Cozy Mansion의 첫 통합 매각에 이어, 같은 해 창이 하이츠Changi Heights가 통합 매각되었다. 1995~2013년 사이에 총 491

건이 일괄 매각되었으며, 모든 매각 물건의 총 감정 가치 규모는 한화 약 25.2조 원(S$31.5billion)에 달한다(그림 3.7 참고). 일괄 매각 거래는 2006년과 2007년 두 해 동안 가장 활발했다. 일괄 매각은 도시 재개발 과정에서 매우 중요한 역할을 했으며, 개발 회사들은 이를 통해 민간 주택 개발 부지를 확보할 수 있었다.

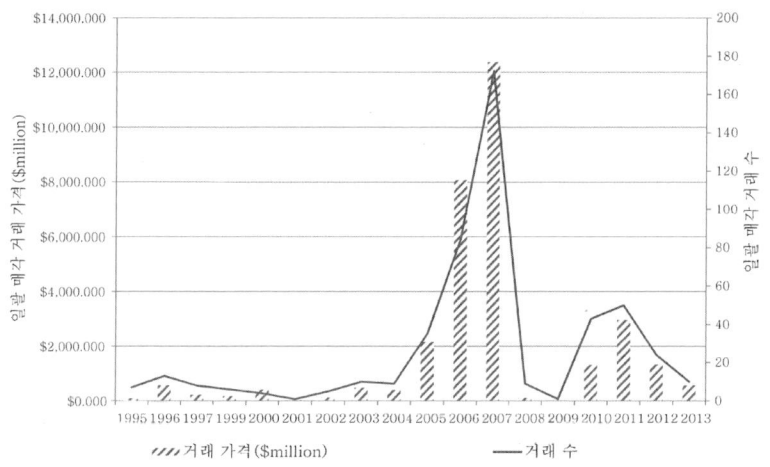

그림 3.7 구분소유등기 집합 주택 및 단독 주택 부지 일괄 매각
출처: 도시재개발청

통합 매각, 또는 일괄 매각은 싱가포르 주택 시장의 독특한 특징이다. 구분 소유 형태의 다세대 주택 혹은 단독 주택이 서로 인접한 부지를 통합 매각하기 위해서는 두 명 이상의 소유주가 함께 부동산을 공동 매각해야 한다(사례 연구 3.5 참고). 토지의 재개발을 통해 얻을 수 있는 가치가 기존 토지비와 개선 사업 비용을 합한 것보다 높을 경우 상당한 수익이 발생할 수 있다.

사례 연구 3.5: 싱가포르 토지 통합 매각 과정

토지 통합 매각 과정에서 부동산 소유자, 부동산 개발 회사, 부동산 중개인은 전형적인 '거래자deal makers'이다. 통합 매각은 대개 부동산 소유자들이 보유하고 있는 부동산의 예상치 못한 개발 가능성과 잠재력을 발견하면서 시작된다. 경우에 따라서는 부동산 개발 회사가 소유주 대표를 설득하여 진행되기도 한다.

1985년 토지구분소유법Land Title (Strata) Act(Chapter 158)과 1987년 토지구분소유(개정)법Land Titles (Strata) (Amendment) Act에 따라,[1] 통합 매각을 위해서는 구분소유등기 소유권자 전원으로부터 만장일치의 동의를 얻어야 했다. 이때 소유권자 중 한 명이라도 자신의 부동산을 매각하지 않으면 거래가 중단될 수 있었다. 이는 심각한 매각 지연 문제를 초래했고, 소수의 소유주들은 거래에 협력한다는 조건으로 높은 보상을 요구하기도 했다. 1999년 토지 소유권법 개정과 2007년, 2010년 두 번에 걸친 법안 개정을 통해 만장일치 합의 조건은 다수결 원칙으로 변경되었다.[2]

통합 매각은 경영진 총회에서 선출된 3~14명의 통합매각위원회 구성으로부터 시작된다. 위원회는 매각을 위한 전문가 팀을 구성하는데 이들 전문가는 매각 절차상의 문제에 대한 자문을 할 마케팅

---

1) 두 법안의 제정으로 인해 다수의 소유자를 포함하는 개발 사업에 대한 구분소유등기 등록을 용이하게 하여 각 세대의 공간에 대한 독점적 소유권을 갖는 동시에 공용 공간을 함께 소유할 수 있도록 하였다.

2) 1999년 10월 이전까지 다수가 공동 소유한 부동산을 일괄 매각하기 위해서는 토지 소유주 전원의 동의가 필요했다. 이 조건은 1999년 토지구분소유(개정)법으로 완화되었다. 개정법에 의하면 구분소유등기 부동산을 일괄 매각하기 위해서는 토지 소유자 중 80%에서 90%의 동의가 필요했다.

중개인/부동산 컨설턴트, 법률 자문가 등으로 구성된다. 위원회는 독립적인 제3의 평가 기관으로부터 전체 개발 사업에 대한 평가 보고서를 받으며, 보고서는 개발 예상 비용이 합리적인지를 판단하는 참고 자료가 된다. 위원회는 마케팅 중개인, 법률 고문과 함께 매각 수익 배분, 재개발된 부동산에 대한 재매입 옵션, 기존 소유주 재배치, 그 밖의 허가 사항, 예상 개발 비용[3], 통합 매각과 관련된 조건 등을 검토한다. 다음으로 중요한 과정은 12개월 이내에 통합 매각을 위한 과반수의 동의를 받는 것이다. 동의를 받지 못할 경우, 위원회는 해산될 수 있다. 마케팅 중개인의 조언에 따라, 위원회는 매각 방법을 입찰, 경매, 조약 형태로 결정하고, 가격 및 매각 조건과 관련하여 예상 매수자와 평가 및 협상을 한다. 마지막 단계로 잠재적 매수자와 조건부 매매 계약서를 체결한다.

위원회는 다수의 부동산 소유자들을 대신하여 구분소유등기위원회에 신청서를 제출하여 통합 매각을 확정한다. 위원회는 모든 부동산 소유주, 저당권자, 그밖에 관계자들(임차인 제외)에게 등기우편을 통해 신청 사실을 통지해야 한다. 매각에 반대하는 소유자는 신청서 승인일로부터 21일 이내에 반대 이유를 명시하여 구분소유등기위원회에 이의를 제기할 수 있다. 구분소유등기위원회는 신청일로부터 4개월에서 6개월 이내에 이의에 대한 결정을 내려야 한다. 매각 신청이 받아들여질 경우 모든 세대와 토지는 일괄 매각된다.

---

3) 개발 부담금은 정부가 부과하고 도시재개발청이 관리하는 개선 부담금 형태이며, 이를 통해서 정부는 도시 계획 정책을 통한 구역 개선과 개발 밀도 향상을 통해 증가한 토지 자산 가치의 50%를 확보할 수 있게 되었다.

> 매각가에 대한 배분 방법은 통합 매각 계약을 무효화하는 중요한 원인이 될 수 있다. 순매각가는 기존 건물, 지분율, 각 세대에 대한 감정 가치 평가에 기초하여 계산될 수 있다. 소유주들은 때때로 협상에 있어서 내부 수리, 프리미엄급 전망, 세대별 인접 정면성 등과 같은 요소들을 내세운다. 협상에서부터 새로 개발된 공간을 소유하기까지 통합 매각에 걸리는 기간은 수개월에서 수년이 될 수 있다. 일례로 창이 하이츠가 매각될 때 부지 재개발에 대한 기본 계획에 관한 인허가를 받지 못하여 58명의 소유주들은 마지막 잔금을 받기 위해 9개월을 기다려야만 했다.

1999년 10월 11일부터 시행된 토지구분소유(개정)법 수정안Amendment to Land Title (Strata) (Amendment) Act에서는 통합 매각 과정에서 잠재적인 '매각 지연'을 초래할 수 있는 토지 소유주 만장일치 항목을 삭제하였다. 변경된 개정안에서는 과반수 제도가 적용되었다. 과반수의 동의를 얻어 통합 매각을 하기 위해서는 10년 미만의 개발 사업에서는 90% 이상의 지분 동의가 있어야 하고, 10년 이상 된 개발 사업에서는 80% 이상의 지분 동의가 필요하다. 2007년과 2010년에는 일괄 매각에 찬성하는 소유자와 반대하는 소유자 모두에게 공정하고 투명한 일괄 매각을 진행하기 위해 두 가지 법안이 추가 개정되었다. 2007년 개정안으로 인해 일괄 매각을 위해서는 특정 지분 비율 이상의 동의를 받는 것과 더불어 토지 필지 수 기준으로 과반수의 동의가 필요하게 되었다. 구분소유권위원회Strata Titles Board로부터 일괄 매각 승인을 받기 위해서는 10년 미만 된 개발 사업의 경우 전체 필지 소유자 중 90%

가, 10년 이상 된 개발 사업의 경우 전체 필지 소유자 중 80%가 일괄 매각에 동의해야 한다.

3.5 상업용 부동산 시장

싱가포르 경제는 제조업과 서비스업에 크게 의존한다. 2015년 1분기 기준 국내총생산의 67.37%는 상품과 서비스가 차지하고 있으며, 제조업(16.34%), 도소매업(15.23%), 비즈니스 서비스(15.26%), 금융 및 보험(12.53%)으로 구성된다. 경제 활동에서 이 네 가지 주요 부문은 상업용 부동산에 대한 높은 수요를 창출한다. 민간 부동산 개발 회사는 오피스, 리테일, 호텔, 숙박 시설, 산업 공간 등을 포함한 상업용 부동산의 주요 공급자이다. 반면, 주롱타운공사와 주택개발청과 같은 공공 기관은 산업 부지와 맞춤형 공장 부지를 제공한다.[31] 2015년 1분기 기준으로, 공장, 오피스, 리테일에 대한 민간 부문의 시장 점유율은 각각 85.1%, 83.0%, 69.8%로 추산된다.

토지 매입, 설계, 건설, 자금 조달, 임대업 등 상업용 부동산 개발 시장에서 민간 개발 회사들 간의 경쟁은 치열하다. 상업 부동산 개발 회사는 '보유할 건물' 혹은 '매각할 건물'인지에 따라 개발 사업 전략을 다르게 세운다. 오피스 건물이나 쇼핑몰과 같은 주요 상업용 부동산은 일반적으로 개발 회사들이 장기간 임대 소득을 확보할 목적으로 보유한다. 다만 개발 회사는 상업용 부동산을 일괄 또는 구분등기 형태로 매각하여 사업을 종료할 수 있다. 구분등기 매각을 통한 개별 수분양자들은 토지에 대한 공동 지분과 함께 각각 구분된 상업 면적을 갖게

---

31) 정부 기관인 주롱타운공사는 주로 산업 부지를 시장에 공급하고, 맞춤형 공장을 개발하는 부동산 개발 회사이다.

된다.[32] 2002년 7월 리츠가 싱가포르 부동산 시장에 등장하였고 이후 많은 개발 회사는 리츠 기구를 설립하여 상업용 부동산을 리츠에 편입시켰다.

도시재개발청의 민간 상업 부동산 지수는 구분소유등기 상업용 부동산 거래를 기초로 만들어졌다.[33] 도시재개발청은 1975년부터 오피스, 리테일, 산업용 부동산에 대한 네 가지 가격 지수를 발표했다.[34] 그림 3.8은 1975년 1분기부터 2015년 1분기까지 도시재개발청에서 발표한 오피스, 리테일, 다용도 산업용 부동산 가격 지수 추세를 보인다. 세 시장은 표본 기간 동안 단기적으로 각기 다른 변동성을 보이지만 장기적으로는 동일한 움직임을 보인다. 싱가포르의 상업용 부동산 시장은 1981년, 1996년, 2007년 3차례에 걸쳐 최고치를 기록했다. 1990년대 중반에는 급격한 경제 성장, 대규모 투자 유입, 저금리 등과 같은 긍정적인 경제 요인으로 인해 상업용 부동산 시장이 활발하였다. 1993년 2분기부터 1996년 3분기까지, 3년이 넘는 기간 동안 산업용, 리테일, 오피스 관련 도시재개발청 부동산 가격 지수는 각각 96.3%, 47.8%, 88.6% 상승했다. 1997년의 아시아 금융 위기로 인해 1999년 싱가포르 상업 부동산 시장은 침체했다. 이후 2000년과 2008년에 두 번의 짧은 호황이 있었지만, 2008년 상업용 부동산 가격의 상승은 미

---

32) 단일 기관투자자가 보유하는 프라임급 상업용 부동산과 달리, 구분소유등기 부동산은 하나의 상업용 건물을 개별 사용자/임차인에게 각각 분할 구역 및 층으로 구분하여 매각한다. 구분소유등기 건물이 위치한 토지는 구분소유등기 소유자들에 의해 공동 소유된다.

33) 도시재개발청 지수는 분기별로 발행되는 품질중간가격지수quality-constant median price indices 이다. 이 지수는 12분기 동안의 거래 가격의 이동 평균을 활용하여 가중치를 부여한다. 상업용 부동산 구분소유등기 거래 활동이 적을 경우 중간 가격 지수의 평활화가 발생할 수 있다(참고: Deng, Y.H., McMilen, D.P. and Sing, T.F. (2014) "Matching Indices for Thinly-Traded Commercial Real Estate in Singapore" Regional Science and Urban Economics, 47, 86-98).

34) 다용도 공장 및 창고에 대한 산업 부동산 가격 하위 지수는 1990년 이후에 발표됐다.

국의 서브 프라임 위기로 인해 좌절되었다. 2009년에는 모든 부문에서 강한 반등이 관측되었으며, 2011년에는 산업 부문이 가장 큰 성장세를 보였는데 산업용 부동산 가격 지수 성장률이 오피스 및 리테일 부동산 가격 지수 성장률을 넘어섰다.

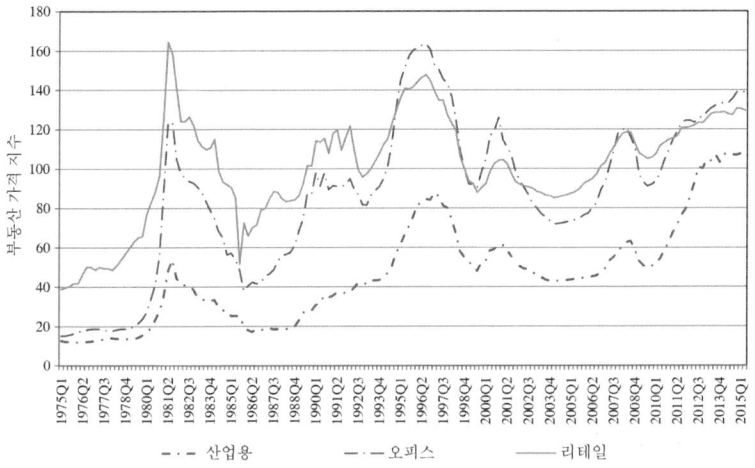

그림 3.8 민간 상업용 부동산 가격 지수
출처: 일반 부동산 시장, 도시재개발청

3.5.1 중심업무지구 오피스에서 고급 콘도미니엄으로

싱가포르 정부는 1970년대와 1980년대에 걸쳐 향후 중심업무지구의 지리적 확장을 기대하며, 마리나 베이 지역 주변의 토지를 매립하였다. 마리나 베이 지역에 약 109만 평(360ha) 면적의 토지를 매립하였고 이는 기존의 래플스 플레이스 중심업무지구와 연결되었다. 래플스 플레이스 중심업무지구와 달리 마리나 베이 지역은 글로벌 비즈니스 및 금융의 중심지를 넘어 고급 주택, 레크리에이션, 레저 시설이 통합된 '삶-일-놀이live-work-play'를 추구하는 지속 가능한 지역 모델이었다. 기존 중심업무지구를 마리나 베이 지역까지 확장하여 싱가포르를 세계적 수준의 번영한 도시로 발전시키고자 하였다.

마리나 베이 개발 사업은 도시재개발청의 토지 매각 프로그램을 통해 국가 보유 토지를 매각하면서 시작되었다. 이 지역의 첫 번째 매각 부지는 청쿵 홀딩스, 홍콩랜드, 케펠랜드로 구성된 컨소시엄에 2001년 3월 매각되었다. 이를 통해 50층 높이의 노스 타워North Tower와 29층 높이의 사우스 타워South Tower로 구성된 원 래플스 퀴이가 건설되었다. 또한 이곳 인근 부지가 또 다른 도시재개발청 부지 매각 프로그램 입찰을 통하여 시티디벨로먼트와 아메리칸 인터내셔널그룹 글로벌 부동산American International Group Global Real Estate(AIG) 컨소시엄에 2002년 매각되었다(표 3.2 참고). CDL-AIG 컨소시엄이 매입한 부지는 싱가포르에서 가장 높은 고급 콘도미니엄 타워이자 다운타운 지역 최초의 주거 프로젝트인 더 세일 앳 마리나 베이The Sail @ Marina Bay로 개발되었다.[35] 이처럼 마리나 베이 지역에서의 주거용 부동산 개발을 위해 정부 차원에서 '임시 개발 가능 부지'를 허용한 것은 대담한 결정이었다.[36]

CDL-AIG 프로젝트의 성공은 쉔톤 웨이와 탄종 파가 지역을 따라 다수의 오래된 오피스 건물을 고급 콘도미니엄으로 전환하는 계기가 되었다. 이러한 용도 변경 프로젝트로는 브이 온 쉔톤V on Shenton(이전의 UIC 쉔톤UIC Shenton), 이온 쉔톤Eon Shenton(이전의 마리나 하우스Marina House), 76 쉔톤 웨이76 Shenton Way, 원 쉔톤One Shenton이 있다.

---

35) Arthur Sim, "The imbalance seen in CBD space supply, demand," Business Times, 27 March 2007.
36) Kalpana Rashiwala, "Why rivals hope CDL won't do office project," Business Times, 16 May 2002.

점차 많은 중심 업무 지역 오피스 건물들이 주거 시설로 용도가 변경됨에 따라, 2007년 오피스 수요가 증가할 당시에 오피스 부족 현상이 발생했다. 또한 기존 오피스 건물에서 강제 퇴거된 기업들은 중심업무지구에서 사무실 공간을 찾는 데 어려움을 겪어야 했다. 이에 따라 도시재개발청은 2007년 5월 21일에 중심업무지구의 오피스 공급 부족을 막기 위해 2009년 12월 31일까지 일시적으로 오피스의 용도 전환 제한 대책을 발표했다.[37]

표 3.2 마리나 임의 개발 가능 부지 설명

구분	부지 1	부지 2
입찰 낙찰자	Boulevard Development Pte Ltd, Comina Investment Limited & Freylnd Pte Ltd	Glengary Pte Ltd
컨소시엄/ 조인트 벤처	Cheung Kong Holdings, Hongkong Land, Keppel Land	City Development Limited, AIG Global Real Estate
부지 면적(m^2)	11,367	9,091
용적률	13	13
허용 연면적(m^2)	147,770	118,182
낙찰 선정일	2001/3/16	2002/5/14
입찰 가격	S$461,816,800	S$288,900,000
m^2 당 가격(연면적 기준)	S$3,125	S$2,445
프로젝트명	One Raffles Quay	The Sail @ Marina Bay
개발 용도	사무실	주거/리테일
공사 착수일	–	2005
공사 완료일	2007	Marina Bay: 2008 Central Park: 2009

출처: 기사 자료

---

37) URA의 언론 성명서. "URA to Temporarily Disallow Conversion of Office Use in the Central Area to Other Uses," 2007년 5월 21일 발표.

2005년 7월, 도시재개발청은 마리나 비즈니스 파이낸셜 센터를 건설하기 위해 마리나 불러바드/센트럴 불러바드Marina Boulevard/Central Boulevard 지역의 약 10,588평(3.5ha) 면적의 토지를 매각했다. 마리나 비즈니스 파이낸셜 센터 부지에는 해안 산책로를 연결하는 약 5,445평(1.8ha) 면적의 지하 리테일 공간, 래플스 플레이스 MRT역, 다운타운 MRT역이 포함된다. 도시재개발청은 마리나 비즈니스 파이낸셜 센터 부지를 매각하기 위하여 혁신적인 토지 옵션 시스템을 도입했다(사례 연구 3.4 참고).

마리나 베이 지역의 M+S 그룹이 진행하는 마리나 원 개발 사업이 완료되면, 기존의 마리나 비즈니스 금융센터와 기타 주요 프로젝트(원 래플스 쿼이, 더 세일 앳 마리나, 원 마리나 불러바드One Marina Boulevard, 아시아 스퀘어)들과 함께 마리나 베이 지역에서 기업들의 활동이 활성화되는 데 결정적인 역할을 할 것이다.

3.6 리테일 쇼핑몰 개발

싱가포르의 리테일 업계는 지난 50년 동안 많은 변화를 겪었다.[38] 근대 싱가포르의 역사는 싱가포르 강 어귀에서 일어난 상업 활동을 중심으로 시작되었고, 리테일 사업은 주로 래플스 플레이스와 인근 지역을 둘러싼 중심 지역에서 이루어졌다. 1950년대 초에는 하이스트리트 High Street, 차이나타운Chinatown, 미들 로드Middle Road, 세랑군 로드 Serangoon Road, 아랍 스트리트Arab Street, 게이랑Geylang과 같은 몇몇 부도심지가 주요 리테일 지역이었다. 오차드 로드는 1950년대 말에 주

---

38) 싱가포르 쇼핑센터 개발에 대한 자세한 내용은 Sim, Loo Lee가 집필한 "A Study of Planned Shopping Centers in Singapore, 1984, Singapore University Press."에서 살펴볼 수 있다.

요 상업 지역으로 발전했고, 래플스 플레이스, 하이스트리트와 함께 세계 각지의 고객에게 리테일 시설을 제공했다. 싱가포르 리테일 업계에는 다양한 민족을 위한 부도심지가 존재한다. 주요 도로를 따라 중국인을 위한 차이나타운, 인도인을 위한 세랑군 로드, 말레이시아인을 위한 게이랑 세라이Geylang Serai, 인도인과 말레이시아인을 위한 아랍 스트리트, 그 밖에도 다양한 커뮤니티가 형성되었다. 또한 부킷 티마 로드와 말레이시아 쇼핑객 사이에 인기가 있는 부킷 판장 로드Bukit Panjang Road, 창이 빌리지Changi Village, 셀레타, 니순Nee Soon, 영국군 기지에 근접한 홀랜드 빌리지Holland Village 등의 상업 지역이 존재하였다.

    1960년대 이후, 주택개발청이 주도한 공공 주택 프로그램을 통해 새로운 도심지들이 짧은 기간 동안에 생겨났다. 또한 싱가포르 정부는 공공 주택 프로그램을 통해 공공 주택지의 거주자들에게 슈퍼마켓, 음식점, 은행, 편의점과 같은 기본적인 쇼핑 시설과 편의 시설을 제공했다. 주택개발청의 주도 아래 제공된 근린생활 시설 및 커뮤니티 센터는 도시 중심지에 위치한 지역 센터의 역할을 보완하였다. 1974년에 도시재생부로부터 시작된 도시 재개발 활동은 1970년대와 1980년대에 걸쳐 도시재개발청에 의해 보다 체계적이고 빠르게 추진되었다. 도시 재개발 계획에 따라 여러 개의 작은 토지는 하나의 큰 구획으로 합쳐졌으며, 입찰을 통해 민간 개발 회사들에게 매각되었다. 새로운 쇼핑센터와 고층 건물들을 새로 건설하기 위해 중심 지역의 많은 상점들과 오래된 건물들이 철거되었다.

    도시재개발청은 정부의 토지 매각 프로그램을 통해 도시 중심 지역의 리테일 시설 현대화 사업에 민간 개발 회사들이 적극적으로 참여하도록 유도하였다. 1970년대에는 편의성을 극대화한 한 장소에서 모든 소비가 가능한 원스톱one-stop 쇼핑센터가 인기를 끌었다. 싱가포르의 쇼핑센터 개발은 4단계로 이루어졌다. 1969년 피플스 파크 컴플렉스는 토지 매각 프로그램을 통해 매각된 부지에 세워진 최초의 쇼핑센터였다. 같은 해 완공된 페낭 로드Penang Road에 위치한 슈프림 하우스Supreme House(추후 파크 몰Park Mall로 새로 오픈)는 오차드 로드 지역의 첫 번째 쇼핑센터였다. 1969년부터 1977년까지 첫 번째 개발 단계에서 22개의 쇼핑센터가 완공되었다. 오차드 로드 지역 내 냉방 시설이 가능한 새로운 쇼핑센터(탱린 쇼핑센터Tanglin Shopping Centre, 더 오차드The Orchard, 스페셜리스트 센터Specialist Centre, 쇼 센터Shaw Centre, 플라자 싱가푸라Plaza Singapura, 펄이스트 쇼핑센터, 오차드 타워Orchard Towers, 럭키 플라자 등)들이 여럿 완공되었다. 다른 지역에도 새로운 쇼핑센터들이 다수 생겼다. 차이나타운 지역(피플스 파크 센터People's Park Centre, 펄 센터Pearl Centre, 피플스 파크 컴플렉스), 하이스트리트 지역(페닌슐라 쇼핑센터Peninsula Shopping Centre, 콜롬보 코트Colombo Court, 하이스트리트 쇼핑센터, 페닌슐라 플라자Peninsula Plaza), 셀리지-세랑군Selegie-Serangoon 지역(셀리지 컴플렉스Selegie Complex, 피스 센터 Peace Centre, 팔레인 쇼핑몰Parlane Shopping Mall, 프레지던트 쇼핑센터 President Shopping Centre), 비치 로드 지역(골든 마일 쇼핑센터Golden Mile Shopping Center, 골든 마일 타워Golden Mile Tower, 텍스타일 센터Textile Centre) 등에 쇼핑센터들이 새롭게 들어섰다. 그리고 교외 지역에서도 쇼핑센터가 개발됐는데, 홀랜드 로드 쇼핑센터Holland Road Shopping Centre(1971), 카통 쇼핑센터Katong Shopping Centre(1971), 퀸스웨이 쇼핑센터Queensway Shopping Centre(1975) 등이 있었다.

1975년과 1983년 사이, 쇼핑센터 개발 2단계를 통해 29개의 쇼핑센터가 새로 생겨났고, 이 중 절반 이상이 오차드 로드 지역에 위치해 있었다. 이 기간 동안 쇼핑몰, 호텔, 오피스, 엔터테인먼트 시설을 통합한 복합 시설 두 곳이 개발됐는데, 래플스 시티 싱가포르와 마리나 스퀘어가 개발되었다. 같은 기간 동안 파크웨이 퍼레이드Parkway Parade와 골드힐 스퀘어Goldhill Square(현재 유나이티드 스퀘어United Square)와 같은 교외형 쇼핑센터도 건설되었다. 1990년대, 쇼핑센터 개발 3단계에서는 정부의 1991년 컨셉 플랜 상의 분산화 전략을 통해 MRT 철도 라인이 신설되었고, 교외 지역 MRT역 근처에 쇼핑센터가 여럿 건설되었다(표 3.3 참고).[39] 1997년 선텍 시티, 1993년 지 앤 시티와 같은 연면적 약 28,103평(1million sqf)이 넘는 메가 쇼핑몰들이 생겨났다.

2000년대 리테일 시장에 리츠가 등장하면서 싱가포르의 리테일 업계가 크게 변화하였다. 리츠는 쇼핑몰에 대한 자산 가치 증대 정책을 통해 상환경을 개선하였고, 이를 통해 임대 수익을 높이고 더 많은 고객을 유치하였다. 리츠가 소유한 쇼핑몰의 임대차 계약 방식은 점차 임차인의 매출과 연동한 임대료 방식으로 전환되었다. 주롱MRT역 주변에 건설되고 있는 JEM 쇼핑몰, 웨스트게이트Westgate 쇼핑몰 등과 같은 새로운 쇼핑몰을 포함하여, 교외형 쇼핑몰은 리츠와 사모 민간형 펀드를 통해 개발되었다. 재개발을 마친 제이큐브JCube(이전의 주롱 엔터테인먼트 센터Jurong Entertainment Centre)와 대수선을 마친 IMM 빌딩과 함께, 주롱 게이트웨이Jurong Gateway 쇼핑 지역은 싱가포르 외곽에 가장 큰 쇼핑 클러스터를 형성하였다. 오차드 로드에 위

---

39) Joanna Chen, "The changing retail landscape", Business Times, 23 Sep 2010.

치한 ION 오차드ION Orchard, 313 앳 서머셋313@somerset, 오차드 센트럴Orchard Central, *스케이프*Scape 등의 신규 쇼핑몰 개발 프로젝트들은 싱가포르 내 가장 인기 있는 쇼핑 지역을 더욱 활성화시켰다.

표 3.3 1990년대에 건설된 쇼핑센터

쇼핑센터 프로젝트명	연면적(m^2)	준공연도	부동산 개발 회사
북부:			
Northpoint Shopping Centre	145,313	1993	Centrepoint Properties Limited/Cold Storage Holdings
Hougang Point	79,922	1997	Hiap Hoe Holdings
Hougang Lifestyle Centre	160,005	1996	NTUC
Junction 8	200,209	1993	Singapore Technologies Industrial Corporation Pte Ltd & Liang Court Holdings
Causeway Point	441,320	1998	Centrepoint
동부:			
Century Square	200,000	1995	First Capital Corporation
Tampines Mall	312,153	1995	DBS Land/Pernas International/NTUC
East Point	190,000	1996	Far East Organization
White Sands	143,483	1996	OCBC(Whitesands Development)
서부:			
Ginza Plaza	141,362	1992	Far East Organization
Jurong Point	349,999	1996	Guthrie GTS & Lee Kim Tah Holdings Limited
Lot 1	220,003	1996	Isrich Property Pte Ltd(CDL)
West Mall	207,593	1997	Alprop Pte Ltd(UIC & RMA Land)
Bukit Panjang Plaza	161,459	1998	Superbowl Holdings
Jurong Lifestyle Centre	79,997	1996	NTUC/SLF
중앙:			
Anchorpoint	70,999	1996	Centrepoint Properties Limited

출처: 나이트 프랭크 컨설팅 & 리서치

3.7 결론

민간 주택 시장은 공공 주택 아파트에서 민간 집합 주택으로, 그리고 다시 단독 주택으로 이동하고자 하는 많은 싱가포르인들의 꿈을 실현시켰다. 이는 전 세계에서 가장 높은 주택 보유율을 보이는 싱가포르 사회에서, 상류 사회로 이동하고자 하는 싱가포르인들에게 주거 사다리 역할을 수행하고 있다. 지난 50년 간 싱가포르는 민간 개발 회사들과 정부 상호 간의 긴밀한 협력을 통해 성장할 수 있었다. 정부는 장기적 계획을 수립하고 다양한 기반 시설을 구축했으며, 민간 개발 회사에게 주택 시장에서 활동할 재량권을 보장하는 동시에, 적정한 수준의 주택 가격을 유지하기 위하여 보조금을 지급하기도 했다. 민간 개발 회사들은 그들의 장기적 '청사진'을 현실화하기 위해 주식과 채권 시장을 통해 자금을 조달하였다.

싱가포르의 입증된 성장 방식은 미래에도 가이드 역할을 할 것이며, 섬 국가를 지속 가능하고 살기 좋은 도시로 변화시킬 것이다. 싱가포르는 다른 도시들이 모방하는 롤 모델 도시가 될 것이다.

싱가포르의 민간 부동산 시장은 외국 개발 회사들의 진입으로 인해 점차 경쟁이 치열해질 것이다. 이에 대비하여 싱가포르 국내 부동산 개발 회사들은 이미 해외에서의 새로운 기회를 적극적으로 탐색하고 있다. 확장성, 다양화, 지역에 대한 해박한 지식은 싱가포르 부동산 회사들이 더 크고 강력한 외국 부동산 개발 회사들과 국제적으로 경쟁하기 위해 집중해야 할 세 가지 요소이다. 동시에 외국의 부동산 개발 회사들과 전략적 제휴를 맺어 협력하고 노하우를 공유한다면 서로에게 도움이 되는 상생의 결과를 만들 것이다.

싱가포르 부동산 시장이 다음 단계로 성장함에 있어서 자본의 중요성을 빠뜨릴 수 없다. 부동산 시장으로의 자본 유입은 시장의 효율성과 투명성을 향상시킬 수 있지만, 국가간의 자금 유입 제한이 완화되어 자금 이동이 지나치게 활발해질 경우 부동산 시장이 외부의 변동성에 취약해질 수 있다. 이를 고려할 때, 싱가포르 현지 부동산 개발 회사들은 새로운 변화에 빠르게 적응하고, 새로운 시장 리스크를 파악하며, 부동산 상품의 라이프사이클을 혁신해야 할 것이다.

부록. 싱가포르 주요 부동산 개발 회사

(A) 캐피탈랜드

캐피탈랜드는 본사를 싱가포르에 두고 있는 아시아 최대의 상장 부동산 회사 중 하나이다. 캐피탈랜드는 보유 자산, 건축 설계 및 개발 사업 능력, 적극적인 자산 운용 전략, 광범위한 시장 네트워크, 운영 능력을 활용하여 높은 수준의 부동산 상품과 서비스를 개발한다. 회사의 다양한 글로벌 부동산 포트폴리오는 복합 개발, 쇼핑몰, 서비스 레지던스, 오피스, 주거용 부동산을 포함한다. 캐피탈랜드의 핵심 시장은 싱가포르와 중국 두 곳이며, 이 밖에도 인도네시아, 말레이시아, 베트남을 새롭게 성장하는 시장으로 보고 있다. 또한 캐피탈랜드는 아시아에서 가장 큰 부동산 펀드 자산운용사이다.

캐피탈랜드는 스폰서 기관으로서 캐피탈랜드몰 트러스트, 캐피탈랜드 커머셜 트러스트CapitaLand Commercial Trust(CCT), 에스콧 레지던스 트러스트Ascott Residence Trust, 캐피탈랜드 리테일 차이나 트러스트CapitaLand Retail China Trust, 캐피탈랜드 말레이시아 몰 트러스트 CapitaLand Malaysia Mall Trust가 포함된 상장 리츠를 조성하였다.

(B) 시티디벨로먼트

시티디벨로먼트는 1963년에 설립된 이래로 싱가포르 부동산 시장에서 선구자적 역할을 해 왔다. 오늘날 시티디벨로먼트는 싱가포르 증권거래소에 상장된 국제 부동산 및 숙박 산업 대기업으로 부동산 개발 및 투자, 호텔 소유 및 관리, 시설 관리, 숙박 솔루션 제공 등과 관련한 사업을 진행하고 있다. 싱가포르에서 시가 총액 기준으로 가장 큰 회사 중 하나이며, 전 세계 25개국에 91개 지점을 갖고 있다.

시티디벨로먼트는 400개 이상의 자회사를 통해 광범위한 네트워크를 보유하고 있으며, 뉴질랜드, 홍콩, 런던, 필리핀 증권거래소에 상장된 5개 회사를 보유하고 있다. 시티디벨로먼트는 현재 아시아, 유럽, 중동, 북미, 뉴질랜드/호주 전역에 호텔 시설 외에도, 주거용 부동산 등의 투자 자산을 포함한 포트폴리오를 소유 및 운용하고 있다.

시티디벨로먼트는 다양한 시장에서 36,000개가 넘는 호화, 고급 주택을 개발하며 상당한 실적을 냈다. 싱가포르에서 가장 많은 부동산을 소유한 임대인 중 하나로, 국내외를 통틀어 총 연면적 약 202,342평(7.2million sqf) 규모의 오피스, 산업 시설, 리테일 시설, 주거 시설, 호텔을 보유하고 있다. 시티디벨로먼트는 싱가포르의 민간 개발 회사들 중 가장 큰 규모의 토지를 보유하고 있는 회사 중 한 곳으로 약 75,879평(2.7million sqf) 규모의 토지를 보유하고 있으며, 이는 향후 연면적 약 213,584평(7.6million sqf) 규모의 부동산을 개발할 수 있는 부지이다.

시티디벨로먼트는 상장 자회사인 밀레니엄&코프손 호텔Millennium & Copthorne Hotels plc(M&C)을 통해 해외 시장에 진출하였다. 밀레니엄&코프손 호텔은 세계에서 가장 큰 글로벌 호텔 및 부동산 회사 중 하나로, 전 세계적으로 120개의 호텔을 소유하고 있으며 호텔 자산 관리 및 운용을 하고 있다. 또한 시티디벨로먼트는 2006년에 처음으로 호텔 신탁을 만들었다. CDL 호스피탈리티 트러스트CDL Hospitality Trust는 현재 싱가포르, 호주, 뉴질랜드, 일본, 영국, 몰디브의 호텔을 소유하고 있다. CDL의 중국 사업부이자 이전 자회사인 CDL 차이나 CDL China Limited는 전략적으로 중국의 주요 도시로 사업을 확장했다. CDL은 또한 개발과 투자 목적으로 영국 내 그레이터 런던Greater London 및 런던 중심부Central London 지역의 부동산 취득에 집중하는 부동산 플랫폼을 만들었다.

시티디벨로먼트는 사회적 책임을 중요시 여기는 기업으로서 20년 이상 환경 보호에 전념하고 있으며 싱가포르의 건설 환경 조성에 앞장서고 있다. 현재까지 시티디벨로먼트는 80개 이상의 그린마크 친환경 건물을 건설하였다.

시티디벨로먼트는 사회적 책임과 지속 가능한 개발의 공로를 인정받아 대통령이 수여하는 President's Social Service Award와 President's Award for the Environment을 2007년 수상했다. 또한 시티 디벨로먼트는 싱가포르의 건설 환경 분야 정부 관리 당국인 건설청으로부터 2009년 건설 환경 리더쉽 플래티넘상Built Environment Leadership Platinum Award과 2011년 그린마크 플래티넘 챔피언상Green Mark Platinum Champion Award을 수상한 유일한 개발 회사이다.

시티디벨로먼트는 전 세계의 지속 가능성 벤치마크 지수 세 곳 모두에 등재된 싱가포르 첫 번째 회사이다. FTSE4 굿 인덱스 시리즈FTSE4 Good Index Series(2002년 이래 계속), 세계에서 가장 지속 가능한 회사 100Global 100 Most Sustainable Corporations in the World(2010년 이래 계속), 다우존스 지속 가능 지수Dow Jones Sustainability Indices(2011년 이래 계속), 세 곳 모두에 등재되었다. 2016년 시티디벨로먼트는 세계 100대 지속 가능 기업 중 부동산 부문 1위에 선정되었다. 또한 시티디벨로먼트는 2014년 이래로, 채널 뉴스아시아Channel NewsAsia에서 선정한 지속 가능한 부동산 개발 회사 부문에서 아시아 1위로 선정되었다.

(C) 펄이스트

펄이스트는 싱가포르에서 가장 큰 민간 부동산 개발 회사이다. 1960년 응텡퐁에 의해 설립된 이래로 주거, 숙박, 리테일, 상업, 의료, 산업 부문에서 760개 이상의 개발 사업을 진행하며 싱가포르의 도시 경관 형성에 크게 기여했다. 펄이스트는 49,000세대의 주거용 부동산을 공급하며 전체 싱가포르 민간 주택의 1/6을 개발했다. 또한 펄이스트는 싱가포르에서 가장 큰 주거용 부동산 임대인이자, 가장 큰 호텔 및 서비스 레지던스 운영업체이다.

펄이스트 오차드Far East Orchard Organization는 3개의 상장 기업을 보유하고 있다. 펄이스트 오차드Far East Orchard Limited(호텔 및 부동산 그룹), 펄이스트 호스피탈리티 트러스트Far East Hospitality Trust(펄이스트 호스피탈리티 부동산 인베스트먼트 트러스트Far East Hospitality Real Estate Investment Trust와 펄이스트 호스피탈리티 비즈니스 트러스트Far East Hospitality Business Trust로 구성), 여힙셍(동남아시아에서 가공 식품과 음료 제품 관련 사업을 영위한 115년 역사의 산업 회사)을 보유하고 있다.

상장 기업인 펄이스트 오차드의 숙박업 부문 계열사인 펄이스트 호스피탈리티Far East Hospitality는 중급 및 고급 숙박 시설 부문에 특화되어 있다. 이 회사는 7개 국가에 걸쳐 90개의 호텔과 서비스드 레지던스를 보유하고 있으며, 13,000개 이상의 객실을 포함한 통합 포트폴리오를 갖추고 있다.

펄이스트의 부동산 사업 그룹은 기업 및 개인들의 요구를 충족하는 수준 높은 여러 종류의 임대 부동산 포트폴리오를 관리한다. 리테일 사업 그룹은 상환경이 발달된 지역의 연면적 약 39,344평 (1.4million sqf) 규모의 리테일 공간을 관리하는 것과 더불어, 새롭게 성장하는 지역에 있는 21개의 쇼핑몰 및 리테일 부동산을 관리한다. 펄이스트에 의해 인수된 키친랭귀지 앤 더빅아이디어Kitchen Language and The Big Idea는 펄이스트의 프랜차이즈 식품 계열사로서, 30개 매장에서 16개의 식음료 컨셉 포트폴리오를 운영하고 있다.

펄이스트는 지속적인 성장을 위해 호주 주요 지역에 대한 부동산 투자를 확대하고 있으며 개발 부지 포트폴리오를 확대하고 있다. 오늘날 펄이스트는 호주의 숙박, 주거, 상업 부동산 분야에 상당한 영향력을 갖고 있다. 2013년부터 한화 약 1.5조 원(A$1.9billion) 규모를 투자하여 부동산 매입과 조인트 벤처 형태의 합작 투자를 하고 있다.

펄이스트는 기독교 기업으로서 사회적 복지에도 힘쓰고 있다. 가난한 사람들을 후원하고 이웃들에게 사랑을 전하는 것에 기업의 가치를 두고 있다. 펄이스트는 자선 사업의 일환으로 커뮤니티/스포츠 시설을 개발하여 지역 주민에게 개방하였다. 개방된 시설로는 클라크 퀘이 Clarke Quay MRT역 주변의 클라크 퀘이 센트럴Clarke Quay Central, 노베나 스페셜리스트 센터Novena Specialist Center, SBF 센터SBF Center, 오차드 센트럴, 정션 10Junction 10이 있다.

펄이스트는 전 세계에서 유일하게 세계부동산연맹 최우수상FIABCI Prix d'Excellence Awards을 8번 수상한 부동산 개발 회사이다. 이는 국제 부동산 분야에서 유일무이한 성과이다.

(D) 구코랜드

구코랜드는 싱가포르, 중국, 말레이시아, 베트남을 포함한 주요 시장에서 성공적인 부동산 운영 및 투자로 여러 상을 받은 부동산 회사이다. 더불어 다양한 사업 포트폴리오를 보유한 싱가포르 상장 회사인 홍룽그룹의 자회사이기도 하다.

20년 이상의 부동산 개발 경험을 가진 구코랜드가 진행한 프로젝트들은 품질과 섬세한 디자인으로 다른 부동산 개발 회사들과 차별화된다. 구코랜드는 주거용 부동산, 상업용 부동산, 복합 개발에 이르기까지 다양한 시장에서 기업과 일반 대중들을 위한 프리미엄 부동산을 공급해 왔다.

구코랜드는 지난 25년 간 33개 주거용 프로젝트를 통하여 9,000세대 이상의 아파트와 주택을 성공적으로 개발하였다. 친환경 개발 사업으로 널리 알려진 구코랜드는 최근 굿우드 레지던스Goodwood Residence 개발 사업과 소피아 레지던스Sophia Residence 개발 사업을 통해 싱가포르 친환경 건축물 부문에서 가장 높은 명예인 건설청의 그린마크 플래티넘어워드Green Mark Platinum Award를 수상했다. 탄종 파가르 센터의 월리치 레지던스Wallich Residence, 리든 레지던스Leedon Residence, 동부 해안의 엘리엇Elliot at the East Coast, 더 쾨츠The Quartz, 워터라인The Waterline 프로젝트도 그린마크 어워드Green Mark Awards를 수상했다. 또한 굿우드 레지던스는 2014년 싱가포르 조경 건축 어워드Singapore Landscape Architecture Awards로부터 우수상을 수상했다. 구코랜드의 상업용 개발 사업은 탄종 파가르 센터의 구코 타워Guoco Tower를 통해 환경 지속성을 충족하는 개발 사업 기준을 만들어냈다. 탄종 파가르 센터의 구코 타워는 리드 플레티넘 인증LEED(Leadership in Energy and Environmental Design) Platinum Precertification을 획득했다. 리드는 친환경 건축물로 승인된 건물에 주어지는 세계적인 명성의 친환경 인증이다. 또한 구코타워는 싱가포르 건설청으로부터 그린마크 플래티넘 어워드를 수상했다.

싱가포르 최고의 부동산 개발 회사가 되겠다는 비전을 더욱 발전시키기 위해, 구코랜드는 지속 가능한 부동산 개발 사업을 통해 그들의 유산을 계속 이어갈 것이다.

(E) 케펠랜드

케펠랜드는 싱가포르의 가장 큰 다국적 그룹 중 하나인 케펠그룹Keppel Group의 부동산 계열사이다. 케펠그룹은 부동산 사업뿐 아니라 해양 사업, 인프라 사업 등의 주요 사업을 갖고 있다.

아시아 최고의 부동산 회사 중 하나인 케펠랜드는 수상 실적을 보유한 주거용 개발 사업과 상업용 부동산을 포함한 우수한 자산 포트폴리오를 보유한 것과 더불어, 높은 수준의 기업 지배 구조와 투명성으로 시장에서 인정받고 있다.

케펠랜드는 싱가포르와 중국을 핵심 시장으로 두고 있으며 베트남과 인도네시아를 성장 시장으로 인식하며 아시아 전역에 진출하고 있다. 또한 개발 후 매각하는 부동산 개발 사업과 부동산 펀드 운용 두 가지 전략에 초점을 두고 있다.

싱가포르의 주요 프라임 오피스 개발 업체인 케펠랜드는 마리나 베이 금융센터, 오션 금융센터Ocean Financial Centre, 원 래플스 퀴이와 같은 랜드마크적 부동산 개발로 도시의 스카이라인을 개선하는 데 이바지하고 있다.

케펠랜드는 케펠 베이와 마리나 베이 같은 해안에 위치한 상징적인 주거용 부동산을 보유한 아시아 최고의 주거용 부동산 개발 회사이다. 케펠랜드는 싱가포르 및 해외에 7만여 채 이상의 주택을 공급하였고 상업용 부동산 분야도 확대하고 있다. 케펠랜드는 급증하는 고급 주택, 오피스, 복합 시설에 대한 시장의 수요를 충족시킬 수 있는 좋은 조건에 있다.

케펠랜드는 혁신적인 부동산 솔루션을 통해 이해 당사자들의 가치를 높여주며, 미래의 가치 창출을 위해 최선을 다하고 있다. 케펠랜드는 환경 관리 및 보호를 통하여 모든 부동산 사업에서 지속 가능하면서 최적인 '삶-일-놀이' 환경을 조성하기 위해 노력하고 있다.

또한 케펠랜드는 지속 가능성(친환경)과 관련하여 다수의 상을 수상하였다. 2015년에는 클린 기업 전문 잡지사인 코퍼레이트 나이트 Corporate Knights가 선정한 전 세계의 지속 가능한 100대 기업에 2년 연속으로 선정되었다. 아시아에서 1위 기업, 전 세계에서 4위 기업으로 선정되었으며 전 세계 모든 부동산 회사 중에서 1위를 차지했다.

케펠랜드는 과거 다우존스의 전 세계 및 아시아 퍼시픽 지속 가능성 지수Dow Jones Sustainability World and Asia Pacific Indices에 속해 있었다. 또한 로베코샘의 지속 가능성 연보RobecoSAM Sustainability Yearbook에서 선정한 지속 가능성 리더십 부문 세계 상위 15% 회사에 5년 연속으로 선정되었으며, 모건스탠리의 국제 글로벌 지속 가능성 및 사회적 책임 지수Morgan Stanley International (MSCI) Global Sustainability and Socially Responsible Indices에 포함되어 있다.

또 다른 주목할만한 수상으로는 2015년 싱가포르 어펙스 CSP 어워드Singapore Apex CSP Award의 대기업 부문 수상자로 선정되었으며, 세계친환경건축물위원회World Green Building Council가 선정한 제1회 친환경 건물 아시아 태평양 지역 네트워크 리더십 어워드Green Building Asia Pacific Regional Network Leadership Award를 수상하였다. 케펠랜드는 2014년에 지속 가능한 비즈니스 어워드Sustainability Business Awards에서 에너지 관리 부문 수상자로 선정되었다.

4장
부동산 산업 성장에서 부동산 서비스 제공자의 역할

유시밍

싱가포르의 기적

4.1 들어가며

컨설턴트나 부동산 서비스업 종사자들은 종종 정보 제공자로 불린다. 부동산이 지닌 독특하고 복잡한 특성상 부동산 시장을 심도 있게 이해하기 위해서는 정보 확보가 필수적이다. 부동산업에는 정보 중개 역할을 수행하는 전문가에 대한 수요가 존재하며 이들은 중요한 역할을 수행한다. 일반적으로 부동산 서비스는 정보 수집, 정보 흐름의 구조화, 정보 통합, 고객의 정보 비용 절감, 필요한 정보의 충족 등을 중점으로 한다.

부동산 서비스 제공자들은 부동산 시장이 효율적이고 효과적으로 움직이게 하는 역할을 한다. 이는 부동산 시장에 대한 정보가 부족하고 단편화되었던 싱가포르 독립 초기 시절에 특히 중요하게 작용하였다. 컨설턴트들은 주로 감정 평가, 경매, 중개, 부동산 관리 서비스를 제공하였으며, 이러한 부동산 서비스들은 싱가포르를 1819년부터 1959년까지 통치했던 영국인들에 의해 도입되었다. 이러한 서비스는 오늘날에도 대부분 제공되고 있지만, 컨설팅 서비스의 업무 범위는 독립 후 반세기 동안 다른 산업들과 마찬가지로 크게 변화했다.

발전된 경제에서의 부동산 서비스는 일반적으로 감정 평가, 경매, 매각 중개, 임대차 중개, 사업 타당성 자문, 금융 자문, 세무 자문, 연구 자문, 부동산 관리 등을 포함한다. 각 서비스는 부동산의 특성에 따라 중요하게 작용한다. 부동산의 특정 분야가 내재하고 있는 다양한 가치를 이해하기 위해서는 여러 분야의 전문가로부터 조언이 필요하다. 감정 평가는 특정 시점에 해당 부동산의 가치가 공개 시장에서 얼마인지를 정하기 위해 이루어진다. 특수 목적 부동산에 대한 감정 평가를 하기도 하는데 이러한 물건에 대한 감정 평가는 더욱 복잡하다. 마찬가지로, 부동산 거래가 더욱 복잡해짐에 따라 경매 전문가나 부동산 중개인의 서비스가 필요하게 되었다. 과거의 시장에 비해 오늘날의 시장은 정보 접근이 상대적으로 매우 쉬워졌지만 그럼에도 불구하고 중개인의 역할은 여전히 중요하다. 부동산 중개업자는 주변 지역의 부동산 시장에 대해 일반인은 쉽게 접근하기 어려운 정보를 갖고 있다. 그러므로 고객은 이들의 도움으로 부동산 매입 및 임대차에 소요되는 비용을 절감할 수 있다. 또한 부동산의 물리적인 기능과 가치를 장기적으로 유지하거나 향상시키기 위해서는 전문가를 통한 건물 관리가 필요하다. 무엇보다 부동산 서비스 제공자들은 연구, 컨설팅, 금융 자문, 자산 관리를 통해 고객의 자산 가치를 높이는 방법을 모색해야 한다.

 4장에서는 싱가포르에서 부동산 서비스 제공업이 어떤 역할을 했는지를 살펴보고, 독립 후 반세기 동안 서비스 제공업의 주요 변화를 다섯 단계에 걸쳐 살펴볼 것이다. 60년대 초에서 70년대를 거쳐 부동산 서비스업이 시작되었고, 80년대 성장기를 지나, 90년대 경영 컨설턴트와 투자 은행들의 변화와 경쟁, 그리고 2008년 세계 금융 위기까지, 금융 부문을 포함한 세계적인 정세의 변화로 부동산 분야에 많은 변화가 야기되었다. 상대적으로 작은 시장이었던 싱가포르는 이러한 변화로부터 많은 영향을 받았고 부동산 서비스 제공자들은 싱가포르 시장에서 살아남기 위해 진화해야만 했다. 대부분의 정보는 CBRE, DTZ, JLL, 나이트 프랭크 싱가포르Knight Frank Singapore, ERA 부동산ERA Real Estate 등 싱가포르 내 주요 부동산 컨설팅 업체에 의해 제공되었다.

이번 장에서는 고객 정보, 공간의 유형, 기업 부동산 서비스 솔루션에 이르기까지 부동산 서비스 분야의 주요 트렌드와 변화에 관해 살펴볼 것이다. 기술과 통신 수단의 발전으로 인해 부동산 정보가 광범위하게 확산되었고 이로 인해 고객들은 점점 더 높은 수준의 정보를 요구하게 되었다. 고객들은 임대차 및 기타 부동산 서비스에 있어서 본인들의 부족한 사항을 충족할 수 있는 정보를 기대한다. 임차인들은 프리미엄 층에 있는 공간을 찾는 것을 넘어 그들의 사업에 가치를 더할 수 있는 맞춤형 서비스를 찾는다. 건물들의 수준은 더욱 높아졌으며 리테일 공간은 단순한 쇼핑 공간을 넘어 이벤트와 엔터테인먼트를 체험하고자 하는 쇼핑객들에게 '라이프스타일 경험'을 제공한다. 또한 몇몇 세계적 기업들은 친환경 오피스에 입주하는 것이 필수 사항이 되었다. 감정 평가 방법론 또한 금융 산업의 높아진 기대에 부합할 수 있는 수준으로 발전하였다. 부동산은 이제 더 이상 단순한 실물 자산이 아닌 자본 및 금융 시장에서 거래되는 금융 자산이다. 이러한 부동산 산업의 증권화와 금융 자문사들 간의 경쟁 속에서 지난 15년 동안 부동산 컨설팅 기업과 인적 자원의 폭이 확대되었다. 이번 장 마지막 부분에서는 미래의 부동산 산업을 논의한다. 독립 후 반세기 동안 진행되었던 것처럼 싱가포르 부동산 서비스 산업의 변화는 앞으로도 지속될 것이고 다른 외부 요소들이 부동산 서비스 비즈니스에 영향을 미칠 것이다.

4.2 개발 및 성장 단계

부동산 서비스 산업의 발전과 성장을 크게 다섯 단계로 정의할 수 있다. 먼저, 60년대와 70년대를 초기 단계로, 70년대 후반과 80년대를 성장 단계로, 1997년 아시아 금융 위기 전까지의 90년대를 강화 단계로, 1998년에서 2000년대까지를 세계화 단계로, 세계 금융 위기 이후부터 지금까지를 현재 단계로 정의할 수 있다. 다른 기준을 둔다면 이들 단계를 재구성할 수도 있지만, 앞서 언급한 다섯 단계는 부동산 서비스 산업에 상당한 영향을 미친 주요 이벤트 및 마일스톤milestone과 연관되어 있다.

4.2.1 1단계: 60년대와 70년대 초반

1965년 싱가포르 독립 이전에 영국의 부동산 정보 제공 서비스 회사들은 이미 싱가포르에서 활동하고 있었다. 60~70년대에 이들 회사는 대체로 단독 소유 혹은 파트너십을 통해 소규모 형태로 운영되었다. 이들 회사 대부분은 메서즈 CH 윌리엄스Messrs CH Williams, 존 카터John Carter와 같은 영국인들에 의해 운영되었다. 이러한 단독 소유 또는 파트너십 형태의 회사들은 주로 감정 평가, 경매, 중개, 부동산 관리 서비스 제공 등에 초점을 맞췄다. 오늘날 대형 부동산 컨설팅 회사 중 하나인 나이트 프랭크는 싱가포르에서 부동산 사업을 시작한 최초의 부동산 회사 중 하나였다. 나이트 프랭크는 1940년 훌리오 거리Chulio Street와 래플스 플레이스에 있는 작은 사무실에 위치한 청혹차이 & 컴퍼니Choeng Hock Chye & Company에 의해 운영되었다. 6명의 직원으로 구성된 청혹차이 & 컴퍼니는 감정 평가와 경매 서비스를 제공했다. 또 다른 대형 컨설팅 회사인 CBRE(CB Commercial's acquisition of Richard Ellis에서 CB Richard Ellis(CBRE)로 회사명이 변경)는 CH 윌리엄스에 의해 1985년 홍콩은행HongKong Bank 사무실에서 시작하였다. CBRE 또한 초반에는 감정 평가 서비스에 주력하였지만 나중에는 부동산 관리를 포함한 다양한 부동산 서비스로 업무 범위를 확장하였다.

이러한 초창기 부동산 사업들은 해당 분야의 전문가가 시장에 한정되어 큰 성공을 거둘 수 있었다. 초기의 부동산 교육은 싱가포르 국내 폴리텍polytechnic에서 제공하였고, 싱가포르대학교의 부동산 관리 과정은 1969년 시작되었다. 이로 인해 부동산 교육을 마친 졸업자의 수는 상당히 제한되었다. 이렇게 부족한 인력을 영국 왕립감정평가사협회Royal Institution of Chartered Surveyors와 같은 해외 기관에서 전문 자격을 취득한 인원들이 일부 해소하였고, 공공 부문의 부족한 인력은 뉴질랜드에서 훈련 받은 싱가포르 학자들이 해소하였다. 부동산 컨설팅 사업의 성공으로 1977년 리차드 엘리스Richard Ellis와 1983년 나이트 프랭크와 같은 외국 회사들이 싱가포르 시장에 진입할 수 있었다. 싱가포르 내 부동산 시장이 점차 확립되자 영국 회사들은 싱가포르에 그들의 회사를 설립하기 시작했다. 존스랑우튼도 싱가포르에서 1973년 사업을 시작했지만, 앞서 언급한 두 회사와는 달리 싱가포르 내에 회사를 설립하지 않았다. 오늘날 CBRE, JLL, DTZ, 나이트 프랭크 등의 외국 부동산 컨설팅 회사들은 소수의 전문가로 구성된 작은 팀으로 시작하였지만 현재는 싱가포르에만 몇천 명의 직원을 둔 다국적 기업으로 성장하였다. 데비넘Debenham, 컬리어스, 체스터튼Chesterton을 포함한 세계적인 영국 부동산 컨설팅 회사들도 협력 관계 및 프랜차이즈를 통해 싱가포르에서 사업을 시작하였다.

이러한 초기 부동산 서비스는 싱가포르가 도시 재개발 프로그램을 수행하고 사회 기반 시설을 개발하는 데 매우 중요한 역할을 담당하였다. 공공 주택, 학교, 기타 공공재 건설을 위한 토지를 정리하기 위해 국가의 토지 취득 작업이 진행되었다. 도심지에 있는 임차인들의 임차 보호 권리를 폐지하는 법안이 제정되면서 중앙 지역의 재개발이 가능해졌다. 골든 슈Golden Shoe 지역에 새로운 오피스가 많이 들어섰고 이 지역은 중심업무지구로 발전하였다. 국가가 강제적으로 토지 소유자들의 땅을 취득하게 됨에 따라 토지 수용을 위해 해당 토지에 대한 감정 평가가 필요하였다. 부동산 거래를 위한 중개 서비스가 중요한 역할을 하였으며 부동산 매각에 경매가 일반적으로 활용되었다. 70년대 후반부터는 프로젝트 관리, 부동산 관리를 포함한 부동산 서비스의 범위가 대폭 확장되었다. 예를 들어, 리차드 엘리스는 1978년에 홍콩 상하이은행 빌딩Hong Kong Shanghai Bank Building 재건축 당시 프로젝트 관리 업무를 담당했으며, 준공 이후 임대차를 포함한 부동산 관리 업무를 담당하였다.

싱가포르의 강제 토지 취득 사례와 같이 시장의 규제가 엄격하고 투명성이 부족한 경우 부동산 컨설팅 서비스 산업은 더욱 중요하며, 감정 평가와 같은 부동산 서비스는 민간 부문의 부동산 활동을 돕는다. 또한 1967년에 최초로 도시재개발청을 통한 부지 매각이 진행되면서 부동산 개발 산업이 활기를 띠게 되었는데 이에 따라 부동산 자문, 사업 타당성 조사, 마케팅 등의 서비스에 대한 수요가 증대하였다. 다만, 민간 부문의 경우 상업용 부동산 개발에 한정되어 있었으며, 공공 부문에서의 부동산 개발은 주택개발청과 주롱타운공사의 설립과 함께 주로 공공 주택과 산업용 부동산에 집중되었다.

4.2.2 2단계: 70년대 후반부터 80년대

70년대 후반부터 80년대까지 싱가포르 경제는 싱가포르를 외국 자본 투자가 활성화된 개방 시장으로 만든다는 정책적 리더십 아래 급속히 성장하였다. 70년대 후반에는 콘도미니엄 아파트가 싱가포르 주거 시장에 등장하였고 오차드 로드 지역에 새로운 쇼핑센터와 호텔들이 들어섰다. 또한 게이트웨이와 마리나 스퀘어와 같이 리테일과 오피스를 포함한 주요 복합 시설 개발 사업들이 비치 로드와 마리나 지역에서 진행되었다. 이러한 새로운 대규모 개발 프로젝트에서 부동산 컨설턴트들은 프로젝트 관리, 임대차, 마케팅 등의 서비스를 제공하였고 이를 통해 컨설팅 산업은 큰 성장을 할 수 있었다. 대규모 프로젝트들은 컨설턴트들의 주요 수입원이 되었다.

민간 주거 시장의 급속한 성장에 힘입어 싱가포르에서 가장 큰 부동산 중개업체인 ERA 부동산이 1982년 설립되었다. 미국 회사의 프랜차이즈인 ERA의 주요 업무는 주택 중개업이었다. ERA는 사업 초기 소수의 중개 인력을 둔 아시아 태평양 지부로 시작하였지만 점차 성장하여 싱가포르에만 약 6,000명의 영업 사원을 둔 국제적인 회사로 성장하였다. 하지만 싱가포르가 1985년 첫 번째 경제 불황을 겪으며 ERA의 급격한 성장은 멈췄다. 미국 경제의 성장 둔화와 1979년 고임금 정책으로 인해 발생한 높은 운영비는 경기 침체의 주요 원인이 되었다. 경제를 살리기 위한 새로운 정책적 전략들이 마련되었고, 부동산시장자문위원회는 부동산 산업을 활성화하기 위한 권고안을 마련했다.

법규가 변경됨에 따라 부동산 컨설턴트는 새로운 사업 기회를 얻을 수 있었다. 예를 들어 1979년 개발부담금 제도의 변경은 부동산 컨설턴트가 소유주와 개발 회사에게 새로운 자문 서비스를 제공할 기회를 제공하였다. 싱가포르 중앙 지역의 성공적인 재개발과 전통을 보호하려는 사회적 트렌드로 인해 임차인의 권리를 제한하는 지역이 점차 확대되었다. 이를 통해 재개발이 가능한 토지가 확대하였고 기존 건물의 개선 사업이 용이하게 되었다. 부동산 컨설턴트뿐 아니라 건축가, 엔지니어, 실사 전문가 등과 같은 관련 전문직 종사자들의 업무가 증가하였고 이들 산업도 함께 번성했다. 1986년 뉴월드 호텔 붕괴 사건으로 인해 건설 산업에서 안전을 보장하기 위한 여러 조치들이 생겼으며, 엔지니어들과 실사 전문가들은 더 많은 점검과 인증 업무를 담당하게 되었다.

부동산 서비스 업계의 호황은 경영 컨설팅 회사와 투자 은행에서 근무하던 컨설턴트와 자문사들을 부동산 업계에 유입시켰다. 이들은 감정 평가나 부동산 관리와 같은 부동산 핵심 서비스를 수행할 수 없었지만 글로벌 자본 시장에 대한 재무적 분석을 할 수 있었다.

4.2.3 3단계: 1997년 아시아 금융 위기 이전까지의 90년대

90년대에는 국가 리더십의 방향성과 경제 전략에 있어서 몇 개의 주요한 변화가 있었다. 이 시기의 정책적 목표의 핵심은 외부 날개 전략을 통해 싱가포르 경제 모델을 인근 국가로 확장하는 것이었다. 정부 산하 기업 혹은 싱가포르 기업과의 협력을 통해 인근 국가에 싱가포르 모델을 확장하였다. 또 다른 계획으로는 지식 기반 산업화를 선도하는 과학 단지와 산업 단지를 조성하여 산업을 재구성하는 것이었다. 1991년 구상된 컨셉 플랜은 상업 활동의 집중화를 방지하고 싱가포르

곳곳에 상업 지역을 분산시키고자 하였는데 탬피니스, 셀레타, 우드랜드, 주롱 이스트Jurong East, 래플스 플레이스 지역으로 상업 활동을 분산시켰으며 래플스 플레이스에서부터 새로 개발된 마리나 베이 지역까지 다운타운의 영역을 확대시켰다. 90년대의 개발 사업의 규모는 더욱 커졌으며, 사업의 속도는 더욱 빨라졌다. 마리나 스퀘어를 만드는데 약 25년이란 시간이 걸린 반면, 이보다 규모가 더 큰 마리나 베이의 개발 사업에는 상대적으로 짧은 기간이 소요되었다.

컨셉 플랜과 더불어 토지의 세부적인 계획 사항을 규정하는 개발 가이드 플랜이 1991년 도입되었다. 개발 가이드 플랜은 상대적으로 작은 지역의 계획 사항을 다루고 있는데 토지의 용적률을 높이는 등의 세부적인 사항을 다룬다. 토지의 용적률이 증가함으로 인해 기존 건물들이 있는 토지에서 개발 가능한 건축물의 밀도가 증가하였고, 토지 소유주들은 재개발하려는 개발 회사들에게 부동산을 매각하여 큰 수익을 얻을 수 있다는 것을 인지하게 되었다. 이로 인해 일괄en bloc 혹은 집단collective으로 토지를 매각하는 것이 주택 시장에서 크게 유행하였다. 이로 인해 부동산 컨설턴트들은 여러 부동산 거래에 있어서 그들의 서비스를 제공할 수 있는 절호의 기회를 갖게 되었다. 90년대에는 주거용 부동산 시장이 호황을 누렸고 이는 부동산 서비스 제공자와 컨설턴트가 성장하는 추가적인 기회가 되었다. 예를 들어, 1993년 주택개발청 공공 주택의 재매각과 관련된 규정이 변경되면서 주택개발청 공공 주택의 거래량과 가격이 크게 증가했으며, 이로 인하여 민간 주거 시장이 유지될 수 있었고, 이를 통해 수 많은 부동산 중개 회사와 에이전시들이 생겼다. 이러한 일련의 과정들을 통해 부동산 서비스 사업은 크게 성장하였지만 부동산 가격이 오르는 원인이 되기도 하였다.

정부는 부동산 가격의 상승을 억제하기 위해 부동산 매입 후 3년 이내 매각을 통한 자본 이득에 세금을 부과하는 등의 정책을 도입하여 투기성 자본에 대한 억제 정책을 펼쳤다. 몇몇 아시아 국가들의 금융 시스템에 문제가 생겼을 때 투기 억제 조치의 실효성에 관한 논쟁이 발생하기도 하였다. 1997년 아시아 금융 위기 당시 정부의 투기 억제 조치의 실효성은 더욱 논쟁거리가 되었다. 1996년 도입된 정부의 정책들과 1997년 아시아 금융 위기가 동시에 싱가포르 부동산 시장에 악영향을 끼쳤고 부동산 모든 부문의 가격과 임대료가 떨어졌다. 이에 대한 싱가포르 정부의 대책은 경기 침체에 대한 일반적인 대응책이었다. 즉, 중앙적립기금의 출자율 감소, 기업 및 재산세 환급 등을 포함한 시장 부양책을 도입하여 시장을 활성화하고자 하였다.

당시의 정부의 부동산 정책은 민간의 부동산 사업의 활성화에 도움이 되었다. 부동산 서비스 제공자와 중개인은 주택개발청 공공 주택의 거래 시장과 민간 주택 개발 사업이 활성화되면서 큰 수혜를 입었다. 대형 상업용 프로젝트 및 부동산 일괄 매각을 통한 매각 수수료는 매우 높았다. 당시 부동산 컨설팅 사업은 모든 측면에서 확실한 성장을 보였다.

4.2.4 4단계: 1998년부터 2000년대

이 기간에는 세 가지 주요 이벤트 및 트렌드가 있었다. 첫 번째는 부동산 컨설팅 사업의 세계화, 두 번째는 금융 중심지로서 싱가포르의 부상과 리츠의 출범, 세 번째는 세계 금융 위기이다.

JLW와 리차드 엘리스 같은 최고의 부동산 서비스 제공업체들은 80년에 이미 전 세계에 지사를 두고 있었고, 90년대 후반에는 라살

Lasalle, 콜드웰 뱅커Coldwell Banker, 쿠시맨 앤 웨이크필드Cushman and Wakefield 같은 미국의 거대 부동산 회사들과의 합병 및 협력을 통해 존스랑라살, CBRE로 성장하며 국제적인 부동산 서비스 제공업체가 되었다. 이러한 합병은 싱가포르의 부동산 서비스 제공업체들이 유럽과 아메리카의 주요 시장을 포함한 세계 시장에 진출하는 문을 열어주었다. 부동산 컨설팅 사업의 세계화 추세는 글로벌 다국적 기업을 위한 종합 서비스에서 비롯되었고, 부동산 시장의 지역적 특성을 반영하기 위해서는 해당 지역의 부동산 컨설팅 업체를 인수하는 것이 합리적인 방안이었다. 비록 아시아 금융 위기의 여파와 2000년 초 닷컴dot-com 회사 붕괴로 인하여 시장 분위기는 침체되었지만, 성장에 대한 전망은 매우 밝았다.

아시아 금융 위기 이후, 싱가포르의 부동산 시장은 정부 정책의 지원으로 회복되었다. 정부는 아시아 금융 위기 회복 방안의 일환으로 2001년 리즈 시장 출범을 계획하였다. 그러나 닷컴 붕괴와 9/11 사태와 같은 외부적 영향으로 싱가포르 리츠의 출범은 2002년으로 지연되었다. 지금의 싱가포르는 아시아 최고 수준의 리츠 시장을 지닌 국가가 되었으며, 이는 특히 감정 평가, 자산 운용, 컨설팅 사업이 시작되고 성장하는 데 도움이 되었다.

2000년대에는 시장의 유동성이 급격히 증가하였고 금융공학이 유행하였다. 미국의 서브 프라임 위기가 절정에 이르면서 금융 위기가 전 세계적으로 확대되었다. 이러한 위기는 정부 경제 전략에 의해 상당 부분 완화되었지만 그럼에도 불구하고 부동산 산업에 직접적인 영향을 주었으며 부동산 담보 대출 및 금융 시장에 악영향을 미쳤다.

아시아 경제 위기 시기부터 2000년대를 거치는 동안 부동산 산업은 뚜렷한 성장세를 보였다. 센토사와 마리나 베이 지역의 통합 리조트 건설은 기존과는 차원이 다른 관광 산업을 형성하는 데 이바지하였다. 마리나 베이는 포뮬러 원 그랑프리의 개최와 가든스 바이 더 베이Gardens by the Bay의 개장과 함께 국제적인 관광지로 발돋음하였다. 수변 지역 주택 단지 개발 사업인 센토사 코브Sentosa Cove와 더 세일 앳 마리나 베이는 주거 시장의 다양성을 증가시켰다. 상업용 및 산업용 부동산 시장 또한 이 시기에 큰 변화와 성장세를 보였다.

4.2.5 현재 단계: 세계 금융 위기 이후

이 단계는 세계 금융 위기와 함께 싱가포르를 포함한 아시아 경제에서 시작되었다. 정부가 개입하여 인위적으로 낮은 금리를 유지해야 했고, 이로 인해 부동산 활동이 활발해졌다. 2010년 싱가포르 경제의 강한 반등에 이어 짧은 경기 침체가 뒤따랐다. 특히 주거용 부동산을 포함한 모든 부문의 부동산 가격의 급격한 상승으로 이어졌고, 싱가포르 정부는 투기 활동을 억제하고 더 이상의 과열을 막기 위한 일련의 거시적 대책들을 도입하게 되었다. 시장 호황으로 인해 부동산 컨설턴트들, 특히 부동산 영업 및 중개인들의 활동이 더욱 활기를 띠었다. 이들이 산업에서의 전문적인 관습들과 규정을 준수하도록 하기 위해 2010년 부동산중개위원회가 설립되었다.

2008년 세계 금융 위기는 여러 방면에서 부동산 시장을 변화시켰다. 금융 관점에서 볼 때, 투자자들은 다양한 자산 형태 및 위험도에 따라 그들의 투자 포트폴리오를 분산시켰고, 이에 따라 거래에 있어 투자 구조에 대한 유연성이 확대되었다. PwC와 같은 4대 경영 컨설팅 회사들과 JP모건과 같은 투자 은행들이 부동산 거래와 관련된 투자 서비스를 제공하였고 이러한 기관들의 참여로 부동산 투자 서비스업에서의 경쟁이 매우 치열해졌다.

90년대 말부터 주요 컨설팅 회사들의 국제화가 지속되면서 싱가포르 부동산 시장은 10년 이상 다변화 및 세계화를 지속하였다. 오늘날 전 세계 수백 개의 도시에 수만 명의 직원을 보유한 세계 최고 수준의 종합 부동산 서비스 회사들에게 있어 부동산 컨설팅 업무의 전문성은 매우 필수적인 요소이다. 대부분 나라의 역사에서 50년은 비교적 짧은 기간이지만, 싱가포르는 같은 기간 동안 부동산 서비스 시장을 포함한 경제 발전을 통해 제3의 항구 도시 국가에서 세계 최고 수준의 도시 국가로 진화하였다.

4.3 주요 트렌드

독립 후 지난 반세기 동안 싱가포르의 부동산 컨설팅 서비스 산업의 성장과 진화에는 다섯 가지 주요 트렌드가 있었다

4.3.1 성장과 세계화

첫 번째로 눈에 띄는 점은 컨설팅 회사의 규모와 역량의 비약적인 성장이다. 싱가포르의 독립 이래, 대부분의 주요 컨설팅 회사들은 소수의 인력으로 시작하였지만 현재는 1,000명 이상의 대규모 회사로 성장하였다. 부동산 중개업에서 영업 사원의 수는 크게 증가하였다. 예를 들어, 1982년 ERA는 적은 인원으로 회사를 시작하였지만 현재는 약 6,000명의 영업 사원을 보유하고 있다. 규모적 측면 이외에도 놀라

운 점은 주요 기업들의 세계화이다. CBRE와 JLL은 전 세계적인 네트워크를 가진 글로벌 기업이 되었다. 글로벌 펀드의 투자로 인해 이들 주요 부동산 컨설팅 기업의 소유권도 바뀌게 되었다.

4.3.2 서비스 범위

서비스 제공 범위도 크게 확장되었다. 대부분 주요 기업들의 핵심 사업인 감정 평가, 부동산 중개, 부동산 관리를 포함하여 더욱 다양한 서비스를 제공하기 시작했다. 이들의 업무 범위는 펀드 운용(라살 투자 운용, CBRE 글로벌 인베스터CBRE Global Investors)에서부터 자본시장, 투자 자문, 임대차 컨설팅, 프로젝트 관리, 시설 관리 등을 포함한 국제 기업 부동산 서비스를 포함한다. 이러한 새로운 서비스들 대부분은 기존의 싱가포르 부동산 산업의 수준을 넘어서는 새로운 부동산 산업으로의 변화 및 경쟁 과정에서 나타났다. 부동산의 증권화와 새로운 금융 상품의 등장과 함께, 자본 시장에 대한 금융 자문업의 필요성이 증대되었다. 리츠 시장의 성장은 해외 부동산 투자로 확대되었고 이로 인해 더 많은 감정 평가 기회가 제공되었다. 부동산의 핵심 서비스는 그대로였지만 이를 수행하는 기술적 방법론은 변화되었다. 예를 들어 감정 평가의 경우, 단순 비교와 같은 한 가지 방법에 의존하지 않고, 현금 흐름을 분석하고 수익의 타당성을 검증하는 등 더욱 정교한 금융 방식을 적용해야 했다. 이러한 변화는 더 높은 수준의 서비스에 대한 고객들의 요구로 생겨났다. 부동산 투자자가 사모 펀드에서 금융 기관 및 기관투자자로 확대해 나가면서 투자 집행의 근거에 관한 입증과 분석에 대한 요구가 증가했다.

4.3.3 고객군의 변화

초기 컨설팅 회사의 고객은 주로 부동산 소유주와 잠재적 투자자였다. 컨설팅 회사의 업무는 소유주와 투자자에 초점을 맞춘 감정 평가, 중개 그리고 부동산 관리였다. 대부분의 컨설팅 회사들은 소유주를 대표하여 임차인을 찾고 임대차 대행 역할을 했다. 90년대부터는 고객 중 상당수가 소유주가 아닌 임차인으로 바뀌면서 컨설팅 회사 고객 측면에서 큰 변화가 있었다. 실질적으로 컨설팅 서비스에서 가장 중요한 트렌드 중 하나가 임차인 서비스였다. 1990년대 이전에는 95%의 업무가 소유주 및 투자자를 위한 것이었고, 임차인을 위한 서비스는 5%에 불과했다. 하지만 오늘날 비율은 50 대 50 수준에 이르렀다. 이러한 변화는 부동산 소유권의 변화로부터 생겨났다. 독립 초기 당시 싱가포르에서 사업을 운영한 외국 기업 대부분은 단순 임차가 아닌 건물을 소유하였다. HSBC와 스탠다드차타드Standard Chartered와 같은 외국 은행들이 이 경우에 해당된다. 스트레이츠트레이딩, 프레이저&니브Fraser & Neave, 인치케이프Inchcape와 같은 싱가포르 국내 기업들도 그들의 사업을 확장하면서 건물 소유주가 되었다. 1990년대 컨설팅 회사들은 건물 소유주가 아닌 임차인과 기존 부동산 소유권을 양도한 회사로 관심을 돌렸다. 다국적 기업들과 싱가포르 국내 기업들은 기업의 핵심 사업에 집중하며 부동산을 소유하기보다는 임차하는 방식을 선택했다. 기업들은 그들의 임차 공간을 관리하기 위해 컨설턴트들을 고용했고, 기업 솔루션 업무에 대한 수요가 증가하였다. 여기에는 공간 계획, 임대차 관리, 시설 관리 등이 포함되었다. 이러한 부동산 관리 위탁업은 가까운 미래에 싱가포르뿐만 아니라 전 세계적으로 나타날 부동산 서비스 트렌드이다. 새로운 시장으로 확장하려는 리테일 기업들을 위한 임차인 서비스 또한 증가할 것이다.

4.3.4 데이터와 테크놀로지

처음에 언급하였듯이 컨설턴트는 진정한 의미에서의 정보 제공자이다. 기술의 발전과 함께 정보와 데이터가 널리 보급되고 이용이 가능해짐에 따라 부동산 컨설턴트에게 테크놀로지의 활용은 중요한 과제가 되었다. 초기에는 거래 가격과 같은 데이터를 쉽게 구할 수 없었고, 특히 부동산 감정 평가를 위해 컨설턴트는 자체적인 데이터 뱅크를 수집하고 구축해야 했다. 시장에서의 정보는 대체로 비효율적이었다. 80년대에 접어들어서야 싱가포르 조사감정기관Singapore Institute of Surveyors and Valuers이 공식적으로 자료를 수집하여 회원들에게 전파하기 시작했다. 오늘날 부동산 거래 가격은 부동산 중개인, 데이터 공급자에 의해 제공되며 도시재개발청, 주택개발청, 국토청과 같은 공식 기관의 부동산 포털 사이트에 게시된다. 시장의 움직임과 성과 추정에 있어 많은 데이터 외에도 통계, 분석, 지수 등 무수히 많은 정보가 공급된다. 정보 제공에 있어서 가장 큰 어려움은 컨설턴트가 그들의 서비스에 대한 수수료를 어떻게 정당화할 수 있냐는 것이다. 일부 데이터 공급자는 많은 양의 데이터를 무료로 제공하기 때문이다.

통신 기술의 향상으로 컨설턴트는 최신 기술을 활용하여 고객을 자문하고 최신 정보를 제공할 수 있게 되었다. 가상 영상은 영업 인력들에게 필수적인 사항이 되었으며 지리정보시스템Geographic Information System과 같은 기술 애플리케이션 서비스의 도입으로 서비스 분야의 향상이 이루어졌다.

4.3.5 부동산의 복잡성과 규모

독립 후 반세기 동안 부동산 개발의 복잡성과 규모가 기하급수적으로 증가했다. 건물은 더욱 정교해졌고 복합 용도로 사용되었다. 많은 프로젝트는 기존 부동산의 보존 가치에 중점을 두면서, 사업 수지적으로 타당하며, 문화적 요소가 결합된 창조적 디자인의 새롭고 큰 규모의 공간을 개발해야 했다. 교통 중심지 개발 사업은 리테일 공간을 인근 역과 연결하면서 많은 고객을 끌어들일 수 있었다. 건설 공사와 개발 사업 속도 역시 빨라졌다. 예를 들어, 마리나 스퀘어가 개발되는 데 25년이 걸렸지만, 마리나 베이 지역의 개발은 그 절반의 기간이 소요되었다.

개발 회사와 부동산 소유주는 임차인이 원하는 것에 집중한다. 예를 들어, 임차인은 실용적이고, 효율적이며, 일정한 평면 디자인을 선호한다. 또한 인재를 유치하려는 다국적 기업은 녹색 건물을 선호한다. 공간에 대한 임차인의 변화된 요구에 대응하기 위해 컨설턴트는 건축 설계에 더욱 관여하고 시공에 대한 이해도를 높여야만 한다.

4.4 미래를 설계하다

독립 후 반세기 동안 나타난 부동산 산업의 주요 트렌드를 고려할 때, 이들 중 일부는 앞으로도 계속 적용될 것으로 보인다. 아래에 부동산 서비스 제공자가 관심을 가져야 할 몇 가지 사항을 열거하였다.

첫째, 고객 대상군이 부동산 소유자에서 임차인으로 지속해서 전환될 가능성이 높다. 이는 부동산 서비스 제공업체가 기업 솔루션에 더 주력해야 한다는 것을 의미한다. 임차인은 공간 사용 비용이 증가함에 따라 어떻게 해야 공간을 최적의 방법으로 활용할 수 있을지에 대해 더 많은 자문을 필요로 할 것이다. 임차인의 중장기 임대차 계약으로 인한 부동산 서비스 제공자의 수익 모델 발생은 특히 시장 침체기에 좋은 대안이 될 수 있을 것이다. 예를 들어, 전형적인 부동산 중개 사업과는 다르게, 주요 은행 및 세계적인 다국적 기업과 같은 큰 규모 기업의 5년 임대차 계약과 관련하여 중장기적인 기업 부동산 솔루션 서비스를 기업에게 제공할 수 있다.

둘째, 부동산은 물리적 환경이 중요할 뿐만 아니라 투자 자산으로서의 가치가 중요한 자산이다. 개발도상국들이 그들의 시장을 외부에 개방함에 따라 더 많은 부동산 투자 기회가 생길 것이다. 서비스 제공자는 자금 조달과 수익성 측면에서 부동산을 더 잘 이해해야 하며 부동산이 더 큰 투자 시장에서 어떻게 적합할지를 이해해야 한다. 물리적 측면을 고려했을 때, 부동산 서비스 제공자는 고객인 임차인과 사용자에게 더 나은 자문 서비스를 제공할 수 있도록 설계와 시공에 좀 더 관여해야 할 필요가 있을 것이다.

셋째, 점점 더 경쟁이 치열해지는 환경으로 인하여 부동산 서비스 제공업체는 모든 범위의 금융 서비스를 제공해야 할 것이다. 이런 금융 서비스에는 경영 컨설팅 회사와 투자 은행의 영역이었던 지분 투자, 회사채 발행, 구조화 금융, 대출 서비스, 금융 컨설팅 등이 포함된다. 자본 시장 서비스를 담당하기 위해서는 기관 투자 및 자산 운용의 전문 지식을 포함한 부동산 분야 전반에 걸친 전문가로서 강점이 요구된다.

부동산 서비스 제공업체는 투자와 금융 분야에 새로운 전문성을 지닌 부동산 전문가를 고용해야 한다. 고용된 전문가는 실물 부동산에 대한 전문성을 갖추고 있을 뿐 아니라 펀드와 증권을 통한 부동산 간접 투자에 대한 이해력도 갖추어야 할 것이다. 그러므로 전문가는 부동산 자금 조달, 거래의 구조화, 세금 자문 등에 대한 전문성을 갖추어야 한다. 이와 더불어 부동산 서비스 제공업체는 임차인의 요구를 충족시킬 수 있는 엔지니어링과 디자인 능력을 갖춘 전문가가 필요할 것이다.

마지막으로, 기술의 변화는 미래에 매우 큰 영향을 미칠 것이다. 기술의 변화는 스마트 기술의 적용, 친환경적이며 지속 가능한 건설에 대한 수요 증가, 새로운 사업의 규모와 속도 등을 통하여 건축물과 개발 사업의 수준을 발전시킬 것이다. 온라인 플랫폼을 통해 직원은 공간에 구애받지 않고 일할 수 있고, 고객은 온라인으로 상품을 구입함에 따라 오피스와 리테일 공간 활용 방안에 영향을 미칠 것이다. 또한 고객은 더 빠른 배송을 기대하기 때문에 기술의 발전은 고객의 이러한 수요를 충족시킬 대안 마련으로 이어질 것이다.

이러한 외부적 상황에도 불구하고 부동산 서비스 제공자는 미래에도 중요한 역할을 계속해서 담당할 것이다. 컨설턴트가 자신의 전문성을 지속적으로 적용하고 관련 기술을 활용함에 따라 감정 평가, 중개, 관리 등의 부동산 핵심 서비스는 없어지지 않을 것이다. 더불어 부동산 서비스 제공업자는 부동산 자본 시장 서비스, 자본 조달, 간접 부동산 상품 자문 등의 업무를 수행하며 고객에게 종합적인 금융 자문을 제공할 수 있을 것이다. 이럴 경우 부동산 부문에서 투자 은행이 필요치 않게 될 수도 있다. 물론 부동산 컨설턴트는 미래에 발생할 수 있는 새로운 도전들에 대비할 필요가 있을 것이다.

2부
글로벌 부동산 시장

5장
글로벌 관점에서의 싱가포르 상업용 부동산 산업

식니후앗

싱가포르의 기적

전 세계 부동산 산업은 지난 반세기 동안 지속적으로 발전해 왔으며 오늘날의 부동산 산업은 더욱 복잡하고 고도화되었다. 싱가포르의 초기 부동산 시장은 선진 시장에 비해 많이 뒤처졌었지만 지금은 세계에서 가장 선진화된 시장 중 한 곳으로 성장하였다. 싱가포르 부동산 산업은 국제 비즈니스로 발전하였으며 자본시장과 완전하게 결합되었다. 독립 후 싱가포르의 초기 상업용 부동산 투자는 발전되지 못한 분야였다. 싱가포르 국내 투자에만 한정되었으며 증권화되지 못하였고 세계 금융 시장과 분리되었다. 부동산 산업의 발전 단계는 단순히 실제 사용을 목적으로 부동산을 매입하는 단계에서 시작하여, 기관투자자들의 참여를 통해 투자 시장이 발전하였고, 세계화가 진행되면서 국가 간의 경계를 넘나드는 해외 투자가 증가하였다. 종국에는 사적 및 공적 시장에서의 자기 자본과 대출이 증권화되었다.

이번 장에서는 국제 시장에서 발생한 혁명적 변화의 맥락 안에서 싱가포르 상업용 부동산 산업의 진화 과정을 살펴볼 것이다. 그리고 싱가포르가 선진 시장에서 스스로를 어떻게 적응시키고 변화시켰는지를 살펴본다. 싱가포르의 실물 자산 및 상장된 부동산 증권에 전 세계 투자자들의 자금을 유치한 것과 더불어 전 세계 펀드 매니저들에게 어떻게 아시아 부동산 금융의 거점으로 싱가포르를 자리매김시켰는지를 다룬다. 더불어 해외 부동산 투자에서 싱가포르의 기관투자자 및 부동산 개발 회사들이 어떤 주요한 역할을 했는지를 다룰 것이다.

5.1 실사용 목적에서 투자 시장으로

지난 25년 동안 두 가지 글로벌 트렌드가 전 세계 부동산 시장의 성장에 큰 영향을 미쳤고 가속화를 이끌었다. 하나는 국내 비즈니스를 넘어 해외 투자를 확대하는 기관투자자들의 국제화 움직임이다. 또 다른 하나는 부동산과 자본시장의 결합이며 이로 인해 투자 선택의 폭이 확장되었다. 이러한 두 가지 트렌드는 투자 기회의 범위와 종류를 넓혔고 지금의 부동산 산업이 형성되는 배경이 되었다.

1970년대와 1980년대에 걸쳐서, 싱가포르와 달리 선진 시장에서는 기관투자자가 활동할 수 있는 투자 시장이 형성되었고 이는 부동산 시장 발전 단계에서 주요한 역할을 하였다. 앞서 언급한 두 가지 트렌드로 이어지는 부동산 시장 혁신의 기반이 마련된 것이다. 기관 투자의 투자 시장 형성 과정에서 보험사 및 연기금과 같은 투자 기관들은 그들의 투자 포트폴리오에 상업용 부동산을 편입시켰다. 이들 기관의 투자는 부동산 시장의 깊이와 폭을 넓혀주었고 상업용 부동산이 투자 시장에 등장하는 교두보 역할을 하였다. 투자 포트폴리오에 주식 및 채권과 같은 전통 투자자산에 대한 전략적 자산으로 부동산이 편입되었으며, 이를 통해 투자 리스크를 분산화하고, 인플레이션 리스크에 대비하고, 부동산으로부터의 안정적인 수입과 적정 수준의 가격 상승을 통해 장기적인 수익을 얻게 되었다.

1970년대 이전에는 미국 기관투자자들의 부동산 투자가 많지 않았다. 상업용 부동산에 대한 투자는 일반적으로 고액 자산가, 가족, 기업들의 실사용 목적으로 이루어졌다. 양질의 정보가 제한적이고 투자 전문가 및 투자 기구 investment vehicle가 부족하여 부동산 시장에 대한 접근에 어려움이 있었고, 기업들에 의해 개별 건으로 부동산 거래가 이루어졌다. 기관투자자들은 부동산을 유동성이 떨어지고, 위험하고, 모험적인 기업가 정신이 요구되는 자산으로 간주하였다. 1960년대 후반에서 1970년대 초반까지 높은 인플레이션과 금리로 주식 및 채권의 수익률이 떨어지면서 기관투자자들은 대체 투자 자산군에서 상대적으로 안정된 고수익의 물건을 찾기 시작했다. 현대 포트폴리오 이론 Modern Portfolio Theory을 지지하는 포트폴리오 매니저들은 그들의 투자 포트폴리오에 부동산을 넣었고 이를 통해 포트폴리오의 다양화, 인플레이션 헤지, 안정적인 배당, 시장 비효율성 개선 효과를 기대하였다.

전문 포트폴리오 매니저의 부족과 부동산 투자 리스크 예측에 대한 시장의 우려는 1974년에 미국 근로자퇴직소득보장법 Employees Retirement Income Security Act이 제정되면서 감소되었다. 이 법이 제정되면서 투자 기관들의 부동산에 대한 투자는 유례가 없을 만큼 커다란 성장세를 맞게 된다. 이 법은 기관들이 은퇴 자금을 관리할 때 투자 포트폴리오 다양화 차원에서 포트폴리오에 부동산을 넣는 것을 강제한다. 1970년 투자자 세금 면제를 위한 최초의 개방형 부동산 펀드인 푸르덴셜 부동산투자 특별계정 Prudential Property Investment Separate Account과 1971년 라자드프레레 기업부동산투자 Lazard Freres's Corporate Property Investors 설립과 함께, 1970년대 중반에 걸쳐 상업용 부동산 시장으로 연기금들의 자본이 유입되기 시작하였다. 앞서 언급한 두 종류의 펀드가 초창기의 부동산 전문 펀드들이었다. 근로자퇴직소득보장법이 통과되면서, 보험사, 은행, 연기금, 부동산 특화 펀드 등과 같은 기관의 투자가 증가하였다. 1975년에는 첫 번째 폐쇄형 부동산 펀드인 로젠버그 부동산 에쿼티 펀드Rosenberg Real Estate Equity Fund가 설립되었다.

그러나 일부 연기금은 상업용 부동산에 대한 투자를 오랜 기간 하지 않았다. 예를 들어, 미국의 대표적인 연기금 중 하나인 캘리포니아 공무원퇴직제도California Public Employee's Retirement System는 1980년대 초반까지 부동산에 대한 투자를 허용하지 않았다. 부동산에 대한 기관의 자금 유입은 1980년대를 거쳐 가속화되었고 이 시기에 일본 투자자들의 미국 상업용 부동산에 대한 투자가 시작되었다. 1970년대에 연기금의 부동산 투자 규모는 한화 약 5조 원(US$5billion) 수준이었다. 1990년대 말에는 한화 약 200조 원(US$200billion)까지 투자 규모가 성장하였다. 부동산에 투자하는 연기금은 20년 사이에 약 70곳에서 500곳으로 늘어났고, 투자 자산운용사는 약 15명에서 150명으로 증가하였다. 투자 기구의 수와 종류도 부동산 투자에 대한 수요가 늘어남에 따라 더불어 증가하였다.[1]

1차세계대전 이전에 영국의 보험 회사들은 미국의 투자 기관들보다 앞서 부동산에 투자하였다. 상대적으로 작은 규모의 부동산 포트폴리오를 갖고 있었고 대부분 임대차 수입, 실사용 목적, NPL 부실자산에 투자하였다. 수익형 실물 부동산 매입을 위한 직접 투자는 향후에 본격화되었다. 1930년대에는 부동산이 증권의 변동성 대비 상대적으로 안정된 투자 자산으로 간주되었고 부동산에 대한 직접 투자가 눈에 띄게 증가하였다. 2차세계대전 동안 영국은 황폐화되었고, 영국의 투자 기관들은 도시 재건을 위한 인프라 투자를 시작하였다.

---

1) NCREIF (2011), "Nuts and Bolts of Institutional Real Estate".

1973~1974년에 부동산 시장이 붕괴되었고 이후 1970년대 중반부터 1980년대에 걸쳐 현대적 관점에서의 부동산 투자가 증가하였는데, 영국의 연기금 및 보험 회사들은 미국의 기관들처럼 부동산을 장기간의 안정된 수익처로, 투자 포트폴리오 다양화 효과를 가진 자산으로 간주하였다. 그러나 영국 투자 기관들의 부동산에 대한 투자 규모는 미국의 1970년대 중반 근로자퇴직소득보장법 제정 이후 증가한 투자 규모와 비교했을 때 상대적으로 작았다.[2] 호주에서는 호주금융제도조사원Australia Financial System Inquiry(캠벨 인쿼리Campbell Inquiry라고도 불림)의 권고에 따라 보험사 및 연기금의 부동산 투자에 대한 제한들이 1980년대부터 1990년대까지 점진적으로 줄어들었다.[3] 이러한 변화는 대체 투자 자산으로부터 높은 리스크를 조정하는 안정된 수익을 추구하려는 기관들의 부동산 투자 확대 움직임과 궤를 같이 한다.

1970년대 선진 자본시장에서 기관투자자의 상업용 부동산 투자가 시작되었다. 1980년대에는 부동산 시장에 기관투자자의 자본 유입과 더불어 기관투자자 투자 적격 수준의 상업용 부동산 공급이 증가하였다. 이는 1980년대 후반에서 1990년대 초반에 걸쳐 선진 시장에 재앙 수준의 상업용 부동산 초과 공급을 초래하였다. 반면에 시장에서는 상업용 부동산에 대한 높아진 관심만큼 이에 맞는 높은 수준의 부동산 투자 운용 기준이 요구되었다. 이로 인해 전문가 의식을 수반한 깊이 있는 투자 시장이 형성되었고, 현대 금융 방법 및 기술론이 광범위

---

2) Peter Scott (1996), The Property Masters: A History of the British Commercial Property Sector, London: E & FN Spon.

3) Monica Keneley (2004), "Adaptation and Change in the Australia Life Insurance Industry: An Historical Perspective", Accounting, Business & Financial History, Volume 14, No. 1, March 2004, pp. 91-109, pg. 102.

하게 적용된 투자 분석 및 운용법이 발달하였다. 더불어 부동산 관련 서비스 및 재화를 제공하는 컨설턴트, 은행원, 자문가, 펀드 매니저와 같은 관계 전문가들의 저변이 확대되었다.

관계 기관 및 전문가들의 등장과 함께 발전된 투자 시장이 형성되면서 부동산 산업에 있어 다음 30년 간의 혁명적 변화의 기반이 조성되었다. 이러한 변화의 움직임은 전 세계 각 나라마다 다소의 시차는 있었지만 순조롭게 확대되었다. 변화의 움직임은 새로운 기회와 시장의 발전으로 이어지기도 했지만, 어떤 변화들은 1980년대 후반에 시장 적용 과정에서 시장이 견뎌내야만 하는 심각한 변동성과 트라우마를 주기적으로 유발하였다.

전 세계의 선진 부동산 시장과 달리 초기의 싱가포르 부동산 산업은 매우 단순하였고 고도화되지 못했다. 대부분의 상업용 부동산은 고액 자산가, 가족 혹은 기업들에 의해 지어지고 소유되었으며 대부분 그들의 실사용 목적으로 사용되었다. 예를 들어, 1965년 싱가포르에는 뱅크오브차이나Bank of China, 아시아보험Asia Insurance, 쉘 하우스Shell House, 덴마크 하우스Denmark House, 크로스비 하우스Crosby House, 홍콩상하이은행Hong Kong and Shanghai Bank 같은 소수의 상업용 빌딩들이 중심 상업 지역에 위치해 있었는데 대부분은 기업들의 실사용 목적의 오피스 공간이다. 이 빌딩들이 지금의 기준으로 보면 작은 규모였다. 예를 들어 1954년 20층[4]의 아시아보험 빌딩(현재는 에스콧 래플스 플레이스Ascott Raffles Place가 서비스드 아파트로 운용 중)은 아트 데코Art Deco의 영향을 받은 건물로서 그때 당시 최고층 상업

---

4) URA Planning Decision Number P160614-55B2-Z000.

용 건물이었다. 1970년대 들어서 이러한 오래된 빌딩들은 중심 상업 지역의 도시 재개발이 본격적으로 진행되면서 현대식 초고층 빌딩으로 대체되었다.

싱가포르 중심 상업 지역 재개발 사업이 빠르게 진행될 수 있었던 주된 요인 중 하나는 정부의 역할이었다. 싱가포르 정부는 1963년에 유엔에서 파견된 세 전문가의 지원에 힘입어 싱가포르 중심 지역의 재개발 사업을 진행하였으며 쉔톤 웨이, 텔록 에이어 스트리트Telok Ayer Street, 사우스 캐널 로드South Canal Road, 플러튼 퀴이Fullerton Quay, 코리어 퀴이, 보트 퀴이Boat Quay 등이 있는 싱가포르 핵심 금융 및 은행 지구인 골든 슈 지역을 재개발하였다.[5]

토지취득법(1966)에 의해 강제적으로 토지를 취득하였고, 임대목적물통제(특별조항)법(1969)을 통해 임대인이 임차인을 일정 수준 보상하고 퇴거시킬 수 있게 하여 빈민가를 성공적으로 정리하였고 중심 상업 지역의 토지를 재개발 목적으로 분할하였다. 도시재개발부시는 1967년부터 1969년 사이에 민간 부문의 상업용 재개발을 위해 46개의 필지를 99년간 임대 조건으로 분양하였다.[6] 이것은 '부지 매각' 프로그램으로 알려졌다. 이러한 도시 재생 프로그램은 도시 중심 지역의 스카이라인을 빠르게 변화시켰다. 1970년대 중반까지 쉔톤 웨이에 있는 오래된 빌딩들이 현대식 초고층 빌딩들로 대체되었다. 상업용 부동산 개발 사업의 첫 번째 흐름을 타고 1973년 로비나 하우스(1973), 쉔톤 하우스(1973), UIC 빌딩(1973), 오션 빌딩(1974), 홍콩 빌딩(1975),

---

5) URA, "Redevelopment of Golden Shoe", Skyline August 2002, HistorySG, http://eresources.nlb.gov.sg/, 2015년 5월 14일 접속.

6) Gretchen Liu (2001), Singapore: A Pictorial History, 1819-2000, Psychology Press, pg. 324.

DBS 빌딩(1975), OCBC 빌딩(1976) 등의 건물이 신축되었다.[7]

1980년대에는 차타드은행 빌딩Chartered Bank Building(1984), 래플스 시티(1984), 마리나 센터(1984), 싱가포르 중앙은행 빌딩Monetary Authority of Singapore Building(1985), 재무부 빌딩Treasury Building(1986), OUB 센터(1988) 등의 신축으로 또 다른 고층 오피스 빌딩 클러스터가 형성되었다.[8] 마리나 센터Mariana Centre와 마리나 사우스 지역의 광범위한 토지 매립 공사가 완료됨에 따라 상업용 토지 공급량은 더욱 증가하였다. 1983년 말, 마리나 센터에 있는 약 51,425평(17ha)의 토지가 도시재개발청에 의해 매각되었고, 이 부지에 선텍 시티와 5성급 호텔들이 완공되었다.[9]

1965년 독립 이후 처음 20~25년 동안 싱가포르에는 기관 투자 시장을 형성할 자본도 국내 기관투자자도 없었다. 이로 인해 상업용 부동산 시장은 주로 기업가들 혹은 부동산 개발 회사들에 의해 주도되었다. 자본의 부족과 기관투자자의 자금 유입이 없는 상황에서 부동산 개발 회사들은 프로젝트를 진행할 자금을 확보할 혁신적 방법을 찾아야 했다. 1970년대에 부동산 개발 회사들은 그들이 개발한 쇼핑센터와 오피스 빌딩의 소유권을 분할하여 투자 혹은 실사용 목적으로 매입하려는 수분양자들에게 판매하여 자금을 확보하였다. 현재까지 여전히 존재하는 주요 위치의 상업용 건물들의 예로, 오차드 로드 거리 주변의 럭키 플라자와 펄이스트 쇼핑센터, 안손 로드 거리 주변의 인터내셔널 플라자International Plaza, 비치 로드 거리 주변의 골든 마일

---

7) Ray Tyers, revised by Siow Kin Hua (1993), Singapore Then & Now, Landmark Books.
8) 7)과 동일
9) Wong Tai-Chee and Yap Lian-Ho Adriel (2004), Four Decades of Transformation, Land Use in Singapore, 1960-2000, Marshall Cavendish, pg. 21.

컴플랙스, 골든 마일 타워, 더 플라자 등이 있다.[10] 부동산 개발 회사들의 이러한 자본 회수 방법은 지금까지도 사용되고 있다.

부동산 개발 회사들의 자본 상황이 점진적으로 개선되면서 이들 회사는 주식에 상장되었다. 유나이티드엔지니어, 시티디벨로먼트,[11] 싱가포르랜드(1963; 유나이티드 인더스트리얼이 1990년에 인수), 부킷 셈바왕 에스테이트Bukit Sembawang Estates Ltd(1968), 보우스티드 싱가포르(1975), 구코랜드(1978) 등은 상장 회사가 되었고 이로 인해 부동산 개발 회사들은 개발 사업으로 취득한 부동산들을 보다 오랜 기간 소유 및 운영할 수 있게 되었다. 이들 부동산 개발 회사의 자본화가 개선됨에 따라 상업용 부동산 개발 산업의 질적 향상이 이루어졌다. 2000년대에는 리츠가 싱가포르 부동산 시장에 등장하면서 자본 활용 방안은 더욱 확대되었다.[12]

부동산 개발 회사 및 기업가들이 주도했던 1990년대와 2000년대를 벗어나, 싱가포르 부동산 산업은 세계적 변화 속에서 여러 결실을 맺었고, 시장은 점차 고도화되었으며 해외 투자자로부터 매력적인 부동산 투자 중심지로 부상했다. 이러한 싱가포르 부동산 산업의 진화는 싱가포르 국내 기관투자자의 자본 유입이 없는 상황에서 이루어졌으며 미국, 영국, 호주와 같은 선진 부동산 투자 시장의 성장 과정을 보고 습득한 경험과 지식을 활용하였다. 다음 절에서는 싱가포르가 지난 20년 동안 어떻게 세계 부동산 트렌드에 적응하고 이를 활용하였는지 살펴보겠다.

---

10) Colliers International White Paper "Bright Spot in Singapore Property Market: Strata-titled Office", March 2012.
11) 두 회사는 싱가포르 및 말레이시아 양 국가 증권거래소joint stock exchange에 상장되었다.
12) 7장에서 싱가포르 리츠 시장에 대해 상세히 논의하고 있다.

5.2 국내에서 세계로

독립 초기 싱가포르의 부동산은 증권화되지 않았으며 부동산 투자는 국내 시장에 한정되었고 극히 소수의 투자자들만 해외에 투자하였다. 자본의 규모 및 흐름의 관점에서 보았을 때 1990년대 후반에 이르러 진정한 의미의 세계화가 시작되었다. 싱가포르는 세계화 트렌드로 인한 수혜를 입었으며 1990년대 후반에 이르러 일본 투자자가 싱가포르 내의 실물 자산을 매입하면서 처음으로 일정 규모 이상의 해외 투자가 이루어졌다.

외국 부동산에 대한 국경을 넘는 투자가 새로운 현상은 아니다. 1990년대까지 해외 부동산 투자의 규모는 상대적으로 작았으며 간헐적으로 이루어졌다. 과거의 해외 부동산 투자는 주요 해외 선진 시장에서 다른 해외 선진 시장으로 단일 프로젝트별로 이루어졌다. 다수의 국가 및 기관으로부터의 부동산에 대한 자본 유입은 향후에 이루어졌다. 예를 들어, 1960년대에 브리티시랜드British Land, 해머슨 Hammersons, MEPC, 그로스브너Grosvenor와 같은 영국 회사들은 캐나다 및 호주 부동산에 투자하였다. 이러한 영국 자본들은 그로스브너만 제외하고 1990년 전후로 투자 자금을 다시 회수하였다. 네덜란드 기관투자자들은 1970년대에 미국 및 유럽 시장에 부동산 투자를 하였지만 1980년대 후반 및 1990년 초반에 막대한 손실을 입었다. 1990년 전후 시기에 서양의 선진 시장들은 부동산 과다 공급으로 역대 최악 수준의 부동산 시장 암흑기를 경험하였다. 이러한 실물 부동산에서의 실패 경험을 뒤로 하고 기관투자자들은 투자 대상군을 전환하여 미국 리츠 부동산에 투자했는데 미국 리츠는 실물 부동산에 비해 유동성 측면에서 유리하였다. 네덜란드 기관투자자들의 자본 유입은 1990년대 미국 리츠 산업의 성장에 도움이 되었다.

    1980년대 일본 투자자들은 외국과의 거래에서의 흑자와 버블 시대의 경제 성장 동력으로 전 세계 부동산 투자의 큰손이 되었다. 불행하게도 당시의 일본 투자자들의 해외 투자 시점은 적절하지 못하였고 높은 인플레이션 가격을 지불하였다. 1990년대 초반 일본 시장의 버블이 꺼지면서 해외에 투자한 자금을 회수해야만 했었다. 2010년대 새로운 해외 부동산 투자의 큰 손으로 중국 투자자들이 등장하였다. 일본 투자자들이 그랬던 것처럼 막대한 자금을 축적한 후 전 세계의 부동산에 투자하기 시작하였다. 중국 투자자들은 최근의 거래에서 최고가를 계속 갱신하였다. 예를 들어, 2010년대 중반, 호텔 거래에서 가장 높은 거래가를 기록한 두 건의 사례가 중국 보험사들의 투자에 의해 성사되었다. 2014년 6월, 안방보험그룹Anbang Insurance Group은 월도프 아스토리아 호텔Waldorf Astoria Hotel을 매입하면서 한화 약 1.95조 원(US$1.95billion)을 지불하였다.[13] 이는 호텔 객실 당 한화 약 14억 원(US$1.4million)을 지불한 것으로 최고가를 경신하였다. 2015년 2월에는 중국의 선샤인보험그룹Sunshine Insurance Group Company이 뉴욕의 바카라 호텔Baccarat Hotel을 매입하면서 객실 당 한화 약 20억 원(US$2million)을 투자하면서 최고가를 다시 경신하였다. 기존에 인도의 사하라그룹Sahara Group이 플라자 호텔Plaza Hotel을 매입하면서 기록한 최고가를 중국의 보험사들이 연달아 갱신한 것이다. 1980년대 일본 투자자들이 그랬던 것처럼 지금의 중국 투자자들은 부동산 자산

---

13) Forbes, "Chinese Insurer Buys Waldorf Astoria for a Record $1.95B", 6 October 2014 (출처: http://www.forbes.com/sites/michaelcole/2014/10/06/chinese-insurer-buys-waldorf-astoria-for-a-record-1-95b/, accessed on 12 November 2015).

규모에 상관없이 전 세계 부동산 투자의 큰손이 되었다. 중국이 일본과 같은 전철을 밟는 것은 아닌지 우려된다.

1990년대 후반에서 2000년대 초까지 해외 부동산 투자의 규모와 방향에 급격한 변화가 있었고 이는 부동산 산업 세계화의 진정한 시작을 의미하였다. 이러한 트렌드는 2008년 리먼 브라더스Lehman Brothers 붕괴로 인한 세계 경제 위기 시기를 제외하고 현재까지 계속되고 있다. 기존과는 다르게 특정 소수 국가들의 자본만 해외 부동산에 투자하는 게 아니라 무수히 많은 국가의 투자자들이 전 세계 선진 및 이머징 시장의 부동산에 투자하기 시작했다. 이러한 새로운 트렌드에서 부동산 거래 규모는 기존 거래량보다 몇 배 증가하였다. 예를 들어, 세계 경제 위기 직전 2007년에 전 세계 상업용 부동산 거래량이 정점을 찍을 당시 시장 거래 규모는 한화 약 760조 원(US$760billion)을 기록하였다. 최근에는 다시 회복되어 2015년 전반기 거래량만 한화 약 333조 원(US$333billion)을 기록했다.[14]

아시아 부동산 시장(일본 제외)에 대한 외국 자본의 유입은 1997년 아시아 경제 위기 이후 본격적으로 시작되었다. 이들 자본은 부실 자산에 투자하는 벌처 펀드vulture fund 형태였고 주로 태국, 한국, 인도네시아에 집중되었다. 일본에서도 1990년대 버블 시대 이후 비슷한 성격의 펀드가 활동하였다. 아시아가 경제 위기로부터 회복되고 중국 경제가 높은 성장률을 지속적으로 보이자, 선진 시장의 더 많은 자본이 아시아로 유입되기 시작했다. 그러나 세계 경제 위기 이후 국가 간 상업용 부동산 거래가 전 세계적으로 급격하게 증가한 것에 비

---

14) 프레킨

해 아시아에 투자되는 국가 간 부동산 거래는 선진 시장에 비해 여전히 적었다. 프레킨(사모 펀드 리서치 회사)에 따르면, 2003년 아시아에서의 상업용 부동산 거래량은 전 세계 거래량인 한화 약 350조 원(US$350billion)의 1% 수준이었으며, 세계 경제 위기 때 전 세계 거래량이 한화 약 195조 원(US$195billion)으로 급감할 당시에는 전 세계 거래량의 3% 수준이었다. 2014년에 전 세계 상업용 부동산 거래량이 세계 경제 위기 이전 최대 거래량 수준인 한화 약 700조 원(US$700billion)으로 회복되었을 때 아시아의 부동산 거래량은 전 세계 거래량의 5% 수준이었다.[15]

흥미롭게도 싱가포르 투자청은 1990년대 후반에 비로소 본격적으로 투자 국가군을 다양화하였다. 싱가포르 투자청이 설립된 이후 현재까지의 움직임은 세계적 트렌드를 반영한다. 싱가포르 투자청은 국부 펀드Sovereign Wealth fund(2000년대까지 국부 펀드라는 말은 시장에 통용되지 않았는데, 여러 국가들이 국가의 자본으로 운영되는 펀드를 설립하고 이들 펀드의 활동이 확대되면서 국부 펀드라는 말이 통용되기 시작함)의 선구자적 역할을 하였고, 부동산은 싱가포르 투자청에 의해 최초로 국부 펀드 투자 포트폴리오에 정식 편입되었다. 또한 싱가포르 투자청은 투자 포트폴리오에 해외 부동산을 필수적으로 포함시킨 최초의 투자 기관 중 한 곳이다. 네덜란드와 중동의 일부 기관을 제외하고 1980년대에 해외 부동산을 투자 포트폴리오에 필수 자산으로 지정한 기관은 극히 드물었다. 싱가포르 투자청은 1982년 설립되었지만 초기 부동산 투자 대부분은 미국 부동산에 한정되어 있었다. 당시

---

15) 프레킨

신중한 투자 기관의 보수적인 투자 관점을 만족시킬 수 있는 부동산 시장은 미국 한 곳뿐이었다. 싱가포르 투자청은 다른 국가의 부동산 시장을 이해하기 시작하면서 투자 국가군을 점차 늘려갔다. 유럽 국가 부동산에 대한 투자는 1980년 후반에 시작되었으며 아시아의 다른 국가에는 1990년 중후반부터 투자하기 시작했다. 이때부터 싱가포르 투자청의 부동산 포트폴리오는 진정한 의미의 글로벌화를 이루었으며 투자 국가군을 계속 확장해 갔다. 오늘날 싱가포르 투자청이 부동산을 투자하는 국가군은 30개가 넘는다.

싱가포르 투자청은 싱가포르에서 해외 부동산에 투자한 가장 초기의 투자 기관들 중 한 곳이지만 유일한 기관은 아니다. 1990년대까지 몇 개의 싱가포르 투자 기관들은 세계적 트렌드에 따라 해외 부동산 투자를 진행하였다. 싱가포르랜드, 펄이스트, 테마섹, 캐피탈랜드, DBS랜드와 피뎀코(캐피탈랜드의 전신 회사들), 케펠랜드, 아센다스, 시티디벨로먼트, 쿠코랜드, 프레이저스 센터포인트가 해외 부동산에 투자하였다. 특히 중국, 홍콩, 인도, 한국, 동남아시아와 같이 성장하는 아시아 국가에 주로 투자하였고, 영국, 호주, 일본, 미국과 같은 선진 시장에도 투자하였다. 그러나 이들 투자 기관의 주요 사업은 싱가포르 국내 시장에 머물러 있었다.

2013년에 싱가포르 회사들의 해외 부동산 투자 규모는 한화 약 35조 원(S$44.2billion)이었으며 이는 싱가포르 해외 직접 투자 규모의 8.3% 수준이다. 이 중 중국 부동산 시장에 가장 많은 투자가 이루어졌고 한화 약 18조 원(S$23.3billion)을 투자했다.[16] 세계적 부동산 트

---

16) 싱가포르 통계청

렌드와 궤를 같이하며 싱가포르 투자자들은 과감하게 해외 투자를 계속해 나갔고 싱가포르 부동산에도 해외 투자자들의 자본이 유입되었다. 1989년 일본 회사인 코와부동산컴퍼니Kowa Real Estate Company가 사부인베스트먼트Savu Investments(옹벵셍Ong Beng Seng이 설립한 투자 회사로서 콜리어 쿼이에 위치한 두 개의 자산인 러버 하우스Rubber House와 윈체스터 하우스Winchester House를 소유)의 회사 지분 절반을 인수하였다.[17] 당시 싱가포르에서 가장 중요한 부동산 개발 프로젝트는 선텍 시티로, 1997년 청쿵 홀딩스가 주도한 홍콩 컨소시엄에 의해 진행되었다. 최근에 싱가포르 중심 상업 지역에서 진행된 가장 큰 두 개의 복합 상업 개발 사업인 아시아 스퀘어와 마리나 비즈니스 파이낸셜 센터에도 외국 투자자들이 참여하였다. 아시아 스퀘어는 2013년 맥쿼리 글로벌프로퍼티 어드바이저에 의해 수행되었으며, 마리나 비즈니스 파이낸셜 센터는 홍콩랜드, 케펠랜드 그리고 청쿵그룹에 의해 2012년 준공되었다.

    세계화 트렌드가 지속되면서 국제적인 자산운용사들은 그들의 아시아 지역 거점 오피스를 싱가포르에 설립하기 시작하였다. 해외 기관들은 안정적인 정치 체제 및 신뢰성 높은 사회적 기반 시설을 갖춘 싱가포르를 금융 중심지로 인식하였다. 또한 싱가포르의 선진화된 부동산 산업은 경험 많고 숙련된 인적 자원을 다수 보유하고 있었다. 세금 절세 효과도 아시아 지역의 거점 오피스를 싱가포르에 세우는 데 기여하였다. 싱가포르는 홍콩과 더불어 해외 투자 기관으로부터 아시아 금융 중심지로 인식되었고, 여러 장점들로 인해 해외 기관들은 아시아

---

17) "Ong Beng Seng ropes in Japanese developer", The Straits Times, 12 May 1989, pg. 25; "Ong Beng Seng sells half share in Rubber House, Winchester House", Business Times Singapore, 12 May 1989, pg. 3.

부동산 투자 거점으로 싱가포르를 선택했다. 싱가포르에 진출한 해외 펀드 매니저들은 지난 20년 동안 본인들의 능력에 의해서 혹은 경제 위기 등의 사회적 여건으로 인해 흥망성쇠를 계속하였다. 1998년에서 2013년 사이 싱가포르의 전체 자산 운용 규모는 한화 약 120조 원(S$150billion)에서 한화 약 1천 4백조 원(S$1.8trillion) 이상으로 급증하였는데,[18] 이 중에 부동산에 대한 직간접 투자 규모는 한화 약 86조 원(S$108billion) 수준이었다(그림 5.1 참고).

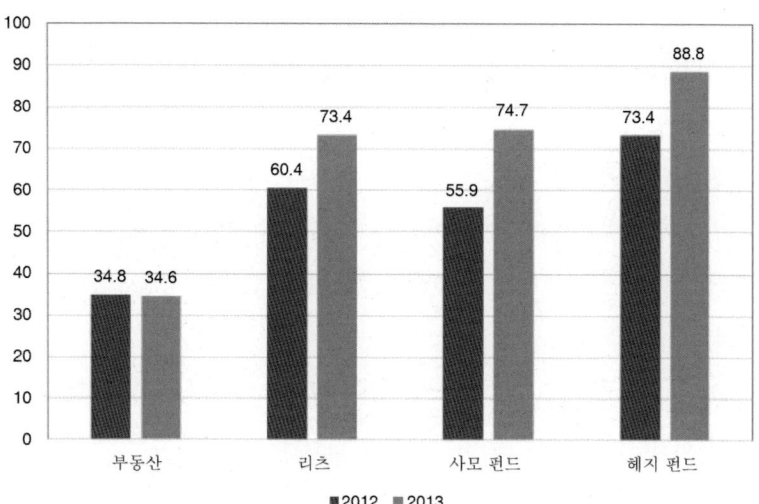

그림 5.1 싱가포르 부문별 자산 운용 규모
출처: 싱가포르 자산 운용업 설문조사, 싱가포르 통화청

---

[18] "Looking Back, Looking Forward", Josephine Teo, 싱가포르 재무부 및 교통부 장관, 2015년 3월 26일 싱가포르 자산운용협회 16회 연간 회의 개회사 중.

5.3 세계화의 요인들

부동산은 본질적으로 지역성에 기반하기 때문에 대다수 투자자들의 투자 안전 지대는 국내 시장을 의미한다. 그러므로 해외 부동산 투자는 높은 리스크를 수반한다고 생각한다. 해외 부동산에 투자한다는 것은 국내 부동산 투자보다 더 높은 투자 수익을 기대함을 의미한다. 상대적으로 높은 수익과 더불어 투자 지역 분산으로 포트폴리오 다양화의 이점도 있다. 오랜 기간 동안 기관투자자들은 익숙하지 않은 국가의 부동산 시장에 실제로 투자를 집행하는 데 상당한 어려움을 겪었다. 기관투자자들은 국내와 해외 사이의 간극을 극복하는 데 집중하였고 1990년대 이후 여러 요소의 개선으로 해외 부동산 투자에 비약적인 성장이 이루어졌다.

여러 거시적 요소가 해외 투자를 가속화시켰다. 당시 전 세계적으로 상당한 연금 자금이 축적되었다. 선진 국가들에서 시작하여 여러 개발도상국들이 의무 연금 제도를 강제하였고, 민간 기업 혹은 싱가포르의 공적 기금과 같은 공공 기관에 의해 운영되었으며 지난 반세기 동안 이러한 연금 자금은 지속적으로 확대되었다. 컨설팅 업체인 PwC의 최근 연구에 따르면, 전 세계의 연기금 자금은 2014년부터 2020년까지 2.5배 증대되어 2020년에는 한화 약 5.65경 원(US$56.5trillion)에 이를 것으로 예측된다. 더불어 보험사와 국부 펀드 자금까지 포함하면 2020년에는 한화 약 10경 원(US$100trillion) 규모로 증가할 것으로 예측된다(그림 5.2 참고). 이 중 10%의 자금이 부동산에 투자된다고 가정하면 해외 부동산에서 투자 기회를 찾는 자본이 급격히 증대될 것이라는 예측을 어렵지 않게 할 수 있다.

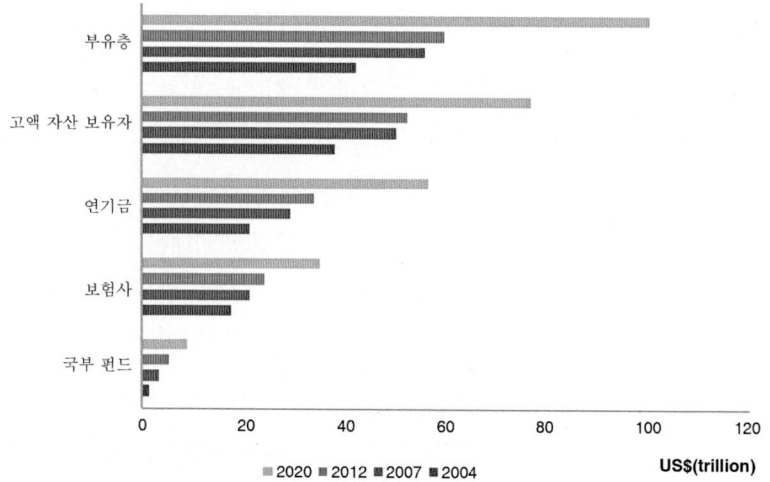

그림 5.2 글로벌 자산 운용 규모(단위: US$trillion)
출처: PwC(2014), "Real Estate 2020: Building the Future"

투자 매니저들은 계속해서 벤치마크 수익률보다 높은 수익률을 내야 하는 도전을 받을 것이며, 국내의 안전 지대를 벗어나 해외 시장에서 상대적으로 안전하면서도 높은 수익률의 부동산에 투자하여 포트폴리오를 다양화할 것이다.[19] 2015년 코넬대학교Cornell University와 호드스웨일&어소씨에트Hodes Weill & Associates가 함께 진행한 2014년 기관투자자 부동산 할당 분석Institutional Real Estate Allocations Monitor 자료에 따르면, 글로벌 기관투자자들은 자신들의 운용 자산 중 9.38%를 부동산에 할당하며, 부동산 부문에 투자를 계속 확대하려는 움직임을 보인다. PwC가 예상하기를 기관 투자자들의 해외 투자는 2012년에서 2020년까지 55% 증대할 것이며 이는 2012년 한화 약 2.9경 원(US$29trillion)에서 2020년 한화 약 4.53경 원(US$45.3trillion)

---

19) PwC (2014), "Asset Management 2020 - A Brave New World".

수준으로 예측된다.[20]

서구권 투자 기관들은 자산 운용에서 5~10% 수준을 부동산에 할당한다. 아시아 펀드 투자에서 부동산이 차지하는 규모는 서구권 기관들에 비해 상대적으로 작지만 앞으로 계속 증가할 것으로 보인다.[21] 한국의 국민연금공단South Korean National Pension Service은 2009년과 2014년 사이에 6개의 부동산을 매입하면서 한화 약 3.6조 원(US$3.6billion) 규모를 투자하였다. 아시아퍼시픽부동산협회Asia Pacific Real Estate Association에서 조사한 결과에 따르면 아시아의 연기금들 중 67%는 그들의 포트폴리오에서 부동산을 주요 자산으로 간주하고 있으며, 이 중 73%는 2015년에, 30%는 2016년에 실물 부동산 혹은 주식에 상장된 부동산 증권으로 투자를 확대할 계획에 있다.[22]

최근에 거대한 규모의 자산을 운용하고 있는 투자 기관들이 해외 투자 시장에 등장했다. 몇 년 전만 해도 국내 시장에만 집중하던 기관들이 해외로 눈을 돌리기 시작했다. 중국투자공사China Investment Corporation, 중국외환관리국State Administration of Foreign Exchange, 한국투자공사Korea Investment Corporation, 카타르투자청Qatar Investment Authority, 호주미래펀드Australia Future Fund, 한국 국민연금공단, 노르웨이은행 투자관리공사Norges Bank Investment Management가 그들이다. 그리고 운용 자산 규모가 한화 약 1천 3백조 원(US$1.3trillion)인 일본 후생연금펀드Japan's Government Pension Investment Fund도 최근에 해

---

20) PwC (2014), "Real Estate 2020: Building the Future".

21) APREA (2014), "The Increasing Importance of Real Estate in Asian Pension Funds";
    APREA (2013), "Asia Pacific Listed Real Estate: A Contextual Performance Analysis", July 2013.

22) APREA (2014), "The Increasing Importance of Real Estate in Asian Pension Funds".

외 부동산 투자 시장에 진출하였다. 이러한 투자 기관이 계속 등장하면서 해외 부동산 투자 시장 성장에 주요한 요인이 되었다. 이는 해외 부동산 투자 시장의 경쟁이 더욱 치열해졌음을 의미한다.

투자 기관들은 국내 시장에서 감소된 투자 기회로 인해, 특히 몇십 년 간 경제 성장이 둔화된 선진 국가의 투자 기관들은 거대한 규모의 자산 운용에 어려움을 겪었다. 공급자 측면에서는 경제 성장이 느려짐에 따라 공간에 대한 수요가 줄어들면서 새로운 실물 자산의 공급을 줄이게 되었다. 이로 인해, 투자자들은 좋은 투자 기회를 찾아 중국과 같은 해외의 이머징 마켓에서 기회를 모색할 수밖에 없게 되었다. 예를 들어, 중국에서는 전 세계에서 가장 많은 상업용 건설 프로젝트들이 진행 중이다. 글로벌 부동산 컨설팅 회사인 CBRE가 2014년 전 세계 180개 도시에서 진행한 조사 결과에 따르면,[23] 전 세계 상업용 부동산 건설 사업의 절반이 중국에서 진행되고 있었다. 중국 상하이에서만 약 1백만 평(3.3million sqm) 규모의 상업용 부동산 건설 사업이 진행되고 있는데 이는 유럽의 86개 도시(러시아와 터키 제외)의 건설 공급량 수준이다.

지난 20년 동안 외국 자본의 부동산 투자를 금지했던 여러 국가가 해외 투자자들의 자국에 대한 부동산 투자를 저마다의 사유로 허용하였다. 한국의 경우 필요에 의해 외국 자본의 유입을 허용하였는데 1997년 아시아 경제 위기로 자국 시장이 황폐화되어 외부에 자국의 부동산 시장을 개방할 수 밖에 없었다. 일본의 경우 외국인에 대한 부동산 투자 제한법이 없었지만 소수의 일부 대기업이 주요 부동산을 장

---

23) CBRE (2014), "Shopping Centre Development - The Most Active Cities Globally, Global ViewPoint", April 2014.

악하고 있었다. 하지만 1990년대 초반 버블 시대 붕괴 이후 외국 자본에 부동산들이 매각되었다. 이때 당시 해외의 투자자들은 우량 자산을 합리적인 가격에 매입할 수 있었다. 중국 경제는 2013년까지 매년 10% 수준의 경제 성장을 20년 동안 지속하였으며 급격히 성장하는 과정에서 외국으로부터 대규모의 자본을 유치하였다. 유럽의 중동부 국가들은 유럽연합에 가입하면서 그들의 시장을 외부에, 특히 서부 유럽 국가들에게 개방하게 되었다. 이렇듯 지난 20년 동안 해외 부동산 투자 시장은 커다란 구조적 변화를 맞게 되었다.

지리적인 것과 별개로 기관투자자가 투자할 수 있는 중대형 상업용 부동산이 많아졌다. 중국 전역의 도시는 매우 빠른 속도로 성장하였고 이에 따라 수 많은 상업용 부동산이 시장에 공급되었다. 부동산 산업은 불과 지난 20년만에 완전히 변화되었다. 1990년 초중반까지 현대식 고층 주거용 건물은 찾아보기 힘들었으며 매우 기본적인 수준에 머물렀지만, 오늘날에는 최고급 디자인의 주거용 건물들이 전 세계에 공급되고 있다. 초기에는 주거용 건물에 현대식 리테일 공간들이 없었지만 오늘날에는 쇼핑센터, 대형 쇼핑몰, 프라임 오피스 등과 연계된 주거용 건물들이 주요 도시에 생겨났다. 그러나 중국의 리테일 부동산은 전자상거래의 성장에 따라 계속 진화해 갈 것이다. 이러한 유례가 없는 부동산 산업의 성장은 다른 이머징 시장들에서도 정도의 차이가 있을 뿐 비슷하게 관찰된다. 해외 부동산 투자자들은 이제 다양한 시장에 보다 많은 투자 선택권을 갖게 되었다.

해외 부동산 투자에 있어 기능적인 투자 기술은 국가 간 경계를 넘어 적용 가능하지만 국가 간 구조의 차이로 인해 추가적으로 고려해야 할 사항들은 상당히 많다. 투자자들은 해외 투자 시 자국 시장의 편안함과 친숙함을 떠나 전혀 다른 시장의 펀더멘털, 구조structures, 사업 관습, 규칙, 세금 제도들과 마주하게 된다. 이머징 국가들에 투자할 때 여러 어려움이 있지만 특히 시장에서의 투명성 부족과 신뢰성 있는 정보의 부족으로 인한 어려움이 크다. 해외 부동산 투자에 대한 수요가 늘어남에 따라 관계 전문가의 수준 높은 서비스에 대한 요구가 증대되었고 해외 부동산 투자와 관련된 은행원, 펀드 매니저, 자산 운용사, 변호사, 회계사, 컨설턴트 등이 크게 늘어났다. 싱가포르 통화청Monetary Authority of Singapore에서 조사한 결과에 의하면 1997년부터 2012년까지 포트폴리오 매니저, 투자 애널리스트, 트레이더trader, 경제학자 등의 투자 전문가 종사자 수는 1997년 814명에서 2012년 3,312명으로 4배 가까이 증가했다(그림 5.3 참고).[24]

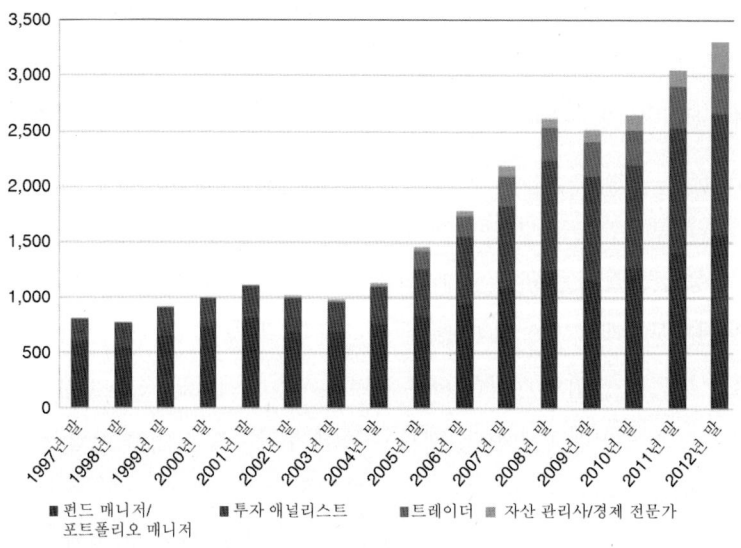

그림 5.3 싱가포르 투자 전문가
출처: 싱가포르 자산 운용업 설문조사, 싱가포르 통화청

24) 싱가포르 자산 운용업 설문조사, 싱가포르 통화청.

이와 같이 관련 전문가들의 도움에 힘입어 투자 실행에 있어 문제들을 극복할 수 있었고 자본의 해외 운용이 더욱 용이해졌다. 펀드 자금을 운용하는 투자 펀드 매니저의 역할에 대해서는 다음 절에서 자세히 논의하겠다. 관련 전문가들은 투자를 결정함에 있어서 필요한 정보들을 제공했다. 해외 부동산 투자에 있어서 큰 장애물 중 하나는 신뢰성 있는 정보의 부족이다. 시장이 성숙할수록 높은 수준의 정보가 제공 가능하고 이를 기반으로 투자자들은 보다 자신감을 갖고 투자할 수 있다. 초기에는 단순히 신뢰성 있는 정보를 수집하는 것에서 시작하지만 시장이 좀 더 성숙해지면 시장을 더 잘 이해하고 예측하기 위해 보다 수준 높은 리서치 자료들이 필요하다. 기관투자자들의 성장에 있어 가장 중요한 역할을 했던 것은 선진 시장에서의 부동산 지수 도입이다. 이는 기관의 자본이 부동산에 유입되는 데 매우 중요한 역할을 하였고 기관투자자들은 자신들의 투자 포트폴리오에서 부동산을 다른 자산들과 비교할 수 있었다. 그러나 부동산 지표들은 대부분 감정 평가 기반이고 수익 변동성에 대한 예측이 취약하며, 그들이 사용하는 자산 할당 모델asset allocation model에 대한 신뢰도에 문제가 있었다. 그러나 '피셔, 겔트너, 웹Fisher, Geltner and Webb'[25]이 지수 계산index computation의 방법론적 약점을 극복하여 수익 변동성 예측 문제를 개선하는 방법을 고안하였다. 정보 및 리서치의 질적인 성장은 선진 및 이머징 시장 모두에서 지속적으로 이루어지고 있다. 그러나 이머징 국가군에서의 정보의 성숙도와 투명도는 신뢰성 있는 부동산 지수를 만들 수 있는 수준에 이르지 못했다. 그러므로 MSIC 주식 지수MSIC

---

[25] Fisher, J.D., D.M. Geltner, and R.B. Webb. (1994), "Value Indices of Commercial Real Estate: A Comparison of Index Construction Methods", Journal of Real Estate Finance and Economics, Volume 9, pp. 137-164.

Equity Index 수준으로 발달된 대표적인 글로벌 부동산 지표는 아직 존재하지 않는다. 그럼에도 불구하고 지난 20년 동안 부동산 시장 정보의 지속적인 질적 성장은 기관투자자들의 부동산 투자를 이끄는 요인이 되었다.

시장에 혁신을 가져온 투자 기구 및 수단들이 여러 국가에서 통용되면서 해외 부동산 투자가 활성화될 수 있었던 또 다른 요인이 되었다. 2000년대 초반부터 아시아 부동산 시장에 기존에 존재하지 않았던 투자 기구들인 리츠, 상업용부동산저당증권, 사모 펀드 등이 등장하고 이에 대한 외국 투자 기관들의 투자가 급격하게 증가하였다. 부동산이 자본 시장과 결합하고 지난 20~30년 사이에 선진 시장에 있었던 큰 변화들로 인해 새로운 부동산 투자 상품들이 아시아 전역에 등장하였다. 다음 절에서는 부동산 산업이 자본 시장과 어떻게 결합하게 되었는지 살펴보도록 하겠다.

5.4 실물 자산에서 자본 시장으로

부동산 개발 사업 및 실물 자산 매입을 위한 투자 방법론은 오랜 기간 변하지 않았으며 그것의 자본 구조는 개인이 집을 구매할 때와 마찬가지로 자기 자본 및 은행 대출로 구성된다. 근본적인 펀딩 구조는 변하지 않았지만, 지난 20년 동안 부동산 산업과 자본 시장에서의 혁신들은 사적private 및 공적public 시장에서 자본 거래가 가능하게 하였고 부동산에 대한 유동성이 증가하였다. 이러한 혁신적 변화는 시장에서의 부동산 투자 기구 및 수단의 종류를 크게 증가시켰다. 실제로 부동산을 매입하거나 매각하는 것을 넘어, 자본 시장의 새로운 혁신들로 인해서 자본 구조 상의 자본(주식) 및 대출의 거래가 가능하게 되었다. 그림 5.4는 부동산 투자에서의 네 가지 접근법을 보여준다. 네 요소는 사모 대출, 공모 대출, 사모 자본, 공모 자본이다.

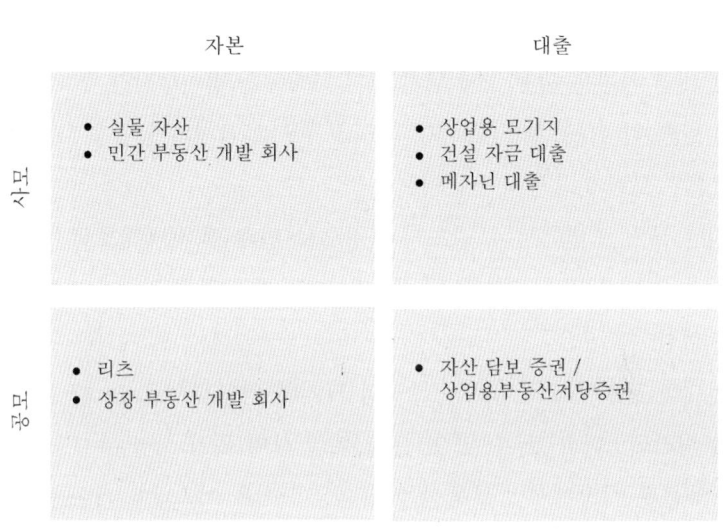

그림 5.1 네 가지 모델

네 가지 접근법은 선진 시장, 특히 미국에서 현대적 부동산 투자에 있어 필수적 요소가 되었다. 공모형 대출인 상업용부동산저당증권과 공모형 지분 투자인 리츠의 등장은 1980년대 후반 미국의 은행 부실 사태 위기 시절 부동산 시장 붕괴로 발생한 대규모의 NPL 부실 자산들을 해결하는 데 혁신적 방안이 되었다. 상업용부동산저당증권 시장은 1990년에 한화 약 5조 원(US$5billion) 규모에서 2007년 세계 경제 위기 직전에 최고점인 한화 약 230조 원(US$230billion) 규모에 이르렀으며, 2009년 세계 경제 위기 시기에는 최저치인 한화 약 3조 원(US$3billion) 수준이었다. 2009년 이후로 시장이 회복되어 2015년에는 한화 약 101조 원(US$101billion) 수준에 이르렀다. 공모형 대출인 상업용부동산저당증권 시장이 안정화되는 동안, 사모형 대출 시장은 트렌치trenche로 나누어 구조화되면서 지속적인 혁신을 거듭하였으며, 지분 투자 성격의 메자닌Mezzanine 대출과 투자자 성향에 따른 다양한 리스크 대비 수익률의 대출 상품이 등장하였다. 싱가포르의 부동산 대출 시장은 세계 경제 위기 시기 하락세를 맞이했지만, 2006년까지 한화 약 4.7조 원(SG$5.91billion) 규모로 31개의 상업용부동산저당증권 트렌치 상품이 만들어졌다.[26]

지분 투자 측면에서는, 리츠의 등장으로 인해 전 세계적으로 공모형 부동산 지분 및 사모형(혹은 비상장) 지분 투자의 증권화가 가능하게 되었다.

현대적 관점에서의 리츠는 그것의 크기와 영향력으로 볼 때 미국에서 시작되었다고 볼 수 있다. 은행 부실 사태 위기 시절 부실 자산 소유자들은 시장에서의 부동산 파이낸싱이 매우 어려웠고 리츠를 활성화하고자 했다. 킴코Kimco Realty Corp.가 1991년 주식 상장에서 성공하면서부터 현대적 관점의 리츠 시장이 미국에서 본격적으로 시작되었다. 리츠는 시장에서 매우 빠르게 받아들여졌고 10년 만에 60개의 리츠가 주식시장에 상장되었으며, 시장 규모는 한화 약 118조 원(US$118billion)에 이르렀다(그림 5.5 참고). 리츠 산업 성장에 있어, 업리츠UP-REIT 구조가 큰 역할을 하였는데 이는 세금 절세 효과가 있었다. 이때부터 리츠 모델은 전 세계적으로 확장되었으며 지금도 확장 중이다.[27]

---

26) 싱가포르 부동산 대출에 대해서는 8장을 참고한다.
27) NACRIEF, "Nuts and Bolts" 컨퍼런스 자료.

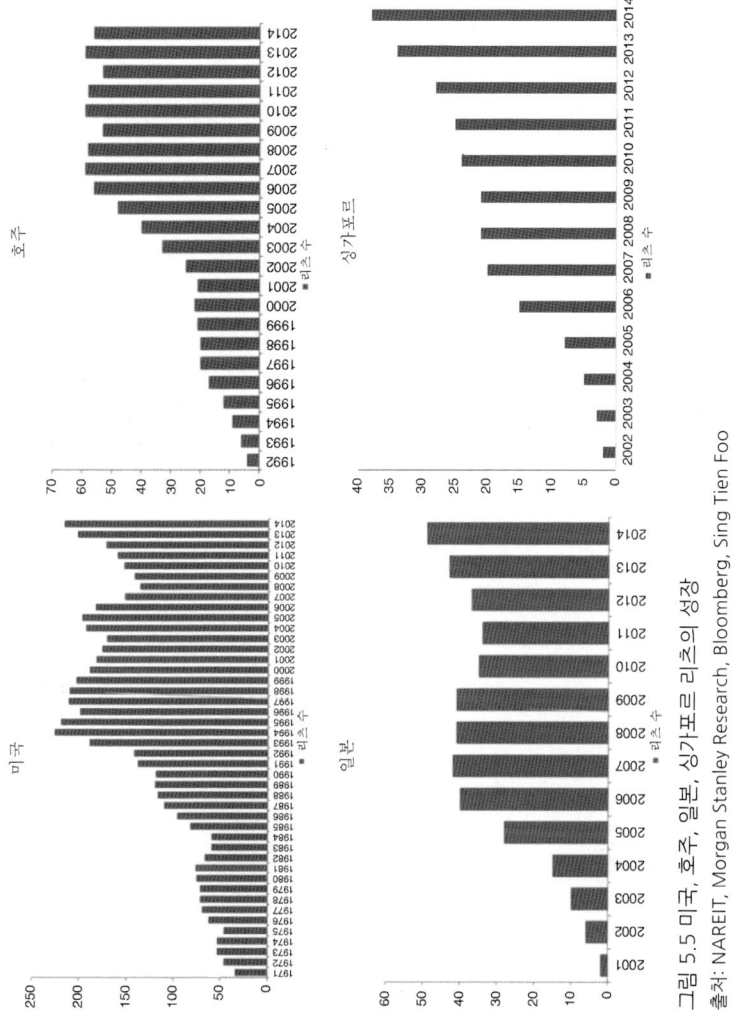

그림 5.5 미국, 호주, 일본, 싱가포르 리츠의 성장
출처: NAREIT, Morgan Stanley Research, Bloomberg, Sing Tien Foo

전 세계 여러 국가들이 리츠 모델을 수용하면서 부동산 산업에 혁명적 변화가 도래하였다. 리츠는 투자자들에게 새로운 투자 수단이 되었을 뿐만 아니라 일반적으로 환가성이 떨어진다고 인식되는 부동산에 유동성을 부여하였다. 또한 소액 투자자들도 상업용 부동산 투자

에 참여할 수 있도록 하였고, 부동산 개발 회사 및 자산 소유자들에게 또 다른 자금 확보 수단을 제공하였다.

싱가포르 리츠 시장은 캐피탈랜드몰 트러스트가 주식에 상장되면서 2002년 시작되었고, 이후 리츠 시장은 급격한 성장세를 보였다. 2005년에 5개의 싱가포르 리츠가 주식에 상장되었으며 시장 규모는 한화 약 4.1조 원(S$5.2billion) 수준이었다.[28] 2016년 시장 규모는 2005년 대비 12배 성장하여 한화 약 53.3조 원(S$66.7billion)에 이르렀으며 28개의 리츠가 상장되었고 부동산 증권이 여럿 결합된 스테이플 상장 리츠가 6개 존재한다.

싱가포르에서 리츠 시장의 발전은 부동산 지분 투자에 새로운 방안이 되었고 상업용 부동산 시장의 발전에 기여하였다.[29] 부동산 개발 회사들은 신뢰도 높은 새로운 자금 확보 수단을 갖게 되었고, 소액 투자자들은 리츠의 등장으로 기존에 불가능했던 대규모 상업용 부동산에 대한 지분을 투자할 수 있게 되었다. 싱가포르 리츠는 싱가포르 및 아시아 국가의 상업용 부동산에 간접 투자하려는 투자자들에게 매력적인 상품이 되었다.

싱가포르 리츠는 시장의 다른 투자 기구와 다르지 않게 자국 부동산에 대한 투자 수단으로 처음 도입되었다. 그러나 싱가포르 리츠의 상당수가 외국 부동산에 투자하는 상품으로 구성되었는데, 싱가포르의 한정된 시장 규모를 고려하면 놀라운 일은 아니다. 28개의 리츠 중

---

28) Joseph T. L. Ooi, Graeme Newell and Sing Tien Foo (2006), "The Growth of REIT Markets in Asia", Journal of Real Estate Literature, Volume 14, No. 2, pp. 203-222.

29) 7장에서 싱가포르 리츠 시장의 성장에 관해 자세히 설명한다.

최소한 10개의 리츠[30]가 외국 부동산을 포함하고 있고, 6개의 리츠[31]는 온전히 해외 부동산만 보유하고 있다. 싱가포르는 다른 아시아 국가들에 비해 훨씬 발달된 리츠 시장을 형성하였고 이로 인해 아시아 다른 국가의 부동산들이 싱가포르 리츠 시장에 상장하려는 요인이 되었다. 이렇게 독특한 구조가 형성될 수 있었던 것은 싱가포르의 한정된 시장 규모를 극복하기 위해 해외 부동산에 대한 투자 기회를 탐색한 리츠 매니저들의 역할도 관련이 있다. 2003년 상장된 에이알에이의 포춘 리츠Fortune REIT가 그 예이며 홍콩 리테일 부동산으로만 구성되었다.

은행 부실 사태는 미국의 현대적 리츠 시장 성장에 촉진제가 되었을 뿐 아니라 부동산 사모 펀드가 전 세계적으로 확장하는 데 기여하였다. 첫 번째로 정리신탁공사Resolution Trust Corporation에 의해 부실 자산들에 투자하는 기회 추구형 펀드Opportunity fund가 설립되었다. 이때부터 사모형 펀드는 계속해서 혁신적인 상품들을 선보였다. 점차 시간이 지나면서 다양한 투자자의 요구에 맞는 여러 형태의 펀드들이 소개되었는데 안전 추구형core private, 가치 부가형value-added, 기회 추구형, 글로벌 이머징 마켓형global and emerging markets, 선진국형emerged과 같은 리스크 대비 투자 상품들이 나왔다(그림 5.6 참고).[32]

---

30) CDL Hospitality Trust, Ascendas Real Estate Investment Trust, Ascendas Hospitality Trust, Ascott Residence Trust, First Real Estate Investment Trust, Keppel REIT, Frasers Commercial Trust, OUE Commercial REIT, ParkwayLife REIT, Suntec REIT.

31) Fortune REIT, CapitaRetail China Trust, Mapletree Greater China Comm, Saizen REIT, Lippo Malls Indonesia Retail Trust, IREIT Global.

32) INREV (2014), "The Investment Case for Core Non-Listed Real Estate Funds", September 2014.

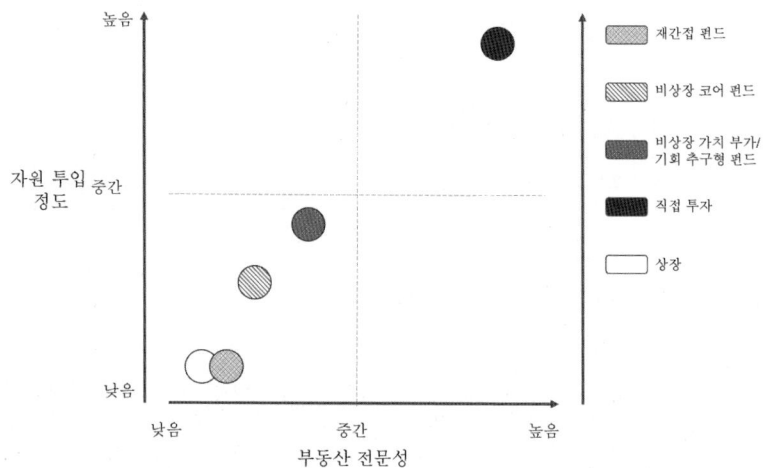

그림 5.6 부동산 투자 기구 범위
출처: INREV, "The Investment Case for Core Non-Listed Real Estate Funds".

전 세계 자산 운용 산업은 각국의 펀드 매니저들이 미국의 자산 운용을 따라하면서 급속도로 성장하였고, 초기 10년 간은 대부분 자국 시장에 집중되었다. 2000년대에 비로소 높은 수익과 포트폴리오 다양화를 위해 기관투자자들이 해외 시장에 관심을 갖게 되었고 이에 따라 해외 부동산을 겨냥하는 펀드 시장이 확대되었다.

사모 펀드 시장 규모는 2007년에 한화 약 760조 원(US$760billion)으로 정점에 이르렀다(그림 5.7 참고). 세계 경제 위기 때 많은 기업들이 위기 속에서 생존하지 못하였다. 경제 위기 이후 몇 년 동안 시장에서의 자금 확보가 어려웠고, 몇 개의 거대 글로벌 펀드를 통해서만 적시성 있게 자금 확보가 가능했다. 그러나 최근 몇 년 동안 사모 펀드 시장의 자금 펀딩 규모는 매우 빠르게 증가하고 있다. 프레킨에 따르면, 2014년에 펀드 시장 규모는 한화 약 710조 원(US$710billion)인데 이는 2009년 세계 경제 위기 직후 한화 약 195조 원(US$195billion)과 비교하여 큰 회복세를 보인 것이다.

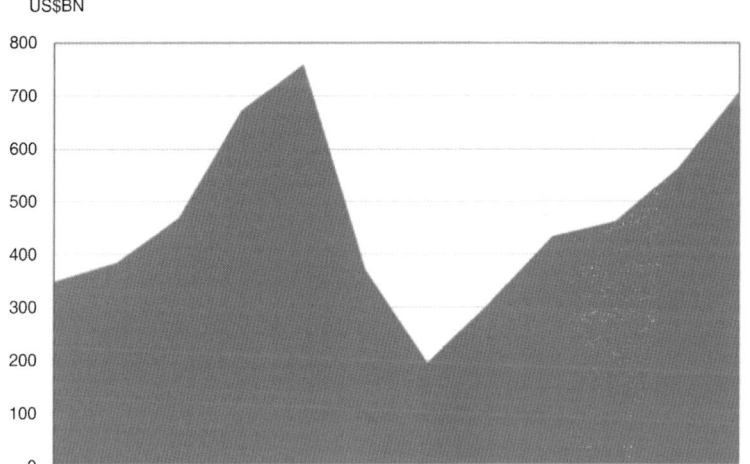

그림 5.7 사모 펀드로 조성된 글로벌 자산 규모(US$billion)
출처: 프레킨

아시아 태평양 지역의 펀드 규모도 2008년 한화 약 3조 원(US$ 3billion)에서 2014년 한화 약 21.8조 원(US$21.8billion)으로 증가하였다.

싱가포르 부동산 회사들은 싱가포르 공모 리츠 시장의 성장으로 시장에 관련 전문가들이 증가하였고, 전 세계적인 펀드 시장의 성장세와 함께 싱가포르 부동산 펀드 시장 또한 성장할 거라 예상하였다. SEAPAC은 싱가포르 부동산을 기반으로 한 첫 펀드로 US 푸르덴셜, 존스랑우튼, 싱가포르 투자청 세 회사 합작으로 1994년 만들어졌다. 2003년에는 캐펠랜드 펀드매니지먼트 암과 알파 인베스트먼트 파트너스가 폐쇄형 펀드인 아시아NO.1 부동산펀드를 만들었으며, 캐피탈랜드는 2008년 회사의 첫 사모형 펀드인 래플스 시티 차이나 펀드를 만들었다. 싱가포르에는 에이알에이 에셋매니지먼트, 퍼시픽스타 파이낸셜, 페리니얼 리얼이스테이트, 푸르덴셜 리얼이스테이트 인베스터 아시아퍼시픽, 글로벌 로지스틱 프로퍼티와 같은 자산운용사들에 의해 보다 많은 펀드들이 연속적으로 만들어졌다.[33] 프레킨 리포트에 따르면, 싱가포르를 기반으로 한 부동산 전문 자산운용사의 수는 2003년에서 2015년 사이에 약 2배 증가하였으며, 같은 시기 동안 펀드 규모는 약 8배 증가하였으며, 펀드의 평균 규모는 약 4배 증가하였다. 싱가포르의 시장 규모를 고려하였을 때 대부분의 펀드들은 필수적으로 해외 부동산을 투자 포트폴리오에 포함해야 했고 대부분 다른 아시아 지역의 부동산을 포함하였다.

5.5 마무리하며

독립 후 반세기 동안 싱가포르 부동산 시장은 전 세계에서 가장 발달되고 고도화된 시장으로 변모했다. 처음 30년 동안은 선진 시장에 비해 뒤쳐졌었지만, 여러 가지 불리한 여건에도 불구하고 지난 20년 동안 매우 빠른 속도로 선진 시장을 따라잡았다. 작은 규모의 국내 시장과 부족한 자본에도 불구하고, 세계 최고 수준의 사회 기반 시설에 기반한 큰 폭의 경제 성장과 공공의 지원에 힘입어 싱가포르 부동산 산업은 변화하는 국내 및 해외 시장에 대한 회복력, 민첩성 그리고 적응력을 증명하였다.

　초기에는 싱가포르 국내 기관투자자들이 없어 부동산 개발 회사들이 자본 유치에 어려움을 겪었지만, 시장이 점차 발전함에 따라 상업용 부동산의 소유권을 집합 건물로 나누어 분양하며 자본을 확보하였

---

33) 프레킨

다. 시장이 점차 진화함에 따라 부동산 회사들이 주식에 상장되면서 공공의 자금이 유입되었고 이로 인해 부동산 개발 회사들은 단순 분양을 넘어 직접 개발한 부동산을 오랫동안 소유 및 운영할 수 있게 되었다. 부동산 산업은 여러 장애물들을 극복하며 계속해서 건물 디자인의 수준과 공사의 질을 발전시켜 왔으며, 현재의 싱가포르는 전 세계 최고 수준의 예술적인 건축물들을 보유하게 되었다.

부동산 산업은 점차 세계화되며 자본 시장과 통합되었고 싱가포르는 이러한 전 세계적인 혁명적 변화에 적응하며 이를 활용하였다. 싱가포르 투자 기관인 싱가포르 투자청과 테마섹은 해외 부동산 기관 투자 산업에서 선구자적 역할을 하였다. 싱가포르 부동산 개발 회사들 또한 국내 시장에서의 경쟁이 치열해지자 더 좋은 기회를 찾아 해외 시장에 진출하였다. 싱가포르의 해외 부동산 투자가 증가하는 것과 마찬가지로 해외 자본의 싱가포르 국내 부동산에 대한 투자도 증가하였다. 해외 투자자 및 개발 회사들은 실물 자산에 직접 투자하는 것과 마찬가지로 싱가포르 리츠에도 투자하였다. 싱가포르 리츠의 성공은 싱가포르 민간 기업과 정부 상호 간의 효과적인 파트너십을 증명하는 또 다른 사례가 되었다. 민간 기업들은 부동산이 자본 시장과 결합되는 글로벌 트렌드를 읽고 부동산을 증권화하는 기회를 포착하였으며 정부 차원에서의 지원이 이를 가능하게 하였다. 아시아 부동산 투자에 대한 관심 증대와 싱가포르가 갖는 아시아 금융 중심지로서의 위상으로 인해 싱가포르는 아시아 지역 투자에 있어 펀드 매니저들을 위한 지역적 거점이 되었다.

독립 후 반세기 동안 싱가포르는 많은 문제를 극복해 왔으며, 제3세계의 가난한 항구 도시에서 성숙하고 고도화된 부동산 시장을 갖춘 세계 최고 수준의 메타폴리스로 변화되었다. 과거에 그랬던 것처럼 앞으로 있을 많은 도전들도 잘 극복할 수 있기를 희망한다.

6장
싱가포르의 부동산 개발 및 도시 계획 수출

싱텐푸 / 유시밍

싱가포르의 기적

6.1 들어가며

싱가포르 정부는 자국의 제한적인 자원 및 시장 규모를 극복하기 위해 1990년대부터 해외 지역에서의 경제적 성장을 도모하는 해외 지역화 전략을 추구하였다. 이를 위해 싱가포르 정부는 전문성을 필요로 하는 다른 아시아 지역에 싱가포르 기업을 설립하였고 해당 지역에서의 사업을 통해 싱가포르 경제를 활성화하고자 했다. 여기에는 도시계획, 산업용 단지 개발, 지역 및 인프라 개발 프로젝트 등에 관한 부동산 컨설팅 서비스가 포함된다. 이번 장에서는 싱가포르 부동산 개발 및 도시 계획의 해외 수출에 대해 살펴보고자 한다. 먼저 싱가포르 경제 발전의 핵심 단계와 싱가포르 경제가 외부 세계로 확장할 수 있었던 배경을 확인하고, 1980년대 말에 시작하여 지금까지 진행 중인 정부 간 개발 협력에 대해 살펴본다. 정부 간 개발 협력은 일반적으로 싱가포르 정부와 연계된 기업 및 다국적 기업의 주도 아래 진행되었다. 더불어 싱가포르 부동산 개발 회사들의 해외에서의 지역화 및 사업 확장을 살펴보고 이들이 해외에서 진행한 주요 개발 프로젝트에 대해 살피고자 한다.

6.2 싱가포르 외부 세계에서의 경제 성장

싱가포르 경제는 1965년 독립 이래 빠르게 성장하였다. 독립 초기, 제조업 수출 중심의 경제는 많은 일자리를 창출하며 자국에 이익을 가져왔으며 중개 무역과 더불어 싱가포르 경제를 기업가 정신으로 무장한 산업화 경제로 전환시켰다.[1] 싱가포르의 경제 발전과 자본 축적에는 외국인 직접 투자에 대한 의존, 정부 연계 기업의 적극적 참여, 지역화라는 세 가지 주요 특징이 있다.[2] 첫째, 1960년대 및 1970년대 싱가포르의 초기 경제 발전은 대부분 외국인의 직접 투자를 통해 이루어졌다. 당시 싱가포르 정부의 외국인 직접 투자에 대한 우호적인 정책과 낮은 생산 비용으로 인해 많은 외국 기업들이 수출 목적의 노동 집약적인 제조 공장 및 시설들을 싱가포르에 설립하였다. 하지만 1970년대 중반에서 1980년대까지 지속되었던 임금 상승 및 노동력 부족 현상으로 인해, 싱가포르 정부는 수출 위주의 경제에서 자본 집약적인 경제로 전환하기 위한 산업 구조 조정을 단행하였다. 결과적으로 1980년대와 1990년대에 걸친 지식 집약적인 기술 투자는 싱가포르 경제가 한 단계 도약하는 계기가 되었다. 2000년대에는 연구 개발 분야가 싱가포르의 경제 성장을 촉진하는 원동력이 되었다.[3]

둘째, 싱가포르 경제개발청은 외국인의 직접 투자 유치 및 싱가포르 경제 성장을 목적으로 1961년 설립되었다. 싱가포르 정부는 외국 기업들이 싱가포르에 생산 시설을 설립할 수 있는 환경을 조성하기 위해 도로, 전기, 운송, 통신 등의 기반 시설을 구축하였다. 주롱타운공사와 주택개발청은 기업과 근로자를 위한 산업 시설과 공공 주택을 제공하기 위한 목적으로 설립되었다. 이와 더불어, 재정 및 규제 측면

---

1) Chia, S. Y. (1997), "Singapore: Advance production base and smart hub of the electronic industry." In W. Dobson and S.Y. Chia (Eds.), Multinationals and East Asian Integration, Canada: IDRC, pp 31-61.

2) Yeung, Henry Wai-chung, "Regulating Investment Abroad: The Political Economy of the Regionalization of Singapore Firms," Antipode 31:3, 1999, pp 245-273.

3) 싱가포르 경제 발전의 역사(출처: https://www.edb.gov.sg/content/edb/en/about-edb/company-information/our-history.html).

에서 싱가포르의 실질적인 중앙 은행인 싱가포르 통화청은 싱가포르의 금융 서비스 산업을 감독하고 규제하기 위한 목적으로 설립되었다. 싱가포르 산업은행Development Bank of Singapore(DBS)은 싱가포르의 산업화 초기 당시 기업들의 산업 활동을 지원하기 위한 목적으로 설립되었다. 이후 싱가포르 산업은행은 여러 도시에 계속 진출하며 확장을 거듭하였고, 아시아에서 가장 큰 은행 중 한 곳이 되었다. 싱가포르 정부는 산업은행과 함께 특정 산업 및 분야를 성장시키고 이들의 경쟁력을 높이기 위해 여러 정부 연계 회사 및 국영 기업에 투자하였고 때로는 해당 기업을 직접 설립하였다.[4] 정부가 설립한 투자 회사인 테마섹 홀딩스와 연계된 가장 큰 규모의 두 개의 상장 부동산 회사인 캐피탈랜드와 케펠랜드가 그 예이다.[5]

싱가포르 경제의 세 번째 특징은 1985년 경기 침체 이후 나타났다. 정부는 싱가포르의 새로운 성장 동력인 지역화 전략을 추진하기 위한 일환으로 경제위원회를 소집했다. 1990년 고촉통Goh Chok Tong이 싱가포르의 두 번째 총리로 취임한 후, 해외 투자 및 지역화 추진을 강화했다. 지역화2000R 2000 계획은 경제 성장을 위해 해외에서의 싱가포르 외부 경제 강화를 위한 목적으로 추진되었다.[6] 지역화2000 계획은 싱가포르의 한정된 자원과 상대적으로 작은 시장 규모로 인해 제약

---

4) Huff(1995)에 따르면, 싱가포르 정부는 1983년까지 58개 회사에 한화 약 2조 3,200억 원 (S$2.9billion)의 자금을 투자했다. (출처: Huff, W.G. (1995), "The developmental state, government, and Singapore's economic development since 1960." World Development, 23: 1421-1438). DBS뱅크, 케펠코퍼레이션, 싱가포르텔레콤(SingTel), 셈바왕그룹 등 정부 소유 회사들은 여러 지역 및 국가에 사업을 확장하면서 대기업으로 성장했다.

5) 캐피탈랜드는 싱가포르 증권거래소에 상장된 상장 회사이다. 케펠랜드 역시 2015년 5월 18일 모기업인 케펠코퍼레이션의 투자를 통해 민간 기업으로 편입하기 전까지 상장 기업이었다.

6) Yeoh, Caroline, Koh, Chee Sin and Cai, Jialing Charmaine (2004), "Singapore's Regionalization Blueprint: A Case of Strategic Management, State Enterprise Network and Selective Intervention," working paper of Singapore Management University.

을 받는 싱가포르 기업들을 위해 국가적 차원에서 규모의 경제를 달성하려는 계획이었다.[7] 1983년 설립된 무역개발이사회Trade Development Board는 2002년에 국제기업청International Enterprise Singapore으로 기관의 명칭을 변경하고 국제적인 경쟁력을 갖춘 싱가포르 기업을 육성하는 임무를 수행하였다.

싱가포르 정부는 다양한 정부 간 개발 협력 프로젝트를 추진하는 데 적극적으로 나서며 지역화에 주도적인 역할을 담당했다. 1989년 당시 부총리였던 고촉통이 제안한 '성장 삼각형growth triangle'은 싱가포르, 말레이시아(조호르Johor), 인도네시아(리아우 아일랜드Riau Islands) 간의 파트너십 협정으로, 세 국가의 강점을 활용하여 노동과 기술의 지역적 분업 강화를 목표하였다.[8] 정부 간 개발 협력 계획은 이후 중국, 인도, 베트남 그리고 그 밖의 급속한 도시화를 겪은 아시아 국가들에 도시 및 지역 개발 노하우를 수출하며 확대되었다.

여러 정부 간 개발 협력 사업들, 특히 산업 단지 및 지역 개발과 관련된 사업들은 위험성이 높으며 수익 실현에 장기간의 시간을 필요로 한다. 이에 정부는 자본을 확보하고 위험을 분담하기 위해 정부 연계 기업과 외국 국영 기업으로 구성된 합작 투자 컨소시엄을 통해 협력 사업을 진행했다. 싱가포르의 개발 사업은 신뢰성, 효율성 그리고 계획의 체계성으로 널리 알려졌으며, 다국적 기업들이 새로운 시장에서 사업 기회를 모색하는 발판이 되었다.

---

7) Ministry of Finance (1993), Final Report of the Committee to Promote Enterprise Overseas, Singapore: SNP Publishers.

8) Ho, K.C. (1994), "Industrial restructuring, the Singapore city-state, and the regional division of labour", Environment and Planning A, 25: 47-62.

싱가포르의 지역화 추진 결과, 싱가포르의 해외 투자는 1994년 한화 약 30조 6,960억 원(S$38.37billion)에서 2013년 한화 약 425조 3,520억 원(S$531.69billion)으로 20년 동안 약 14배 증가했다(그림 6.1 참고). 같은 기간, 해외 부동산 및 건설 투자는 한화 약 2조 3,760억 원(S$2.97billion)에서 한화 약 37조 1,680억 원(S$46.46billion)으로 증가했다. 2013년 총 해외 투자 분야별 분포도를 살펴보면(그림 6.2 참고), 해외 투자에서 금융 및 보험 서비스 부문이 전체 투자의 45.96%, 제조업 부문이 20.68%을 차지하며 큰 비중을 보인다. 부동산과 건설 부문 투자 합계는 2013년 해외 총 투자의 8.73%를 차지하였으며, 이는 세 번째로 높은 수치이다.

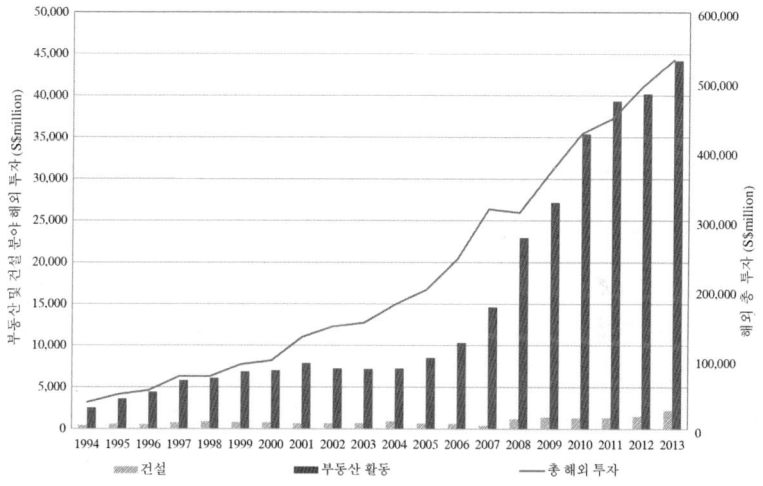

그림 6.1 싱가포르의 해외 투자(1994~2013)(S$million)
출처: 싱가포르 통계청

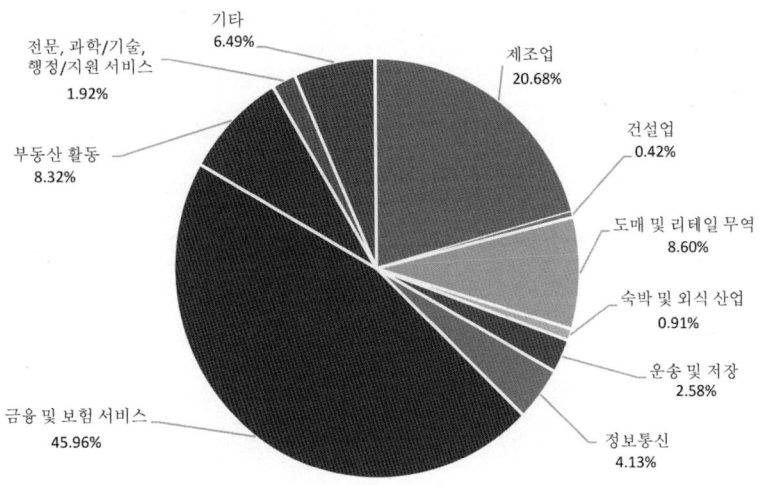

그림 6.2 싱가포르 해외 투자 분야별 분포도(2013년 기준)
출처: 싱가포르 통계청

6.3 주요 정부 간 개발 협력 프로젝트

싱가포르의 협소한 토지 규모는 싱가포르 정부가 정부 간 개발 협력 프로젝트를 통해 부동산 개발 사업에 관한 자국 내 전문성을 해외에 수출하는 주요 원인이 되었다. 싱가포르의 한정된 토지 규모는 1980년대 후반 싱가포르의 경제 구조를 노동 집약적 제조업에서 기술 집약적 산업으로 전환하는 과정에서 주된 장애물이 되었다. 토지 규모의 제약으로 인해 해외에서 투자를 유치하고, 산업을 확장하는 데 어려움을 겪었다. 이로 인해 싱가포르의 경제 성장 및 해외 직접 투자를 주도했던 싱가포르 경제개발청은 더 많은 토지를 보유하고 있는 주변 국가에서 기회를 모색하였다. 싱가포르와 지리적으로 가까이 위치한 바탐 산업 단지Batam Industrial Park가 그 예이다. 바탐 산업 단지는 싱가포르가 추가적인 산업 및 경제 구역을 확보하는 데 중요한 역할을 하였다. 경제개발청은 이를 통해 싱가포르와 연계하여 인도네시아 지역에 토지 집약적 산업에 투자할 수 있는 기회를 외국 투자자에게 제공하였다. 기업들은 싱가포르와의 우수한 접근성을 활용하여 싱가포르의 발전된 국제 무역 및 금융 인프라를 활용할 수 있었다. 이곳의 성공은 빈탄Bintan과 카리문Karimun 지역을 포함한 인도네시아 리아우 아일랜드 개발 사업으로 이어졌다. 더불어 또 다른 이웃 나라인 말레이시아에 시조리Sijori(Singapore-Johor-Riau) 파트너십이라는 명칭의 성장 삼각형 파트너십을 구축하였다. 수년에 걸친 협력 파트너십의 결과, 조호르 지역에서는 실질적인 개발 사업이 거의 진행되지 못하였지만 빈탄 지역과 바탐 지역에서는 리조트 개발 사업과 관련된 지속적인 투자가 외부로부터 유치되었다. 정부 간 개발 협력 프로젝트는 해외 부동산 개발 사업을 통한 새로운 기회를 모색하는 데 매우 유용하게 활용되었다.

두 번째 단계의 지역화 움직임은 1990년대 싱가포르 정부가 외부세계에서 경제 성장을 구축하는 과정에서 시작되었다. 1990년 수상으로 취임한 고촉통은 싱가포르 기업 및 국민들이 해외 지역에서, 특히 싱가포르에서 7시간 비행 이내에 도달할 수 있는 해외 지역에서 기회를 모색할 것을 권장했다. 아시아에서 가장 큰 개발도상국가인 중국과 인도는 싱가포르에서 비행기로 7시간 이내에 도달할 수 있기 때문에 싱가포르 정부가 진출할 수 있는 최적의 국가로 여겨졌다. 또한 싱가포르의 산업 및 경제 개발에 관한 전문성은 해당 국가의 초기 경제 발전에 상당한 도움이 될 것으로 예상되었고, 이는 호혜적인 관계의 윈윈win-win 모델이 될 것으로 기대되었다. 예를 들어, 중국은 첫 번째 산업 발전 단계를 통과하며 외부 세계에 자국 경제를 개방하기 시작하였다. 중국은 자국 산업에 대한 외부 투자를 유치하기 위해 잘 갖춰진 인프라와 전문성이 필요했다. 덩샤오핑Deng Xiao Ping은 1978년 싱가포르 방문 당시, 싱가포르가 중국의 경제 발전, 특히 중국의 동쪽 해안 및 남부 지역에 위치한 특별 경제 구역의 경제 발전에 좋은 모델이 될 수 있을 것이라고 보았다. 이에 따라 두 나라는 상하이 인근에 위치한 쑤저우의 도시 계획, 재정 정책, 지역 관리 및 행정 등과 같은 '소프트웨어' 구축을 위해 산업 단지 개발 사업을 공동으로 진행하였다.

1994년에 시작된 쑤저우 산업 단지 개발 사업은 중국 및 싱가포르 정부 간에 진행된 첫 번째 정부 간 개발 협력 프로젝트였다. 쑤저우 산업 단지는 산업 단지라고 불리지만, 도시 개발 규모의 프로젝트로 산업 단지 인근에 거주하는 거주민들에게 일자리를 제공하는 지속 가능한 모델을 만들고자 하였다. 이는 쑤저우 산업 단지 개발 당시 개념적으로 온전히 정립되지는 않았지만, '일-삶-놀이work-live-play'가 공존하는 지속 가능한 모델을 추구하였다. 대부분의 협력 관계에서와 마찬가지로 일시적인 시행착오들을 겪었지만, 산업 단지 준공 이후 싱가포르에서 쑤저우 지역 정부로 프로젝트를 이양하며 성공적인 정부 간 개발 협력 프로젝트로 인정받았다. 쑤저우 산업 단지 프로젝트에 싱가포르가 지닌 도시 계획, 도시 관리, 지역 관리 부문의 전문성이 반영되었다는 것은 싱가포르의 전문성이 외부에 이전되고 양산될 수 있음을 의미한다. 쑤저우 산업 단지의 성공에 이어 싱가포르 및 중국 정부는 2008년에 톈진 에코시티 개발 사업을 함께 진행하기로 하였다. 두 나라는 도시 계획, 환경 보호, 자원 보존, 물 관리, 폐기물 관리, 지속 가능한 개발과 같은 분야에서 전문 지식과 경험을 공유할 것이다. 부총

리급 공동운영위원회가 프로젝트의 전략적 방향성을 계획하며, 싱가포르 국가개발부 장관과 중국 주택도시개발부 장관이 공동 위원장을 맡고, 양측의 고위 대표로 구성된 공동실무위원회가 에코시티 프로젝트의 실행을 위한 주요 계획을 관리 및 감독한다.

싱가포르와 중국 정부 간 개발 협력 프로젝트의 성공으로 중국 행정 지역들과 싱가포르 정부 및 기업 간에 새로운 프로젝트들이 진행되었다. 광저우 지역의 지식 도시 프로젝트와 지린 지역의 중국-싱가포르 지린 식품 구역이 이에 포함된다. 중국 서부 지역의 개발을 위한 세 번째 단계의 정부 간 개발 협력 프로젝트에 대한 논의도 진행 중이다.

인도 역시 싱가포르가 도시 계획 및 개발 사업의 전문성을 발휘할 수 있도록 협력하고 있다. 개발 협력 프로젝트는 정부 간 수준에서 전문성을 교류하는 것에 초점을 두는데, 인도 및 중국 두 나라 사이에는 일부 차이가 있다. 인도는 싱가포르와 마찬가지로 영국의 지배를 받았기 때문에 영어를 공용어로 사용하고 있으며 많은 부분에서 공통된 법률 체계를 지니고 있다. 또한 인도는 중국과 달리 민간이 산업을 주도한다. 이러한 이유로 정부 간의 개발 협력임에도 불구하고, 인도 대기업인 타타와 싱가포르의 아센다스가 방갈로 IT 단지 개발 사업에서 주도적인 역할을 담당하였다. 이는 규모의 차이로 이어지기도 하였는데, 쑤저우 산업 단지가 지역 개발 사업 규모였던 반면에, 방갈로 IT 단지는 상대적으로 작은 규모의 고밀도의 복합 개발 사업이었다. 비교하자면, 쑤저우 산업 단지는 싱가포르의 주롱타운 개발 사업 규모였고, 방갈로 IT 단지는 과학 단지science park(방갈로 IT 단지는 주택을 포함) 규모였다. 이뿐만 아니라 쑤저우 산업 단지와 다르게 방갈로 IT 단지는 대중에게 널리 알려지지 않았다. 그럼에도 불구하고, 방갈로 IT 단지의 성공적인 개발은 하이데라바드Hyderabad와 첸나이Chennai와 같은 다른 도시들의 관심으로 이어졌다. 아센다스는 방갈로 IT 단지 개발 사업 이후에도 인도의 다른 지역에서 IT 단지를 개발했다. 인도 주 정부는 안드라 프라데쉬Andhra Pradesh 주의 남부 신도시 계획과 같은 마스터 플랜 규모의 도시 계획 및 인프라 시설 계획을 진행하는 데 있어 싱가포르 정부에게 도움을 요청하였다.

6.4 정부 연계 회사의 개발 협력 프로젝트 주도

앞서 논의한 정부 간 개발 협력 프로젝트는 주로 정부 기관 혹은 정부 연계 회사에 의해 실행 및 운영되었다. 예를 들어, 정부 기관인 주롱타운공사는 바탐 산업 단지 개발 사업을 위한 마스터 플랜 계획 수립에 주도적인 역할을 담당했다. 개발 사업 당시, 주롱타운공사는 주롱 산업 단지의 경험을 바탕으로 마스터 플랜을 계획했으며, 정부 연계 기업인 셈바왕은 주롱타운공사와 함께 마스터 플랜 계획을 실행하였다.

 주롱타운공사는 양 국가 간 컨소시엄에 의해 중국-싱가포르 쑤저우 산업단지 개발회사China-Singapore Suzhou Industrial Park Development Company가 설립되기 이전인 개발 사업 초기 단계부터 쑤저우 산업 단지 개발 사업에 관여했다. 초기에는 싱가포르 컨소시엄이 회사의 지분 65%를 보유하며 과반수를 확보하였으나, 2001년에는 중국 컨소시엄이 과반수 이상의 지분을 확보하였다. 공동조정위원회는 쑤저우 산업 단지의 개발 및 운영에 대한 총괄 책임을 맡았다. 텐진 에코시티 프로젝트의 경우, 싱가포르 기관들과 중국텐진에코시티행정위원회의 관리자들로 구성된 6개 실무급 소위원회가 만들어졌다. 소위원회는 에코시티의 공공 주택, 수도 관리, 도시 계획, 교통, 환경 관리, 경제 촉진, 사회적 개발을 목적으로 하였다. 텐진 에코시티와 관련된 싱가포르 정부 기관으로는 도시재개발청, 주택개발청, 건설청, 환경청, 공공시설청, 육상교통청, 국제기업청이 있다. 이와 더불어, 민간 부문에서는 싱가포르 컨소시엄과 중국 컨소시엄이 각각 지분 50%를 보유한 합작 투자 회사인 중국-싱가포르 텐진 에코시티 투자개발Sino-Singapore Tianjin Eco-City Investment and Development Co. Ltd이 있으며, 이 합작 투자 회사가 개발 사업을 총괄하고, 에코시티의 경제 활성화를 위한 업무를 수행한다. 민간 부문을 포함한다는 것은 프로젝트의 사업적 타당성을 보장하고 프로젝트의 확장성을 높이는 데 도움을 준다는 것을 의미한다. 텐진 TEDA 투자 홀딩스Tianjin TEDA Investment Holdings Co Ltd가 중국의 컨소시엄을 주도하였고, 정부 연계 기업인 케펠공사Keppel Corporation가 싱가포르의 컨소시엄을 주도하였다. 쑤저우 산업단지 및 텐신 에코시티 개발 사업은 오랜 시간과 상당한 자본의 투입이 요구되는 대규모 프로젝트였기 때문에 정부로부터 직접적인 지원을 받는 정부 연계 기업이 프로젝트를 주도해야 했다. 이후 광저우 지식 도시와 같은 두 나라 간 프로젝트는 민간 부문이 주도하고 있지만, 여전히 정부가 프로젝트를 지원하고 있다. 실질적으로 광저우 지식 도시 개발 사업은 국가 차원의 전략 사업으로 상향 조정될 것이다. 2010년 시작된 광저우 지식 도시 개발 사업은 약 3,721만 평(123sqkm) 면적의 부지를 개발하여 첨단 기술 보유 기업과 창의적인 스타트업 기업을 유치하고자 계획되었다. 이 프로젝트는 테마섹이 보유한 싱브릿지인터내셔널Singbridge International과 광저우개발지구관리위원회Guangzhou Development District Administrative Committee가 진행하는 합작 투자 개발 사업이다.

　인도와 진행하는 프로젝트들은 민간 부문이 소유하고 운영한다는 점에서 중국에서의 프로젝트와 차이를 보인다. JTC(주롱타운공사), RSP(싱가포르 기반 건축 및 도시 컨설팅 회사), L&M(싱가포르 건설회사)이 방갈로 IT 단지의 개발 사업 초기부터 참여하였고, 주롱타운공사의 자회사인 아센다스가 전체 개발 사업을 주도했다. 방갈로 지역 내의 일부 토지를 소유한 인도 대기업인 타타그룹이 인도의 주요 파트너로 참여하였다. IT 분야에서 인도가 가진 영향력을 감안하여 방갈로 IT 단지 개발 사업을 두 정부가 함께 추진하기로 합의였으며, 아센다스는 개발 사업에 관한 그들의 전문성을 제공하였고, 인도 정부와 타타그룹은 개발 사업을 위한 토지를 제공했다. 정부 지원에도 불구하고 민간 부문이 주도하는 협력 사업은 도로, 수도, 전기와 같은 기반 시설을 확보함에 있어 관료주의를 비롯한 여러 가치 측면에서 어려움을 겪었다. 아센다스는 이러한 문제를 극복하기 위해 자체 발전소를 설립하였다. IT를 운영하기 위해서는 지속적인 전력 공급이 필수인데, 인도의 공공 발전소의 전력 공급을 신뢰할 수 없었기 때문이었다. 또한 근로자들이 출퇴근 시간을 낭비할 필요가 없도록 산업 단지 내에 주택을 건설하기로 하였다. 이러한 결정과 적절한 사후관리는 방갈로 IT 단지 성공에 중요한 요인이 되었다. 방갈로 개발 사업의 성공은 다른 인도 도시들이 방갈로 IT 단지와 유사한 프로젝트의 진행을 아센다스에게 요청하는 계기가 되었다.

　아센다스는 필리핀, 태국, 베트남, 한국, 일본, 호주 등의 아시아 국가에 진출하여 IT 단지 및 비즈니스 단지 개발 사업을 진행하고 있다. 아센다스는 개발도상국에서 진행하는 개발 사업 리스크를 분산하기 위해 새로운 시장을 개척하고자 했다. 그 일환으로 한국과 일본과 같은 개발된 국가로 사업 영역을 확장하였다.

6.5 부동산 개발 회사의 해외 지역화

부동산 산업에서 자주 언급되는 '위치, 위치, 위치'라는 표어는 부동산이 지역성을 기반으로 하는 사업이며 해당 지역 문화에 대한 이해와 주택 매입자의 선호도가 중요함을 암시적으로 보여준다. 미국투자주택US Investment homes의 연구에 따르면 외부 지역의 매수자들은 지역의 주택 시장 상황을 이해하지 못해 주택 가격을 제대로 책정하지 못하고, 이는 지역의 주택 가격을 상승시키는 요인이 된다고 한다.[9] 일부 연구자들은 부동산이 '지역 내 유일한 게임only game in town'이라고 이야기하는데, 이는 부동산 투자가 지역성을 기반으로 하며 주택에 편향되는 현상을 보이기 때문이었다. 공기업이 적은 도시에서는 가계들이 인근 지역에 투자 목적의 제2의 주택을 소유할 가능성이 높다. '지역 내 유일한 게임'인 부동산 투자 수요는 대체 투자 대안이 적을수록 임대료 대비 주택 가격 비율을 높인다.[10]

주택 시장 특성상 지역의 부동산 개발 회사가 유리한 위치를 선점한다. 이는 지역의 개발 회사들이 주택 시장에 대한 직접적인 정보와 지역 구매자들의 선호도를 알고 있을 뿐만 아니라, 시장에 확립한 그들의 평판을 활용할 수 있기 때문이다. 따라서, 지역 내의 소수의 부

---

9) Chinco, Alex and Mayer, Chris (2015), "Misinformed speculators and mispricing in the housing market," Working paper, University of Illinois Urbana-Champaign, College of Business.

10) Choi, Hyun-Soo, Hong, Harrison, Kubik, Jeffrey D., and Tompson, Jeffrey P., (2013), "When Real Estate is the Only Game in Town," Working paper, Singapore Management University.

동산 개발 회사들이 높은 시장 점유율을 보이며 시장을 독과점하는 것이 일반적이다. 예를 들어, 1995년부터 2009년까지 싱가포르의 민간 집합 주택 시장에서, 상위 10곳의 부동산 개발 회사가 새롭게 공급한 콘도미니엄 및 아파트 공급 비율은 전체 공급의 76.04%를 차지했다.[11] 시티디벨로먼트, 펄이스트, 캐피탈랜드, 프레이저스 센터포인트, 케펠랜드 등과 같은 싱가포르의 대형 부동산 개발 회사들은 외국 부동산 개발 회사들과 달리 홈그라운드의 이점을 충분히 살릴 수 있었다. 이는 이들 회사가 국내 시장에 높은 수준의 주택을 공급하면서 그들의 능력을 이미 검증받았고, 이를 통해 명성을 확립했기 때문이다. 다른 인근 국가의 부동산 시장에도 대형 부동산 개발 회사들이 있다. 중국에는 차이나뱅크, 에버그랜드그룹Evergrande Group, 폴리부동산그룹Poly Real Estate Group Co., Ltd, 달리안완다그룹Dalian Wanda Group Corporation Ltd 등이 있고, 홍콩에는 선형카이프로퍼티Sun Hung Kai Properties, 청쿵, 헨더슨랜드 디벨로먼트Henderson Land Development, 뉴월드 디벨로먼트New World Development 등이 있다. 이렇든 부동산은 지역성을 기반으로 하기 때문에 부동산 시장에서 컴퓨터 소프트웨어 업계의 마이크로소프트, 애플, 탄산음료 업계의 코카콜라, 펩시콜라와 같은 글로벌 회사를 찾는 것은 매우 어렵다.

정보의 부족, 새로운 시장 진입의 높은 위험성, 자원의 제약은 부동산 개발 회사들이 그들의 국내 시장을 떠나지 못하는 이유이다. 그럼에도 불구하고 싱가포르 부동산 개발 회사들의 해외 시장 진출을 촉진하는 요소들이 있다. 첫 번째는 싱가포르 시장의 작은 규모로 인해 싱

---

11) 3장을 참고한다(출처:Coulson, N.E., Dong, Z. and Sing, T.F. (2015), "Estimating Hedonic Cost Functions: Case of Singapore's Private Residential Property Markets," Working Paper, National University of Singapore, Institute of Real Estate Studies).

가포르 기반의 여러 부동산 개발 회사들이 해외에서 사업 기회를 모색하기 시작했다. 두 번째는 해외 진출을 통한 위험 분산과 효율적인 시장 개척을 위해 부동산 개발 회사들이 싱가포르 이외의 지역에서 새로운 사업 기회를 모색하게 되었다. 위험의 분산은 "모든 달걀을 한 바구니에 담지 말라not putting all your eggs in one basket"는 교과서적 개념의 리스크 분산으로 볼 수도 있다. 그러나 서로 다른 부동산 시장들을 통해 위험을 분산하는 전략을 실행하는 것은 생각만큼 간단하지 않다. 부동산 개발 회사들이 외국 시장의 위험을 보상받을 만한 국내 시장보다 상대적으로 높은 수익을 기대할 수 없다면, 시장 규모의 제약을 극복하고 투자 지역 다각화를 추진해야 할 당위성이 없을 것이다.

경제적, 사업적 요소들은 부동산 개발 회사들이 해외 사업을 확장하는 요인이 된다. 실물형 사업의 경우, 기존 국내 시장과 유사한 형태로 해외 시장에서 사업을 진행하는 것이 크게 어렵지 않은 경우들이 있다. 부동산 개발 회사들은 새로운 시장에서 기존의 확립된 개발 사업 개념을 지역에 맞게 전략적으로 차별화한 상품을 만들 수 있다. 통합 개발 사업 개념인, 캐피탈랜드의 래플스 시티 브랜드Raffles City Brand는 중국의 관문 도시들에서 기존 개발 사업 개념을 새로운 형태로 재구현하며 시장에 성공적으로 정착하였다(사례 연구 6.1 참고).

사례 연구 6.1: 캐피탈랜드 래플스 시티 브랜드의 중국 진출

1986년 - 래플스 시티 싱가포르

1986년에 완공된 래플스 시티 싱가포르는 역사적 가치를 지닌 래플스 호텔 인근의 과거 래플스 인스티튜션Raffles Institution이 있던 부지에 새롭게 건설되었다. 래플스 시티 싱가포르는 세계적인 유명 건축가인 I.M페이가 설계한 상징적인 개발 사업으로, 리테일, 상업시설, 호텔, 컨벤션 센터를 하나의 공간으로 통합하는 '도시 속의 도시'로 개념화했다. 래플스 시티 싱가포르의 통합 개발은 완공 당시 세계에서 가장 높은 호텔이었던 73층 규모의 스위소텔 더 스탬포드Swissotel The Stamford와 28층 규모의 호텔인 페어몬트 싱가포르Fairmont Singapore와 42층 규모의 오피스인 래플스 시티 타워Raffles City Tower와 7층 규모의 포디엄으로 구성되었다. 포디엄 내에는 래플스 시티 쇼핑센터Raffles City Shopping Centre와 래플스 시티 컨벤션 센터Raffles City Convention Centre가 있다. 1986년에 문을 연 래플스 시티 컨벤션 센터는 싱가포르 최초의 컨벤션 센터였다.

래플스 시티 쇼핑센터는 원형의 전철 라인을 따라 시청 MRT 환승역City Hall MRT interchange 및 에스플레네이드 MRT역Esplanade MRT station과 직접 연결된다. 래플스 시티 싱가포르는 2006년 3월 19일, 한화 약 1조 6,800억 원(S$2.1billion)의 가치로 두 개의 캐피탈랜드 리츠에 매각되었다. 캐피탈랜드 커머셜 트러스트와 캐피탈랜드몰 트러스트가 60 대 40의 지분 구조로 래플스 시티 싱가포르

를 공동 소유했다.[1]

래플스 시티 브랜드의 중국 진출

1986년 래플스 시티 싱가포르 개발 사업의 성공은 통합 개발 사업을 시행하고, 준공 후 이를 소유 및 운영하고, 이러한 개발 사업 컨셉을 중국의 여러 관문 도시에 적용 및 확장한 캐피탈랜드그룹에 의해 이루어졌다. 캐피탈랜드그룹에 따르면,[2] 래플스 시티 브랜드는 지속적인 통합 개발 사업이 지닌 상징성을 함의한다. '시티City'라는 단어는 다음의 두 가지를 의미한다. 하나는 개발 사업이 이루어지는 주요한 위치이고, 다른 하나는 다양한 기능을 수행하는 '도시 속의 도시' 개념이다. '도시 속의 도시'는 쇼핑몰, A급 오피스 건물, 서비스드 아파트, 최고급 주택 아파트, 5성급 호텔과 같은 여러 용도를 하나의 건물로 통합함을 의미한다. 또한 래플스 시티 브랜드는 세계적인 유명 건축가가 설계를 담당하며, 해당 도시를 대표하는 랜드마크 건물이 되었다.

캐피탈랜드그룹은 상하이 역사 인민 광장Shanghai's historic People's Square 맞은편의 푸시Puxi 지역에 래플스 시티 상하이Raffles City Shanghai를 2004년에 개관하며, 래플스 시티 브랜드를 중국에 처음 수출했다. 래플스 시티 상하이는 약 1만 2천 평(40,000sqm) 면적의 리테일 포디엄과, 약 2만 6천 평(87,000sqm) 면적의 A급 상

---

[1] Fiona Chan, "CapitaLand's Reits buy Raffles City in $2.1b deal -CapitaCommercial will take a 60% stake while CapitaMall will hold the remaining 40%," The Straits Times, 20 March 2006.

[2] 캐피탈랜드의 래플스 시티 브랜드 웹사이트: http://inside.capitaland.com/spaces/city/859-replicating-the-raffles-city-dna와 http://www.rafflescity.com.cn/en/about.aspx

업 시설을 포함한 200미터 높이의 오피스 타워로 구성되었다. 캐피탈랜드는 이후 상하이Shanghai, 베이징Beijing, 청두Chengdu, 닝보Ningbo, 항저우Hangzhou, 선전Shenzhen, 충칭Chongqing 같은 중국의 관문 도시에서 래플스 시티를 개발하였다.

사례 연구 표 6.1 중국에서의 캐피탈랜드 래플스 시티 개발 사업

번호	명칭	준공 연도	위치	연면적 (sqm)	구성	건축 설계 사무소
1	Raffles City Shanghai	2004	Huangpu District, Shanghai	139,593	A등급 오피스와 쇼핑몰	P&T Group
2	Raffles City Beijing	2009	Dongcheng District, Beijing	110,996	A등급 오피스, 쇼핑몰, 서비스드 레지던스	Stephen Pimbley
3	Raffles City Chengdu	2012	Wuhou District, Chengdu	240,514	A등급 오피스, 서비스드 레지던스, 쇼핑몰, 프리미엄 레지덴셜 아파트	Steven Holl
4	Raffles City Ningbo	2012	Jiangbei District, Ningbo	101,405	A등급 오피스, 쇼핑몰, 레지던스	Stephen Pimbley
5	Raffles City Hangzhou	2016	Qianjiang New Town, Hangzhou	296,336	A등급 오피스, 쇼핑몰, 5성급 호텔, 서비스드 레지던스, 소호	UNStudio
6	Raffles City Shenzhen	2017	Nanshan District, Shenzhen	200,980	A등급 오피스, 쇼핑몰, 서비스드 레지던스, 레지던스, 소호	Benoy

번호	명칭	준공 연도	위치	연면적 (sqm)	구성	건축 설계 사무소
7	Raffles City Changning	2015	Changning District, Shanghai	261,011	A등급 오피스, 쇼핑몰	P&T Group
8	Raffles City Chongqing	2018	Yuzhong District, Chongqing	817,000	A등급 오피스, 쇼핑몰, 5성급 호텔, 서비스드 레지던스, 레지덴셜 아파트	Moshe Safdie

출처: http://www.rafflescity.com.cn/en/about.aspx와 저자들

다른 국가에서 부동산 개발 사업을 진행하는 데 있어서 기존에 보유한 기술력을 활용할 수 있다면, 규모의 경제를 통해 시장 적응 기간을 단축하고, 기술 적용 기간을 단축하며, 비용을 절감할 수 있다. 기술력 활용의 이점은 외국의 대형 건설사들의 해외 진출에서도 분명하게 드러난다. 일본 대형 건설사인 시미주Shimizu, 타이세이Taisei, 오바야시Obayashi, 카지마Kajima 및 한국의 대형 건설사인 삼성, 현대, 대우 등의 사례에서 관찰된다. 무엇보다도 부동산 개발 회사들이 해외로 진출하려는 이유는 기관투자자들로부터 자금을 유치하기 위해서다. 기관투자자들은 해외의 대규모 자산에 투자하여 포트폴리오를 다각화하려는 성향을 보인다. 기업의 규모는 부동산 개발 회사들이 우수한 인재를 유치하고 회사 관리를 위한 인력 및 전문성을 확장하는 데 유용하게 작용한다. 물류업 및 숙박업의 경우는 산업 특성상 필수적인 네트워크를 구축하기 위해 전략적으로 여러 나라에 부동산 포트폴리오를 확장한다. 캐피탈랜드의 에스콧 레지던스Ascott Residence와 시티 디벨로먼트의 밀레니엄&코프손 호텔은 사업 운영에 있어서 국제화 전

략이 왜 필수적인지를 보여주는 단적인 사례이다.

해외 지역으로 진출하려하는 부동산 개발 회사들이 안락한 국내 시장에서 벗어나 세계 무대에서 경쟁하기 위해서는 명확한 비전, 과감한 기업가 정신 그리고 위험을 감수하겠다는 자세가 필요하다. 또한 끈기 있게 기다릴 수 있는 지구력도 필수적으로 요구된다.

개발 사업 능력, 관리 및 기술력은 다른 시장에서도 적용 가능하지만, 특정 시장에 대한 지식은 학습을 통해 이루어진다. 특정 시장 진입을 위해 많은 준비가 되어 있는 부동산 개발 회사일수록 해외 시장에서의 성공 가능성이 높아진다. 현지 문화를 이해하고 현지의 관행들을 사업 모델에 적용하는 것은 해외 진출에서의 위험을 줄이는 데 중요하다. 싱가포르 부동산 회사인 펄이스트의 대표이사인 필립응은 한 인터뷰에서 홍콩 현지화의 중요성에 대해 아래와 같이 설명했다.

"… 제 형제(로버트응)와 가족은 홍콩에서 (가족 소유 투자 기구인 시노그룹Sino Group을 통해) 부동산 사업을 하고 있습니다. 지난 40년 동안 홍콩에 거주하면서, 홍콩 부동산 시장과 홍콩 바이어들의 문화를 이해했습니다. 시간이 지나면서 점차 현지화될 수 있었습니다."

어설픈 마음가짐으로는 해외 시장을 개척할 수 없다. 회사의 운명을 걸고 새로운 시장을 개척하기 위해 최선을 다하겠다는 마음가짐이 필요하다. 캐피탈랜드의 대표였던 리우문롱은 지역 전략에 대해 다음과 같이 말했다.[12]

---

12) Lu Na, "Top 10 Property Developers in China in 2013," April 3, 2013, china.org.cn (출처: http://www.china.org.cn/top10/2013-04/03/content_28429461_9.htm).

"… 우리는 해외 사업을 이끌고 관리하기 위한 인력들을 최고의 A급 인재들로 선별하여 파견하는 것을 강조해 왔고, 이는 캐피탈랜드가 해외 진출에 성공할 수 있었던 중요한 요인이었습니다. A급 인력들을 해외로 보내는 철학은 싱가포르 항공사로부터 차용했습니다. 또한 업무 능력뿐만 아니라 현지의 언어를 구사하고 문화를 이해하는 것도 중요합니다. 경험상 현지 언어를 구사하는 것만으로는 충분하지 않다는 것을 배웠습니다."

6.6 싱가포르 부동산 개발 회사들의 해외 진출

해외 시장에 새롭게 진입하려면 대규모의 자본이 필요하며, 매우 높은 위험을 수반한다. 적절한 관리가 이루어지지 않으면 해외 진출은 개발 회사의 재무 상태에 악영향을 준다. 회사의 자원은 제한적이기 때문에 해외 시장으로 진출하기 전에 먼저 싱가포르 자국 시장 내에서 확고한 기반을 구축하는 것이 일반적이다. 그러나 펄이스트는 싱가포르 및 홍콩 부동산 시장 두 곳에서 동시에 사업을 구축하며 과감하게 사업을 진행하였다.

펄이스트는 홍콩으로 사업을 확장한 최초의 싱가포르 부동산 개발 회사이다. 1970년 펄이스트의 설립자인 응텡퐁은 홍콩 침사추이 Tsim Sha Tsui 동부 지역의 변혁 과정 속에서 개발 사업의 가능성을 보았고, 헝홈 베이 Hung Hom Bay 주변 해안가의 매립 부지를 공격적으로 매입하며 선발 주자로서의 이점을 누렸다. 펄이스트는 1980년에 최초의 상업 시설인 침사추이 센터 Tsim Sha Tsui Centre를 개발하였고, 이 상업 시설은 시노그룹의 본사로 사용되었다. 현재 시노그룹은 홍콩 최대

규모의 부동산 개발 회사 중 한 곳으로 자리매김했으며, 그룹의 부동산 사업은 상장 기업 3곳과 기타 민간 기업을 통해 관리된다(사례 연구 6.2 참고).

사례 연구 6.2: 홍콩 진출 - 시노랜드

1970년 펄이스트의 설립자인 응텡퐁은 홍콩에서의 부동산 사업을 시작하기 위해 홍콩의 합병된 투자 기구인 그릿랜드인베스트먼트Cherith Land Investment Co., Ltd를 통해 시노그룹을 설립했다.[1] 시노그룹의 기업 포트폴리오는 3개의 상장 회사를 보유하고 있었는데, 침사추이 프로퍼티Tsim Sha Tsui Properties Limited, 시노랜드Sino Land Company Limited, 시노호텔(홀딩스)Sino Hotels(Holdings) Limited이 이에 포함된다. 응Ng 가문은 기타 민간 기업도 소유하고 있었다. 침사추이 프로퍼티는 1972년 홍콩 증권거래소에 상장되었고, 시노랜드컴퍼니는 1981년에 상장되었다. 시노랜드는 1995년에 항셍지수Hang Seng Index 종목에 포함되었다.

시노그룹은 초기 부동산 개발 회사 중 한 곳으로 기존에 황량했던 해안가였던 침사추이 이스트Tsim Sha Tsui East 지역을 리테일 및 상업 시설이 번성한 지역으로 변화시켰다. 시노그룹은 헝홈 베이 지역의 쓰레기 매립장 부지를 개발하여, 첫 번째 건물인 침사추이 센터를 1980년에 준공하였다. 오피스 겸 리테일 센터인 침사추이 센터는 침사추이역 및 침사추이 이스트역과 가까

---

1) 그릿랜드인베스트먼트는 1971년 1월 5일 홍콩에서 설립되었다. 1981년 1월 16일에 시노랜드로 회사 명칭을 변경하였고 같은 해인 1981년에 증권거래소에 상장되었다.

웠으며, 크로스 하버 터널Cross Harbour Tunnel과도 인접하여 접근성이 우수했다. 침사추이 센터에는 시노그룹의 본사가 있다. 5성급 호텔들로 둘러싸여 있는 침사추이 센터의 알프레스코 레인Alfresco Lane에서는 항구의 멋진 경치를 보며 훌륭한 식사를 경험할 수 있다.

미래에 대한 불확실성에도 불구하고, 응Ng은 시노그룹을 통해 1980년부터 계속해서 홍콩 부동산 시장에 투자했다. 시노그룹은 40년이 넘는 기간 동안 홍콩의 여러 부동산 개발 사업에 적극적으로 참여했으며, 그 결과 홍콩을 대표하는 3개의 부동산 개발 회사 중 한 곳으로 자리매김했다. 또한 시노그룹은 홍콩에 상당한 규모의 리테일 및 오피스 부동산을 소유하고 있는 홍콩의 가장 큰 임대인 중 한 곳이다.

시노그룹이 홍콩에서 진행한 개발 사업 프로젝트를 아래에 요약해 두었다(모든 프로젝트를 열거하지는 않음).

주거용 프로젝트	상업용 프로젝트
The Hermitage, Lake Silver, The Palazzo, One SilverSea, Mount Beacon, Vision City, The Dynasty, Three Bays, Bowen's Lookout, Residence Oasis, Island Resort, Sky Horizon, Dynasty Heights, Hong Kong Gold Coast, Pacific Palisades, The Mayfair	Central Plaza, The Centrium, Sino Plaza, Olympian City, tmtplaza, Citywalk, China Hong Kong City, Exchange Tower, Skyline Tower, Tsim Sha Tsui Centre

2010년 펄이스트가 출판한 50주년 기념 도서 〈랜드마크Landmarks〉에서 발췌

펄이스트의 홍콩 부동산 시장 진출과 관련하여 필립응은 그의 아버지이자 펄이스트의 설립자인 응텡퐁이 왜 1970년대에 홍콩 시장으로 진출했는지 다음과 같이 설명했다.[13]

"펄이스트의 홍콩 시장 진출은 아버님께서 추진하셨습니다. 아버지는 싱가포르에 대한 자신감을 갖고 계셨습니다. 아버지는 싱가포르의 시장 규모가 작았기 때문에 사업 확장을 위해 홍콩이라는 장소를 선택했습니다. 당시 홍콩 시장은 중국의 상당한 영향력 아래 있었습니다. 홍콩과 싱가포르의 공통점으로 시장을 이해하는 데 큰 어려움은 없었습니다. 싱가포르와 마찬가지로, 홍콩은 영국식 도시 계획이 반영되었고, 높은 밀도를 지녔으며, 거대한 내륙 지역이라는 특성을 갖고 있었습니다."

펄이스트의 해외 진출 이후, 1990년대와 2000년대에 걸쳐 해외로 부동산 사업을 확장하는 싱가포르 부동산 회사들의 움직임이 크게 두 차례 있었다. 1980년대 후반과 1990년대에 싱가포르 정부는 다양한 정부 간 개발 협력 프로젝트를 통해 제2의 경제 성장을 위한 기반을 마련하였다. 싱가포르 정부는 셈바왕그룹, 케펠그룹, 아센다스 등과 같은 정부 연계 회사들을 통해 외국의 국가 기관들과 컨소시엄을 구성하며 싱가포르 제2의 경제 발전을 위한 문을 열었다. 이들 컨소시엄은 주로 대규모의 지역 개발 사업 프로젝트를 진행하기 위한 목적으로 설립되었다.

---

13) Liew Mun Leong, (2011) "Building People, Training CEOs," Building People 2: Sunday Email from a CEO, John Wiley & Sons (Asia) Pte Ltd, pp288.

같은 기간 동안 일부 부동산 개발 회사들은 정부와 별도로 해외에 진출하였다. 홍룽그룹/시티디벨로먼트와 캐피탈랜드(전, 피뎀코)가 대표적이다. 1971년 홍룽그룹/시티디벨로먼트는 싱가포르 헤이록 로드 Haylock Road에 위치한 킹스 호텔King's Hotel을 인수하며 해외 호텔 사업에 가장 먼저 진출하였다. 1985년 경기 침체 이후, 1986년 오차드 호텔Orchard Hotel을 인수하며 부동산 사업을 다각화하기 시작했다. 이후 홍룽그룹/시티디벨로먼트는 해외의 여러 호텔을 인수하며 포트폴리오를 다양화했다. 1989년 홍콩 증권거래소에 호텔 계열사인 시티디벨로먼트 호텔인터내셔널CDL Hotels International Limited을 상장시켰고, 이를 통해 사업 확장을 위한 자본을 조달하였다. 1996년에 홍룽그룹/시티디벨로먼트는 시티디벨로먼트 호텔인터내셔널의 자회사인 밀레니엄&코프손 호텔을 런던 증권거래소에 상장시켰다. 밀레니엄&코프손 호텔은 짧은 기간 안에 세계 최대의 호텔을 소유한 호텔 운영 회사로 성장하며 24개국에 150개 이상의 호텔과 36,000개 이상의 객실을 소유 및 운영한다(사례 연구 6.3 참고).[14]

캐피탈그룹은 1994년에 상하이에 설립한 100% 자회사인 캐피탈랜드 차이나CapitaLand China를 통해 중국 시장에 진출하였다. 캐피탈랜드 차이나는 중국 내의 주요 외국계 부동산 개발 회사 중 한 곳으로 성장했다. 캐피탈그룹의 주요 사업은 통합 개발, 쇼핑몰, 서비스드 주택, 오피스, 주택 사업과 부동산 펀드 운용업이다. 캐피탈랜드 차이나는 중국에서 7개의 부동산 펀드를 운용하고 있다.

---

14) 2015년 1월 22일 펄이스트 회장 필립응과의 인터뷰는 싱텐푸와 쟌넷여가 펄이스트 플라자에 있는 그의 사무실에서 진행하였다.

사례 연구 6.3: 시티디벨로먼트의 밀레니엄&코프손 인수

시티디벨로먼트의 호텔 부동산 사업 진출은 1986년 오차드 호텔 인수와 함께 시작되었다. 시티디벨로먼트는 그랜드하얏트 타이페이를 포함하여 말레이시아, 홍콩, 필리핀 등에 위치한 호텔들을 다수 인수하며 호텔 포트폴리오를 확장해 나갔다. 1989년 시티디벨로먼트의 회장인 궈링밍은 호텔 포트폴리오 확장에 필요한 자금 마련을 위해 홍콩 증권거래소에 시티디벨로먼트 호텔인터내셔널을 상장시켰다. 시티디벨로먼트는 런던의 글로스터Gloucester와 베일리 호텔Bailey's Hotels, 뉴욕의 밀레니엄힐튼Millennium Hilton과 뉴욕 타임스퀘어에 위치한 맥클로Macklowe(현, 밀레니엄브로드웨이Millennium Broadway)를 포함해서 미국과 유럽에 있는 호텔들을 다수 인수했다.

시티디벨로먼트는 1992년부터 뉴질랜드 호텔들을 인수하기 시작했고, 뉴질랜드에서 가장 큰 호텔 체인인 그룹Group을 설립했다. 1995년에는 뉴욕 5번가에 위치한 세계적으로 유명한 플라자 호텔을 매입하기 위해 사우디아라비아 왕자인 알워드Al-Walled와 파트너십을 맺었다. 같은 해에 궈Kwek는 코프손Copthorne 호텔 체인을 인수하면서 영국, 독일, 프랑스의 호텔들을 확보하였다. 이는 시티디벨로먼트의 새로운 글로벌 호텔 브랜드인 밀레니엄호텔&리조트Millennium Hotel and Resorts의 성공적인 출시로 이어졌다. 1996년, 시티디벨로먼트 호텔인터내셔널의 자회사인 밀레니엄&코프손 호텔이 싱가포르 회사 최초로 런던 증권거래소에 상장되었다.

시티디벨로먼트의 호텔 인수는 계속되었다. 1999년 밀레니엄&코프손 호텔은 5성급의 서울힐튼Seoul Hilton(현, 밀레니엄 서울힐튼Millennium Seoul Hilton)을 매입하였고, 미국의 리걸Regal 호텔 체인 매입을 통해 로스엔젤레스의 빌트모어 호텔Biltmore Hotel, 시카고의 니커보커Knickerbocker, 보스턴의 보스토니안Bostonian을 포함해서 미국의 17개 호텔을 인수했다. 밀레니엄&코프손 호텔은 1989년 당시 6개 부동산을 보유한 소규모 회사에서, 20개 국가의 주요 도시에 위치한 110개의 호텔을 보유 및 운영하는 세계 최대 규모의 호텔 그룹 중 한 곳으로 성장했다. 밀레니엄&코프손 호텔은 뉴욕에서 로스엔젤레스까지, 런던에서 파리까지, 두바이에서 도하까지, 홍콩에서 싱가포르 및 중국까지 호텔 포트폴리오를 계속해서 확대하였다.

그는 그의 놀라운 성취에 힘입어 비즈니스 타임즈Business Times와 DHL 월드와이드 익스프레스DHL Worldwide Express가 주최하는 싱가포르 비즈니스 어워드에서 '올해의 사업가'로 선정되었다.

<small>위의 내용은 시티디벨로먼트의 50주년 기념 도서인 〈A Lasting Impression〉을 참고했다.</small>

9년 동안 캐피탈랜드 차이나의 대표이사였던 림민양Lim Min Yang(후에는 캐피탈랜드 그룹의 전체 회장 및 대표이사 역임)는 2000년부터 진행된 중국에서의 사업 확장에 대한 자신의 경험을 공유했다.

"2000년 합병 이후, 시장 상황은 해외 진출에 회의적이었습니다.[15] 2000년 당시 캐피탈랜드의 중국 진출을 위해 상하이에 왔을 때, 사람들은 저희에 대해 잘 알지 못했습니다. 초기에 매우 어려운 시간을 보냈지만, 회사에 대한 신뢰도를 쌓고 자신감을 얻기 위해 열심히 노력했습니다. 그 결과 한화 약 16조 5,600억 원(S$20.7billion; 2015년 6월 30일 기준) 규모의 투자를 통해, 중국에 가장 많은 자본을 투자한 부동산 개발 회사 중 한 곳으로 시장에 자리매김했습니다."[16]

세 번째의 해외 지역화 움직임은 주로 2000년대에 일어났다. 일부 정부 연계 기업들은 창고, 물류 부동산, 호텔, 서비스드 아파트, 쇼핑몰, 오피스 건물, 산업 부동산 등과 같은 해외의 대규모 상업용 부동산을 인수하기 위해 싱가포르에 설립된 리츠를 활용했다. 또한 해외 리츠를 싱가포르 증권거래소에 상장시키면서 외국 자본을 싱가포르에 유치하였다. 에스콧 레지던스 트러스트, 메이플트리 로지스틱 트러스트Mapletree Logistics Trust, 메이플트리 그레이터차이나 트러스트 Mapletree Greater China Trust는 해외 자산에 투자하거나 해외 자산을 소유한 싱가포르 리츠이다.[17]

2015년 2월, 주롱타운공사의 아센다스, 주롱인터내셔널홀딩스 Jurong International Holdings(JIH), 테마섹의 서바나Surbana, 싱브릿지 Singbridge, 4개의 정부 연계 회사가 주롱타운공사와 테마섹 양사 간에

---

15) Ann Williams, "Kwek Leng Beng receives lifetime achievement award from hotel industry gathering," The Straits Times, Oct 15, 2015.
16) 피뎀코와 DBS랜드는 2000년에 캐피탈랜드로 합병되었다(3장 사례 연구 3.1 참고).
17) Kalpana Rashiwala, "Shaping the skyline here and overseas," Property 2015, The Business Times, October 22, 2015, pg 2.

49 대 51 지분 구조로 합병되었다. 이들 4개 회사는 부동산 개발 사업과 관련된 많은 실적을 이미 보유하고 있었다.[18] 합병 회사는 두 개의 영역으로 나뉘어, 부동산 투자와 지주사 역할을 하는 아센다스-싱브릿지Ascendas-Singbridge와 건설과 엔지니어링 서비스를 제공하는 서바나-주롱인터내셔널홀딩스Surbaba-JIH로 구성된다. 한화 약 4조 원(S$5billion) 가치의 이 통합 회사는 대규모의 도시 개발 프로젝트에서 경쟁력을 갖춘 새로운 비즈니스 플랫폼이 되었다. 이는 싱가포르 기업들이 보유한 도시 계획에 있어서의 전문성을 해외에 수출하는 새로운 모델이 될 것이다.

6.7 결론

이번 장에서는 싱가포르가 지닌 개발 전문성을 활용한 인근 국가 진출에 대해 살펴보았다. 지역화 전략은 싱가포르의 토지 부족에서 시작되었다. 1980년대 후반, 싱가포르의 경제 체제를 노동 집약적 제조업에서 기술 집약적 산업으로 전환하기 위해 구조 조정을 단행한 가장 중요한 이유는 토지 부족 때문이었다. 또한 토지의 제약으로 인해 싱가포르에 외부의 산업을 유치하고, 경제 규모를 확장하는 데 어려움을 겪었다. 이에 싱가포르 정부는 제2의 경제 성장을 도모하기 위해 싱가포르 기반의 사업들을 주변 국가에서 진행하면서 해외 지역에서의 지역화 전략을 추진하였다. 지난 30년 동안 해외 확장을 통한 지역화는 중소 기업에게도 핵심적인 전략이 되었다. 오늘날 대부분의 사업이 더욱 세계화되면서, 1980년대 후반과 1990년대 초 해외에서의 지역화

---

18) 싱가포르 리츠에 대한 상세 정보는 8장을 참고한다.

노력은 싱가포르의 경제가 지속적으로 성장할 수 있는 발판이 되었다. 여기에는 다음과 같은 세 가지 성공 비결이 있다.

첫째, 정부와 민간 부문 간의 파트너십이다. 초기의 정부 간 개발 협력 프로젝트 협정은 싱가포르 기업들이 주변 국가들, 특히 중국과 인도로 진출하는 데 도움을 주었다. 이는 싱가포르 정부 연계 회사가 해당 현지 기업과의 합작 투자를 주도함에 따라 더욱 강화되고 있다.

둘째, 싱가포르가 보유한 개발에 관한 전문성을 해당 전문성이 필요한 주변 개발 도상 국가에 신속하게 전달하며 성공적인 협력 모델을 구축하였다. 싱가포르의 도시의 급속한 변혁은 독립 이후 철저한 개발 계획 및 관리 시스템을 통해 이루어졌다. 이러한 도시 계획 및 개발 그리고 관리에 대한 전문성은 특히 개발 초기 단계의 도시에게 매우 유용하였으며, 해당 지역은 정부 간 수준의 협력 체계를 통해 싱가포르의 개발 전문성을 전수받았다.

마지막으로, 국가별 문화, 사회, 정치 환경의 차이에 대한 이해이다. 싱가포르는 중국인의 인구 구성이 높은 다인종 사회임에도 불구하고, 중국에서 중국 현지인들과 사업을 하기 위해서는 그들과의 차이에 대한 적절한 이해가 필요했다. 마찬가지로 말레이시아인, 인도네시아인, 인도인은 중국인과 다른 시각을 가지고 있으며 지역화에 성공하기 위해서는 그들과의 차이를 이해하며 협력할 필요가 있었다. 상대 국가들의 경제 수준이 계속 발전함에 따라, 협력 모델을 지속적으로 유지하기 위해서는 협력 모델 또한 계속해서 진화해야 했다. 싱가포르는 이 모든 것을 충족시켰다.

표 6.1 싱가포르 정부 주도 아래 진행된 해외 산업 단지 프로젝트

국가	산업 단지 명칭	프로젝트 착수연도	위치	부지 면적 (ha)	부동산 개발 회사	싱가포르 컨소시엄	외국 파트너사	#
인도네시아	Batamindo Industrial Park	1990	Batam Island	320	Gallant Venture	Sembcorp Development	Salim Group	1
	Bintan Industrial Estate	1993	Bintan Island	270				
인도	International Tech Park Bangalore	1992	Bangalore	28	Information Technology Park Ltd	Ascendas Group	Karnataka Industrial & Areas Development Board(KIADB), TATA Industries	3
중국	Suzhou Industrial Park	1994	Suzhou	8,000	China-Singapore Suzhou Industrial Park Development Group Co., Ltd	Singapore Suzhou Township Development Pte Ltd	Suzhou Industrial Park Stock Co Ltd	4
	Wuxi-Singapore Industrial Park	1994	Wuxi New District	330	Wuxi-Singapore Industrial Park Development Co., Ltd	Sembcorp Development	Wuxi New District의 Economic Development Group Corporation	5
	Tianjin Eco-City	2007	Tianjin Binhai New Area	3,000	Sino-Singapore Tianjin Eco-city Investment and Development Co. Ltd (SSTEC)	Keppel Corporation	Tianjin TEDA Investment Holdings Co. Ltd.	6
	Nanjing Eco Hi-tech Island	2009	Jiangxinzhou, Nanjing, Jiangsu Province	1,500	Sino-Singapore Nanjing Eco Hi-Tech Island Development Co	Singapore Intelligent Eco Island Development (Sembcorp, Yanlord and Surbana)	Nanjing Jiangdao Investment & Development Co., Ltd("Jiangdao")	2

국가	산업 단지 명칭	프로젝트 착수연도	위치	부지 면적 (ha)	부동산 개발 회사	싱가포르 컨소시엄	외국 파트너사	#
	Sichuan Hi-tech Innovation Park	2012	Chengdu's Tianfu New CityBottom of Form	1,000	Sino-Singapore (Chengdu) Innovation Park Development Co. Ltd.(SSCIP)	Singbridge Holdings and Sembcorp Development	Chengdu Hi-Tech Investment Group Co. Ltd.	7
	Jilin Food Zone	2013	Changchun과 Jilin 사이	5,700	Sino-Singapore Jilin Food Zone Development and Management Co., Ltd(JVMC).	Singbridge Holdings	Jilin City Government	8
	Guanzhou Knowledge City	2014	Guangzhou City 북동쪽	6,000	Sino-Singapore Guangzhou Knowledge City Investment and Development Co., Ltd	Singbridge Holdings	Guangzhou Development District Administrative Committee(GDD)	9
베트남	Vietnam Singapore Industrial Park(VSIP) Binh Duong I	1996	Thuan An District, Binh Duong Province	500	Vietnam Singapore Industrial Park(VSIP)	Sembcorp Development, Mitsubishi Corporation Development Asia, KPM Vietnam Investment	Becamex IDC Corporation	10
	VSIP Binh Duong II	2006	New Binh Duong Township, Binh Duong Province	2,045				
	VSIP Bac Ninh	2007	Bac Ninh Province	700				

국가	산업 단지 명칭	프로젝트 착수연도	위치	부지 면적 (ha)	부동산 개발 회사	싱가포르 컨소시엄	외국 파트너사	#
	VSIP Hai Phong	2010	Hai Phong City	1,600				
	VSIP Quang Ngai	2013	Quang Ngai Province	915				
	VSIP Hai Duong	2015	Cam Giang District, Hai Duong Province	150				
	VSIP Nghe An	2015	Hung Nguyen District, Nghe An Province	750				

#출처: 1. http://www.gallantventure.com/wbn/slot/u307/gallantventure.com.sg/www/history.htm
2. http://www.sembcorp.com/en/src/docx/usrdocx/Facts&Figures2014English.pdf
3. http://www.itpbangalore.com/
4. http://www.sipac.gov.cn/english/
5. http://www.wsip.com.cn/English/WSIPIntroduction/359.html
6. http://www.tianjinecocity.gov.sg/bg_intro.htm
7. http://www.sscip.com.cn/en/
8. http://www.ssjfz.com/
9. http://www.ssgkc.com/
10. http://www.vsip.com.vn/about-vsip/company-backgound.html

3부
부동산 자본 시장

7장
싱가포르 리츠 시장의 부상

싱텐푸

싱가포르의 기적

7.1 리츠의 역사와 진화

리츠는 일반인들에게 대규모의 수익형 부동산에 투자할 수 있는 간접 투자 상품을 제공하기 위한 목적으로 만들어졌으며 1960년 미국 의회에서 리츠법이 통과되면서 시작되었다. 초기의 리츠 상품으로는 윈드롭 리얼티 트러스트Winthrop Realty Trust(1960), 펜실베니아 리츠 Pennsylvania REIT(1960), 워싱턴 리츠Washington REIT(1961)가 있으며, 1960년대 초반 만들어진 이들 세 개의 리츠 상품은 뉴욕 증권거래소에 상장되어 지금도 활발히 거래되고 있다.[1] 호주에서는 2008년 3월 전까지 리츠를 상장 부동산 신탁listed property trusts이라 불렀다. 호주 최초의 상장 부동산 신탁은 1971년에 설립된 일반 부동산 신탁General Property Trust이다(사례 연구 7.1 참고).

아시아 리츠 산업의 역사는 상대적으로 짧다. 2001년 9월 도쿄 증권거래소에 일본 빌딩 펀드Nippon Building Fund Inc.와 재팬 부동산 투자 기업Japan Real Estate Investment Corporation, 두 개의 리츠가 상장되면서 아시아 지역에서 리츠가 처음으로 시작되었다. 싱가포르는 2001년 10월 캐피탈랜드의 쇼핑몰 리츠인 싱몰 부동산 트러스트SingMall Property Trust이 주식 상장에 실패하면서 아시아 최초의 리츠 상품의 기회를 일본에 뺏겼다. 이 후 캐피탈몰 트러스트CapitaMall Trust라는 이름으로 쇼핑몰 리츠를 새롭게 정비하여 2002년 7월에 싱가포르 증권거래소에 성공적으로 상장하였다. 캐피탈몰 트러스트는 2015년 5월 6일 캐피탈몰 트러스트에서 캐피탈랜드몰CapitaLand Mall로 이름을 변경하였다.

---

[1] 출처: National Association of Real Estate Investment Trusts (NAREIT), www.REIT.com

사례 연구 7.1: 호주 리츠 산업의 성장

(이 사례 연구의 작성자는 아시아퍼시픽부동산협회의 대표인 피터 버워Peter Verwer이다.)

호주 리츠 산업의 성장은 몇 개의 뚜렷한 단계를 보였는데 다른 아시아 국가들도 리츠 도입 과정에서 호주와 비슷한 양상을 보였다.

초기의 부동산 신탁

호주는 영국 관습법의 원칙들을 국가 초기에 도입하였고 이로 인해 단위형 투자 신탁이 보편화되었다. 1956년 호주 고등법원은 단위형 투자 신탁의 상당한 세금 혜택을 보장하는 판결을 내렸다. 오늘날의 용어로 이는 '간주세액공제제도tax neutrality'라 불리며 단위 신탁 보유자가 부동산과 부동산에서 발생하는 임대 수입에 대한 지분을 가짐으로 투자 신탁의 법인세를 면제함을 의미한다. 법원 판결로 인해 후커투자공사Hooker Investment Corporation가 설립한 호주 토지 신탁Australian Lands Trust이 1959년에 설립될 수 있었으며, 이후로 부동산과 천연 자원을 기반으로 한 수십 개의 투자 신탁이 설립되었다.

기관투자자 및 개발 회사의 증가

기관투자자들은 1950년대와 1960년대에 부동산 매입 및 개발에 관심을 갖기 시작했다. 이러한 트렌드는 다양한 투자 수익을 모색하던 보험 회사들에 의해 주도되었다. 초기에 몇 번의 실패가 있었지만, 부동산은 낮은 수익률을 보이던 영국연방채권(당시 3.25%의 수익률)의 대안 투자처로 간주되었으며, 특히 한국전쟁 발발 이후 치솟는 인플레이션에 대한 헤지 수단으로 여겨졌다. 보험 회사들은 적극적으로 부동산에 투자하는 기관 플레이어가 되었다. 호주 정부는 보험 회사들의 부동산에 대한 투자 제한을 폐지하고 관련 규정을 완화하여 이러한 투자 트렌드를 더욱 촉진시켰다.

주요 부동산 개발 회사들은 그들의 사업 모델을 변화시켰고 기관투자자들과 더 가까운 관계를 추구했다. 커튼월과 에어컨의 발명은 전쟁 이전에 지어진 건물들을 쓸모 없게 만들었다. 더불어 기술의 발전으로 기존보다 저렴한 가격으로 더 큰 규모의 건물을 지을 수 있게 되었고, 이로 인해 높은 임대 수익이 발생하는 큰 규모의 건물을 지을 수 있게 되었다. 호주 서비스 산업의 성장은 오피스 공간에 대한 수요를 촉진시켰다. 동시에 전쟁 이후 추진된 호주 정부 차원의 이주 프로그램은 교외 지역의 건설 경제를 활성화시켰다. 이러한 교외 지역 이주 프로그램의 중심에는 쇼핑센터 건설이 있었는데, 이들 쇼핑센터는 기관투자자들의 투자 포트폴리오에 편입되었다.

상장 리츠의 시작 - 성장하는 중산층을 위한 투자 수단

1917년 4월 부동산 개발 회사인 랜드리스Land Lease의 자산운용사인 GPT에 의해 호주의 첫 번째 리츠(당시에는 상장 부동산 신탁(LPT)이라고 불림)가 상장되었다. 1972년에는 브리티시머천트뱅크 달링British Merchant Bank Darling and Co.이 설정한 달링 부동산 펀드 Darling Property Fund가 주식에 상장되었다. 이러한 부동산 리츠 상품들은 호주의 신흥 중산층의 고수익 투자 상품에 대한 수요를 충족하며 폭발적인 성장을 보였다. 부동산 신탁의 주요 장점은 세금 혜택에 있다. 부동산 신탁은 에쿼티 투자 및 천연 자원을 기반으로 하는 신탁과 경쟁했다. 부동산 신탁에 대한 투자 수요는 니켈 등에 투자하는 천연자원 주식의 호황 및 불황과 반대 추이를 보이며 증감을 반복하였다. 1970년대 후반, 호주의 전체 신탁 포트폴리오에서 에쿼티가 16%, 기타 투자 신탁이 12%를 차지한 반면, 부동산 신탁은 놀랍게도 72%를 차지했다.

현대식 리츠 시대 - 위기의 발생

다른 국가의 리츠 산업과 달리, 호주에는 직접적인 리츠 법률 규정이 없으며 영국 신탁법에 영향을 받은 1936년에 제정된 호주소득세과세법Income Tax Assessment Act을 근거로 세금 혜택을 받는 수준이었다. 그러나 70년대 후반과 80년대 초반에 몇몇 주요 신탁의 실패로 리츠에 대한 명확한 원칙이 필요하게 되었다.

1985년 호주 정부는 소득세과세법에 새로운 조항(Division 6C Part IIIA)을 추가했다. 이 조항을 통해 임대 소득이 발생하고 이를 배당하는 부동산 신탁에만 간주세액공제가 가능하다는 규칙을 제정하였는데, 이는 트레이딩 회사의 '적극적 소득active income'이 아닌 '소극적 소득passive income'으로 간주된다.

이로 인해 상장 및 비상장 신탁 산업은 빠른 속도로 성장하였다. 1987년에는 450개의 펀드가 설정되었고 당시 존재하던 모든 유형의 펀드가 시장에 존재하였다. (현재 통화 가치로 환산했을 때 한화 약 52조 원 규모의 펀드가 운용되었다.) 그러나 1987년에 주식시장이 붕괴되었고, 1990년에는 경기 불황과 재정 부족 상태에 놓이게 되었다. 불경기로 인해 투자 수요가 비상장 부동산으로 쏠리게 되었고, 당황한 투자자들이 저축성 자금을 회수하면서 시장에 유동성 위기가 발생하였다.

호주 정부는 부동산 신탁의 상환을 12개월 동안 동결하였고 이는 비상장 부동산 신탁에 대한 시장에서의 신뢰도 하락으로 이어졌다. 이로 인해 대부분의 부동산 기업들은 부실화된 부동산을 상장시키기 위해 리츠 형태로 새로운 회사를 설립하였고, 이들 대부분은 호주 증권거래소에 상장되었다. 시장의 불안은 기업, 자산 운용, 리츠 등에 대한 대대적인 법률 개편을 촉발시켰으며, 호주증권투자위원회Australian Securities Investment Commission에 더 큰 권한을 부여하였다.

'관리 체제에 입각한 투자 계획managed investment scheme'의 정립, '책임감 있는 주체' 규정의 정립, 호주 고유의 결합 증권 구조, 그리고 보다 투명한 정책과 관습 등이 이 기간 동안 정립되었다. 정부의 새로운 입법안은 리츠에 대한 세금 혜택들을 분명히 하였고 원천세 인하 등을 포함하였다. 호주 정부는 1992년에 의무적인 연금제도를 도입하였고, 이는 리츠 활성화에 큰 기여를 하였다. 이러한 일련의 과정을 통해 현대적 관점에서의 리츠 시대가 도래하였다.

성장, 실험 그리고 재성장

20년 동안의 호주 리츠 시장의 성장:

- 1996년 7월: 소수의 리츠, 한화 약 8조 원 규모의 펀드 운용 (A$10billion)
- 2002년 7월: 45개의 리츠, 한화 약 34조 원 규모의 펀드 운용 (A$42billion)
- 2007년 9월(세계 금융 위기 이전 최고점): 70개의 리츠, 한화 약 118조 원 규모의 펀드 운용(A$148billion), 5년 만에 운용 자산 규모 253% 증가
- 2009년 3월(세계 경제 위기 이후): 66개의 리츠, 한화 약 37조 원 규모의 펀드 운용(A$47billion), 세계 금융 위기 동안 운용 자산 규모 68% 감소

2015년 7월 호주의 리츠 공모 시장에는 50개 미만의 펀드가 있었으며, 자산 규모는 한화 약 96조 원(A$121billion)이었다. 21세기에 들어서면서 개발 사업, 해외 투자, 레버리지 등을 통한 높은 수익을 추구하는 투자 수요가 증가하였다. 하지만 세계 경제 위기 이후 이러한 시장의 요구는 감소하였다. 호주 리츠 산업은 리츠의 자본 구성을 재편하고 임대 수익의 흐름을 안정화하였다. 또한 리츠 매니저들은 인프라, 은퇴, 보육, 재생 에너지 등 '실물, 대체 자산' 분야에서 투자 기회를 모색하고 있다. 정부와 리츠 산업 관련 기업들은 리츠와 관련된 새로운 입법(기존에 개정된 '관리 체제에 입각한 투자 계획' 내에서의 리츠 법률의 변화)을 준비하고 있다.

한국의 리츠 산업은 2002년 기업 구조 조정 리츠CR-REITs에서 시작되었다. 기업 구조 조정 리츠는 한정된 존속 기간을 지닌 폐쇄형 구조이다. 기업 구조 조정 리츠는 구조 조정 중에 있는 부실 기업에 투자하는데 한국의 초기 리츠로는 교보-메리츠, KOCREF I, KOCREF III가 있다. 2005년 11월, 홍콩 정부는 당시 세계 최대인 한화 약 2.5조 원(US$2.5billion) 규모의 기업 공개를 통해 링크 리츠Link REIT를 홍콩 증권거래소에 상장시켰다.[2] 말레이시아에서는 1989년에 이미 호주식 리츠인 상장 부동산 신탁을 말레이시아 증권거래소에 상장시켰지만 투자자들의 제한적인 참여로 활성화되지 못했다.[3] 2005년 9월 말레이시아 정부는 상장 부동산 신탁을 조세의 투명성을 확보한 현대식 리츠로 개편하였다. 2006년 8월 10일 샤리아자문위원회Shariah Advisory Council의 가이드라인에 따라 최초의 이슬람 리츠인 알-아카르 헬스케어 리츠Al-Aqar Healthcare REIT가 도입되었다.

대만에서는 2004년 3월 한화 약 2천어 원(US$200million) 규모의 후본 1 리츠Fubon 1 REIT가 주식에 상장되면서 최초의 상업용 리츠가 시작되었다. 후본 1 리츠 상품은 대만 타이페이에 위치한 4개의 빌딩을 포함한 폐쇄형 펀드였다(푸본생명보험Fubon Life Insurance 오피스 빌딩, 푸본중산Fubon Zhong Shan 오피스 빌딩, 텐무푸본Tien Mu Fubon 오피스 빌딩, 룬빌딩Lun Building 쇼핑센터, 네 개의 빌딩으로 포트폴리

---

[2] 초기 포트폴리오는 주로 홍콩 주택청이 소유한 쇼핑센터와 주차장 파크로 이루어졌다 (http://www.ft.com/intl/cms/s/0/4885b69e-5d62-11da-8cde-0000779e2340.html#axzz3aAtO0ib3).

[3] 아랍-말레이시아 퍼스트 부동산 신탁Arab-Malaysian First Property Trust은 말레이시아의 첫 상장 부동산 신탁으로 쿠알라룸푸르 증권거래소Kuala Lumpur Stock Exchange 메인 보드에 1989년 8월 28일 상장되었다. 두 개의 또 다른 부동산 신탁이 존재하는데 하나는 FMPTFirst Malaysia Property Trust이며, 또 다른 하나는 AHTPAmanah Harta Tamah PNB 신탁으로 각각 1989년 11월 23일, 1990년 12월 28일 증권거래소에 상장하였다. FMPT는 신탁의 상당량의 지분을 보유하고 있던 CAHBCommerce Asset Holdings Berhad에 인수되면서 2002년 7월 6일 자체적으로 상장을 폐지했다.

오가 구성). 태국의 첫 번째 리츠인 CPN 리테일 성장 부동산 펀드CPN Retail Growth Property Fund는 방콕의 센트럴파타나그룹Central Pattana 에서 만든 뮤추얼 펀드 형태의 리츠로 2005년 8월 11일 설립되었다. 2010년 10월 11일 태국증권거래위원회는 리츠가 기존의 부동산 펀드 모델을 대체할 수 있도록 하는 새로운 규제 체제를 통과시켰다. 태국 최초의 리츠 기업 공개는 2014년 10월 임팩트 성장 리츠Impact Growth REIT를 통해 진행되었으며, 당시 한화 약 6,260억 원(US$626million) 규모로 자국 투자자들에 의해 이루어졌다.

리츠는 아시아의 새로운 시장에서도 인기가 있었다. 2014년 8월 인도 증권거래소는 리츠가 인도 주식시장에 상장될 수 있는 긍정적인 신호를 주었으며, 중국 정부는 합리적인 가격의 임대 주택 공급을 위해 2014년 12월 베이징, 상하이, 광저우, 선전을 임대 주택 리츠 시범 도시로 선정하였다.

7.2 싱가포르 리츠 산업의 성장

1986년 부동산시장자문위원회[4]는 침체된 싱가포르 부동산 시장을 활성화하기 위해 리츠 제도 도입의 필요성을 처음으로 제안하였다. 싱가포르 정부는 리츠가 처음 제안된 지 13년 후인 1999년 5월에 싱가포르 통화청을 통해 부동산 펀드에 대한 가이드라인을 발표하였다. 가이드라인 발표 시점인 1999년은 1997년 아시아 금융 위기가 발발한 지 2년 후였다. 그러나 당시의 가이드라인은 부동산 개발 회사들이 관

---

4) 부동산시장자문위원회는 정부 및 민간 부분의 대표자들이 모여, 1985년 불경기의 영향으로 침체된 부동산 시장을 회복하기 위한 방안을 논의하기 위해 만들어졌다. 위원회가 제시한 제안들 중 하나가 리츠의 도입이었는데 이를 통해 부동산 시장을 활성화시키고자 하였다.

심을 갖기에 부족한 수준이었다. 세금 혜택 조항이 모호하여 부동산 개발 회사들이 리츠를 추진하는 데 걸림돌이 되었다.

2001년 7월, 싱가포르 국세청은 세전 이익 단계에서 리츠 투자자들에게 배당금을 지급할 수 있도록 허용하여 세금 문제를 해소하였다.[5] 캐피탈랜드는 2001년 11월에 3개의 쇼핑몰(정션 8Junction 8, 탬피니스 몰Tampines Mall, 후난 IT 몰Funan IT Mall)을 소유하고 있는 싱몰 부동산 트러스트SingMall Property Trust의 기업 공개를 시도하였다. 당시 기업 공개 규모는 한화 약 4,240억 원(S$530million)이었으며 1993년 싱가포르텔레콤Singapore Telecommunications 기업 공개 이후 최대 규모였다. 그러나 개인투자자 및 기관투자자의 청약율이 78% 수준에 머무르면서 2001년 11월 12일 기업 공개를 철회하였다. 2002년 7월에 싱몰 부동산 트러스트는 기존과 동일한 3개의 쇼핑몰을 자산으로 하여 캐피탈몰 트러스트라는 새로운 이름으로 기업 공개를 다시 시도하였다. 다만, 기업 공개 규모를 기존보다 축소한 한화 약 1,700억 원(S$213million) 규모로 진행하였다. 결국 기업 공개를 통한 주식 매각분의 5배 이상의 자금이 개인투자자 및 기관투자자로부터 모집되었다(사례 연구 7.2 참고).

---

5) Rashiwala, Kalpana "REITs clear hurdle with IRAS" Business Times, July 24, 2001.

사례 연구 7.2: 캐피탈몰 트러스트 리츠 -
첫 번째 실패에서 얻은 교훈

2001년 11월 캐피탈랜드는 싱가포르 증권거래소에 싱몰 부동산 트러스트를 싱가포르의 첫 번째 리츠로 상장하고자 시도하였다. 그러나 목표 발행 주식의 80% 수준인 5억 3천만 개의 주식만이 판매되어 2001년 11월 21일 싱몰 부동산 트러스트의 발행을 중단해야만 했다. 리츠에 대한 시장의 낮은 이해도가 리츠 상장 실패의 주요 원인 중 하나인 것으로 판단된다. 더불어 싱몰 부동산 트러스트 기업 공개 당시, DBS그룹(신주 발행 $1.09billion), 싱가포르텔레콤(회사채 발행 $1.5billion), 싱가포르항공(회사채 발행 $437million)이 회사 주식 및 회사채를 통해 주식시장에서 자금을 모집하여 경쟁이 발생하였고, 상대적으로 검증되지 않은 새로운 투자 상품인 리츠는 투자자들로부터 자금을 모집하는 데 어려움을 겪었다.

캐피탈랜드는 싱몰 부동산 트러스트의 명칭을 캐탈몰 트러스트CapitaMall Trust로 변경하여 2002년 7월에 기업 공개를 다시 시도하였다. 캐피탈몰 트러스트는 탬피니스 몰, 정션 8, 후난 IT 몰(향후에 후난 디지털라이프 몰Funan DigitaLife Mall로 명칭 변경)과 같은 세 개의 싱가포르 주요 쇼핑몰을 소유하고 있었다. 세 쇼핑몰의 부동산 감정가는 기업 공개를 처음 시도했을 당시인 2001년 10월 대비, 한화 약 280억 원(S$35million) 수준 상승하였고, 2002년 6월에 한화 약 7,440억 원(S$930milllion) 가치의 자산을 지닌 리츠 상품으로 기업 공개를 시도하였다(사례 연구 표 7.1 참고). 총 7억 3,800만 개의 발행 주식 중 2억 1,300만 개를 공모 기업 공개 트렌치로 구성하여 일반 투자자 및 기관투자자들에게 판매하였다. 주식당 가격의 범위는 0.90~0.96싱가포르 달러로 책정되었다. 캐피탈몰 트러스트는 목표 발행 주식의 5배 이상의 자금을 초과 모집하였고, 주식 당 0.96달러로 발행을 마감하였다.

사례 연구 표 7.1 캐피탈몰 트러스트의 초기 포트폴리오: 세 개의 싱가포르 내 주요 쇼핑몰로 구성

리츠의 초기 포트폴리오에 편입된 부동산들의 감정 가치 가격	CBRE 2001년 10월 15일			CBRE 2002년 6월 1일		
	임대 면적		시장 가격 (S$million)	임대 면적		시장 가격 (S$million)
	sqf	sqm		sqf	sqm	
탬피니스 몰	312,372	29,020	$409.00	312,526	29,035	$438.00
정션 8	249,569	23,186	$295.00	248,471	23,084	$301.00
후난 IT 몰	248,375	23,075	$191.00	248,622	23,098	$191.00
합계	810,316	75,281	$895.00	809,619	75,217	$930.00

출처: 캐피탈몰 트러스트 기업 공개 계획서, 2002

캐피탈몰 트러스트의 초기 구조는 사례 연구 그림 7.1과 같다. 캐피탈몰 트러스트 리츠의 자산 관리는 캐피탈랜드의 계열사인 캐피탈몰 트러스트매니지먼트CapitaMall Trust Management Limited(후에 캐피탈랜드몰 트러스트매니지먼트CapitaLand Mall Trust Management Limited로 명칭 변경)가 담당하였다. 쇼핑몰 건물 관리 업체 또한 캐피탈랜드의 자회사인 캐피탈랜드 리테일매니지먼트CapitaLand Retail Management Pte Ltd.가 담당했다.

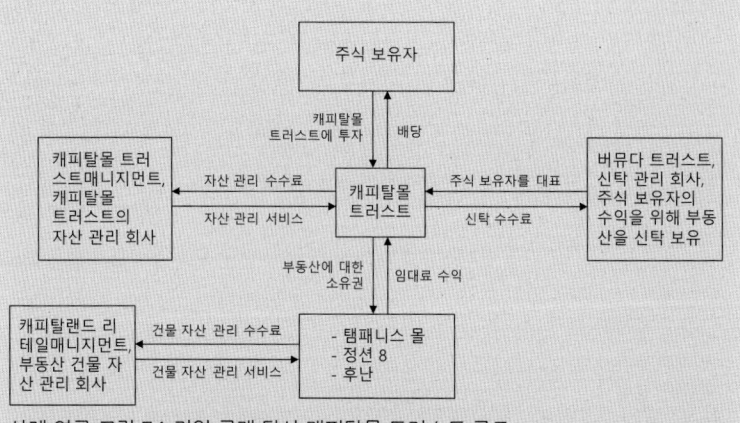

사례 연구 그림 7.1 기업 공개 당시 캐피탈몰 트러스트 구조
출처: CMT IPO Prospectus, 2002

    캐피탈몰 트러스트 리츠의 성공은 싱가포르의 리츠 산업의 발전에 중요한 토대가 되었다. 기업 공개 당시 캐피탈몰 트러스트의 주식 가격은 부동산 순자산 가치의 2% 할인가 수준으로 책정되어 투자 가치가 높았으며, 처음 기업 공개 시도 당시의 주식 가격과 비교하여 2.7%의 프리미엄이 반영되었다. 투자 예상 수익률은 처음 기업 공개 시도 당시 7.06%에서 7.73%로 개선되었다. 또한, 스폰서 기관인 캐피탈랜드는 기업 공개 이후 캐피탈몰 트러스트 리츠 포트폴리오에 새로운 자산을 지속적으로 추가하여 리츠의 성장을 이끌 것이라는 점을 마케팅하였다. 기업 공개 당시 일반 투자자를 위한 공모 트렌치는 처음 기업 공개 시도 당시보다 현저하게 줄었다. 총 주식 발행 규모의 24.66%에 달하는 1억 8,200만 개의 주식을 기업 공개 이전에 주요 기관투자자에게 먼저 매각하였다. 첫 번째 기업 공개 실패 후, 캐피탈몰 트러스트는 여러 가지 변화를 통해 기업

공개에 성공하였고, 이는 싱가포르 거래소에 상장을 계획하는 리츠 회사들에게 매우 중요한 교훈으로 남았다. 사례 연구 표 7.2에 2차 기업 공개 당시 1차 기업 공개 대비 변경된 사항들이 정리되어 있다.

사례 연구 표 7.2 싱물 부동산 트러스트와 캐피탈랜드몰 트러스트의 차이

구분	싱물 부동산 트러스트	캐피탈랜드몰 트러스트	
순자산 가치	719.75[1]	729.605[2]	
총 발행 주식 수 (million)	740	738	
기업 공개 주식 수 (million)	530	213	
주식 가격(S$/Unit)	$1.00	$0.90	$0.96
총 주식 발행 가격 ($million)	$740.00	$664.20	$708.48
순자산 가치 대비 할인가	2.8%	-9.0%	-2.9%
2002년 예상 수익률	5.75%	7.53%	7.06%
2003년 예상 수익률	6.05%	7.73%	7.25%
연간 자산 관리 수수료	0.50%~0.70%[3]	0.25%[3]	
성과 수수료		2.85%[4]	
매입 수수료	1.00%[5]	1.00%[5]	
매각 수수료	0.50%[6]	0.50%[6]	
초석 투자자(unit)	0	182[7]	

[1] 2001년 11월 16일 기준
[2] 2002년 4월 30일 기준
[3] 보유 자산 가치 기준
[4] 수익 기준
[5] 캐피탈몰 트러스트 매입 가격 기준
[6] 부동산 매각 가격 기준(참여 관계자 이익 정산 이후)
[7] 기업 공개 이전 시점의 주식 보유자(NTUC Investment Pte Ltd가 보유했던 65million 주식은 제외: NTUC Fairprice Co-operative(65million), ING REIT Investments(Asia) B.V(37 million); BT Funds Management Limited(30million)와 PGGM(50million)

출처: 2001년 싱물 부동산 트러스트 및 2002년 캐피탈랜드몰 트러스트 투자 설명서

캐피탈몰 트러스트 리츠의 성공적인 기업 공개를 시작으로 주롱타운회사의 계열사인 아센다스랜드Ascendas Land (Singapore) Pte Ltd가 싱가포르의 두 번째 리츠인 아센다스 리츠Ascendas REIT를 상장시키기 위해 호주의 맥쿼리굳맨 인더스트리얼매니지먼트Macquarie Goodman Industrial Management Pty Limited와 파트너십을 맺었다. 아센다스 리츠는 8개의 비즈니스 파크를 포함한 오피스 부동산과 경공업 시설 및 사전 주문 제작 산업용 부동산을 포함한 산업용 부동산으로 리츠 포트폴리오가 구성되었다. 기업 공개 당시 주식 당 가격은 0.88싱가포르 달러로, 총 기업 규모의 50%를 차지하는 2,725만 개의 주식을 매각하여 한화 약 1,920억 원(S$240million)의 자금을 확보하였다.

2002년부터 2008년까지 싱가포르 리츠 시장에 리츠 기업 공개가 여럿 성공하면서 리츠 시장이 급속하게 성장했다. 2006년에는 리츠 기업 공개 성공 횟수가 최대에 이르렀다. 그러나 2007년 서브 프라임 위기로 인해 2009년에는 새로운 리츠 기업 공개가 이루어지지 않았다. 리츠 기업 공개 움직임은 2010년에 다시 시작되었고, 2013년에는 총 기업 공개 규모가 역대 최대인 한화 약 31조 원(S$39.01billion)에 이르렀다(그림 7.1 참고). 2015년 싱가포르 증권거래소에는 한화 약 56조 원(S$70.35billion) 규모의 리츠 자산들이 상장되었고, 38개의 리츠와 다섯 개의 결합 증권 그리고 다섯 개의 비즈니스 트러스트 business trusts가 상장되었다.[6] 그림 7.2는 액티브 상장 리츠active listed REIT의 총 시장 규모를 나타낸다. 세부적인 사항들은 부록 1에 정리되어 있다. 자산 규모면에서 싱가포르 리츠 시장은 아시아에서 두 번째

---

[6] 두 비즈니스 트러스트(페리니얼 차이나 리테일 트러스트Perennial China Retail Trust와 포테라 트러스트Forterra Trust(전, 트레저리 차이나 트러스트Treasury China Trust))는 2015년에 싱가포르 거래소에서 상장 폐지되었다.

로 크며, 아시아 태평양 지역에서는 호주와 일본에 이어 세 번째로 크다(그림 7.3 참고).

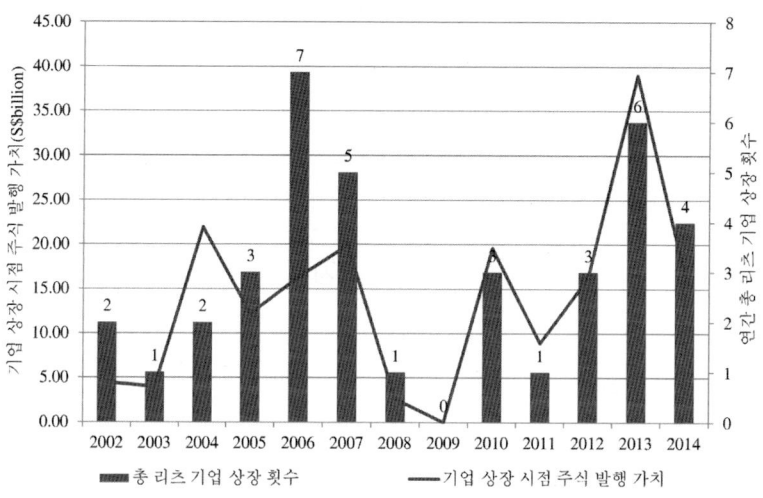

그림 7.1 싱가포르 리츠 주식 상장(2002~2014년)

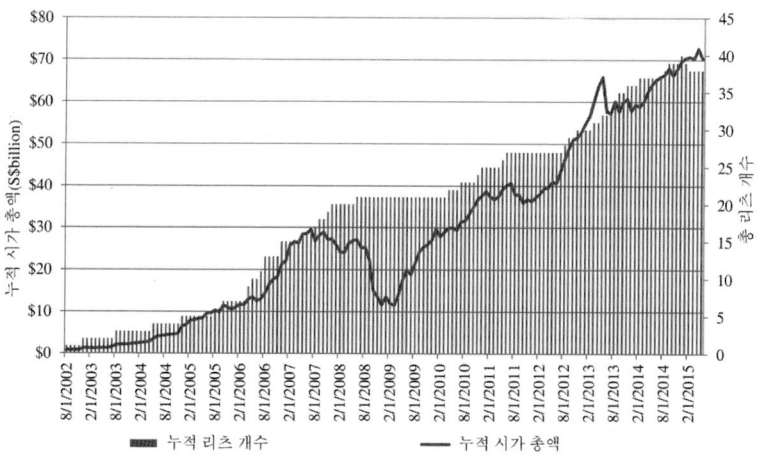

그림 7.2 리츠 시가 총액(2002~2015년)
출처: 데이터스트림 및 저자

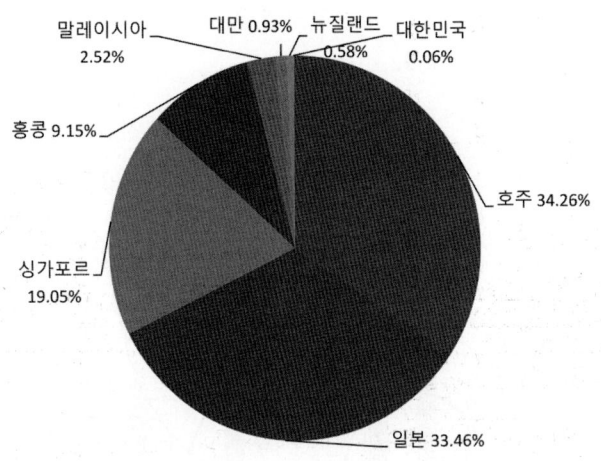

그림 7.3 2014년 총 시가 총액 기준 아시아 태평양 리츠 시장(미국 달러)
싱가포르 리츠의 경우 34개의 리츠와 결합 증권으로 시가 총액을 계산함
출처: 블룸버그Bloomberg 및 저자

7.3 싱가포르 리츠에 상장하는 이유

대부분의 아시아 부동산 회사들은 장기 투자 목적으로 상업용 부동산을 개발하고 이를 보유하는 전통적인 자산 보유 비즈니스 형태이다. 1997년 아시아 금융 위기 이후, 다수의 부동산 개발 회사들은 심각한 유동성 위기에 직면했다. 한편, 은행들은 부동산 개발 사업에 대한 대출을 꺼렸다. 반면에 부동산 개발 회사들은 침체된 부동산 시장에서 대규모의 상업용 부동산을 매각하는 데 어려움을 겪었다. 당시 아시아 부동산 시장은 약세를 보였고 기관투자자들은 활발히 활동하지 않았다. 1990년대 후반, 대규모 상업용 부동산 포트폴리오의 소유 기업들은 '부외거래' 증권화 기술을 사용하여 할인된 가격으로 부동산을 매각할 필요 없이 유동화를 통해 자금을 확보할 수 있었다. [부외거래란 금융 기관의 대차대조표 상에 자산이나 부채로 기록되지 않은 거래를 의미한다. 옮긴이의 설명]. 1998년 12월 알렉산드라 로드Alexandra Road에 있는 넵튠 오리엔트 라인Neptune Orient Lines의 본사 빌딩을 기반으로 최초의 상업용 부동산 증권이 발행되었고 이를 통해 한화 약 1,480억 원(S$185million) 규모의 자금을 유동화하였다. 일부 부동산 개발 회사들은 새로운 자금을 확보하고 재무제표 상 부채 비율을 줄이기 위해 래플스 시티 컴플렉스Raffles City Complex, 식스 배터리 로드Six Battery Road, 268 오차드 로드268 Orchard Road, 센트리 스퀘어Century Square, 위즈마 아트리아와 같은 오피스 빌딩과 쇼핑몰을 기반으로 상업용 부동산 증권을 발행했다.

싱가포르 통화청은 부외거래 증권화 구조에 대해 더욱 엄격한 자산 매각 및 분리를 강제하는 내용을 포함한 자산 유동화 가이드라인(Note628)을 2000년 8월 20일 개정하였다. 이로 인해 증권화를 통한 자금 조달 비용이 크게 증가하였다. 또한 부동산 개발 회사들은 증권화를 통해 장부에서 제외하였던 자산을 다시 그들의 장부에 기록해야만 했다. 이로 인해 개발 회사들은 2001년부터 그들의 포트폴리오에 있는 상업용 부동산을 장부에서 제외하기 위한 대안책으로 리츠를 알아보기 시작하였다.

2002년 캐피탈몰 트러스트와 아센다스 리츠의 성공적인 상장은 더 많은 부동산 개발 회사들이 리츠를 활용하여 상업용 부동산을 유동화할 수 있는 길을 열어 주었다. 캐피탈랜드는 2003년 12월에 4개의 오피스 빌딩(캐피탈 타워Capital Tower, 식스 배터리 로드, 스타허브 센터StarHub Center, 로빈슨 포인트Robinson Point)과 부기스 거리Bugis Street 및 퀸 거리Queen Street에 위치한 34개의 숍하우스와 2개의 주차장(골든 슈 카파크Golden Shoe Carpark, 마켓 스트리트 카파크Market Street Carpark)을 자산으로 편입하여 두 번째 리츠인 캐피탈커머셜 트러스트 CapitaCommercial Trust 리츠를 상장하였다(사례 연구 7.3 참고).[7] 부동산 개발 회사들은 리츠를 매각의 수단으로 활용하였고 이를 통해 상업용 부동산의 자산 가치를 실현하였다.[8] 상대적으로 유동성이 없는 부동산을 리츠를 통해 유동화할 수 있었고 개발 회사들은 대차대조표 상 자산 비중을 감소시켜 보다 빠르고 효율적인 회사 모델을 만들 수 있었다. 리츠의 지분을 확보함으로써[9] 상업용 부동산에서 발생하는 안정적인 수익을 계속해서 배당 받는 동시에, 재무제표 상의 부채를 현저히 줄일 수 있었다. 또한 부동산 펀드의 자산 관리를 담당하면서 고정된 운영 수수료를 계속해서 받을 수 있었다. 캐피탈랜드, 메이플트리 인베스트먼트Mapletree Investment Privates Limited, 프레이져스 센터포인트 등과 같은 전통적인 실물 부동산 개발 회사들은 부동산 금융 사업으로 적극적으로 확장하기 위한 방안으로 리츠를 활용하였다. 에이알에이 에셋매니지먼트 및 퍼시픽스타그룹Pacific Star Group과 같은 자산운용사들은 리츠 자산 관리 업무를 담당하였다.

---

[7] 케펠 리츠는 스폰서 기관인 케펠랜드의 기존 주주들에게 케펠 리츠의 주식을 배당하면서, 2005년 11월 28일 설립되었다.

[8] 2003년 2월 싱가포르에 중증급성호흡증후군이 발발하였고 이는 싱가포르의 주식시장과 부동산시장 모두에 악영향을 미쳤다. 싱가포르 상장 부동산 개발 회사들의 주식 가치는 그들의 순자산 가치 대비 하락하였다. 싱가포르 부동산 시장은 침체되었고, 이로 인해 부동산 개발 회사들은 그들이 보유한 상업용 부동산을 매각하기 위해 부동산 가격을 대폭 할인해야 했다.

[9] 미국에서는 5/50 규칙이 있는데 이는 상위 5개의 지분 보유자가 리츠 전체 지분의 50% 이상 보유하는 것을 금지한다. 이로 인해 10% 이상의 주식을 보유하는 대주주가 생기는 것을 제한한다. 싱가포르 리츠 시장에는 5/50과 같은 규칙이 존재하지 않는다.

사례 연구 7.3: 캐피탈커머셜 트러스트 - 리츠 주식 배당을 통한 설립

캐피탈커머셜 트러스트CapitaCommercial Trust 리츠는 스폰서 기관인 캐피탈랜드의 자본 감자와 주주들에 대한 주식 배당을 통해 2004년 2월 6일 설립되었다. (2015년 캐피탈랜드 커머셜 트러스트로 명칭이 변경되었다.) 스폰서 기관인 캐피탈랜드는 리츠를 통한 첫 번째 기업 분리를 통해, 캐피탈커머셜 트러스트 주식 60%를 주주들에게 배당했으며, 캐피탈랜드 주주들에게 보통주 1,000주 기준으로 200주를 무상 배당하였다. 캐피탈커머셜 트러스트 리츠 설립 시, 자산 포트폴리오에 7개의 상업용 부동산(한화 약 1.8조 원 규모(S$2.018billion))이 편입되었다(사례 연구 표 7.3 참고). 캐피탈커머셜 트러스트 리츠의 2003년 12월 31일 기준 추정 순자산 가치는 한화 약 1.3조 원(S$1.469billion)으로 총 839,117개의 주식으로 구성되어 있으며 주식 당 가격은 1.75달러로 추정되었다.

리츠 주식 배당을 통해 스폰서 기관과 주주 모두 혜택을 입었다. 주주는 상업용 부동산에 간접 투자가 가능한 리츠 주식을 소유하게 되었고, 스폰서 기관은 기업 분리를 통해 아래와 같은 혜택을 입었다.

- 부동산 타입의 다양화 및 임대 수입을 통한 안정된 자산 포트폴리오
- 자본 생산성 향상과 더불어 자산 수익률Return on Asset(ROA) 및 자기 자본 이익률Return on Equity(ROE) 향상
- 부동산 펀드 자산 관리 플랫폼의 확장으로 수수료 증가
- 캐피탈랜드 주식 가치의 재평가 가능성

리츠 유닛 배당으로 인한 재정적 영향은 사례 연구 표 7.3에서 확인할 수 있다. 스폰서 기관인 캐피탈랜드의 총 자산 가치는 8.5% 감소한 반면, 캐피탈랜드가 보유한 캐피탈커머셜 트러스트 리츠의 40%의 지분을 통한 배당 이익으로 인해 이자 및 세금 지급 전 이익(EBIT)은 5.9% 감소에 그쳤다. 총차입액과 순차입액은 각각 6.9%와 8.5% 감소했고, 기업 분리로 인해 총자산 이익률과 자기 자본 이익률이 각각 2.65%와 1.85% 증가하였다. 이는 스폰서 기관 주주들에게 리츠의 주식을 배분하기 전, 총자산 이익률과 자기 자본 이익률이 각각 2.62% 및 1.73%였던 것에 비해 상승한 것이다.

사례 연구 표 7.3 배당을 통한 재무 효과

구분	배당 전	배당 후	차이
손익 계정	($'000)	($'000)	(%)
이자 및 세전 이익	595,591	560,720	-5.9%
소수 지분 및 세후 이익	105,254	94,558	-10.2%
주당 순이익(cents)	4.2	3.8	-9.5%
완전 희석 주당 순이익 (cents)	4.2	3.7	-11.9%
대차대조표			
자산 가치(S$billion)	17,600,000	16,100,000	-8.5%
부동산 가치(S$billion)	14,500,000	13,300,000	-8.3%
발행필 주식 자본금	2,517,350	2,517,350	0.0%
주식 액면 초과액 계정	3,429,376	2,539,369	-26.0%
주주 자금	6,077,579	5,159,271	-15.1%
유형 자산	6,041,438	5,123,130	-15.2%
주식 당 유형 자산	2.4	2.04	
총부채	7,548,334	7,027,278	-6.9%
현금 및 현금성 자산	1,476,486	1,450,754	-1.7%

구분	배당 전	배당 후	차이
순부채	6,071,848	5,576,524	-8.2%
재무 비율[#]			
자산 이익률	2.62%	2.65%	0.03%
자기 자본 이익률	1.73%	1.85%	0.12%
부채 비율	0.75	0.78	0.03
이자 보상 비율	3.67	4.02	0.35
이자 상환 비율	5.52	5.85	0.33

[#]비율의 변화는 배당 이전과 이후의 차이로 계산함

용어 설명
EBIT(Earnings Before Interest and Tax): 이자 및 세전 이익
PATMI(Profit After Tax and Minority Interest): 소수 지분 및 세후 이익
EPS(Earnings Per Share) 주당 순이익
NTA(Net Tangible Asset): 유형 자산
ROA(Return on Assets): 자산 이익률
ROE(Return on Equity): 자기 자본 이익률

출처: 캐피탈커머셜 트러스트(CCT) 및 저자

    부동산은 일반적으로 개발 회사의 장부에 작성될 때 그것의 순자산 가치가 상당히 할인된 가격으로 반영된다.[10] 안정적인 수익을 발생시키는 부동산을 변동성 높은 부동산 개발 회사의 개발 사업으로부터 분리함으로써 부동산에 대한 더 공정한 시장 가격을 책정할 수 있었다. 리츠 설립에는 상대적으로 적은 비용이 필요하며, 리츠 자산 관리 서비스, 부동산 시설 관리 서비스를 통해 추가적인 수수료 수익을 얻을 수도 있다. 투자자들에게는 임대 수익이 발생하는 상업용 부동산에 대한 투자 방안이 된다.

---

10) Lee, N.J., Sing, T.F. and Tran, Dinh Hoang (2013), "REIT Share Price and NAV Deviations: Noise or Sentiment?" International Real Estate Review, Vol. 16, No. 1, pp. 28-47.

7.4 리츠 성장 전략

싱가포르 리츠의 주식 가격은 시장에서 결정된다. 주식의 할인가에 거래될 수도 있고, 프리미엄이 붙어서 거래될 수도 있다. 리츠의 자산 관리 수수료는 리츠의 순자산 가치와 연동되기 때문에 리츠 매니저들은 주식 소유자들이 갖고 있는 주식의 가치를 증대시키기 위한 액티브 성장active growth 전략을 추구한다. 리츠 매니저는 일반적으로 유기적인 성장organic growth과 역동적인 성장dynamic growth이라는 두 가지 성장 전략을 사용하여 자산 포트폴리오를 확장한다. [유기적인 성장은 기업 인수, 합병 등과 반대되는 개념으로 기업 내부적으로 생산력을 증대시키는 것을 의미한다. 리츠에서의 유기적인 성장은 보유 부동산에서 발생하는 임대 수입 등의 수익을 증대시키는 것을 의미한다. 반면에 역동적인 성장은 추가적인 수익형 부동산 매입을 통해 자산 규모의 외형을 확대하는 것을 의미한다. 옮긴이의 설명] 리츠 매니저는 기존 주식 보유자 및 신규 투자자에게 2차 공개 제안을 통해 회사채 및 주식을 발행하고, 이렇게 해서 확보한 자금을 토대로 성장 전략을 취한다.

리츠는 수익형 부동산의 취득을 통해 역동적인 성장 전략을 추구한다. 새로운 부동산 취득에는 시장 타이밍이 중요하다. 2003년부터 2008년까지의 부동산 경기 회복 시기 동안, 리츠 스폰서 기관들은 그들의 포트폴리오에 있는 자산을 매각해서 자본을 확보하기 위해 상당한 자산 가치가 있는 상업용 부동산 및 산업용 부동산을 시장에 매물로 내놓았으며, 기업들은 회사의 운영 자금을 확보하기 위해서 그들의 부동산을 매각하거나 매각 후 재임차하였고, 이로 인해 시장에 부동산 공급이 많아졌다. 싱가포르 리츠 시장에서 주식 발행 비용은 상대적으로 저렴하기 때문에, 주가 상승은 부동산 매입을 촉진하는 데 중요한 요인이 되었다. 리츠들은 수익형 부동산을 적극적으로 인수하면서 자산 포트폴리오를 확장해 나갔다. 아센다스 리츠는 최초 상장 당시 8개 부동산을 포트폴리오에 보유하고 있었는데 2002년에서 2008년에 걸쳐 78개의 부동산을 추가적으로 편입하였으며, 이들 부동산의 취득 가격은 한화 약 2조 3천억 원(S$2.86billion) 규모였다(사례 연구 7.4 참고). 캐피탈몰 트러스트 리츠는 같은 기간 동안 한화 약 3.14조 원(S$3.93billion)을 투자하여 11개의 쇼핑몰을 포트폴리오에 편입시켰다.

사례 연구 7.4: 아센다스 리츠 - 적극적인 역동적 성장 전략

2002년 11월 5일 아센다스랜드와 호주의 맥쿼리굿맨 인더스트리얼 매니지먼트가 양사 공동으로 첫 번째 오피스 및 산업용 리츠를 싱가포르 증권거래소에 상장하기 위한 기업 공개 IPO를 진행하였다. 기업 공개를 통해서 아센다스 리츠(초과 배분 옵션 전)의 총 주식수인 545,00,000주의 절반에 해당하는 272,500,000주를 일반 투자자와 기관투자자에게 판매하였다. 주식 가격은 일반 투자자에게는 유닛 당 0.83싱가포르 달러에, 기관투자자에게는 유닛 당 0.88싱가포르 달러에 판매했다. 리츠 주식의 나머지 절반은 주요 투자자(15%) 및 스폰서 기관(35%)에게 발행될 예정이었다. 2002년 11월 13일 기업 공개 당시, 일반 투자자분의 주식 판매는 할당 모집분의 5배의 청약률을 기록했다. 2002년 11월 19일 아센다스 리츠는 싱가포르 증권거래소에서 거래되기 시작했다. 주식 당 0.88싱가포르 달러의 상한 가격을 기준으로, 리츠의 연간 예측 수익률은 2003 회계 연도와 2004 회계 연도에 각각 8.0%와 8.2%를 나타냈다.

　기업 공개 당시 아센다스 리츠 포트폴리오는 8개의 부동산으로 구성되었다. 싱가포르 과학 단지의 4개의 빌딩(더 알파The Alpha, 더 에리즈The Aries, 더 카프리콘The Capricorn, 더 제미니The Gemini)과 3개의 하이테크/경공업 빌딩(카키 부킷Kaki Bukit에 위치한 테크링크Techlink 빌딩, 앙 모 키오Ang Mo Kio에 위치한 테크플레이스 Techplace I & II 빌딩) 그리고 창이 비즈니스 단지의 사전 맞춤형 건물인 허니웰 빌딩Honeywell Building으로 리츠 포트폴리오가 구성되었다. 리츠에 편입된 부동산 포트폴리오의 가치는 한화 약 4천 8백억 원(S$607.2million) 수준으로 평가되었다(2002년 8월 1일 기준). 아센다스 리츠는 싱가포르의 아센다스 MGM펀드 매니지먼트Ascendas-MGM Funds Management Limited에 의해 관리되었다. 아센다스 MGM펀드 매니지먼트는 싱가포르의 아센다스 인베스트먼트Ascendas Investment Pte Ltd(아센다스랜드(싱가포르)Ascendas Land (Singapore) Pte Ltd의 관계사)와 호주의 맥쿼리굿맨 인더스트리얼매니지먼트가 60 대 40 지분 비율의 조인트 벤처 형태로 설립되었다. 아센다스는 맥쿼리굿맨이 가지고 있던 리츠 자산 관리 회사 지분의 40%를 2008년 3월 12일 인수하며 리츠 자산 관리 회사를 위한 지분 100% 전체를 확보하였고, 아센다스 펀드매니지먼트Ascendas Funds Management (Singapore) Limited를 통해 최대 규모의 산업용 리츠인 아센다스 리츠를 관리했다.

2014년 3월 31일 기준 아센다스 리츠의 자산 가치는 한화 약 6조 원(S$7.4billion)으로 싱가포르에서 가장 규모가 큰 오피스 및 산업용 리츠였다. 2014년 3월 31일 회계 연도 마감 기준으로, 아센다스 리츠가 보유한 부동산 수는 초기 8개에서 105개로 증가했으며, 총 자산 가치는 한화 약 5천억 원(S$636.4million)에서 한화 약 5조 9천억 원(S$7,400million)으로 약 11.6배 증가했다.

  아센다스 리츠의 2013/14년 연간 회계 보고서를 살펴보면, 비즈니스 과학 단지(중국 내 두 개의 비즈니스 단지 포함)가 리츠 자산 포트폴리오의 41%를 차지했다. [비즈니스 과학 단지Business and Science Park는 정부에 의해 허가받은 교외 지역에 위치한 기업들이 입주할 수 있는 오피스, 기업 본사, 연구 개발 클러스터 단지를 말하며, 제조업은 입주가 불가하다. 옮긴이의 설명] 나머지 리츠 자산은 고사양의 산업용 부동산 및 데이터 센터(25%), 물류 센터 및 유통 센터(19%), 경공업 단지 및 지식 산업 센터(15%)로 구성되었다. 아센다스 리츠는 적극적으로 수익형 부동산을 매입하고, 유기적인 성장 전략을 취하고, 부동산 개발 사업을 지속하며 포트폴리오를 확대했다. 아센다스 리츠의 포트폴리오는 새로운 부동산의 매입과 개발 사업을 통해서 기업 공개 당시 8개였던 부동산이 105개로 증가하였다(사례 연구 그림 7.2 참고). 아센다스 리츠는 2004년과 2005년 사이에 가장 빠르게 성장하였는데 당시 한화 약 7백 7십억 원(S$97million) 규모의 부동산을 인수하며, 누적 매입 규모는 한화 약 1조 4척억 원(S$1.80billion)을 기록했다. 2014년 3월 31일 감정 평가에 따르면, 105개 부동산 포트폴리오의 가치(기업 공개 당시 초기 8개 부동산 포함)는 한화 약 5조 5천억 원(S$6.991billion)으로 평가되었으며, 이는 2014년 3월까지 모든 부동산 매입 및 개발 프로젝트에서 발생한 총비용인 한화 약 4조 1천억 원(S$5.195billion)과 대비하여 장부상 34.6%의 자본 이득을 기록했다.

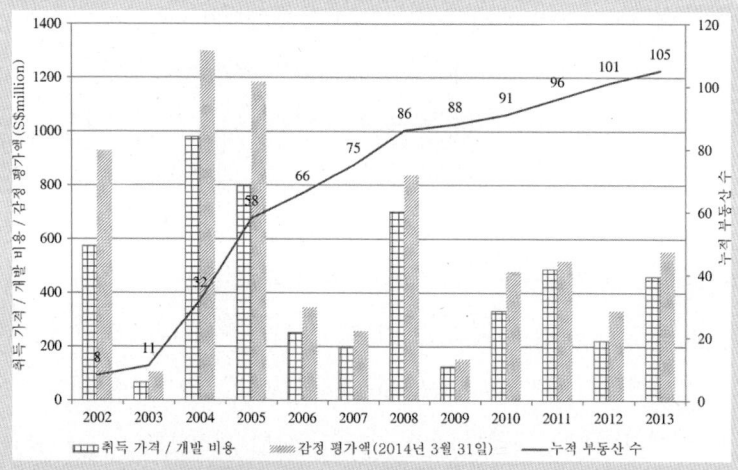

사례 연구 그림 7.2 아센다스 부동산 포트폴리오의 성장(2002~2013년)

리츠 보유 자산 10% 이상 가치의 부동산 개발 활동을 금지하던 정부 가이드라인이 2005년 개정됨에 따라, 아센다스 리츠는 2006년에 첫 개발 프로젝트인 탬피니스 지역의 창고형 대형 리테일 프로젝트인 컬트 메가스토어Courts Megastore 개발 사업을 시작하였다. 이 후 총 12개의 개발 프로젝트를 진행하였으며 한화로 총 7천 8백억 원($985.2million)을 투자하였다.

2014년 3월 31일 사업성 재평가를 기준으로 아센다스 리츠는 한화 약 2천 6백억 원(S\$320.9million) 규모의 누적 미실현 개발 이익(개발 비용 대비 32.6% 초과)을 달성하였다(사례 연구 표 7.4 참고). 아센다스 리츠는 2011년 스폰서 기관인 아센다스그룹으로부터 중국 베이징에 위치한 아센다스 제트링크Ascendas Z-link 산업 단지를 매입하였고, 2013년에 중국 상하이에 위치한 아센다스 리츠 시티A-REIT City 산업 단지를 매입하면서 보유 부동산의 지리적 다양성을 확보하였다.

사례 연구 표 7.4 부동산 포트폴리오 및 재무 성과 변화

구분	회계 연도 2013/2014	회계 연도 2012/2013	회계 연도 2002/2003*
부동산 수	105	103	8
총 자산(S\$million)	\$7,400.0	\$7,000.0	\$636.4
순임대 면적(m^2)	2,376,565	2,262,081	245,179
임차인 수(국내 및 외국계 회사)	1,300	1,200	300
총 수입(S\$million)	\$613.6	\$575.8	\$22.8
순임대 수입(S\$million)	\$436.0	\$408.8	\$16.5
주식당 배당(성과 수수료 지급 이후)(cents)	14.24	13.74	2.78 (연간 환산: 7.63cents)

*아센다스 리츠 2003년 연간 회계 보고서, 2002년 11월 19일부터 2003년 3월 31일까지 기준(133일)
출처: 아센다스 리츠 연간 회계 보고서(회계 연도2013/2014)

리츠 자산 포트폴리오의 유기적인 성장은 자산 가치 증대 정책을 통해 이루어진다. 자산 가치 증대 정책의 범위는 물리적 구조를 향상시키거나 기존 건물에 새로운 기능을 추가하는 것에 한정되지 않는다. 리츠 매니저는 기존 보유 부동산에서 수익률을 향상시킬 수 있는 창의적인 방법을 찾는다. 기존 건물을 멸실하고 새로운 건물로 재개발하려면 비용이 많이 들 수 있다. 캐피탈몰 트러스트 리츠는 기존 쇼핑몰 중 하나인 주롱 엔터테인먼트 센터를 올림픽 경기용 규모의 아이스링크와 아이맥스 영화관을 갖춘 제이큐브 쇼핑몰로 재개발하였다. 제이큐브 쇼핑몰은 2012년 완공되었고 임대 면적을 기존보다 2배 확장하여 약 5,900평(210,000sqf) 규모의 리테일 공간을 갖춘 쇼핑몰로 재탄생되었다. 재개발은 부동산의 현금 흐름을 일시적으로 제한한다. 이로 인해 단계적으로 자산 가치 증대 정책을 진행하는 것이 일반적이다. 재개발을 통한 부동산의 가치 증대는 수익성이 낮은 부동산 혹은 주요 입지에서 벗어난 지역에 위치한 부동산에서부터 시작하여 수익성이 높은 부동산으로 재개발 대상을 점차 확대해 간다. IMM 빌딩은 재개발을 통해 리츠 주식 보유자의 배당을 높인 자산 가치 증대 정책의 예이다(사례 연구 7.5 참고).

사례 연구 7.5: IMM 빌딩 - 자산 가치 증대 정책을 통한 유기적인 성장

리츠 자산 관리 매니저는 포트폴리오에 편입된 부동산의 가치를 높이고 주주들에게 수익을 배당하기 위해 창의적인 자산 향상 계획을 모색한다. 싱가포르에서 가장 많은 리테일 공간을 소유한 캐피탈랜드몰 트러스트는 리테일 시장의 치열한 경쟁에 맞춰 쇼핑몰의 상환경을 개선하고 매력을 높이기 위해 노력하고 있다. 쇼핑몰의 상환경 개선을 위한 자산 향상 계획은 아래의 전략들을 포함한다.

- 저수익 공간을 고수익 공간으로 전환
- 공간 효율성을 최적화하기 위한 리테일 매장 재구성
- 공용 공간 활용의 극대화, 기계·전기 공간을 임대 면적으로 전환
- 편의 시설 향상, 놀이 및 휴식 공간 추가, 매장 입면 디자인에 대한 조언 제공, 쇼핑몰의 매력도 향상을 위한 쇼핑몰 동선의 개선

캐피탈몰 트러스트 리츠의 IMM 빌딩 매입 및 쇼핑몰 개선 사업

싱가포르 서쪽 지역에 위치한 IMM 빌딩은 일본의 쇼핑몰 회사인 야오한Yaohan이 주도한 컨소시엄에 의해 국제적인 도매 센터형 마트로 계획되어 1991년 문을 열었다. IMM 빌딩은 가족 엔터테인먼트 및 라이프스타일 센터로 자리매김하기 위해 2000년도에 대대적인 변화를 계획하였다. 2003년 1월 31일부터 대형 하이퍼 마켓 (약 3,460평(124,138sqf)), 주요 전자 제품 매장인 베스트 덴키Best Denki(약 779평(27,722sqf)), 일본의 트렌디한 할인 매장인 다이소 Daiso(약 1,056평(37,590sqf))와 같은 주요 임차인들을 포함하여,

535개의 임차인을 유치하였다. 가구 및 가전 제품을 취급하는 100개 이상의 임차인을 확보한 IMM 빌딩은 쇼핑몰 형태로 진화하며 고객들을 유치할 수 있는 경쟁력을 확보하였다.

 2003년 6월 26일 캐피탈몰 트러스트는 한화 약 2천 1백억 원(S\$265.5million)에 IMM 빌딩을 인수하였다. 이는 2003년 2월 1일 기준, 한화 약 2천 2백억 원(S\$280million) 감정 평가액에서 5.5% 할인된 금액이었다. IMM 빌딩 인수는 추가적인 자본 유치 및 대출을 통한 자금 확보를 통해 이루어졌다. 2004년 1월 30일 캐피탈몰 트러스트는 IMM 빌딩의 45년 간(2049년 1월 22일까지) 임차 기간에 해당하는 토지 임대료로 한화 약 4백 4십억 원(S\$55.7million)을 주롱타운회사에 선지급하였다.

 2014년 12월 31일 기준, IMM 빌딩의 총 연면적은 약 4만 평(1,426,504sqf)이었다. IMM 빌딩의 총 임대료 수입의 80% 이상이 리테일에서 발생하며, 1, 2, 3층에 위치한 리테일에서 대부분의 임대 수익이 발생한다.

 IMM 빌딩은 2006년에 한화 약 9백 2십억 원(\$92.5million)을 투자하여 쇼핑몰 개선 사업을 진행하였다. 개선 사업 이후 IMM 빌딩은 2007년 다시 문을 열었으며, 기존 개방형 고층 주차장에 루프탑을 포함한 두 개 층의 부속 건물을 확장했다. 이 과정에서 주차장은 5층으로 옮겨졌고 5층에 있던 창고는 2층과 3층으로 옮겨졌다.

 쇼핑몰 개선 사업을 통해 새롭게 확장된 건물의 1층과 2층에서 약 1천 5백 평(53,700sqf) 규모의 리테일 공간을 추가 확보했다. 한화 약 9백 2십억 원(\$92.5million)을 투자하여 쇼핑몰 개선 사업이 진행되었고 2008년 1분기에 개선 사업이 완료되었다. 개선 사업을 통해 10.8%의 투자 자본 수익률Return on Investment을 목표하였고, 이를 위해서는 매년 한화 약 1백억 원($10.0million)의 순임대료 수입의 증가가 요구되었다.

• 개선 사업 이전

• 개선 사업 이후

사례 연구 그림 7.3 IMM 빌딩의 쇼핑몰 개선 사업 이전과 이후

2012년 5월에는 IMM 빌딩을 아울렛 몰로 자리매김하기 위한 첫 번째 리노베이션을 진행하였다. 2013년 6월 첫 번째 단계의 리노베이션 공사가 마무리되었다. 이를 통해 IMM 빌딩은 기존 19개 아울렛 브랜드를 보유한 쇼핑몰에서 55개 이상의 브랜드를 보유한 쇼핑몰이 되었고 싱가포르에서 가장 큰 아울렛 몰이 되었다. 아울렛 쇼핑몰로서의 매력도를 더 높이기 위해, IMM 빌딩은 2014년 6월 기존의 아울렛 배치를 조정하는 두 번째 리노베이션을 진행하여, 더 넓은 아울렛 공간을 확보했다. 이를 통해 IMM 빌딩은 85개의 아울렛 매장을 보유하게 되었다.

역동적 및 유기적 성장 전략을 통해 싱가포르 리츠는 규모의 경제를 이루었으며 이를 통해 보다 효율적으로 운영되며 주주들에게 수익을 제공할 수 있게 되었다.[11] 고속 성장 단계(2005~2008년) 동안 싱가포르 리츠의 총자산 가치의 증가가 이를 단적으로 보여준다(그림 7.4 참고).[12]

소규모 리츠는 적대적 투자자에게 인수될 가능성이 높다.[13] 인수 합병을 통해 리츠를 취득하여 자산 포트폴리오를 짧은 기간 안에 공격적으로 확장할 수 있기 때문이다. 서브 프라임 위기로 인하여 소규모 리츠는 인수 합병에 더욱 취약해졌다.

---

11) Sham, Hiu Ting, Sing, Tien Foo and Tsai, I-Chun, (2009), "Are there efficiency gains for larger Asian REITs?" Journal of Financial Management of Property and Construction, Vol. 14, No. 3, pp. 231-247.

12) Lee, N.J., Sing, T.F. and Tran, D.H. (2013), "REIT Share Price and NAV Deviations: Noise or Sentiment?" International Real Estate Review, Vol. 16, No. 1, pp. 28-47.

13) 기업 지배 구조 관점에서, 리츠 매니저는 대규모 빌딩을 매입함으로서 그들의 입지를 확고히 하고 잠재적인 인수 경쟁을 막는다(참고: Shleifer, A. and Vishny, R. W. (1997), "A Survey of Corporate Governance," Journal of Finance, Vol. 52, No. 2, pp. 737-83).

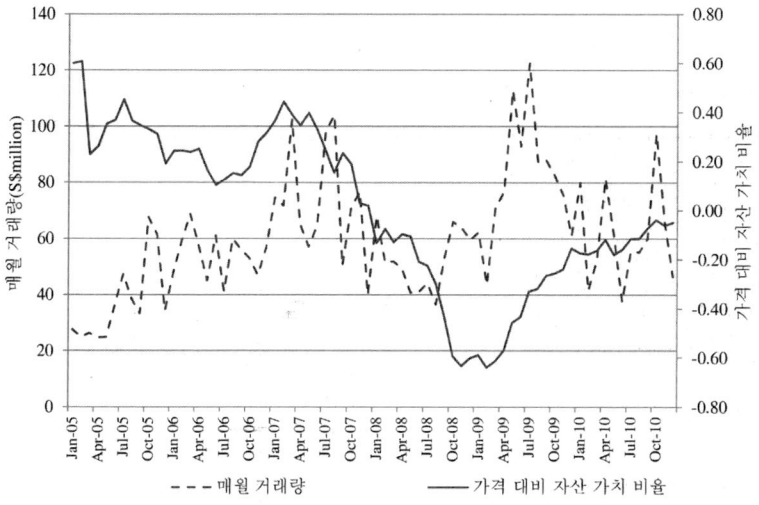

그림 7.4 가격 대비 자산 가치 비율 및 매월 거래량

    2008년 프레이저&니브그룹은 주식 당 0.83달러에 알코 커머셜 리츠Allco Commercial REIT 전체 지분의 17.7%(1억 2,560만 주)를 인수하였고, 한화 약 1천 4백억 원(S$180million)을 투자하여 알코 커머셜 리츠의 자산 관리 회사가 지닌 전체 지분을 인수하였다.[14] 이후, 프레이저&니브는 리츠의 이름을 프레이저스 커머셜 트러스트Frasers Commercial Trust로 변경하였다. 말레이시아 대기업인 YTL 코퍼레이트YTL Corporate Berhad는 2008년 10월 맥쿼리은행으로부터 맥쿼리 프라임 리츠Macquarie Prime REIT의 경영권을 인수하였다. YTL코퍼레이트는 한화 약 2천 2백억 원(S$285million)을 투자하여 맥쿼리 프라임 리츠의 지분 26%와 리츠 자산 관리 회사인 프라임 리츠 매니지먼트 홀딩스Prime REIT Management Holdings의 지분 50%를 인수했다. 오

---

14) 알코 커머셜 리츠는 2006년 3월에 S$683.9million 규모로 싱가포르 증권거래소에 처음 상장되었다(출처: Reuters, "Singapore F&N buys Allco REIT stake, manager for $132mln," 7 July 2008).

차드 로드에 위치한 두 개의 주요 쇼핑몰인 위즈마 아트리아와 니안시티를 부분 소유하고 있던 맥쿼리 프라임 리츠의 명칭은 스타힐 글로벌 리츠로 변경되었다. 세 번째 인수 합병은 AMP 캐피탈AMP Capital이 마카트록 인더스트리얼 인베스트먼트 트러스트MACARTHURCOK Industrial Investment Trust의 16.11% 상당의 지분과 리츠 자산 관리 회사 전체 지분의 절반을 인수한 것이다. 인수된 이후 2009년 12월 24일부터 AMIMS-AMP 캐피탈 산업용 리츠AIMS-AMP Capital Industrial REIT로 명칭이 변경되어 싱가포르 증권거래소에서 거래되었다.

7.5 집단 투자 계획 규정 - 부동산 펀드 가이드라인

싱가포르의 실질적인 중앙은행 역할을 하고 있는 통화청은 1999년 5월 14일에 부동산 펀드 가이드라인을 발표했다. 이 가이드라인은 싱가포르 리츠 시장 설립을 위한 기본 원칙을 규정하고 있다. 통화청은 1999년 가이드라인 발표 당시 부동산 펀드에 대한 특별세를 보장하지 않으며, 일반적인 세금 원칙에 따라 보통 기업이나 신탁과 동일하게 과세될 것이라고 언급하였다. 2002년 5월 23일, 통화청은 증권선물법(Cap. 289) 제321조에 의거하여 집단투자계획규정Collective Investment Scheme Code을 만들었고, 부동산 펀드 가이드라인을 집단투자계획규정 부록 2에 포함시켰다.

2002년 종속형 투자를 규제하기 위한 목적으로 부동산 펀드 가이드라인을 집단투자계획규정에 편입시킬 당시, 싱가포르 리츠는 집단투자계획규정에 의해 두 가지 사항에 대해 특별 면제를 받았다. 첫 번째는 2002년 발표된 집단투자계획규정에 따라 리츠 매니저들은 자산 관리 업무를 수행하기 위해 통화청의 면허를 받지 않아도 되었다. 두 번째는 싱가포르의 인수 합병 규정 적용 범위에 리츠가 배제되었다. 안전산업위원회는 2007년 6월 8일까지 인수 합병 규정 적용 범위에서 리츠를 배제했다.[15]

1999년 첫 번째 부동산 펀드 가이드라인이 도입된 후, 통화청은 집단투자계획규정에 포함된 부동산 펀드 가이드라인을 계속해서 개정하였다.[16] 2005년, 2007년, 2009년에 주요한 변화가 있었다. 또한 2014년 10월에 통화청은 '리츠 관리 및 리츠 매니저 규제 제도 개선'이라는 정책 문서를 발행하였으며, 이 문서의 일부 사항들은 2015년 7월 2일 부동산 펀드 가이드라인 개정에 반영되었다(부록 2 참고).

7.6 싱가포르 리츠의 특징

7.6.1 세제 혜택

리츠는 일반 개인투자자 및 기관투자자로부터 수익형 부동산 투자를 위한 자금을 모집한다. 그리고 투자 및 배당과 관련된 법적 사항을 준수한 경우에 세제 혜택을 받을 수 있다. 리츠에 대한 세제 혜택은 자동적으로 보장되지 않는다. 리츠는 국세청의 세금 우대 정책을 신청하여 '자격을 갖춘 주주들'의 배당 소득에 대한 세금 면제를 신청해야만

---

[15] 2007년 이후부터 싱가포르 리츠 시장에 인수 합병 규정이 적용되었다. 이는 대주주가 30% 이상의 리츠 주식을 보유할 수 있게 하였으며, 기존 주주들이 전체 주식의 30~50%를 보유할 수 있게 하여, 추가 주식을 확보할 수 있게 하였다. 대주주는 리츠에 전면적인 매수 제안을 할 의무가 있다.

[16] 부동산 펀드 가이드라인의 변경 사항과 관련된 더 자세한 법적 사항들은 2010년 Lee, Suet Fern and Foo, Linda Esther가 저술한 다음 저널에서 살펴볼 수 있다. "Recent Legal and Regulatory Developments and the Case for Corporation." Singapore Academy of Law Journal, 22 pp. 36-65.

한다.17) 싱가포르의 2004/2005 회계 연도 예산에서 리츠 배당에 대한 세금 면제는 국내외 투자자들에게 이중의 세금 혜택을 주었다. 외국 기관투자자의 경우, 리츠 배당금의 원천세가 10% 인하된다. 같은 해에 정부는 리츠를 주식에 상장하거나, 싱가포르 증권거래소에 상장되어 있는 리츠에 편입된 부동산의 소유권 이전과 관련된 인지세를 면제해 주었다. 싱가포르 정부는 2006/2007 회계 연도 예산에서 싱가포르 리츠에 편입된 외국 부동산의 수익에 대한 세금 면제를 확대하여 싱가포르 증권거래소에 외국 부동산 포트폴리오를 포함한 리츠를 상장하게 하는 경쟁력을 갖게 하였다. 세금 감액은 '일몰 조항sunset clause'으로서 2015년 3월 31일까지의 수익에 한해서 세금 혜택을 적용하였다. [일몰 조항이란 일정 기간이 지나면 법률 및 규제 사항의 효력이 자동적으로 소멸함을 의미한다. 옮긴이의 설명].

싱가포르 정부는 2015년도 예산을 통해 외국 혹은 자국 내 부동산에서 발생한 수익을 통한 리츠 개인투자자의 소득세 면제를 2015년 3월 1일부터 5년간 연장하였다. 그러나 2015년 3월 31일 이후부터 리츠가 국내 부동산 매입 시에 부여되었던 인지세 감면 혜택은 없어졌다.18)

---

17) 자격 요건을 충족하는 주주들은 다음과 같다. 싱가포르 거주자Singapore Residents, 영주권자permanent residents, 싱가포르 회사 법인Singapore incorporated companies, 지역 의회 town councils, 싱가포르 정부로부터 승인된 독립적인 운영 기관statutory boards, 자선 단체 registered charities, 협동 조합cooperative societies, 클럽clubs, 트레이드trade, 노동 조합trade unions, 관리 공사management corporations, 산업 협회industrial associations, 싱가포르 국세청으로부터 특별 면제 받은 외국 회사의 싱가포르 지부.

18) Goh Eng Yeow, "Dropping REITs' stamp duty concessions helps level playing field," The Straits Times, 27 February, 2015.

7.6.2 투자 및 배당 조건

싱가포르 리츠는 부동산 펀드 가이드라인에 따라 총 자산의 75% 이상을 수익형 부동산에 투자해야 하며, 싱가포르 국내 및 국외의 임차권, 소유권 투자 모두를 포함한다. 또한 부동산 소유권 확보를 위한 직접 투자 혹은 부동산 매입을 위해 설립된 비상장 특수 목적 기구(SPV) 및 기타 상장 리츠의 지분 투자를 포함한다. 이러한 형태의 부동산 자산들은 싱가포르 리츠 포트폴리오의 상당 부분을 차지한다.

부동산이 아닌 자산에 대한 투자도 있으며, 자산 유동화 증권, 상장 또는 비상장 대출 채권, 국내 및 해외의 비 부동산 회사의 주식, 정부 발행 채권, 국제 단체 혹은 싱가포르 정부 기관 발행 채권, 현금 및 현금성 자산에 대한 투자를 포함한다. 부동산 자산에 대한 투자가 아닌 것으로부터 발생한 수익은 전체 수익의 10%를 초과해서는 안 된다.

배당 조건에 따라, 싱가포르 리츠가 국세청의 세금 감면 혜택을 받기 위해서는 소득의 90% 이상을 개별 주주들에게 배당해야 한다. 2007년 부동산 펀드 가이드라인 개정에 의해서 리츠의 부채 이행 능력에 영향을 미치지 않는 적절한 범위 내에서 개별 주주들에게 초과 수익을 배당할 수 있는 규정이 마련되었다.

7.6.3 부동산 개발 활동

싱가포르 리츠는 단독 혹은 타사와 공동으로 비상장 부동산 개발 회사에 투자하여 개발 활동을 수행할 수 있으며 개발될 부동산에 대한 투자 목적의 선매입이 가능하다. 그러나 개발 활동, 나대지 투자, 담보 대출(담보 유동화 증권)은 금지되어 있다. 이러한 제한 사항에도 불구하고, 싱가포르 리츠를 통해 나대지에 지어질 부동산 및 공사가 완료되지 않은 개발 사업에 대한 투자가 가능하다.

2015년 7월부터 수행된 부동산 개발 사업에 대한 계약 상 거래가액 및 진행 중인 부동산 개발 사업에 대한 리츠의 투자액은 리츠 총자산 가치의 25%를 초과해서는 안된다. 부동산 개발 활동에는 정비, 보강, 수선 등의 리모델링이 포함되지 않는다.

캐피탈몰 트러스트는 캐피탈몰 아시아CapitaMall Asia 및 캐피탈랜드 커머셜CapitaLand Commercial Limited(캐피탈랜드가 지분 전체를 보유한 계열 회사)과 조인트 벤처 형태의 합작 투자 계약을 체결하여 [19] 한화 약 7천 7백억 원(S$969million)에 웨스트게이트 상업용 부지를 정부 입찰을 통해 취득하였다. 주롱 게이트웨이에 위치한 이 통합 개발 사업은, 연면적 약 11,522평(410,000sqf)의 리테일 공간이 있는 7층 규모의 라이프스타일 몰인 웨스트게이트와 연면적 약 8,570평(304,963sqf)인 20층 규모의 오피스 빌딩인 웨스트게이트 타워 Westgate Tower로 구성되었다.[20]

아센다스 리츠는 13개의 부동산 개발 프로젝트를 완료했으며, 이들 사업에 대한 총 개발 비용은 한화 약 7천 8백억 원(S$985.2million) 수준으로 평가된다(표 7.1 참고). 2014년 3월 31일 평가 기준을 바탕으로, 아센다스 리츠는 32.57%의 미실현 누적 수익을 달성했다.

---

[19] 캐피탈몰 아시아가 조인트 벤처의 전체 지분 중 50%를 두 개의 특별 목적 기구인 인피니티 몰 트러스트Infinity Mall Trust와 인피니티 오피스 트러스트Infinity Office Trust를 통해 확보하였다. 그리고 캐피탈몰 트러스트의 계열 회사인 HSBC 인스티튜셔널 트러스트 서비스HSBC Institutional Trust Services가 30%의 지분을 보유하였고, 나머지 20%를 캐피탈랜드가 보유하였다.

[20] 웨스트게이트 타워는 선벤처 홈즈 프라이빗Sun Venture Homes Private Limited과 로우겡 후앗 싱가포르Low Keng Huat(Singapore) Limited로 구성된 컨소시엄에게 2014년 1월 23일 S$579.4million에 매각되었다.

표 7.1 아센다츠 리츠가 수행한 부동산 개발 사업

번호	프로젝트명	용도	개발 비용 (S$million)	2014년 3월 31일 기준 가치 평가 (S$million)	준공 연도
1	Courts Megastore	창고 리테일 시설	46.0	65.9	2006년 11월
2	Giant Hypermart	창고 리테일 시설	65.4	87.3	2007년 2월
3	HansaPoint @ CBP	비즈니스 단지	26.1	86.1	2008년 2월
4	15 Changi North Way	물류용	36.2	48.4	2008년 7월
5	Pioneer Hub	물류용	79.3	115.0	2008년 8월
6	1, 3, 5 Changi Business Park Crescent	비즈니스 단지	200.9	316.7	2009년 2월, 2009년 9월, 2010년 12월
7	71 Alps Avenue	물류용	25.6	30.5	2009년 9월
8	38A Kim Chuan Road	고사양 산업용 (데이터 센터)	170.0	184.7	2009년 12월
9	90 Alps Avenue	물류용	37.9	49.7	2012년 1월
10	FoodAxis @ Senoko	경공업	57.8	78.1	2012년 2월
11	Four Acres Singapore	과학 단지	58.7	57.3	2013년 4월
12	Nexus @one-north	비즈니스 단지	181.3	186.4	2013년 9월
	합계		985.2	1,306.10	

출처: 아센다스 리츠 연간 회계 보고서(회계 연도 2013/2014)

7.6.4 총 레버리지 한도

2005년 부동산 펀드 가이드라인 개정을 통해서 리츠의 총 레버리지 한도는 포트폴리오의 전체 자산 가치의 35% 이내로 한정되었다(최근 감정 평가 기준). 다만, 피치Fitch Inc., 무디스Moody's, 스탠다드&푸어스Standard and Poor's와 같은 대표적인 신용 평가 기관으로부터 리츠의 신용 등급을 평가받아 일반에 공개하는 경우는 레버리지 한도가 35% 이상에서 60% 미만으로 높아진다. 2005년 가이드라인은 리츠의 지급 지연을 차입금으로 분류하였고, 이로 인해 리츠의 대출 한도가 제한되어 새로운 부동산 매입 시 수익률이 감소하였다.[21]

2007년 말부터 시작된 세계 금융 위기로 인해 대출 기관의 신용 공급이 크게 줄었고 이로 인해 시중에서의 대출이 어려워졌다. 당시 은행들과 금융 기관들은 리츠에 대한 대출을 꺼렸다. 싱가포르 리츠의 대출 만기 상환 시점에 리파이낸싱 대출이 어려워져 심각한 채무불이행 리스크에 직면했다. 2007년 외환 위기 이후 싱가포르와 다른 아시아 국가의 리츠 시장에서는 리파이낸싱 리스크가 크게 부각되었다. 2000년 일본에서는 주거용 리츠인 뉴시티 레지던스 인베스트먼트New City Residence Investment가 도시재개발법Civil Rehabilitation Act(2000)에 따라 한화 약 1조 1천억 원(¥112.4billion)의 부채를 안고 파산하였다.[22] 싱가포르 리츠는 강력한 스폰서 기관들과 제휴하여 단기적인 신규 자금 투입을 통해 유동성 위기를 극복할 수 있었다. 예를 들

---

21) 차입은 사채, 채권, 신디케이션 대출, 양자간 대출, 혹은 그밖에 대출을 포함한다. 현금 혹은 리츠 주식 형태로 확보된 자산에 대한 후지급도 대출로 간주한다.

22) 포트폴리오 보유 부동산들이 높은 임차율을 보였음에도 불구하고, 일본 리츠는 2008년 11월 10일에 강제적으로 파산되었고 상장이 폐지되었다(출처: Taku Kato and Mari Murayama, "New City REIT files Bankruptcy with $1.1 Billion Debt", Bloomberg News, October 9, 2008).

어, 프레이저스 커머셜 트러스트(이전 명칭은 알코 커머셜 리츠Allco Commercial REIT)의 스폰서 기관인 프레이저스 센터포인트는 2008년 11월에 리츠가 지닌 한화 약 700억 원($70million) 규모의 기존 대출의 만기 시점에 리파이낸싱 자금을 투입하였으며, 이는 프레이저스 센터포인트가 리츠를 인수한 지 겨우 5개월이 지난 시점이었다.

서브 프라임 위기 당시, 연간 자산 감정 평가 결과 리츠의 자산 가치 하락이 관측되었고, 이로 인해 일부 리츠들은 대출 제한 규정 상 레버리지 한도인 35%를 넘게 되었다. 2009년 1월 9일, 싱가포르 통화청은 만기가 도래한 리파이낸싱 목적의 대출에 대한 레버리지 규제 제한 사항을 완화하였다.[23] 부동산 가치 하락으로 인한 레버리지 한도 초과, 혹은 만기가 도래한 대출에 대한 리파이낸싱 목적의 대출은 차입 규정 위반으로 해석되지 않았다. 그리고 기존 대출의 만기 시점보다 이른 시점에 새로운 대출을 받는 것이 허용되었다. 리파이낸싱을 목적으로 새롭게 대출을 받는 것은 레버리지 한도의 제한을 받지 않았다.

싱가포르 통화청은 2015년 7월 2일 리츠에 대한 두 단계의 레버리지 한도인 35%, 60%를 통합하여 45%로 일원화하였다(부록 2 참고). 그림 7.5는 리츠의 총자산에 대한 부채 비율(비즈니스 신탁 제외)이 평균 32.76%임을 보여준다. 비바 인더스트리얼 트러스트Viva Industrial Trust가 부채 비율 43.74%로 가장 높은 부채 비율을 보이는데, 이는 부동산 펀드 가이드라인에서 새롭게 규정한 부채 비율 45% 한도 범위 내에 있다.

---

23) MAS circular No: CMD 01/2009, "Treatment of refinancing under the aggregate leverage limit."

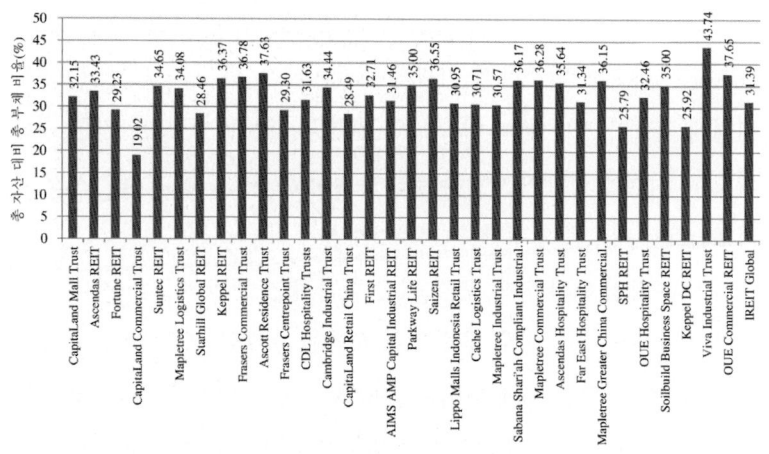

그림 7.5 자산 대비 부채 비율(2015년 6월 기준)
출처: 블룸버그 및 저자

7.7 국경을 넘는 리츠

부동산 취득을 통한 자산 포트폴리오 확장에 있어 지역적 다양화는 리츠가 추구하는 일반적인 접근법은 아니다. 일부 연구에 따르면 아시아의 다양한 국가에 투자하는 리츠는 국내 단일 시장에 집중하는 리츠에 비해 상대적으로 높은 위험성을 보인다고 한다. 리츠가 특정 포트폴리오에 대한 전문성을 강화하면 규모의 경제를 달성할 가능성이 높다. 리츠 매니저가 지역적으로 다양한 자산 포트폴리오를 관리하기 위해서는 더욱 광범위한 전문성과 지식을 갖춰야 한다. 또한, 지역적으로 다양화된 포트폴리오를 보유한 리츠는 운영상의 비효율성으로 인해 규모의 경제를 실현하지 못하여 더 높은 정보 비용 및 운영 비용이 요구된다.[24]

---

24) Capozza, D. R., & Seguin, P. J., (1999). "Focus, transparency and value: the REIT evidence." Journal of Real Estate Economics, 27(4), 587-619.

특정 산업에 대한 집중은 싱가포르 리츠의 주요 전략이다. 대부분의 상업용 및 산업용 리츠는 국내 시장의 부동산 매입에 집중함으로써 홈 그라운드 이점을 활용한다. 그러나 물류용 및 숙박용(서비스드 아파트) 리츠의 경우, 잠재적 임차인과 고객에게 효율적인 네트워크 솔루션을 제공하기 위해서는 해외 자산을 확보하여 포트폴리오의 지리적 다양성을 확보하는 것이 필수적이다. 메이플트리 로지스틱 트러스트는 2005년에 싱가포르에 위치한 15개의 창고 및 산업용 부동산을 보유한 리츠로 처음 시작하였고, 이후 싱가포르, 말레이시아, 홍콩, 중국, 일본, 한국, 베트남 7개 지역 시장에서 111개의 물류용 부동산을 보유한 아시아 전체를 아우르는 판아시아pan-Asia 물류용 리츠가 되었다. 2014년 3월 31일 기준, 리츠의 자산 가치는 처음 기업 공개 당시 한화 약 3천 3백억 원(S$422million)에서 한화 약 3조 3천억 원(S$4.2billion)으로 10배 증가했다. 에스콧 레지던스 트러스트는 서비스드 레지넌스, 임대 주택, 기타 숙박용 부동산 등 지리적으로 다양한 86개의 부동산을 보유한 숙박용 리츠이다. 한화 약 3조 2천억 원(S$4billion) 규모에 이르는 에스콧 레지던스 트러스트에 편입된 부동산들은 아시아 태평양 및 유럽의 13개 국가 36개 도시에 위치하였다.

2006년 및 2007년 시장 가치 기준, 한화 약 20조 원(US$20.17 billion) 규모인 17개의 싱가포르 리츠에 245개의 부동산이 편입되어 있었고 이 중 55개가 해외 부동산이며 이는 전체 순자산가치의 21.14% 수준이다.[25] 2015년 외국 부동산을 보유한 싱가포르 리츠는 22개였으며 이는 두 가지 범주로 구분된다(표 7.2 참고).

---

25) 출처: Cheok, S.M.C., Sing, T.F. and Tsai, I. (2011), "Diversification as a Value-Adding Strategy for Asian REITs: A Myth or Reality?" International Real Estate Review, Vol. 14, No. 2, pp. 184-207.

표 7.2 리츠의 지역적 다양화 및 해외 리츠

번호	리츠 및 증권	신탁 구조	자산 유형	지역 분포
1) 다양한 지역을 포함하는 리츠				
1	Ascendas-Hospitality Trust	결합 증권	호텔	싱가포르, 호주, 중국, 일본
2	Ascott Residence Trust	리츠	서비스드 아파트	싱가포르, 호주, 벨기에, 중국, 프랑스, 독일, 인도네시아, 일본, 말레이시아, 필리핀, 스페인, 영국, 베트남
3	CDL Hospitality Trust	결합 증권	호텔	싱가포르, 호주, 일본, 몰디브, 뉴질랜드
4	Frasers Hospitality Business Trust	사업 신탁	서비스드 아파트	싱가포르, 호주, 유럽, 일본, 말레이시아
5	Cache Logistics Trust	리츠	산업용	싱가포르, 호주, 상하이
6	Mapletree Logistics Trust	리츠	산업용	싱가포르, 중국, 홍콩, 일본, 말레이시아, 한국, 베트남
7	Ascendas REIT	리츠	산업용	싱가포르, 중국
	AIMS AMP Capital Industrial REIT	리츠	산업용	싱가포르, 호주
8	Fraser Commercial Trust	리츠	리테일과 오피스	싱가포르, 호주
9	Keppel REIT	리츠	사무실	싱가포르, 호주
10	Starhill Global REIT	리츠	리테일과 오피스	싱가포르, 호주, 중국, 일본, 말레이시아
11	First REIT	리츠	병원, 호텔과 요양원	싱가포르, 인도네시아, 한국
12	ParkwayLife REIT	리츠	병원과 요양원	싱가포르, 일본

번호	리츠 및 증권	신탁 구조	자산 유형	지역 분포
2) 해외 리츠				
13	CapitaRetail China Trust	리츠	리테일	중국
14	Accordia Golf Trust	사업 신탁	골프장	일본
15	Croesus Retail Trust	사업 신탁	리테일	일본
16	Fortune REIT	리츠	리테일	홍콩
17	Indiabulls Properties Investment Trust	사업 신탁	오피스와 리테일	인도
18	IREIT Global	리츠	오피스	독일
19	Lipppo Malls Trust	리츠	리테일	인도네시아
20	Mapletree Greater China Commercial Trust	리츠	리테일과 오피스	홍콩, 중국
21	Religare Health Trust	사업 신탁	병원	인도
22	Saizen REIT	리츠	주거용	일본
23	Ascendas India Trust	사업 신탁	IT 단지	인도

첫 번째 그룹은 지리적으로 다양한 부동산 포트폴리오를 가진 싱가포르 리츠이다. 이는 싱가포르 국내 부동산 시장의 작은 규모로 인해 포트폴리오 자산의 지리적 다양화를 추구한다. 산업용 및 상업용 리츠인 아센다스 리츠와 스타힐 글로벌 리츠, 의료 및 간호 분야 리츠인 파크웨이 리츠Parkway REIT와 퍼스트 리츠First REIT는 해외 부동산 매입을 지속하였는데, 특히 2008년 세계 금융 위기 이후 더욱 증가하였다.

두 번째 그룹은 해외 리츠로 포트폴리오에 외국 부동산을 주로 보유하고 있다. 싱가포르 정부는 외국 리츠의 싱가포르 주식시장 상장을 적극적으로 유치하기 위해 2005년부터 우호적인 세금 환경을 조성해 왔다.[26] 싱가포르 주식시장에 상장된 해외 리츠로는 인도의 산업용 파크를 보유한 아센다스 인디아 트러스트Ascendas India Trust, 중국의 쇼핑몰을 보유한 캐피탈랜드 리테일 차이나 트러스트CapitaLand Retail China Trust, 홍콩 리테일을 보유한 포춘 리츠, 인도네시아 리테일을 보유한 리포 몰 트러스트Lippo Malls Trust, 일본 리테일을 보유한 크로이소스 리테일 리츠Croesus Retail REIT 등이 있으며 이를 통해 다양한 외국의 상업용 부동산이 소개되었다(표 7.2 참고). 2013년 3월, 테마섹의 자회사인 메이플트리 인베스트먼트가 스폰서 기업으로 메이플트리 그레이터차이나 커머셜 트러스트 해외 리츠의 기업 공개를 주관하였고 총 776,636,000주를 주식 당 0.93싱가포르 달러의 가격으로 매각하며 싱가포르 최대 규모의 리츠 기업 공개에 성공했다(사례 연구 7.6 참고).

---

26) 5년 동안 리츠를 통해 매입한 부동산의 인지세를 면제해 주었다.

사례 연구 7.6: 메이플트리 그레이터차이나 커머셜 트러스트 - 싱가포르 리츠 최대 규모의 기업 공개

메이플트리 그레이터차이나 커머셜 트러스트(MGCCT)는 싱가포르 주식시장에 상장된 해외 리츠로 중국 내 수익형 상업용 부동산에 직간접적으로 투자한다. MGCCT는 2013년 3월 7일 싱가포르 증권거래소에 상장되면서 역대 최대 규모의 리츠 기업 공개에 성공했다. MGCCT는 주식 당 0.93싱가포르 달러에 총 18억 900백만 개의 주식(기본 주식 17.3억 개 및 초과 배정 옵션 주식 7.9억 개)을 매각하였고, 이를 통해 한화 약 13조 4천억 원(S$16.8billion)을 조달하였다. 2013년 침체된 기업 공개 분위기에도 불구하고, 홍콩 및 베이징에 상업용 부동산을 보유한 해외 리츠인 MGCCT의 기업 공개에서 기관투자자 및 일반 투자자들로부터 약 15조 9천억 원(S$19.9billion)이 모집되었다. 당시 기관투자자 모집분의 38.1배, 일반 투자자 모집분의 8.9배의 청약율을 보였다. MGCCT는 2013년 3월 7일 싱가포르 증권거래소에 상장된 후 첫날 거래에서 10.8% 수익을 기록했다. MGCCT 리츠의 수익률은 1년 차(FY2013/14) 5.6%, 2년 차(FY2014/15) 6.1%로 예측되었다.

MGCCT는 메이플트리 인베스트먼트의 100% 자회사인 메이플트리 그레이터차이나 커머셜 트러스트매니지먼트 Mapletree Greater China Commercial Trust Management Ltd에 의해 관리된다. MGCCT의 초기 포트폴리오는 홍콩의 최고급 리테일 및 오피스 건물인 페스티벌 워크 Festival Walk와 베이징의 리테일 아트리움을 갖춘 최고급 A

급 오피스 개발 사업인 게이트웨이 플라자Gateway Plaza로 구성되었다. 두 부동산을 합치면 연면적 약 67,447평(2.4million sqf) 규모이며, 임대 면적은 약 53,396평(1.9million sqf)이다(사례 연구 표 7.5 참고).

사례 연구 표 7.5 MGCCT의 최초 포트폴리오에 포함된 부동산 비교

부동산:	페스티벌 워크		게이트웨이 플라자		포트폴리오	
부동산 유형:	오피스와 리테일		오피스와 리테일			
면적	연면적	임대면적	연면적	임대면적	연면적	임대면적
전체 면적	1,208,754	793,728	1,145,882	1,145,882	2,354,636	1,939,610
오피스	228,665	213,982	1,019,503	1,019,503	1,248,168	1,233,485
리테일	980,089	579,746	126,389	126,389	1,106,478	706,135
임차인 수	216		71		287	
주차장 수	830		692		1,522	
총 수익 회계 연도 2013/2014 (S$million)	$176		$58		$234	
순임대료 수입 (S$million)	$137		$49		$186	
2012년 12월 31일 감정 가격:						
독립된 감정 평가 기관:	Knight Frank	DTZ	Vigers	CBRE		
싱가포르 달러 (S$million)	$3,296	$3,344	$1,016	$1,017	$4,312[#]	
지역 통화 ($million)	$20,700	$21,000	$5,165	$5,170		
매입 가격 (S$million)	$3,296		$1,013		$4,309	

[#] 두 부동산의 감정 가격 중 낮은 가격 기준
출처: 메이플트리 그레이터차이나 커머셜 트러스트(MGCCT) 기업 공개 투자 설명서

페스티벌 워크 매입

페스티벌 워크는 4층 규모의 오피스, 지하 3층 규모의 주차장, 7층 규모의 쇼핑몰을 갖춘 최고급 라이프스타일 쇼핑몰이다. 가우룬 통 Kowloon Tong 중심부에 위치한 이 쇼핑몰은, 홍콩의 여러 지역 및 중국 본토와 교통 접근성이 우수하다. 쇼핑몰은 가우룬 통 MTR역 Kowloon Tong MTR station과 직접 연결된 복합 교통 허브이며, 퀀통 MTR 노선Kwun Tong MTR Line, 버스 환승 센터, 시내 택시, 그리고 홍콩과 중국 선전을 직접 연결하는 이스트 레일 노선East Rail Line이 연결된다.

MGCCT의 스폰서 기관인 메이플트리 인베스트먼트는 2011년 8월에 한화 약 2.3조 원(S$2.9billion)을 투자하여 스와이어프로퍼티Swire Properties Limited로부터 페스티벌 워크를 인수했다. 페스티벌 워크는 메이플트리가 홍콩에서 처음으로 매입한 상업용 부동산이다. 2013년 2월 MGCCT가 한화 약 2조 6천억 원(S$3.296billion)으로 기업 공개 당시, 페스티벌 워크가 포트폴리오에 편입되었으며, 메이플트리의 순자본 이득은 13.66%에 육박했다.

7.8 대안적 리츠 모델 - 리츠와 결합된 사업 신탁

2004년 싱가포르 통화청은 주식 보유자의 수익을 위해 사업 운영을 위한 신탁 관리자와 자산 관리자의 역할을 결합한 투자 기구인, '신탁 자산 관리자trustee-manager'라는 사업 신탁 모델을 도입하였다. 수익자에 대한 신탁 책임은 단일 신탁 자산 관리자에게 부여된다. 투자자 혹은 주식 보유자들은 일정한 배당금을 받지만, 운영에 대한 통제권이나 주주의 권리는 없다. 신탁 자산 관리자는 전문적으로 리츠를 운영하며, 독립적인 권한을 지닌 이사들로 구성된 이사회에 자산 관리 보고를 한다. 2015년까지 총 24개의 사업 신탁이 등록되어 있으며, 이 중 13개는 리츠와 비슷한 구조이며 해외 부동산으로부터 수익을 얻는다.

경우에 따라, 사업 신탁 설립 주체는 적극적인 자산 운용을 통해 주기적인 자산 관리 수수료를 얻고, 동시에 독립된 리츠를 통해 부동산을 소유하고 이를 통해 임대 수익을 얻는다. 결합 증권Stapled Securities은 소극적 소득passive income securities(REIT)과 적극적 소득을 추구하는 사업 신탁을 결합하기 위해 만들어졌다. 결합 구조에서 두 개의 증권은 합쳐져 하나의 증권으로 취급된다. 결합 증권은 보통주와 같은 방식으로 거래되며, 하나의 상품명으로 거래된다. 2014년 6월까지 싱가포르 거래소에는 6개의 결합 증권이 상장되어 있었으며, 이 중 5개는 리츠와 관련된 결합 증권이었다(표 7.3 B) 참고).

표 7.3 대안적 리츠 모델- 사업 신탁과 결합 증권

번호	사업 신탁 명칭	등록 번호	등록 일자	신탁-자산 관리자 명칭	상장 일자
A) 사업 신탁					
1	Accordia Golf Trust	2014002	2014년 7월 21일	Accordia Golf Trust Management Pte. Ltd.	2014년 8월 1일
2	Ascendas Hospitality Business Trust	2012004	2012년 7월 11일	Ascendas Hospitality Trust Management Pte Ltd	2012년 7월 27일
3	Ascendas India Trust	2007004	2007년 7월 3일	Ascendas Property Fund Trustee Pte. Ltd.	2007년 8월 1일
4	CDL Hospitality Business Trust	2006002	2006년 6월 12일	M&C Business Trust Management Limited	2006년 7월 19일
5	Croesus Retail Trust	2013004	2013년 5월 2일	Croesus Retail Asset Management Pte. Ltd.	2013년 5월 10일
6	Far East Hospitality Business Trust	2012005	2012년 8월 13일	FEO Hospitality Trust Management Pte. Ltd.	2012년 8월 27일
7	Forterra Trust(FKA "Treasury China Trust")	2010001	2010년 5월 19일	Forterra Real Estate Pte., Ltd	2010년 6월 21일
8	Frasers Hospitality Business Trust	2014001	2014년 6월 27일	Frasers Hospitality Trust Management Pte Ltd	2014년 7월 14일
9	Indiabulls Properties Investment Trust	2008001	2008년 5월 7일	Indiabulls Property Management Trustee Pte. Ltd.	2008년 6월 11일

7장 싱가포르 리츠 시장의 부상

번호	사업 신탁 명칭	등록 번호	등록 일자	신탁-자산 관리자 명칭	상장 일자
10	OUE Hospitality Business Trust	2013006	2013년 7월 17일	OUE Hospitality Trust Management Pte Ltd	2013년 7월 25일
11	Perennial China Retail Trust	2011002	2011년 2월 28일	Perennial China Retail Trust Management Pte. Ltd.	2011년 6월 9일
12	Religare Health Trust	2012006	2012년 9월 25일	Religare Health Trust Trustee Manager Pte. Ltd.	2012년 10월 19일
13	Viva Industrial Business Trust	2013007	2013년 10월 25일	Viva Asset Management Pte Ltd	2013년 11월 4일

번호	결합 증권	코드	리츠	사업 신탁	상장 일자

B) 결합 증권

번호	결합 증권	코드	리츠	사업 신탁	상장 일자
1	Ascendas Hospitality Trust	Q1P	Ascendas Hospitality REIT	Ascendas Hospitality Business Trust	2012년 7월 27일
2	CDL Hospitality Trust	J85	CDL Hospitality REIT	CDL Hotel Business Trust	2006년 7월 19일
3	Far East HTrust	Q5T	Far East Hospitality REIT	Far East Hospitality Business Trust	2012년 8월 27일
4	OUE Hospitality	SK7	OUE Hospitality REIT	OUE Hospitality Business Trust	2013년 7월 25일
5	Viva Industrial Trust(VIT)	T8B	Viva Industrial REIT	Viva Industrial Business Trust	2013년 11월 4일

2006년 7월 19일 싱가포르 거래소에 상장된 CDL 호스피탈리티 트러스트는 최초로 리츠와 결합한 상품으로, 당시 호텔 14개, 리조트 2개, 사업 신탁 그리고 호텔과 리조트 사업을 운영하는 할니티 비즈니스 트러스트Harnity Business Trust를 소유한 CDL 호스피탈리티 부동산 투자 신탁 리츠와 결합하였다. CDL 호스피탈리티 트러스트는 CDL 호스피탈리티 부동산 투자 신탁 리츠의 법률적 소유자였으며, 동시에 신탁에 대한 의사결정 권한을 가졌다. CDL 호스피탈리티 트러스트는 신탁에 대한 '신탁 관리자trustee' 및 '자산 관리자manager' 역할을 모두 수행하였다(사례 연구 7.7 참고).

사례 연구 7.7: CDL 호스피탈리티 트러스트 - 결합 증권 모델

증권선물법의 집단투자제도collective investment scheme에 근거한 싱가포르 첫 호텔 리츠인 CDL 호스피탈리티 리츠CDL Hospitality REIT는 사업 신탁과 결합하여 2006년 7월 19일 싱가포르 증권거래소에 성공적으로 상장되었다. 이는 싱가포르가 아시아 리츠의 중심지로 입지를 굳히는 데 중요한 계기가 되었다. 시티디벨로먼트는 리츠 스폰서 기관으로서 런던 증권거래소에 상장된 세계적인 호텔 투자 기구인 밀레니엄&콥톤 호텔을 통해 싱가포르 최초의 호텔 리츠인 CDL 호스피탈리티 리츠를 운영하였다. CDL 호스피탈리티 리츠는 주로 숙박 및 숙박 관련 목적으로 사용되는 부동산에 투자하고 보유하기 위해 설립되었다. CDL 호스피탈리티 리츠는 상장 당시 실질적인 영업을 하지 않던 사업 신탁인 CDL 호스피탈리티 비즈니스 트러스트CDL Hospitality Business Trust와 결합하여 증권거래소에 상장되었다. 만약에 CDL 호스피탈리티 리츠가 보유한 호텔 자산 혹은 새롭게 구입한 호텔 자산에 대한 마스터 리스 계약을 체결한 임차인이 없을 경우 사업 신탁인 CDL 호스피탈리티 비즈니스 트러스트가 마스터 리스 역할을 맡게 된다. [마스터 리스란 특정 임차인이 목적물의 넓은 임대 면적에 대한 장기 임대차 계약을 체결하고 이를 운영 및 재임대하여 수익을 얻는 사업 방식을 말하는데, 임대인 입장에서는 공실에 대한 우려가 현저히 줄어들어 선호한다. 옮긴이의 설명]. 사업 신탁은 숙박 및 숙박과 관련된 부동산 개발 사업, 부동산 매입, 부동산 투자 역시 수행할 수 있다. 반면에 CDL 호스피탈리티 리츠는 부동산 펀드 가이드라인에 의해 이러한 역할을 수행할 수 없다.

전체 증권의 약 60.9% 수준인 4억 2,500만 개의 결합 증권 주식은 기업 공개를 통해 주식 당 0.83싱가포르 달러 가격으로 일반 투자자에게 판매되었다. 나머지 전체 증권의 약 39.1% 수준인 2억 7,300만 개의 결합 증권은 자산 관리 역할을 수행하는 리츠 스폰서 기관과 스폰서 기관의 자회사들을 통해 모집되었다. CDL 호스피탈리티 리츠와 CDL 호스피탈리티 비즈니스 트러스트는 증권거래소에서 단일 결합 증권으로 거래된다. 연간 배당 수익률은 2006년 6.37%, 2007년 6.69%로 예측되었다.

CDL 호스피탈리티 리츠가 소유한 초기 부동산 포트폴리오는 기업 공개 당시 1,900개 이상의 객실을 갖춘 싱가포르 소재의 오차드 호텔, 그랜드 콥톤 워터프론트 호텔Grand Copthorne Waterfront Hotel, 엠 호텔M Hotel, 콥톤 킹 호텔Copthorne King's Hotel로 구성되었다. 오차드 호텔 쇼핑 아케이드Orchard Hotel Shopping Arcade 또한 CDL 호스피탈리티 리츠의 자산 포트폴리오에 포함된다(사례 연구 표 7.6 참고). CDL 호스피탈리티 비즈니스 트러스트는 2015년 기준 싱가포르, 호주, 뉴질랜드, 일본, 몰디브, 5개국에 총 4,709개의 객실을 갖춘 14개 호텔과 2개의 리조트를 보유하고 있다.

사례 연구 표 7.6 시티디벨로먼트 숙박 사업 신탁(CDL H-REIT) 초기 포트폴리오 설명

부동산:	Orchard Hotel	Grand Copthorne Waterfront Hotel	M Hotel	Copthorne King's Hotel	Orchard Hotel Shopping Arcade	합계
위치	Orchard Road	Havelock Road	Anson Road	Havelock Road	Orchard Road	
연면적(m²)	49940.9	46662.6	32379.3	17598.3		146581.1
호텔 객실 수	653	539	413	310		1915
주차장 수	454	287	237	77		1055
객실 당 수익	112	96	110	88		
2005년 회계 기준 총수익 (S$million)	16.1	11.7	9	5.3	3.4	45.5
매입 가격 (S$million)	330.1	234.1	161.5	86.1	34.5	846.3

출처: CDL H-Trust 기업 공개 사업 설명서

CDL 호스피탈리티 비즈니스 트러스트의 구조는 사례 연구 그림 7.4에 나타난 바와 같다. 밀레니엄&콥톤 호텔의 자회사인 M&C 리츠 매니지먼트M&C REIT Management Limited가 리츠 자산 관리 회사로 지정되었고, 밀레니엄&콥톤 호텔의 또 다른 자회사인 M&C 비즈니스 트러스트매니지먼트M&C Business Trust Management Limited 가 사업 신탁의 신탁 관리자로 지정되었다. 리츠 자산 관리 매니저

는 보유한 부동산 가치에 대해 연 0.25%의 기본 수수료와 CDL 호스피탈리티 리츠의 순자산 소득의 연 5.0%의 성과 수수료를 받는다. 또한 리츠 매니저는 부동산 거래 가격의 1.0%의 세금과 부동산 취득 및 주식 매각에 대한 0.5%의 세금을 리츠를 통해 납부한다.

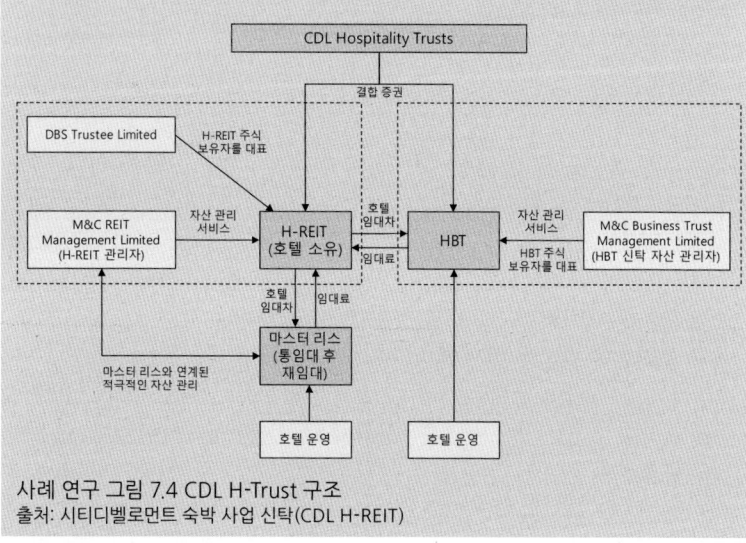

사례 연구 그림 7.4 CDL H-Trust 구조
출처: 시티디벨로먼트 숙박 사업 신탁(CDL H-REIT)

7.9 자산 관리 회사 모델 - 수수료 수익 모델

싱가포르 리츠는 주식 보유자를 대신하여 부동산을 운영할 제3의 리츠 자산 관리 회사를 지정한다. 리츠 자산 관리 회사는 공모 상장 기업의 운용 주체로서 리츠의 법적 준수 외에 투자 운용, 자본 관리, 자산 포트폴리오 관리라는 세 가지 광범위한 관리 기능을 수행한다. 리츠 자산 관리 회사는 투자 기회를 파악하고 리츠 포트폴리오를 확대하기 위해 부동산 매입 전략을 수행한다. 자본 관리에 있어서 리츠 자산 관리 회사는 리츠가 승인된 신용 평가 기관으로부터 신용 등급을 받는 경우 총 레버리지가 45% 허용 한도(2015년 7월 이후 설정된)를 초과하지 않도록 관리한다. 자산 관리 회사는 대출 만기 및 이자에 대한 리스크를 신중하게 관리한다. 자산 운용은 균형 잡힌 임차 구성을 통해 다양한 임차 포트폴리오를 확보함으로써 입주율과 임대료를 향상시키는 업무를 포함한다. 리츠 자산 관리 회사는 주주들의 자산 포트폴리오 가치 상승을 위한 자산 가치 증대 정책을 수행한다.

리츠 자산 관리 매니저는 그들의 책임과 업무에 따라 두 가지 수수료를 받는다. 하나는 자산의 가치와 임대 수입 증가에 따른 자산 관리 수수료인 기본 수수료와 성과 수수료이고, 다른 하나는 활동 수수료인 매입 수수료와 매각 수수료이다. 기본 수수료는 리츠 포트폴리오 자산 가치의 0.10%에서 0.50%까지 다양하다. 메이플트리 그레이터차이나 커머셜 트러스트, 아이리츠 글로벌IREIT Global, 비바 인더스트리얼 트러스트, 소일빌드 비즈니스 스페이스 리츠Soilbuild Business Space REIT와 같은 새로운 리츠들은 부동산 가치를 기준으로 기본 수수료를 산정하는 것에서 벗어나, 기본 수수료를 배당 소득과 연계하였다. 성과 수수료는 리츠 자산 관리 매니저마다 매우 다양하며 성과를 이루었을 때만 지급되는데, 이러한 성과는 주식 당 배당 수익, 부동산 임대 수익이 사전 목표치보다 높은 경우를 의미한다. 매입 수수료는 일반적으로 취득한 부동산 가치의 1%, 매각 수수료는 매각 시 부동산 가격의 0.5% 수준이다. 2015년 7월 싱가포르 통화청은 가이드라인 개정안을 통해 리츠 자산 관리 회사의 수수료 구조와 종류에 대해 그것의 정당성을 증명하고 공시를 의무화하였다(부록 2 참고).

건물에 대한 일상적인 자산 관리 및 시설 관리 업무는 제3의 독립된 건물 자산 관리 회사에게 위탁한다. 싱가포르 리츠 산업에서 리츠 자산 관리 회사(자산운용사) 및 건물 자산 관리 회사 대부분은 리츠 스폰서 기관의 계열 회사이다. 리츠의 기업 지배 구조 목적을 위해 이사회의 일원인 사외이사가 리츠 자산 관리 회사에 대한 감독 역할을 수행한다. 리츠 스폰서 기관 및 관계사들의 제휴 관계는 리츠에 대한 실질적인 지배권과 리츠 자산 관리 회사에 대한 소유권 확보를 통해 주주들에게 싱가포르 리츠에 대한 매각 거부 우선권을 제공하는 긍정적인 역할을 한다.[27]

지속적인 수수료 수익을 기반으로 하는 자산 운용업은 싱가포르에서 인기있는 사업 모델이다. 2008년에만 4개의 리츠 자산운용사의 인수가 이루어졌다.

- 아센다스는 굳맨Goodman이 보유한 아센다스 MGM펀드 매니지먼트의 지분 40%를 인수하면서 2008년 3월 12일 아센다스 MGM펀드 매니지먼트의 단독 소유자가 되었다.
- 프레이저Fraser는 2008년 7월 8일 알코 커머셜 리츠(한화 약 8백억 원(S$104.3million))의 지분 17.1%와 리츠 자산 관리 회사(한화 약 6백억 원(S$75.7million)의 지분 100%를 인수하였다.
- 옥슬리그룹Oxley Group과 내셔널 오스트레일리아 뱅크National Australia Bank Limited(nabInvest)의 자회사들이 2008년 2월 20일, 캠브리지 인더스트리얼 트러스트Cambridge Industrial Trust의 리츠 자산 관리 회사

---

27) Kudus, Syahzan Sani and Sing, Tien Foo, (2011) "Interest Alignment and Insider Shareholdings in the Emerging Asian REIT Markets," Journal of Real Estate Portfolio Management, Vol. 17, No. 2, pp. 127-138.

인 캠브리지 인더스트리얼 트러스트매니지먼트Cambridge Industrial Trust Management Pte Ltd의 지분 80%를 인수하였다.

- YTL사는 2008년 12월 31일, 한화 약 2천 2백억 원(S$285million)을 투자하여 맥쿼리은행Macquarie Bank Limited으로부터 맥쿼리 프라임 리츠(한화 약 1천 6백억 원(S$202.62million))의 지분 26%와 프라임 리츠 매니지먼트 홀딩스의 지분 50%(한화 약 6백 5십억 원(S$82.38million))를 인수하였다.

싱가포르 리츠가 증가함에 따라 리츠 스폰서 기관들과 제휴하지 않은 독립된 리츠 자산 관리 회사들도 나타났다. 캠브리지 인더스트리얼 트러스트매니지먼트가 인수된 이후, 에이알에이 에셋매니지먼트는 싱가포르 리츠 시장에서 스폰서 기관과 독립된 유일한 자산 관리 회사가 되었다. 에이알에이 에셋매니지먼트는 2003년 싱가포르에 상장된 포춘 리츠의 자산 포트폴리오를 운용하기 위해 2002년 설립되었다. 에이알에이 에셋매니지먼트는 2007년 11월부터 싱가포르 거래소에 상장되었다. 이후 싱가포르, 홍콩, 말레이시아, 한국 등 7개 상장 리츠에 대한 자산 관리 업무를 담당하며 급속히 성장해 나갔다(사례 연구 7.8 참고).

사례 연구 7.8: 에이알에이 에셋매니지먼트 - 스폰서 기관과 독립된 리츠 자산 관리 회사

싱가포르 리츠 자산 관리 회사 대부분은 스폰서 기관의 자회사이다. 스폰서 기관들은 자산 관리 회사들을 통해 리츠 자산 관리 수수료를 지속적으로 확보한다. 에이알에이 에셋매니지먼트는 스폰서 기관과 독립된 싱가포르 최초의 부동산 펀드 관리 회사이며 증권거래소에 상장된 상장 회사이다. ARA의 핵심 업무는 상장 리츠와 사모 부동산 펀드에 대한 자산 운용업이다. 에이알에이 에셋매니지먼트는 ARA의 최고 경영자인 존림휘이쟝John Lim Hwee Chiang과 청쿵 홀딩스의 자회사에 의해 2002년 설립되었다. ARA의 운용 자산 규모는 2003년 12월 31일 한화 약 5천 3백억 원(S$663.3million)이었으며, 주식 상장 직전인 2007년 6월 30일의 운용 자산 규모는 한화 약 5조 7천억 원(S$7,233.4million)이었다.

　ARA의 리츠 자산 관리업 진출은 홍콩의 쇼핑몰과 부동산을 소유하고 있는 싱가포르 최초의 해외 리츠인 포춘 리츠와 자산 관리 계약을 체결하면서부터 시작되었다. 리카싱이 설립한 청쿵 그룹을 포함한 홍콩 재계의 거물들이 소유하였던 선택 시티의 오피스와 리테일 부동산을 매입하면서 설립된 선택 리츠의 자산 관리 회사로 지정되었다. ARA는 2005년에 홍콩의 첫 번째 사모 리츠인 프로스퍼티 리츠Prosperity REIT의 자산 관리 업무를 담당하였다. ARA는 리츠 자산 관리 사업을 점차적으로 확장해 나갔고, 2006년에는 말레이시아에서 가장 큰 오피스 리츠인 엠퍼스트 리츠AmFRIST REIT

의 자산 관리 회사가 되었다. 2007년 증권거래소에 회사가 상장되기 전, 리츠 자산 운용 규모 총액은 2007년 6월 30일 기준 한화 약 5조 5천억 원(S$6,922.2million)으로 증가했다.

ARA의 두 창립자(존림John Lim과 청쿵 홀딩스)는 2007년 10월 25일 기업 공개 당시 주당 1.15싱가포르 달러 가격으로 73,000,000개의 신주와 132,176,000개의 구주로 구성된 총 205,176,000주를 발행했고, 36,000,000주의 추가적인 매도 주식을 바탕으로 추가 배당 옵션을 포함하여 ARA 회사를 기업 공개하였다. 총 주식의 약 6.5%를 보유하고 있는 피델리티 홍콩Fidelity Hong Kong, 머큐리Mercury, 인도파크Indopark를 포함한 3곳의 주요 재무적 투자자에게 총 37,824,000주가 할당되었다. 기업 공개 및 초과 배당을 통해 총 279,000,000주를 매각한 후, 존림과 청쿵 홀딩스가 보유한 ARA 주식 보유율은 각각 전체 지분의 70%와 30%에서 36.40%와 15.60%로 감소하였다.

ARA의 핵심 사업은 리츠 자산 관리, 사모 부동산 펀드 및 전문 사모 펀드 자산 운용, 기업 금융 자문 서비스, 세 부문으로 구성된다. 2015년 당시, ARA는 싱가포르, 홍콩, 말레이시아에서 6개의 공모 리츠를, 한국에서 2개의 사모 리츠를 관리했다(ARA-국민연금공단 위탁 관리 리츠ARA-NPS Investment Company, ARA-국민연금공단 2호 리츠ARA-NPS REIT No.2). 포트폴리오 자산 및 운용 자산 규모의 상세 내역은 사례 연구 표 7.7에 요약되어 있다.

사례 연구 표 7.7 2015년 ARA 리츠 자산

리츠	상장 국가	상장 연도	부동산	부동산 가치[#] S$million (US$million)
Fortune REIT	싱가포르	2003	교외 지역 리테일 부동산 (홍콩)	S$6,020.89 (US$4,467.53)
Suntec REIT	싱가포르	2004	프라임 오피스 및 리테일 부동산(싱가포르, 호주)	S$8,674.00 (US$6,436.15)
Prosperity REIT	홍콩	2005	오피스 및 산업용 부동산 (홍콩)	S$1,719.06 (US$1,275.55)
AmFIRST REIT	말레이시아	2006	상업용 부동산(말레이시아)	S$487.05 (US$361.39)
Cache Logistics Trust	싱가포르	2010	물류 부동산(아시아 태평양 지역)	S$1,212.00 (US$899.31)
Hui Xian REIT	홍콩	2011	상업용 부동산(중국)	S$9,063.34 (US$6,725.04)
ARA-NPS REITs[&]	한국(사모 리츠)	2007, 2010	오피스 부동산(한국)	S$760.12 (US$564.01)

[&]10년 만기 폐쇄형 사모 리츠
[#]2015년 3월 31일 감정 평가 기준
출처: 에이알에이 에셋매니지먼트 2015년 1분기 연간 회계 보고서

2015년 3월 기준 ARA 운영 자산 총 규모는 한화 약 21조 원(S$ 27.2billion) 수준이며, 이 중 약 79%의 운용 자산은 리츠 포트폴리오에 편입된 부동산을 의미한다(사례 연구 그림 7.5 참고). 리츠의 수입원은 아래의 세 가지에서 발생한다.

- 운영 중인 부동산 가치와 연동된 기본 자산 관리 수수료
- 운영 중인 부동산을 통해 발생한 연간 임대료 수익과 연동된 성과 수수료
- 부동산의 매입 또는 매각 시 총 부동산 자산 가치와 연동된 매입 수수료 및 매각 수수료

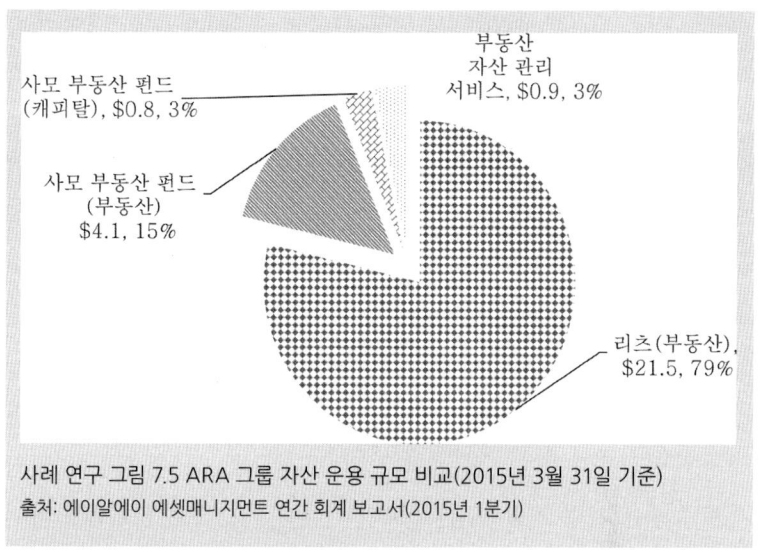

사례 연구 그림 7.5 ARA 그룹 자산 운용 규모 비교(2015년 3월 31일 기준)
출처: 에이알에이 에셋매니지먼트 연간 회계 보고서(2015년 1분기)

7.10 싱가포르 리츠에 투자하기

리츠는 부동산을 유동성 있는 거래 증권으로 전환하는 증권화 기구이다. 리츠는 유동 자금이 많은 곳에서 부동산 투자 기회가 많은 곳으로 자금을 효율적으로 연결하는 중간 역할을 한다. 아시아와 유럽의 부동산 소유자들은 2000년대 초부터 부동산 실물을 자본화하기 위해 미국의 부동산 리츠 모델을 채택하였다.

리츠는 방어주defensive stock[방어주란 경기 변동에도 불구하고 주가의 움직임이 민감하지 않은 주식을 말한다. 옮긴이의 설명]로서, 투자자들에게 이익의 90% 이상을 정기적으로 배당한다. 리츠 투자자들은 법인 수준의 세금 혜택을 받는다. 리츠는 배당금 지급을 통해 개인투자자 및 조건을 충족한 기관투자자에게 세금 면제 혜택을 제공한다. 또한 리츠는 투자자가 쇼핑몰, 오피스, 상업용 부동산, 창고 등과 같은 수익형 부동산을 간접 소유할 수 있는 투자 기구이다. 리츠는 집단 투자 형태이기 때문에, 투자자들은 부동산의 많은 지분을 확보할 필요 없이 소량의 리츠 주식만 매입할 수 있다. 리츠는 주식처럼 낮은 거래 비용으로 주식시장에서 자유롭게 거래되는 유동성 투자이다. 그러나 리츠의 가격 가치는 주식시장의 변동성과 같은 외부적 요인에 취약하다.

위와 같은 리츠의 특성을 보았을 때, 리츠는 부동산, 주식, 채권의 특징을 결합한 혼합형 투자 기구라고 생각할 수 있다. 모건 스탠리의 리츠 리서치 부서 본부장인 그렉 와이트Greg Whyte는 "리츠는 부동산 냄새가 나고, 채권처럼 보이며, 주식처럼 걷는다REITs smell like real estate, look like bonds and walk like equity"라고 묘사한다.[28]

리츠는 부동산 간접 투자 기구로서 개인투자자 및 기관투자자들에게 매력적인 투자처 역할을 한다. 2002년부터 2015년까지 40개 싱가포르 리츠(사업 신탁 포함)의 과거 가격을 기준으로 분기별 프라이스 리턴price return[프라이스 리턴이란 투자 포트폴리오에서 자본의 가치 상승에 따른 수익률을 의미하며 이자 소득 및 배당 소득은 제외한다. 옮긴이의 설명]을 계산할 수 있다. 스트레이츠 타임즈 인덱스Straits Times Index의 분기별 수익률은 주식 수익률을 대신하여 사용되며, 싱가포르 도시재개발청은 산업, 오피스, 리테일에 대한 분기별 프라이스 리턴을 산출한다. 자산군에 대한 통계적 설명 및 자산군 간의 상관관계가 표 7.4에 요약되어 있다. 리츠의 분기별 프라이스 리턴 수익률은 약 1.5%로 모든 자산군 중에서 가장 높다. 5개의 자산에 대한 수익률은 그림 7.6에 정리되어 있다. 조사 결과에 따르면 리츠의 수익률은 싱가포르의 주가 수익률(0.876)과 높은 상관관계를 보인다. 리츠 수익률은 실물 상업용 부동산 수익률보다 주식과 높은 연동성을 보인다. 2007~2008년의 서브 프라임 위기 동안 리츠의 분기별 수익률은 60% 이상 감소하였고, 2009년과 2010년에는 40% 이상 반등하였다.

---

28) 출처: Ari Weinberg, "Liquid Properties," Forbes, May 22, 2002.

표 7.4 서로 다른 자산 간의 수익률 관계성(2002년 9월~2015년 3월)

항목	주식	채권	리츠	산업용	오피스	리테일
평균	0.014	0.006	0.015	0.015	0.008	0.007
중앙값	0.026	0.006	0.027	0.009	0.010	0.007
최댓값	0.465	0.010	0.526	0.085	0.085	0.045
최솟값	-0.390	0.003	-0.694	-0.107	-0.128	-0.049
표준편차	0.117	0.002	0.151	0.040	0.038	0.019
상관관계						
채권	0.042					
리츠	0.876	0.066				
산업용	0.132	-0.226	0.137			
오피스	0.219	0.018	0.142	0.763		
리테일	0.220	0.064	0.223	0.697	0.849	

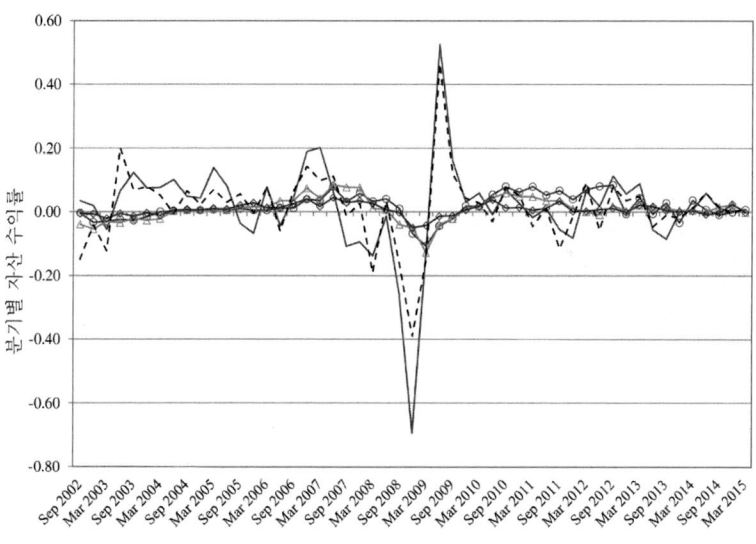

그림 7.6 분기별 자산 수익률(2002년 9월~2015년 3월)
출처: 데이터스트림과 저자

7.11 결론

싱가포르 리츠 시장은 2002년부터 2007년까지 급속한 성장을 이루었다. 하지만 싱가포르 부동산 시장에 한정되면 지속적인 성장을 이루기 어렵다. 싱가포르 리츠 시장은 중국과 인도를 포함한 다른 아시아 리츠 시장과 치열한 경쟁에 직면할 것이다. 그러므로, 혁신을 통한 성장 전략의 차별화는 싱가포르 리츠 시장을 가장 매력적이고 효과적인 리츠 중심지로 만들기 위해 필수적이다. 정부 기관과 연계된 리츠는 계속해서 싱가포르 리츠 시장에서 주도적인 역할을 할 것이며, 해외 리츠가 싱가포르 주식시장에 상장할 수 있도록 하는 유인 역할을 할 것이다. 정부 기관 연계 리츠는 싱가포르 리츠 시장에서의 우수한 기업 지배 구조를 확립하는 데 주요한 역할을 담당할 것이다.

싱가포르 리츠의 새로운 모델

1990년대 미국 리츠 시장에서는 독립된 자산 관리 회사를 통한 리츠 운영 모델이 선호되었던 것에 반해, 싱가포르 리츠 시장은 왜 스폰서 기관을 통한 리츠 운영 모델을 채택했을까? 스폰서 기관을 통한 리츠 운영 모델에서는 리츠가 C 코퍼레이션C-Corporation 혹은 신탁 형태로 설립되며[C 코퍼레이션은 소유주(주주)와 법인이 분리된 회사 형태를 말한다. 부가 설명하면 법인에 대한 책임을 주주가 지지 않고, 주주의 재산을 사업체 변제를 위해 제공하지 않아도 되며 회사에 출자한 자금에 그 책임이 한정된다. 단점으로는 회사가 법인세를 내고 개인은 배당 소득세를 내기 때문에 이중 과세의 단점이 있다. 옮긴이의 설명], 리츠의 대표자 및 관리 직원을 스폰서 기관이 직접 임명하고, 리츠의 계정에서 일반 및 관리 비용으로 보수를 지급한다. 싱가포르 리츠는 강력한 스폰서 기관이 존재하여 그것의 영향력을 발휘하고 있으며, 특히 전체 리츠의 39.4%가 정부와 연계된 스폰서 기업과 제휴하고 있다.[29] 가까운 시기에 독립된 자산 관리 회사를 통한 리츠 운영 모델을 도입하여 이해관계의 일치 문제를 해소할 필요가 있다. 다만 싱가포르 리츠 시장에는 리츠의 대표자를 역임할 수준의 인력이 미국에 비해 제한적이기 때문에 상대적으로 작은 규모의 리츠에 독립된 자산 관리 회사를 통한 리츠 운영 모델을 추진하기에는 대형 스폰서 기관과 연계된 리츠 모델과 비교하여 규모의 경제 측면에서 불리한 면이 있다.

부록 1. 싱가포르 증권거래소에서 활발히 거래되는 리츠

번호	리츠 명칭	리츠 종류	부동산 종류	자산 가치 대비 부채 비율(%)	기업 공개 당시 주식 가격 (S$)	기업 공개 당시 총 발행 가격 (billion)	상장 일자
1	CapitaLand Mall Trust	리츠	쇼핑센터	32.15	0.96	213.00	2002년 7월 17일
2	Ascendas REIT	리츠	다양화	33.43	0.88	272.50	2002년 11월 19일
3	Fortune REIT	리츠	쇼핑센터	29.23	1.08$ (HK$4.75)	473.00	2003년 8월 12일
4	CapitaLand Commercial Trust	리츠	다양화	19.02	1.75	839.12	2004년 2월 6일
5	Suntec REIT	리츠	다양화	34.65	1.00	722.00	2004년 12월 9일
6	Mapletree Logistics Trust	리츠	다양화	34.08	0.68	310.88	2005년 7월 28일

29) 28)과 같다.

번호	리츠 명칭	리츠 종류	부동산 종류	자산 가치 대비 부채 비율(%)	기업 공개 당시 주식 가격 (S$)	기업 공개 당시 총 발행 가격 (billion)	상장 일자
7	Starhill Global REIT	리츠	쇼핑센터	28.46	0.98	581.92	2005년 9월 20일
8	Keppel REIT	리츠	오피스	36.37	1.82	240.51	2005년 11월 28일
9	Frasers Commercial Trust	리츠	다양화	36.78	1.00	321.26	2006년 3월 30일
10	Ascott Residence Trust	리츠	호텔	37.63	0.68	340.50	2006년 3월 31일
11	Frasers Centrepoint Trust	리츠	지역 쇼핑몰	29.30	1.03	261.93	2006년 7월 5일
12	CDL Hospitality Trust	결합 증권	호텔	31.63	0.83	425.00	2006년 7월 19일
13	Cambridge Industrial Trust	리츠	다양화	34.44	0.68	206.11	2006년 7월 25일
14	CapitaLand Retail China Trust	리츠	지역 쇼핑몰	28.49	1.13	193.30	2006년 12월 8일
15	First REIT	리츠	헬스케어	32.71	0.71	140.40	2006년 12월 11일
16	AIMS AMP Capital Industrial REIT	리츠	창고/산업용	31.46	1.20	247.33	2007년 4월 19일
17	Ascendas India Trust	사업 신탁	산업용 파크	22.05	1.18	423.38	2007년 8월 1일
18	Parkway Life REIT	리츠	헬스케어	35.00	1.28	373.06	2007년 8월 23일
19	Saizen REIT	리츠	아파트	36.55	1.00	196.74	2007년 11월 9일

번호	리츠 명칭	리츠 종류	부동산 종류	자산 가치 대비 부채 비율(%)	기업 공개 당 시 주식 가격 (S$)	기업 공개 당시 총 발행 가격 (billion)	상장 일자
20	Lippo Malls Indonesia Retail Trust	리츠	쇼핑센터	30.95	0.80	645.47	2007년 11월 19일
21	Indiabulls Properties Investment Trust	사업 신탁	상업용/ 주거용	20.59	1.00	262.48	2008년 6월 11일
22	Cache Logistics Trust	리츠	창고/산업용	30.71	0.88	531.01	2010년 4월 12일
23	Mapletree Industrial Trust	리츠	창고/산업용	30.57	0.93	917.49	2010년 10월 21일
24	Sabana Shari'ah Compliant Industrial REIT	리츠	다양화	36.17	1.05	605.80	2010년 11월 26일
25	Mapletree Commercial Trust	리츠	다양화	36.28	0.88	1015.09	2011년 4월 27일
26	Ascendas Hospitality Trust	결합 증권	호텔	35.64	0.88	521.94	2012년 7월 27일
27	Far East Hospitality Trust	결합 증권	호텔	31.34	0.93	705.71	2012년 8월 27일
28	Religare Health Trust	사업 신탁	헬스케어	11.22	0.90	567.46	2012년 10월 19일
29	Mapletree Greater China Commercial Trust	리츠	다양화	36.15	0.93	1730.11	2013년 3월 7일
30	Croesus Retail Trust	사업 신탁	쇼핑센터	51.69	0.93	392.77	2013년 5월 10일

번호	리츠 명칭	리츠 종류	부동산 종류	자산 가치 대비 부채 비율(%)	기업 공개 당시 주식 가격 (S$)	기업 공개 당시 총 발행 가격 (billion)	상장 일자
31	SPH REIT	리츠	지역 쇼핑몰	25.79	0.90	559.88	2013년 7월 24일
32	OUE Hospitality Trust	결합 증권	호텔	32.46	0.88	681.82	2013년 7월 25일
33	Soilbuild Business Space REIT	리츠	다양화	35.00	0.78	586.53	2013년 8월 16일
34	Keppel DC REIT	리츠	다양화	25.92	0.93	551.45	2014년 12월 12일
35	Viva Industrial Trust	결합 증권	오피스	43.74	0.78	468.15	2013년 11월 4일
36	OUE Commercial REIT	리츠	오피스	37.65	0.80	433.00	2014년 1월 27일
37	Frasers Hospitality Trust	사업 신탁	호텔	41.06	0.88	418.01	2014년 7월 14일
38	IREIT Global	리츠	오피스	31.39	0.88	499.01	2014년 8월 13일

$ 환율: 2003년 3월 기준, 싱가포르 달러 S$1.00 : 홍콩 달러 HK$4.42
출처: 블룸버그

부록 2. 부동산 펀드 가이드라인의 개정 사항

2005년 10월 20일[30] - 싱가포르 리츠 자산 관리 매니저의 책임과 기업 지배 구조를 강화하기 위한 개정안은 아래의 사항을 포괄한다.

 i) 싱가포르 자산 관리 회사의 출현 - 제3의 독립된 자산 관리 회사를 설립하기 위해서는 최소 한화 약 8억 원(S$1million)의 자본

---

30) 레퍼런스: Rodyk & Davison LLP.

금을 보유해야 한다. 또한 싱가포르에 사무소를 개설해야 하며, 싱가포르 통화청에서 규정하는 기준을 충족하는 대표자와 최소 2명의 전문 인력이 싱가포르 사무소에 상주해야 한다.

ii) 자산 관리 매니저의 해임 - 자산 관리 매니저는 이사회의 과반수 이상의 참석과 투표를 통해 해임이 결의될 수 있다.

iii) 이해 관계자 거래 - 이해 관계 당사자인 스폰서 기관 혹은 신탁사와 거래 시에는, 매입하거나 매각할 부동산에 대한 가치 평가를 두 곳의 감정 평가 기관에 의뢰해야 하며, 그중 하나는 신탁사가 독립적인 감정 기관에 의뢰해야 한다. 이해 관계자로부터 부동산을 매입하거나 이해 관계자에게 부동산을 매각할 시에는 시장 가격에 근거하여 자산 관리 회사에 수수료를 지급해야 한다.

iv) 부동산 공동 소유joint ownership - 싱가포르 리츠의 공동 소유자로서 부동산에 투자할 경우, 조인트 벤처 계약서에 비상장 특수 목적 기구의 주식 혹은 이익에 대한 구조를 명문화해야 한다.

v) 개발 사업 제한 - 리츠 포트폴리오 상 부동산 가치의 10%를 초과하여 부동산 개발 사업에 투자할 수 없다.

vi) 총 대출 레버리지 제한 - 싱가포르 리츠는 포트폴리오의 부동산 가치 35% 상한의 대출 레버리지 제한을 받는데, 차입 및 이연 지급을 포함한다. 그러나 신용 평가 기관에서 신용 등급을 득하여 일반투자자에게 공모한 경우, 대출 레버리지 제한 상한선을 60%까지 높일 수 있다.

vii) 임차인 프로필의 공개 - 싱가포르 리츠 자산 관리 매니저는 부동산 포트폴리오의 임차인 프로필에 대한 자세한 정보를 공개해야 한다. 총 임차인 수, 임대료 상위 10개 임차인, 상위 10개 임차인 각각의 임대료 비중, 임차인 업종 구성, 임대 수익 기준 임차인의 계약 만기일 공개를 포함한다.

viii) 부동산 포트폴리오 가치 평가 - 자본금을 새롭게 모집할 때 리츠 포트폴리오의 부동산에 대한 기존 가치 평가가 6개월을 초과한 경우, 리츠 자산 관리 매니저는 감정 평가 기관을 통한 정식 감정 평가 대신 탁상 감정을 통해 진행할 수 있다.

2007년 9월 - 싱가포르 통화청은 2007년 9월 28일 부동산 펀드 가이드라인의 두 번째 개정안을 발표했다. 아래에 일부 변경 사항이 정리되어 있다.

i) 금융공학을 포함한 단기 수익률을 높이기 위한 시도들에 대한 공시 의무화

ii) 리츠 자산 관리자가 주식 보유자에 의한 자산 관리 계약 해지를 제한하는 조항을 자산 관리 계약서에 넣는 것을 방지하기 위해서 특정 문구를 자산 관리 계약서에 반영하는 것을 강제

iii) 리츠 주식 상장 시점에 이루어지는 기관투자자 자금 모집에 대한 가격 할인 불허

iv) 당기 순이익을 초과한 배당금 지급에 대한 안전 장치 명시

v) 싱가포르 리츠 자산 75% 이상을 수익형 부동산에 투자

vi) 부동산 관련 증권 투자에 있어 5% 한도 제한 철폐

2009년 11월 11일 - 2009년 개정안의 주요 사항은 정기 주주 총회의 의무화이다. 2010년 1월 1일부터 시행된 이 조항에 따르면 싱가포르 리츠의 연간 정기 주주 총회를 의무적으로 해야 하며, 지난 정기 주주 총회 시점 이후 15개월 이내에 다음 정기 주주 총회를 개최해야 한다.

2015년 7월 2일 – 싱가포르 통화청은 2014년 10월 9일 발행된 '리츠 및 리츠 자산 관리 매니저를 관리를 위한 규제 체제 강화' 보고서를 통해 각계 전문가의 의견을 수렴하였다.[31] 이를 기반으로 2015년 7월 2일 리츠 자산 관리 매니저의 운영에 있어서의 유연성을 높이는 동시에, 주주들의 보호 및 책임을 강화하기 위해 3가지 핵심 영역에 대한 변경 사항이 도입되었다.[32]

(a) 기업 지배 구조 강화
- 이해 관계가 상충될 경우, 리츠 자산 관리 매니저와 이사진은 법적 의무에 의해 자산 관리 매니저 및 회사 주주의 이익보다 리츠 주식 보유자의 이익을 우선시해야 한다.
- 만약 리츠 주식 보유자가 자산 관리 회사의 이사진을 선임할 권한이 없는 경우, 자산 관리 회사 이사진의 절반 이상은 독립된 사외이사로 구성해야 한다.
- 자산 관리자는 보상 정책과 절차를 리츠 연례 보고시를 통해 공개해야 한다.

(b) 수수료 구조의 투명성 제고
- 리츠 자산 관리 매니저는 수수료 구조 및 유형을 공개하고 그것의 정당성을 입증해야 한다. 또한 자산 관리 매니저는 성과 수수료의 계산 산식을 설명해야 하며, 주식 보유자의 장기적 이익 관점에서의 계산 산식의 타당성을 증명해야 한다.

---

31) 싱가포르 통화청이 발간한 자문 보고서(PO23-2014)에서 권고 사항에 대한 자세한 내용을 확인할 수 있다.
32) 출처: "MAS Responses to Consultation Feedback on Strengthening the REITs Market." 2 July 2015.

(c) 운영에 있어서의 유연성 증대
- 리츠 포트폴리오 상 부동산 가치의 10%를 초과하여 부동산 개발 사업에 투자할 수 없었던 기존 한도를 25%로 높인다.
- 리츠 포트폴리오의 부동산 가치의 35% 상한 대출 레버리지 제한을 45%로 높인다. 그러나 신용 평가 기관에서 신용 등급을 득하여 일반 투자자에게 공모한 경우, 대출 레버리지 제한 상한선을 60%까지 높일 수 있었던 기존 조항은 폐지한다.
- 운영에 대한 제한 사항을 극복하기 위해 리츠 구성 요소와 결합된 결합 증권 구조가 허용된다. 리츠 구성 요소는 기존의 제한 사항을 따른다.

8장
자본 시장과 부동산 시장의 격차 완화

싱톈푸

싱가포르의 기적

8.1 들어가며

상업용 부동산 개발 및 매입과 관련된 투자 방식은 오랜 기간 변함이 없었다. 부동산 투자는 예외 없이 자기 자본과 대출을 결합하여 자금을 조달하는데 이는 개인이 주택 담보 대출을 받는 방식과 크게 다르지 않다. 이러한 자금 조달 구조는 현재도 널리 쓰이고 있다. 하지만 금융 기법의 혁신에 힘입어 부동산 투자 자본 구조는 여러 형태로 나뉘어졌다. 개별적인 증권화가 가능해졌고 민간 및 공공 시장에서 거래되었다. 아울러, 금융 혁신 기법은 자본 시장 내 부동산 투자 대상의 범위를 확장시켰다. 기관투자자들은 이러한 혁신적인 기법을 통해 실물 부동산을 직접 매입할 필요 없이 그들의 투자 포트폴리오를 지분 투자 및 대출로 구성할 수 있게 되었다.

8장에서는 싱가포르의 부동산 증권화 시장의 출현에 대해 살펴보고자 한다. 먼저, 부동산 증권화의 개념과 당위성에 대해 논의한다. 그 다음으로, 싱가포르에서의 부동산 증권화의 세 가지 주요 발전 단계를 살펴본다. 이어서 싱가포르의 다양한 부동산 증권화 유형인 담보대출채권mortgage backed bonds, 상업용부동산자산유동화증권Commercial Real Estate Asset Backed Securities, 주거용담보대출증권 및 상업용담보대출증권residential and commercial mortgage backed securities에 대해 알아보고자 한다. 또한 독자의 이해를 돕기 위해 싱가포르 부동산 시장에서의 실제 사례들을 다룬다. 마지막으로, 싱가포르의 증권화 시장 발전을 위한 제안을 한다.

8.2 부동산 현금 흐름의 증권화

부동산 증권화는 자본 시장의 혁신적인 자금 조달 방법으로서 담보 대출에 대한 원리금 상환과 임대료 수입과 같은 현금 흐름을 기반으로 한다. 이는 담보 대출 및 자기 자본 투자를 통한 자금 모집, 신용 보강, 거래 가능한 증권 상품으로의 구조화, 자본 시장 내에서의 투자자 배당 등 여러 과정을 수반한다. 다양한 부동산 증권 상품은 현금 흐름의 유형(주거용 담보 대출 대 상업용 담보 대출)과 증권 상품의 구조(원리금 수취 이체식 pay through 저당 및 원리금 수취 이체식 pass through)에 따라 만들어진다. [원리금 수취 이체식은 채권 발행 기관이 주택 저당권을 보유하고 원리금 수취에 관한 지분권을 투자자에게 이전하는 방식이다. 원 채무자로부터 상환받는 원리금을 바탕으로 특수 목적 기구가 새로운 방법으로 투자자에게 증권을 발행하여 유동화하는 방식이다. 반면에 저당 및 원리금 수취 이체식은 채권 발행 기관이 주택 저당권과 원리금 수취에 관한 지분권을 투자자에게 모두 이전하는 방식을 말한다. 채무자로부터 투자자에게 상환되는 원리금이 특수 목적 기구를 통과하여 그대로 지급되기 때문에 pass through라고 한다. 옮긴이의 설명].

부동산 담보 대출 비율이 높은 은행과 금융 기관은 증권화를 통해 부동산 시장 리스크를 줄일 수 있다. 증권화 과정은 전문화된 영역에서 금융 기관의 역할을 분리시킨다. 자산 결합, 거래 가능한 증권으로 현금 흐름 구조화, 신용 평가, 채무 변제, 증권 인수, 신용 보강, 양도인 신탁 등의 금융 기관의 역할이 이에 포함된다(그림 8.1 참고).

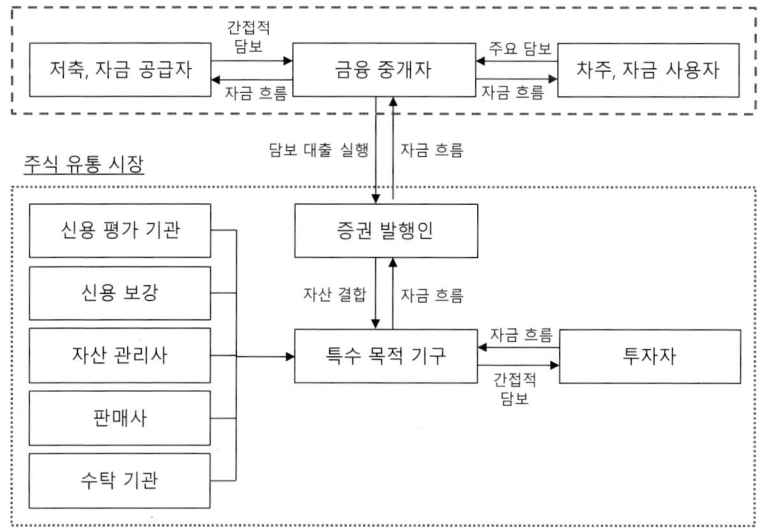

그림 8.1 전통적인 금융 모델에서의 은행의 중개 역할 배제

은행과 같은 대출 기관은 중개인으로서의 역할은 줄어들지만, 수수료 기반의 전문화된 서비스를 제공하며, 여기에는 신용 평가, 신용 보강, 자산 담보 증권 판매 등이 포함된다. 주식 유통 시장 내에서의 업무의 개별화 및 전문화를 통한 새로운 구조의 재편은 효율성을 제고시키고 반복적으로 발생하는 금융 거래 비용을 낮춘다. 또한 증권화는 자금의 수요자와 공급자 간의 간격을 좁힌다. 주식 유통 시장을 통해 투자자의 리스크 성향에 맞는 증권 상품을 연결하여, 자금 조달을 위해 필요한 비용을 절감하게 되었다.

전통적인 대차대조표에서 부동산은 소유주의 장부에 반영된다. 하지만, 증권화를 부외금융 수단으로 이용하는 부동산 소유주들이 점차 많아지고 있다. 이를 통해 소유주들은 본인 소유 부동산에 대한 법적 권리를 공개 시장 가격으로 특수 목적 기구에 양도한다. 완전 매각을 통해 소유주의 장부에서 부동산의 자산 분리가 이루어지고, 이를 통해 부외금융 구조가 만들어진다. 특수 목적 회사가 부동산에 대한 소유권을 갖고 소유주의 사업 리스크로부터 분리되는 파산 위험 분리 법인 형태가 된다. 이로 인해 부동산 담보 증권의 신용 리스크는 소유주의 금융 및 사업 리스크와 독립되어 부동산 그 자체의 특성 및 현금흐름에 기초하여 평가된다. 부동산 개발 사업 주기 전반의 현금 흐름에 걸쳐 증권화가 가능하며 준공 전 단계의 토지 담보 대출, 선 분양, 건설 자금 대출 등을 포함하며, 준공 후 단계의 임대료 수입 및 분양 수익 등을 포함한다.

8.3 미국의 부동산 증권화

8.3.1 주거용담보대출증권 시장

미국의 주거용담보대출증권Residential Mortgage Backed Securities(RMBS)에 대한 역사는 1930년대로 거슬러 올라간다. 당시 미국 정부는 대공황 침체 이후 주택 금융 시장에 직접 개입하였다.[1] 미국 의회는 1934년 연방주택관리국Federal Housing Administration과 1938년 연방저당협회(패니메)Federal National Mortgage Association(Fannie Mae)를 설립했고 이들 정부 기관은 미국의 주거용담보대출증권 시장 형성에 중요한 역할을 했다.

---

1) Green, Richard K., and Susan Wachter (2005) "The American Mortgage in Historical and International Context." Journal of Economic Perspectives, Vol. 19, No. 4, pp. 93-114.

연방주택관리국은 미국 본토와 미국령 영토에 걸쳐 정부로부터 허가받은 대출 기관의 대출 상품에 대한 저당 보험을 제공한다. 연방주택관리국 저당 보험은 주택 담보 대출 차주의 원리금 지급 불이행으로 인한 손해를 보상한다. 연방주택관리국은 고정 금리, 원리금 균등 분할 상환, 일시 만기 상환을 통해 주택 대출 상품의 표준화를 추구하였다. 패니메는 대출자로부터 연방주택관리국의 저당 보험이 설정된 주거용담보대출증권을 매입하면서 주식 유통 시장을 만들었다. 이는 주택 담보 대출 시장에 새로운 자금이 유입되는 계기가 되었다. 패니메는 1968년 민영화 이후 채권 발행을 통해 자금을 확보하여 주거용담보대출증권을 매입하고 이를 주식시장에 매각하며 자본을 축적해 나갔다.

패니메는 1968년 공정주거법Fair Housing Act에 의해 두 개의 기관으로 나뉘어졌다. 첫 번째는 기존의 명칭을 그대로 간직한 민영 기관인 페니메로 연방주택관리국과 같은 정부 기관에서 보장하는 보험을 적용받지 않는 개인들의 담보 대출을 매입하는 역할을 한다. 두 번째는 공공 기관인 정부주택저당협회(지니메)Government National Mortgage Association(Ginnie Mae)이다. 지니메는 미국 정부의 신용도를 바탕으로 연방주택관리국의 저당 보험이 설정된 대출 상품의 대출 원리금 상환 일정의 적시성에 대한 보증을 한다. 미국 내 주거용담보대출증권 시장의 발전에 있어 주요한 두 요인을 꼽으라면 바로 연방주택관리국의 저당 보험과 지니메의 보증이었다.

지니메는 1968년 처음으로 주택저당채권지분이전증권(이체 증권)mortgage pass through security에 대한 보증을 실시했다. 미국 정부는 1970년에 정부 보증 기관인 연방주택대출저당공사(프레디 맥)Federal Home Loan Mortgage Corporation를 설립하여 연방주택관리국의 저당 보험이 설정되지 않은 저축 은행 대출 상품을 기초로 발행된 증권을 매입하였다. 프레디 맥은 1971년에 참여 증서participation certificate라고 불리는 이체 증권을 처음 발행했다. 패니메 또한 1981년에 담보대출증권(MBS)이라고 불리는 이체 증권을 처음으로 발행했다. 2003년 정부 기관을 통한 주거용담보대출증권 발행 규모는 한화 약 2천 9백조 원(S$3.62trillion)으로 정점을 기록했다.[2] 그러나 민간에서의 주택담보 대출 상품들의 대거 출현으로 정부 기관에서 발행한 주거용담보대출증권 시장 점유율은 1996년 67.8%에서 2003년 43.3%로 하락했다(그림 8.2 참고). 하지만 2008년 서브 프라임 사태 이후 민간 기관을 통해 발행된 대부분의 주거용담보대출증권 및 상업용담보대출증권 상품은 없어졌다.

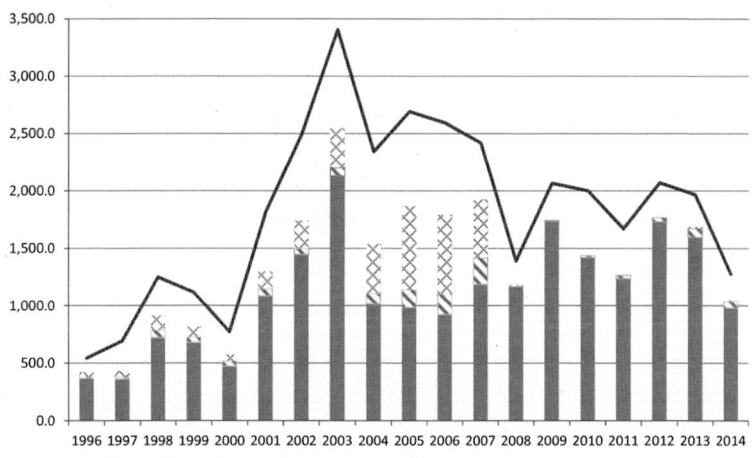

그림 8.2 미국의 담보대출증권 발행(1996~2014년)
출처: 증권산업금융시장협회(SIFMA)

---

2) 환율: US$1: S$1.7008 (2003년) (출처: MAS).

서브 프라임 사태를 경험한 2008년 이후에는 정부 기관을 통해 발행된 주거용담보대출증권이 전체 시장의 70% 이상을 차지하게 되었다. [미국 정부는 대공황 이후 주택 경기 부양을 위한 목적으로 패니메를 설립하였다. 1938년 설립된 패니메는 1968년 민영화될 때까지 30년 간 주택 금융 시장에서 독점적으로 영업하였으며, 1970년 설립된 프레디 맥과 더불어 미국의 2대 모기지 업체가 되었다. 두 회사는 은행이 대출한 주택 담보 대출 증서를 다시 사들이거나 보증해 주는 방법으로 서민들을 위한 저금리의 주택 대출을 촉진하는 역할을 수행한다. 옮긴이의 설명].

주거용담보대출증권 유통 시장의 초기 발전사에 있어, 지니메와 준정부급 기관(패니메와 프레디 맥)의 노력으로 인해 미국 대출 금융 기관에 새로운 자본이 유입될 수 있었다. 주택 담보 대출 증권화는 공급 과잉 지역에서 수요 과잉 지역으로 자본 흐름을 연결하여 효율성을 제고한다. 더불어 이자율, 신용, 자금 조달, 유동성, 지역별 집중화와 같은 주택 대출과 관련된 대출 기관의 리스크를 줄인다. 주거용담보대출증권 시장은 대출 채권의 유동성을 높이고 부동산 시장에서의 대출 비용을 낮춘다. 전체 주거용담보대출증권 발행 규모는 1968년 처음 발행 당시 한화 약 643조 원(S\$804.89billion) 규모였으며,[3] 최고치를 기록했던 2007년에는 한화 약 1경 2천조 원(S\$16.2trillion) 규모로 증가하여 무려 42배 이상 성장했다. 2014년 기준, 주택 담보 대출은 미국 전체 담보 대출 시장의 73.44%로 가장 큰 비중을 차지했다(그림 8.3 참고).

---

3) 환율: US\$1: S\$3.0612 (1968년) (출처: © 2015. Werner Antweiler, University of British Columbia), US\$1: S\$1.4412 (출처: MAS).

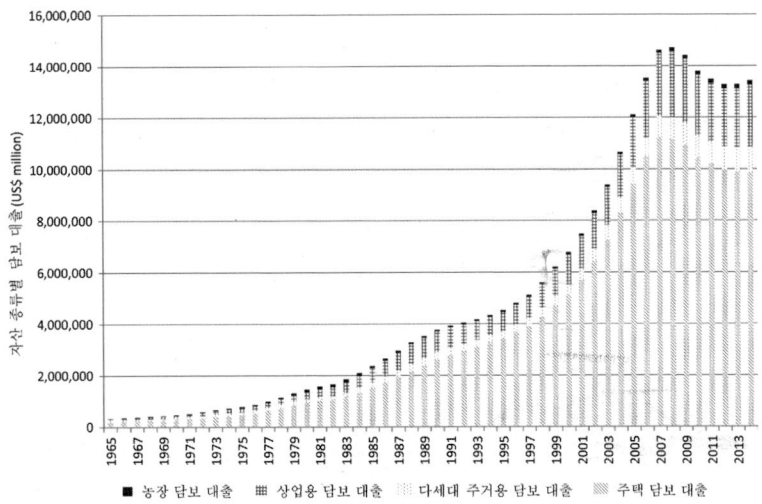

그림 8.3 미국의 전체 담보 대출 시장(1965~2013년)
출처: 미국연방준비제도(FRS)

8.3.2 상업용담보대출증권 시장

주거용담보대출증권이 자금 유동성에 대한 시장의 수요로 성장했던 것과 달리, 상업용담보대출증권Commercial Mortgage Backed Securities(CMBS)의 성장 원인은 1980년대 후반 부동산 시장 붕괴로 인한 미국의 저축 은행 사태였다. 미국 의회는 1989년 '금융 회사 개혁, 구제, 규제 강화법Financial Institutions Reform, Recovery and Enforcement Act'을 제정하면서 정리신탁공사를 설립하여 파산한 저축 은행이 소유했던 부실 채권을 매입했다. 정리신탁공사는 파산한 저축 은행들로부터 막대한 양의 부실 자산을 매입하였고 획기적인 해결책을 찾기 위해 자본 시장으로 눈을 돌렸다. 정리신탁공사는 부실 채권을 트렌치 구조화하여 투자자의 안정성을 강화한 후 상업용담보대출증권 선순위 트렌치를 월

스트리트의 투자자들에게 판매했다.[4] 1991년에서 1993년까지 정리신탁공사의 부실 채권 청산 과정은 상업용담보대출증권 시장이 급속하게 성장하는 데 이바지했다. 정리신탁공사는 부실 저축 은행들의 자본 구성을 재편성하고 저축 은행들이 보유한 부실 상태의 상업용 대출 채권을 유동화한 후 1995년 청산하였다. 컨설팅 기관인 언스트앤영Ernst&Young이 발간한 보고서에 따르면 정리신탁공사가 1991년과 1995년에 걸쳐 발행한 상업용담보대출증권 규모는 한화 약 17.8조 원($17.8billion)이었다.[5]

상업용담보대출증권 분야에서의 금융 혁신은 상업용 부동산 투자 시장의 혁신적인 발전으로 이어졌다. 상업용 부동산 대출 기관들은 정리신탁공사의 모델을 활용하여 상업용담보대출증권 시장의 자본을 유치하는 데 활용하였다. 정리신탁공사가 발행한 상업용담보대출증권에 대한 시장의 매력적인 수익률과 높은 수요는 금융 상품 투자에 대한 투자자들의 수요를 이끌었다. 1990년대 중반 이후 도관체 성격의 담보 대출 기관들이 상업용담보대출증권 시장의 성장을 이끌었다.[6] '대규모 등급jumbo grade'의 상업용 담보 대출의 자산 가치는 한화 약 11억 원(S$1.4million)에서 약 112억 원(S$14million) 범위에 있으며 담보 대출 기관들은 도관체형 상업용담보대출증권 시장에 공급했다. 1996년 상업용담보대출증권의 신규 발행 규모는 한화 약 14.4

---

4) 상업용담보대출증권의 선순위는 증권의 채무 불이행 시 먼저 상환받을 수 있도록 구조화되었으며, 반대로 후순위는 선순위 다음에 상환받도록 구조화되었다.

5) Nueberg, S.E.D., (2008), "The Anatomy, History and Future of Commercial Loan Securitisation," Commercial Mortgage Insight, July 2008.

6) 도관체 역할의 대주는 상업 은행 혹은 투자 은행으로 상업용 부동산 대출을 상업용담보대출증권으로 증권화하기 위한 목적으로 기표 혹은 보유한다. 그들은 기존의 전통적인 은행 대출로부터 소외되어 있던 소규모의 낮은 품질의 상업용 부동산에도 적극적으로 대출하였다.

조 원(S$18.0billion) 수준이었지만 2007년 신규 발행 규모는 229.6조 원(S$330.8billion)을 보이며 최고치를 기록하였는데,[7] 이는 1996년 대비 약 17.9배 증가한 것이다. 총 담보 대출 증권 신규 발행 부문에서 상업용담보대출증권의 시장 점유율은 1996년 2.36%에서 2007년 9.49%로 확대되었다. 2007년 주거용담보대출증권 시장의 붕괴로 시작된 서브 프라임 위기는 상업용담보대출증권 시장에도 영향을 미쳤고, 상업용담보대출증권 신규 발행 규모는 2008년 한화 약 5.2조 원(S$6.5billion), 2009년 한화 약 9.7조 원(S$12.2billion) 수준으로 금융 위기 이전 시점과 비교하여 대폭 하락했다.[8] 2010년 상업용담보대출증권의 신규 발행이 재개되면서 시장에서의 신뢰도가 점차 회복되었고 2013년 상업용담보대출증권 신규 발행 규모는 한화 약 80.7조 원(S$100.9billion) 수준으로 회복되었다.[9]

8.3.3 서브 프라임 위기

2014년 말 기준, 모기지(주택저당)증권의 총 미상환 채무 규모는 한화 약 8천 7백조 원($8.73trillion)을 나타냈다.[10][11] 2007년 모기지 증권화 규모는 역대 최고치를 기록했으며, 미국 시장 전체의 미상환 채무의 약 30%를 차지하며 채권 금융의 가장 큰 부분을 차지했다. 그림 8.4와 같이 모기지 증권 발행 규모는 상업 채권(16.5%)과 국고 증권(14.2%)을 합한 총액을 넘어섰다.

---

7) 환율: US$1: S$1.3998 (1996년), US$1: S$1.4412 (2007년) (출처: 싱가포르 통화청).
8) 환율: US$1: S$1.4392 (2008년), US$1: S$1.4034 (2009년) (출처: 싱가포르 통화청).
9) 환율: US$1: S$1.2653 (2013년) (출처: 싱가포르 통화청).
10) 2014년 기준, 정부 기관 발행 주거용담보대출증권, 민간 기관 발행 주거용담보대출증권, 상업용담보대출증권을 합치면 미국 전체 미상환 저당 대출의 87%를 차지한다.
11) 출처: 증권산업금융시장협회(SIFMA).

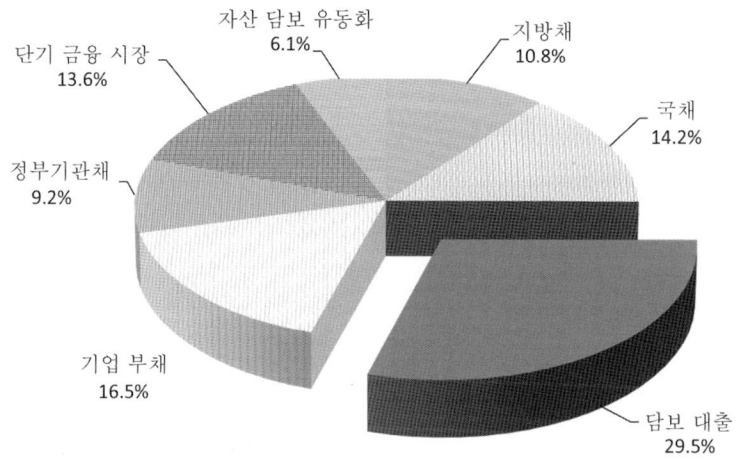

그림 8.4 미상환 채권 시장(2007년)
출처: 증권산업금융시장협회(SIFMA)

    2000년 초기 견고한 주택 가격에 힘입은 모기지 증권화의 급성장으로 미국 내 금융 시장의 취약점이 드러났다. 주택 시장에 대한 호황 심리가 사라지면서 균열이 가기 시작한 것이다. 2006년 주택 가격이 하락하고 자금 유동성에 제약이 걸린 가계들이 주택 담보 대출의 원리금을 상환하지 못하기 시작했다. 호황 심리로 인한 거품으로 형성된 부동산 시장은 더 이상 지탱할 수 없게 되었다.[12] 부동산 거품이 꺼졌고 1930년대 대공황 이후 미국 경제상 가장 큰 금융 시장 붕괴가 발생했다. 이로 인해 전 세계 경제는 깊은 침체 속으로 빠져들었다.

    증권화는 1970년대 이후 미국 내 담보 대출을 용이하게 만들면서 주택 금융 시장을 활성화하는 데 도움을 주었지만, 시장에서 대출 기관, 주택 구매자, 투자자 사이의 왜곡을 조장했다.[13] 대출 기관들은 증

---

12) Stiglitz, J., (2007), "House of Cards," guardian.co.uk, 9 October 2007.
13) Blinder, Alan S., "Six Fingers of Blame in the Mortgage Mess," The New York Times, September 30, 2007.

권화를 통해 투자자에게 신용 리스크를 전가할 수 있었고, 과거 은행권에서 대출 승인이 거절된 높은 리스크를 지닌 주택 구매자들에게 서브 프라임 대출 상품이 판매되었다. 공격적인 투자 은행들은 부채담보부증권Collateralized Debt Obligations(CDO)과 같은 복잡한 상품들을 만들어 냈고 투자자들에게 적극적인 마케팅을 펼쳤다. 담보 대출 규모가 줄어들 때 즈음, '증권화 사슬securitization-chain'의 가장 최하단에 위치한 투자자들의 상품은 아무런 가치가 없게 되었다. 투자자들의 신뢰는 빠르게 식어갔고 순식간에 부동산 시장 및 금융 시장 모두에 자본 공급이 중단되는 셧다운shut-down 현상이 일어났다.

미국의 서브 프라임 위기에서 많은 교훈을 얻을 수 있다. 증권화 시장에 대한 효과적인 조치는 투자자의 신뢰를 회복하고, 투명하고 효율적인 시장을 조성하기 위해 필요하다. 비록 증권화 기구의 역할이 시장에서 일시적으로 줄어들고 있지만 완전히 없어진 것은 아니다. 정부 기관은 주거용담보대출증권을 발행하며 미국 시장의 담보 대출에 대한 보험 역할을 하고 있다. 2014년 기준 담보대출증권은 전체 미상환 채권 중 22.4%를 차지하며 금융 위기 이후 가장 큰 증권 규모를 보인다.

8.4 싱가포르의 부동산 증권화

부동산 담보 대출 유통 시장이 발전한 미국과 달리, 싱가포르에서 부동산 담보 대출은 은행 및 금융 회사가 장기 투자 목적으로 취급한다. 싱가포르의 부동산 담보 대출 유통 시장은 아직 초기 단계다. 부동산 개발 회사들은 부동산 펀드의 주된 사용자로서 싱가포르 증권화 시장에서 주요한 역할을 한다.

8.4.1 싱가포르의 부동산 담보 대출 시장

2014년 기준, 은행이 발행한 상업용 담보 대출, 건설 자금 대출, 주택 담보 대출, 브릿지 대출을 포함한 미상환 부동산 대출 금액은 한화 약 224조 원(S$281.15billion)을 기록했다. 이 수치는 싱가포르 내 모든 은행의 전체 대출 및 선수금(금융 어음 포함)의 46.3% 이상을 차지한다 (그림 8.5 참고). 1993년부터 1997까지 민간 주거용 주택 시장의 견고한 성장에 힘입어 주택 담보 대출은 꾸준히 증가했다. 1998년에 주택 담보 대출 분야의 대출 규모는 한화 약 7조 원(S$8.85billion) 수준 증가하면서 가장 큰 상승세를 보였지만, 같은 해 상업용 부동산 및 건설 자금 대출 분야의 대출 규모는 한화 약 5천억 원(S$0.65billion) 수준 하락했다. 기업과 부동산 개발 회사에 대한 상업용 부동산 대출 및 건설 자금 대출을 일반 가계에 대한 주택 담보 대출 및 브릿지 대출을 포함한 부동산 대출 규모는 1994년 이래로 싱가포르 통화청이 정한 대출 제한선인 30%를 넘었다.

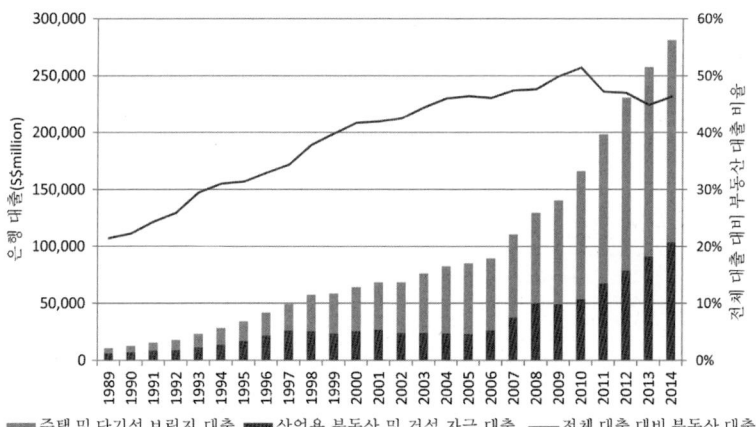

그림 8.5 싱가포르 은행 대출
출처: 싱가포르 통화청 및 저자

1997년 아시아 금융 위기의 발발은 한국, 태국, 인도네시아, 말레이시아를 비롯한 아시아 국가들의 화폐 가치 하락을 가져왔고 그 파급 효과는 부동산 시장으로 이어져 주택 가격이 급격한 하향 곡선을 그리기 시작했다. 싱가포르 부동산 시장 역시 위기를 피할 수 없었다. 민간 주거용 주택 가격은 정점을 찍었던 1996년 2분기부터 1998년 4분기까지 41.7%가 하락하며 폭락하였다. 은행들은 금융 위기를 거친 후, 부동산 시장으로의 자금 유입을 차단했고 주택 구매자 및 부동산 개발 회사 모두 심각한 유동성 경색 상황에 직면하였다. 또한 금융 위기가 초래한 부동산 침체로 은행들은 신규 주택 담보 대출을 줄이기 시작했다. 주택 담보 대출 규모는 시장 정점에 달했던 1998년 한화 약 7조 원(S$8.85billion)에서 1999년에는 한화 약 2조 6천억 원(S$3.35billion)으로 61.99% 하락했다(그림 8.6 참고). 이후, 6년 간 신규 주택 담보 대출 규모는 매년 한화 약 2조 8천억 원(S$3.6billion) 수준에서 등락을 거듭하며 안정적인 성장세를 보였다.

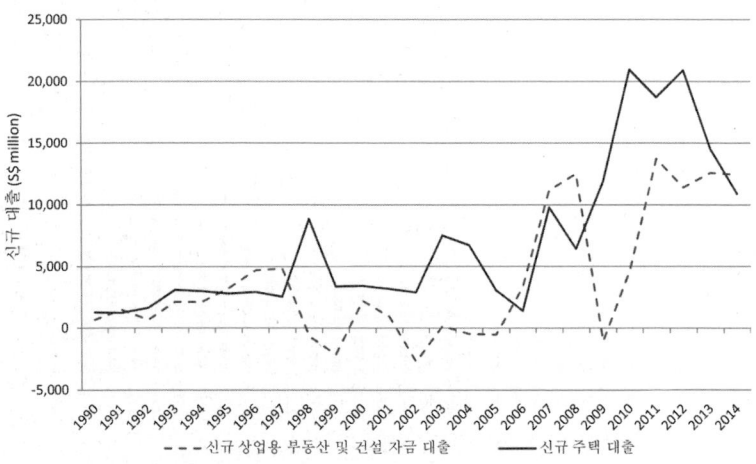

그림 8.6 은행 신규 부동산 대출(1990~2014년)
출처: 싱가포르 통화청 및 저자

싱가포르 도시재개발청에 따르면, 상업용 부동산 시장에서 오피스 가격 지수는 1996년 2분기와 1999년 3분기 사이에 42% 이상 하락했다. 금융 위기 이후, 상업용 부동산의 거래가 원활하게 이루어지지 않았다. 1997년과 1999년 2년 사이에 부동산 개발 사업 및 기타 분야에 대한 건설 자금 대출 규모는 144%가 넘는 급격한 하락을 경험했다. 신규 부동산 사업에 대한 대출 규모는 금융 위기 이후 경제 침체 시기인 2001년과 2005년 사이에 한화 약 2조 원(S$2.61billion) 수준 감소하였다.

금융 위기로 인해 은행 대출에 과도하게 의존하는 싱가포르 부동산 시장의 취약성이 낱낱이 드러났다. 싱가포르 통화청은 실질적인 중앙은행으로서 대출 시장의 저변을 확대하기 위한 전략적인 계획을 마련했다. 부동산 담보 대출 증권화는 싱가포르의 자금 조달 원천을 다변화하는 전략으로 여겨졌다.[14] 싱가포르 통화청은 은행 운영상의 유연성을 확대하기 위해 정책을 변경하였다. 예를 들어, 1998년 7월 최소 예금 지급 준비율을 6%에서 3%로 하향 조정하였고, 2000년에는 1분위 자기 자본 비율을 12%에서 8%로 하향 조정하였다. 2001년 은행법수정안Banking (Amendment) Act을 통해 35항의 변경안이 통과되었고 이로 인해 부동산 대출 제한 한도가 30%로 변경되었다. 이는 은행 규제를 통한 부동산 리스크 관리에 대한 접근 방식을 기존보다 유연하게 변경한 것이다. 이는 은행의 유동성을 증가시켰고 부동산 증권화를 통한 부외금융에 대한 수요를 감소시켰다.

---

14) 싱가포르 재무부 차관인 림흥걍Lim Hng Kiang이 2000년 5월 2일에 열린 FIA-아시아 파이낸스 마켓 컨퍼런스FIA(Finance Intelligence Asia)-Asian Financial Markets Conference의 기조 연설에서 언급한 내용이다.

은행들은 1997년 금융 위기 이후 부동산 대출 비율을 높였다. 그림 8.7에서 1997년 총 예금 비율 대비 대출 규모는 1.15로 정점을 찍었고 2006년에는 0.714로 하락하였다. 총 예금 비율 대비 대출 규모는 2000년과 2006년 사이 평균 0.376으로 부동산 대출에 대한 성장 모멘텀(기업 및 소비자 대출 구성에 있어)을 긍정적으로 보이고 있다. 총 대출 구성에 있어 부동산 대출 비중은 2010년 51.4%로 정점에 달했다.

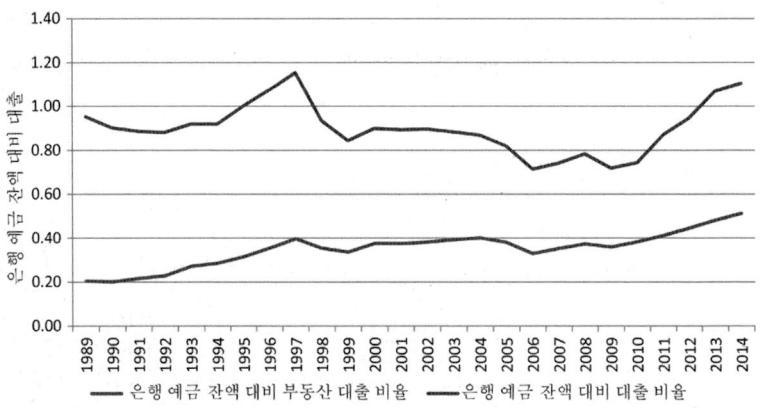

그림 8.7 은행의 예금 잔액에 대한 대출금 잔액 비율(예대율)(1989~2014년)
출처: 싱가포르 통화청 및 저자

8.4.2 싱가포르의 부동산 증권화 움직임

싱가포르 부동산 시장에서 증권화에 대한 움직임은 주택 담보 대출이 아닌 상업용 부동산 및 주거용 개발 프로젝트 분야에서 두드러지게 나타났다.[15] 싱가포르 부동산 시장에서 증권화는 크게 세 단계의 뚜

---

15) Sing, T.F. and Ong, S.E. (2004), "Residential Mortgage Backed Securitization in Asia: The Singapore Experience," Journal of Real Estate Literature, Vol. 12 Issue 2, p. 159-179.

렷한 움직임을 보인다. 첫 번째는 1986년 시작된 상업용 부동산을 담보로 하는 증권화이다. 1986년 당시 시티투자은행(싱가포르)Citigroup Investment Bank(Singapore)은 한화 약 2천 2백억 원(S$280million) 가치의 홍룽 빌딩에 대한 담보 대출을 증권화하였다. 초기 증권화는 상대적으로 규모가 작은 단일 부동산에 대한 담보 대출을 기반으로 하였다. 은행들은 몇몇 부동산 개발 회사들의 주거용 개발 프로젝트(사례 연구 8.1 참고)에 대한 대출을 증권화했으며, 상업용 부동산에 대한 담보대출채권(MBB)을 발행하였다. 2001년 은행법 수정안 이전에, 싱가포르에 기반을 둔 은행들은 은행법 34(1)조항에 따라 싱가포르 내 총 예금 자산 규모의 30%를 넘겨서 대출하지 못했다.

사례 연구 8.1: 골든뷰프로퍼티 담보대출채권

골든뷰프로퍼티Goldenview Properties Limited는 오차드 스콧 디럭스 서비스드 아파트Orchard Scotts Deluxe Serviced Apartments를 담보로 한 1993년 대출을 기초로 한화 약 7백억 원(S$88million) 규모의 담보대출채권Mortgage Backed Bonds(MBB)을 1994년 6월 싱가포르 최초로 발행했다. 이 서비스드 아파트는 80개의 아파트와 116개의 맨션으로 구성되었으며 1982년 완공되었다. 약 7,389평(262,932sqf) 규모의 토지를 99년 장기 임대(1989년 8월 31일 임대 시작)하여 건설되었다. 클레망소 애비뉴Clemenceau Avenue, 앤토니 로드Anthony Road, 팩 헤이 로드Peck Hay Road로 둘러싸인 서비스드 아파트는 싱가포르 핵심 주거 지역에 위치하여 외국계 회사의 고위 주재원을 위한 주거 공간으로 임대되었다. 1994년 당시 93%의 임차 점유율을 보이며 한화 약 88억 원(S$11million) 수준의 임대 수익을 거두었다. 부동산 컨설팅 회사인 나이트 프랭크Knight Frank Cheong Hock Chye & Ballieu (Property Consultant) Limited가 1994년 5월 12일 실시한 감정 가치 평가 결과, 용적율 2.486을 지닌 서비스드 아파트의 가치는 한화 약 1,360억 원(S$170million) 수준으로 추정되었다.

골든뷰프로퍼티가 발행한 싱가포르 최초의 담보대출채권은 연간 고정 이자율 5.125%였으며 시티그룹투자은행(싱가포르)에 인수되었다. 담보대출채권은 각각 한화 약 2억 원(S$250,000) 가격으로 금융 기관 및 투자자에게 사모 형태로 매각되었다. 채권은 발행 5년 후인 1999년에 현금으로 상환받을 수 있었지만 채권 발행자는 만기 이전 시점에 채권을 상환할 의무는 없었다. 최초의 담보대출채권은 합법적으로 진행되었으며 자산으로부터 임대 수익이 발생하였고, 채권 보유자의 명목 이자율에 해당하는 수익과 채권 액면가에 대한 정산이 신탁 회사에 의해 이루어졌다.

골든디벨로먼트의 100% 자회사에 통합된 골든뷰프로퍼티는 부동산을 보유하였고 펀드 자금 모집의 역할을 수행하였다. 응텡퐁이 보유한 부동산 개발 회사인 펄이스트의 지배 구조 아래에 있는 골든디벨로먼트는 담보대출채권 발행의 보증인 역할을 하였다. 모기업인 골든디벨로먼트는 담보대출채권 투자자들에 대한 이자의 적시 지급과 원금 상환을 무조건적으로, 그리고 확정적으로 보증한다. 담보대출채권의 구조는 사례 연구 그림 8.1에서 다이어그램으로 설명되어 있다.

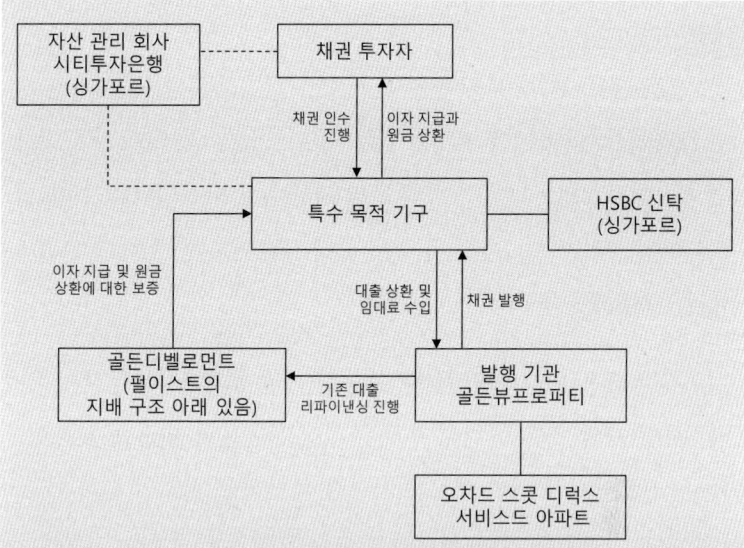

사례 연구 그림 8.1 골든뷰프로퍼티 발행 담보대출채권 구조
출처:저자

 제3자 보증 혹은 초과 담보 설정 형태로 신용 보강이 이루어지는 미국의 담보대출채권과 달리, 골든뷰프로퍼티가 발행한 담보대출채권은 모회사인 골든디벨로먼트의 보증으로 신용을 보강하였다. 더불어, 보증인은 신탁 계약을 통해 채권 보유자의 채권 이자를 보장하기 위한 목적으로 자산에서 발생하는 임대 수익을 신탁 관리자에게 맡긴다. 당시 담보 자산의 가치는 한화 1,700억 원($170million) 규모였으며 발행 채권 규모는 한화 약 880억 원($88million)으로 담보 자산 가치 대비 51.76%의 수준으로 발행되었다. 투자자들은 담보대출채권 투자를 통해 당시 3% 미만의 국내 은행 금리보다 상대적으로 높은 수익을 얻었다. 채권 매입의 90%가 고액 자산가 및 부유한 개인들로 구성된 기관투자자들에 의해

이뤄졌다.

> 5년물 담보대출채권 발행을 통해 조달된 자금의 일부는 기존 은행 대출금을 리파이낸싱 대환하는 데 쓰였으며 일부는 보증 회사인 골든디벨로먼트의 추가적인 운영 자금으로 사용되었다. 1994년 2월 28일, 골든디벨로먼트의 전체 은행 대출 규모는 한화 약 1천 6백억 원(S$203.9million)을 기록했다.

1997년 금융 위기 이전, 상장 부동산 개발 회사 및 부동산 소유주들은 사업 자금 조달을 위해 주로 주식시장과 은행 대출에 의존했다. 이들은 프로젝트를 위한 새로운 자본을 조달하는 시기에 특히 이중고를 겪었다. 얼어붙은 자본 시장에서 주식 발행을 통한 자금 조달이 불가능했고, 한편으로는 은행에서 신규 대출을 받기 어려웠다. 유동성을 제고할 수 있는 여지가 있었음에도 은행들은 부동산 시장에 자금을 공급하는 데 주저하였고 1997년 이후 침체기에 빠지게 된다. 유동성 경색은 부동산 증권화의 필요성에 대한 시장의 강력한 수요로 이어졌고 개발 회사들과 부동산 소유주들은 전통적인 자금 조달 방법 외에 새로운 방식의 혁신적인 자금 확보 방안을 마련해야 했다. 증권화 기술의 선진화는 부동산 개발 회사들과 부동산 소유주들이 특수 목적 기구 설립을 통해 상업용 부동산 소유에 대한 부외금융을 가능하게 했다. 첫 번째 상업용부동산대출채권(CREBB)은 1999년 알렉산드라 로드에 위치한 26층 규모의 넵튠 오리엔트 라인의 본사 건물을 기초로 진행되었다.

부동산 증권화 초기에는 사모 부동산 펀드 및 리츠가 부동산 증권화를 주도했는데 이는 미국식 상업용담보대출증권 모델과 유사하다. 지금은 캐피탈랜드몰 트러스트라고 불리는 캐피탈몰 트러스트가 싱가포르 최초의 상업용담보대출증권을 2012년에 발행하여 기존 대출을 상환하기 위한 리파이낸싱 자금으로 활용하였다. 캐피탈리테일 싱가포르CapitaRetail Singapore Limited(사례 연구 8.2 참고)는 캐피탈랜드가 설정한 사모 펀드로 2004년 유럽과 싱가포르 자본 시장의 투자자들에게 상업용담보대출증권을 매각하여 세 개의 리테일 부동산 인수를 위한 자금으로 활용하였고, 리츠 자금으로는 투입되지 않았다. 2007년 서브 프라임 위기 이전까지 상업용담보대출증권은 싱가포르 리츠의 자금 확보를 위한 보편적인 자산 유동화 수단이 되었는데 특히 투자 리스크의 다각화를 추구하는 유럽 자본 시장의 투자자들에게 선호되었다.

사례 연구 8.2: 바이저의 로빈슨 포인트 상업용부동산대출채권

상업용부동산대출채권(CREBB)을 발행한 바이저Visor Limited는 스폰서 기관인 벌치베스트 인베스트먼트(이하, 벌치베스트)Birchvest Investments Private Limited에 의해 채권 발행을 목적으로 설립된 특수 목적 기구이다. 스폰서 기관인 벌치베스트는 DBS랜드(캐피탈랜드의 전신)가 100% 소유한 DBS랜드의 자회사이다. 이 채권은 39 로빈슨 로드39 Robinson Road에 위치한 고급 오피스 빌딩인 로빈슨 포인트로부터 발생되는 현금 흐름을 기초로 하였다. 1999년 7월 상업용부동산대출채권의 발행을 통해 한화 약 1천 5백억 원(S$193million)을 조달했다. 증권화 과정에서 자산을 소유한 지주

회사 로빈슨 포인트Robinson Point Private Limited는 상업용부동산대출증권(CREBS)의 발행 기관인 벌치베스트의 재무제표에서 배제된다. 사례 연구 그림 8.2는 상업용부동산대출증권 구조를 다이어그램으로 보여준다.

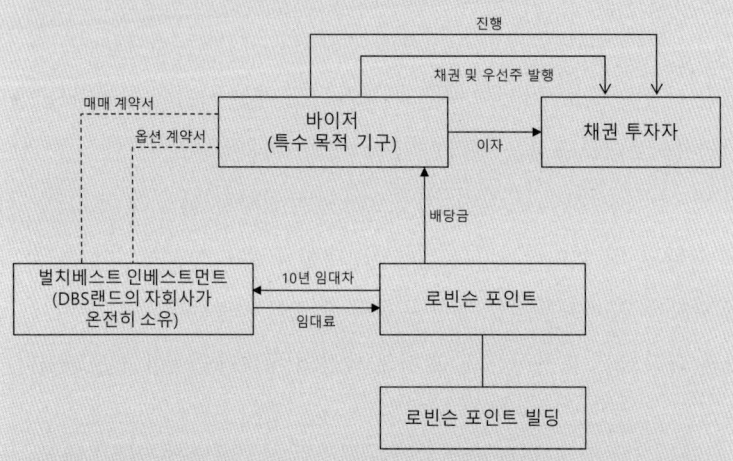

사례 연구 그림 8.2 로빈슨포인트의 상업용부동산대출증권 구조
출처: Sing, Ong and Sirmans(2003), 바이저 상업용부동산대출증권 채권 투자 설명서

　증권 발행자는 매매 계약서를 통해서 특수 목적 회사가 보유한 자산에 대한 리스백lease-back(매각후 임차) 옵션 및 바이백buy-back(부동산 재매입) 옵션을 갖는다. 리스백 계약에 따라, 증권 발행자는 10년 간 자산에 대한 마스터 리스master lease를 통해 증권을 소유한 주주들에게 이자 지급에 충분한 수준의 임대 수익을 보장한다. 바이백 옵션은 증권 발행자가 옵션 행사일에 기존 매도가에 프리미엄을 더해서 자산을 다시 매입할 수 있는 권리를 말한다.

특수 목적 기구인 바이저는 고급 오피스 부동산 매입을 위해 한화 약 1천 5백억 원(S$193million) 규모의 10년 고정 금리 채권을 발행하였다. 'A' 우선주 12,500개와 더불어 약 1,000억 원(S$125million) 규모의 선순위 채권과, 'B' 우선주 800개와 함께 한화 약 540억 원(S$68million) 규모의 후순위 채권으로 구성되었다. 선순위 채권은 연 고정 이자 6%이며, 후순위 채권은 연 2%의 고정 이자로 발행되었다. 이자 수익은 연간 2회 지급된다.

복잡한 바이백 옵션 및 셀백sell-back 옵션은 계약서에 구조화되어 반영된다. 특수 목적 기구는 3년이 지난 후 어느 시점에서든 행사 가능한 콜옵션이 주어지지만 채권 만기 6개월 이전까지만 행사가 가능하다. 옵션을 행사할 경우, 특수 목적 기구는 매도가에 프리미엄을 더해서 자산을 다시 매입할 수 있다. 만일 매각 가격이 한화 약 1천 5백억 원(S$193million) 채권 액면가를 초과하는 경우, 우선주 주주들에게 프리미엄이 배당된다. 콜call 옵션이 소멸되었지만 채권이 상환되지 않았다면, 특수 목적 기구는 채권 소유주와 함께 풋put 옵션을 행사하여 채권 소유주가 특수 목적 기구에 자산을 다시 매각하도록 한다. 세일백sale-back 옵션은 채권 만기일이 도래하기 6개월 이전 시점부터 행사 가능하다.[1]

---

1) 다음 저널에서 옵션의 특성 및 가격을 더 자세히 살펴볼 수 있다. Sing, T.F., Ong, S.E. and Sirmans, C.F. (2003), "Asset-Backed Securitization in Singapore: Value of Embedded Buy-Back Options," Journal of Real Estate Finance & Economics, Vol. 27, No. 2, pp. 173-180.

8.5 싱가포르 상업용 부동산 증권화 기구

싱가포르 부동산 회사들이 부동산 담보 대출 증권 유통 시장에서 자금 확보를 위해 사용하는 자산 유동화 수단에는 총 세 가지가 있다. 담보대출채권(MBB), 상업용부동산대출증권(CREBS), 상업용담보대출증권(CMBS)이 그것이다. 상업용부동산대출증권의 경우 상업용 부동산에서 발생한 임대 소득 현금 흐름을 활용하여 채권 투자자에게 명목 이자를 지급한다. 상업용부동산대출증권 구조는 부동산 개발 회사들이 주거용 개발 프로젝트 공사 진행 과정에서 수분양자로부터 받는 중도금 현금 흐름을 증권화한다. 최근 몇 년간, 이체 증권pass-through 구조는 싱가포르 내 수익 참가형 증권Profit Participation Securities(PPS)을 형성하는 데 사용되었다[수익 참가형 증권은, 혼합 형태의 하이브리드형 증권으로서 일반 채권처럼 명목 수익을 지급받는 것과 더불어 매각 수익 배분에 참여할 수 있는 증권을 말한다. 옮긴이의 설명].

8.5.1 담보대출채권

싱가포르에서 증권화의 초기 형태는 상업용 부동산에 대한 단일 대출을 기초 자산으로 발행된 이체 채권 형태의 증권이었다.[16] 은행들은 담보대출채권의 유동화를 통해 그들의 장부에서 대출 채권을 배제할 수 있으며 부동산 시장 리스크에 대한 노출을 줄일 수 있다.[17] 금융 주관 기관들은 담보대출채권의 구조화 및 발행 업무를 통해 주관 수수

---

16) Ong, S.E., Ooi, J., and Sing, T.F. (2000) "Asset Securitization in Singapore: A Tale of Three Vehicles," Real Estate Finance, Summer, pp. 1-10.
17) 싱가포르 은행은 싱가포르은행법 챕터19(1999년 개정안)에 의거하여 예금 자산 규모의 30%를 초과하여 부동산 대출을 할 수 없도록 제한받는다.

료를 받는다.

싱가포르 최초의 담보대출채권은 1986년 11월 홍룽 홀딩스가 보유한 중심업무지구에 위치한 오피스 건물인 홍룽 빌딩에 대한 담보 대출을 기반으로 발행되었다. 약 13,612평(45,000sqm)의 임대 면적을 지닌 홍룽 빌딩은 999년의 임차권을 갖고 있으며 감정 평가 기관인 리차드 엘리스에 의해 한화 약 2,200억 원(S$280million) 가치의 부동산으로 평가되었다. 시티투자은행(싱가포르)은 담보대출채권의 주관 은행 역할을 하였고, 도쿄은행은 대출 채권에 대한 보증을 제공하였다. 홍룽 빌딩 담보 대출을 기초로 5년 동안 발행된 담보대출채권의 명목 금리는 연 7.125%였으며 연간 2회 지급되었다. 홍룽 빌딩 담보대출채권이 발행된 지 6년 후인 1992년에, 펄이스트가 설립한 상장 회사인 오차드 퍼레이드 홀딩스에 의해 한화 약 4백억 원(S$51million) 규모의 두 번째 담보대출채권이 발행되었다. 급등하는 부동산 가격에 힘입어, 1994년과 1997년 사이 16개의 담보대출채권이 발행되며 산업이 빠르게 성장했다. 펄이스트와 CDL/홍룽그룹은 싱가포르 부동산 시장에서 담보대출채권을 가장 많이 발행하는 두 개의 기관이었고, 두 기관이 발행한 담보대출채권 규모는 전체 시장의 55.89%를 차지했다. 자금 조달을 위한 목적으로 펄이스트의 100% 자회사인 골든뷰디벨로먼트가 소유한 오차드 스캇 디럭스 서비스드 아파트와 같은 서비스드 아파트 및 주거용 부동산에 대한 담보 대출을 기초로 담보대출채권을 발행하였다(사례 연구 8.1 참고). 표 8.1은 1986년 이후 발행된 담보대출채권 목록이며, 이들 채권의 총 추정 감정 가치는 한화 약 2.16조 원(S$2.70billion) 수준이다.

표 8.1 싱가포르 담보대출채권 발행 목록

번호	발행자	발행연도	기간	원금	금리(%)
1	Hong Leong Holdings Ltd	1986	5	185,000,000	7.25
2	Orchard Parade Holdings Ltd	1992	5	51,000,000	5.625
3	Avenbury Property Ltd	1994	5	50,000,000	4.7
4	Goldenview Properties Ltd	1994	5	88,000,000	5.125
5	Orchard Parade Holdings Ltd	1994	5	93,000,000	6.09
6	Orchard Parade Holdings Ltd	1995	5	150,000,000	5.7
7	Branbury Investment Ltd	1996	5	210,000,000	4.93
8	CDL Properties Ltd	1996	5	280,000,000	5.5
9	Eunos Link Technology Park Ltd	1996	5	100,000,000	5.625
10	PLPM Properties Ltd	1996	7	350,000,000	5.06
11	Seasons Green Ltd	1996	5	60,000,000	6.5
12	Century Square Development Ltd	1997	5	146,000,000	5.06
13	Dover Rise	1997	3, 4	130,000,000	6.07-6.20
14	Guthrie GTS	1997	5	75,000,000	3.02
15	MCL Land (RQ) Ltd	1997	5	90,000,000	5.09
16	Orchard 290 Ltd	1997	5	270,000,000	4.6
17	Orchard 300 Ltd	1997	5	180,000,000	4.875
18	Superbowl Holdings Ltd	1997	5	30,000,000	3.53
19	Leonie Condotel Ltd	1998	5	162,000,000	7.12

출처: Ong, Oai and Sing(2000)

8.5.2 상업용부동산대출채권

1999년 이후 담보대출채권의 부외금융 구조보다 더욱 정교화된 부외금융 구조 파이낸싱 모델이 싱가포르 상업용 부동산 시장에 도입되었다. 이는 미국의 이체 증권 형태에 더 근접한 모델이며, 유동화 구조를 통해 자산에 대한 소유권을 분리한다. 특수 목적 회사는 부동산 개발 회사 및 부동산 소유주들의 장부에서 상업용 부동산에 대한 법적 권리를 분리하기 위한 목적으로 활용되어 상업용 부동산에 대한 소유권을 특수 목적 회사가 신탁 형태로 소유한다. 또한, 파산 위험 분리 법인 형태로 상업용부동산대출채권의 투자자들은 발행 기관의 사업 및 파산 리스크로부터 보호되고 채권 자체의 신용 등급을 강화한다. 또한 자본 시장에 고정 금리를 지급하는 채권을 발행하여 자금을 모집한다. 유동화된 상업용 부동산으로부터 발생하는 임대 수익은 채권의 이자를 투자자에게 지급하는 데 사용된다. 그림 8.8은 상업용부동산대출채권Commercial Real Estate Backed Bonds(CREBB) 구조를 도식화하여 보여준다.

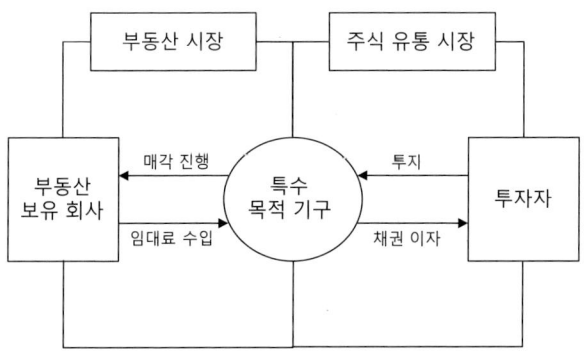

그림 8.8 전형적인 상업용부동산대출-채권 구조

8.5.2.1 상업용 부동산 증권화

싱가포르 최초의 상업용부동산대출채권(CREBB)은 넵튠 오리엔트 라인에 의해 1999년 발행되었다. 알렉산드라 로드에 위치한 넵튠 오리엔트 라인의 26층 본사 빌딩을 기초로 하여 한화 약 1,480억 원 (S$185million) 규모의 채권이 발행되었다. 특수 목적 기구인 체나브 투자Chenab Investment Limited는 자금 모집을 위해 10년물 고정 금리 상업용부동산대출채권을 발행했다. 1999년부터 2002년까지 10개의 상업용부동산대출채권이 발행되었고 이를 통해 한화 약 3조 2천억 원 (S$4.095billion) 규모의 자금이 조달되었다(표 8.2 참고). 2001년 6월 래플스 시티의 오피스와 쇼핑센터를 기초로 싱가포르 최대인 한화 약 7천 5백억 원(S$945million) 규모의 상업용부동산대출채권이 발행되었다. 상업용 부동산에 대한 지분 55%를 래플스 시티Raffles City (Private) Limited가 보유하였고, 복합 상업 시설 내의 컨벤션과 호텔을 소유하였다. 특수 목적 기구인 틴셀Tincel Limited은 두 개의 트렌치로 구성된 10년물 고정 금리 채권을 발행하여 부동산 매입을 위한 자금을 확보했다.

상업용부동산대출채권(사례 연구 8.2 참고)의 구조를 살펴보면 일반적으로 채권을 선순위와 후순위로 나누어 트렌치화한다. 선순위 채권은 후순위 채권보다 담보에 대한 우선 상환권을 가지며 채무 불이행으로 인한 담보 청산으로 발생하는 현금 흐름을 우선 확보한다. 채권은 상업용 부동산의 시장 가치 이상 규모로 발행되며, 제3자의 연대 보증 및 과도한 담보 설정을 통한 신용 보강은 금지된다.

표 8.2 싱가포르 상업용부동산대출채권 목록

부동산 증권화	부동산 종류	스폰서 기관/소유자	특수 목적 기구	발행 채권 규모 (S$mil.)	금리 선순위 채권	금리 후순위 채권	채권 기간	발행 일자
Neptune Orient Lines HQ	오피스	NOL	Chenab Investments Ltd	$185.00	6.75%	7.25%	10년	1999년 3월
Robinson Point	오피스	Birchvest Investment Pte Ltd.(DBS Land)	Visor Limited	$193.00	6.00%	2%	10년	1999년 7월
Century Square Shopping Mall	쇼핑센터	First Capital Corporation	Pemberton Development Ltd	$200.00	해당 없음	해당 없음	7년	1999년 7월
268 Orchard Road	오피스	RE Properties(DBS Land)	Baronet Limited	$184.00	5.50%	6.50%	10년	1999년 9월
Tampines Centre	쇼핑센터	DBS Bank	Tampines Assets Limited	$180.00	5.63%	6.00%	7년	1999년 12월
Six Battery Road	오피스	Birchvest Investments Pte Ltd(DBS Land)	Clover Holdings Limited	$878.00	6.00%	6.50%	10년	1999년 12월
Raffles City	쇼핑센터 겸 오피스	Raffles Holdings	Tincel Limited	$984.50	5.00%	7.40%	10년	2001년 6월

부동산 증권화	부동산 종류	스폰서 기관/소유자	특수 목적 기구	발행 채권 규모 (S$mil.)	금리 선순위 채권	금리 후순위 채권	채권 기간	발행 일자
Wisma Atria	쇼핑센터 겸 오피스	Al Khaleej Investment/ Wisma Development	Upperton (Aspinden) Holdings	$451.00	4.94%	7.0% (A)/ 8.85% (B)	5년	2002년 5월
Compass Point Shopping Cenre	쇼핑센터	Fraser & Neave Ltd	Sengkang Mall Limited	$335.00	4.88%	8.00%	10년	2002년 11월
Capital Square	오피스	Keppel Land	Queensley Holdings Limited	$505.00	4.50%	해당 없음	7년	2002년 11월

출처: 저자 편집

바이백(부동산 재매입) 옵션과 리스백(매각후 임차) 옵션은 부동산 매각 시 매매 계약서에 여러 조건들로 명시된다.[18] 바이백 옵션은 부동산 매각 금액에 프리미엄을 더해서 유동화 기초 자산을 다시 되살 수 있는 조건을 말하는데 이는 우선 매수 청구권을 상대방에게 인정해 주는 방식이다. 기존 부동산 소유자는 바이백 옵션을 통해 자산의 가치 상승 가능성을 기대할 수 있다. 리스백 옵션은 기존 부동산 소유자가 유동화된 부동산에 대한 책임 임차 역할을 하는 것을 말한다. 이를 통해 채권 보유자에게 원리금을 지급할 수 있는 수준의 현금 흐름이 임대 수입을 통해 보장된다. 채권 유동화를 위해 설립된 특수 목적 기구는 셀백(매도 청구권) 옵션을 부여받는데 특수 목적 기구는 채권이 만기되는 시점에 시장 가격에 채권의 담보 자산을 되팔 수 있는 권리를 갖는다. 이를 통해 채권 만기 시점에 채권 소유자에 대한 원리금 상환을 가능하게 한다.

2001년 싱가포르회계사협회가 싱가포르의 회계 기준을 국세 회계 기준에 맞추어 수정한 이후에도, 상업용부동산대출채권 거래에 적용된 옵션들은 국제적 기준을 충족하지 못했다.[19] 초기 상업용부동산대출채권은 채권 매각 후 스폰서 기관의 장부에 편입되었다.[20] 부외금융 효과를 부인하는 회계 규칙의 적용으로 인해 부동산 개발 회사와 부

---

18) Sing, T.F., Ong, S.E. and Sirmans, C.F. (2003), "Asset-Backed Securitization in Singapore: Value of Embedded Buy-Back Options," Journal of Real Estate Finance & Economics, Vol. 27, No. 2, pp. 173-180.

19) 싱가포르 회계 기준(SAS)은 금융 자산 및 대출을 제3자에게 이전하는 것과 관련된 조항을 만들었다. 금융 자산의 경우, (a) 일반적으로 양수인이 자산에 대한 매도권과 질권에 관한 권리를 갖거나, (b) 양도인이 이전한 자산을 다시 매입할 권리가 없을 때 금융 자산이 제3자에게 이전되었음이 확인된다.

20) Rashiwala, Kalpana, (2002), "CapitaLand seen buying back 2 more securitised buildings," Business Times, 22 November, 2002.

동산 소유주가 상업용부동산대출채권 유동화 구조를 활용하는 경제적 이익이 감소하게 되었다.[21]

8.5.2.2 주거용 개발 프로젝트 증권화

주택 담보 대출이 부외금융 효과를 갖지 못하고 은행 장부에 반영됨으로 인해, 미국식의 주거용담보대출증권(RMBS)이 발달하지 못했다. 이로 인해 부동산 개발 회사들은 주거용 프로젝트 사전 분양으로 발생하는 현금 흐름을 담보로 자금을 유동화하는 금융 상품을 만들게 되었다. 공사 중인 주거용 프로젝트 수분양자들은 공사 진행에 따라 중도금을 지급하고 이로 인해 부동산 회사는 현금 흐름을 갖는다. 이는 주거용 담보대출증권으로 간주되지만 실질적으로 주택을 담보로 하는 것이 아니고 공사 진행률에 따라 지급되는 수분양자들의 현금 흐름을 기초로 한다. 공사 진행률에 따라 중도금이 부동산 회사에 지급되고, 부동산 회사는 이러한 현금 흐름을 특수 목적 기구에 판매한다. 특수 목적 기구는 이를 기반으로 채권을 발행하여 부동산 매입을 위한 자금을 조달한다. 주거용담보대출증권의 발행 기간은 일반적으로 프로젝트 완료 시점과 연관된다. 초기에 분양금을 일시불 형태로 받는 경우는 부동산 회사가 이를 공사 자금으로 활용할 수 있어 프로젝트 전체의 금융 비용을 경감할 수 있다.

---

21) Fan, G.Z., Sing, T.F., Ong, S.E. and Sirmans, C.F. (2004) "Governance and Optimal Financing for Asset-Backed Securitization," Journal of Property Investment & Finance, Vol. 22, No. 5, pp. 414-434.

분양 수익금을 기초로 하는 최초의 증권화는 1999년 캐피탈랜드의 전신 회사인 피뎀코에 의해 진행된 주거용 개발 사업에서 발생하는 현금 흐름을 기초로 하였다. 베독 저수지Bedok Reservoir 지역에 위치한 클린워터Cleanwater 개발 사업 프로젝트에서 발생하는 수분양자들의 중도금을 유동화하였다. 클린워터 주거용담보대출증권은 3년 만기에 연간 고정 금리 4.75% 채권이었으며 도쿄-미쓰비시인터내셔널(싱가포르)Tokyo-Mitsubishi International(Singapore)에 의해 한화 약 800억 원(S$100million) 규모로 발행되었다. 2001년에는 주거용 개발 사업 증권화 모델이 캐피탈랜드 레지덴셜CapitaLand Residential에 의해 진행된 다수의 프로젝트로 확장되었고, 당시 공사가 진행 중이던 3개의 주거용 개발 사업인, 선헤이븐SunHaven, 팜그로브PalmGrove, 더로프트The Loft로부터 발생하는 수분양자의 중도금을 증권화하였다(사례 연구 8.3 참고). 주거용담보대출증권을 통해 마련된 자금은 토지 매입 비용 및 건설 자금으로 사용되었다. 표 8.3은 싱가포르에서 주거용 프로젝트를 통해 이루어진 증권화 목록을 보여준다. 부동산 개발 회사들은 10개의 주거용 프로젝트를 증권화하여 한화 약 2조 2천억 원(S$2.82billion) 규모의 자금을 조달했다.

사례 연구 8.3: 건설 중인 주거용 프로젝트에서 발생하는 분양 수익금 증권화

캐피탈랜드는 건설 중인 3개의 주거용 프로젝트(더 로프트, 팜 그로브, 선헤이븐)에서 발생하는 중도금 채권을 증권화하기 위해 다계층 채권Collateralized Mortgage Obligation(CMO) 모델을 활용했다. 특수 목적 기구인 페리닷인베스트먼트Peridot Investment Limited를 설립하여 캐피탈랜드의 장부에서 프로젝트에서 발생하는 중도금을 제외하는 부외금융 효과를 보았다. 2001년 6월 15일 페리닷인베스트먼트는 1천 6백억 원(S$200million) 규모의 연 2회 이자가 발생하는 주거용담보대출증권(RMBS)을 발행하여 자금을 조달했다. 'AAA' 등급 채권은 4개의 트렌치로 구성되며 액면가는 한화 약 1천 2백억 원(S$160million) 수준으로 전체 발행 채권 금액의 80%를 차지한다. 다양한 채권 구조의 설명은 아래의 표에 요약되어 있다.

트렌치	채권 종류	등급	채권 가치(S$mil.)	금리(%)
Class A	고정 금리	AAA	160	3.71%
Class B	고정 금리	AA	18	3.83%
Class C	고정 금리	A	12	4.09%
Class D	고정 금리	BBB	10	4.79%

출처: 페리닷인베스트먼트 투자 설명서

페리닷인베스트먼트가 발행한 주거용담보대출증권은 건설 중인 3개의 주거용 개발 사업에서 발생하는 수분양자의 중도금 지급을 기초로 이루어졌다. 3개의 프로젝트가 완전히 매각될 경우 한화 약 4천억 원(S$504.20million) 수준의 가치가 있을 것으로 예상된다. 증권 발행 당시 총 발행 증권의 71.1%가 매각되었으며 이는 한화 약 2천 8백억 원(S$358.60million) 수준이었다. 담보(주거용 프로젝트)에 대한 설명은 다음 표와 같다.

	더 로프트	팜 그로브	선혜븐	합계
위치	Nassim Hill	Palm Grove Avenue	Upper Changi Road East	
토지 임차권	99년	999년	토지 소유권	
토지 면적(sqf)	81,095	130,528	242,502	454,125
허용 용적률	1.4	1.4	1.6	
분양 면적(sqf)	108,000	167,000	391,000	666,000
총 주택 수	77	111	295	483
판매 수	34	77	251	362
분양률(%)	44.2%	69.4%	85.1%	
분양 일자	2000년 3월	2000년 6월	2000년 6월	
임시 사용 승인일	2003년 3월	2002년 12월	2004년 6월	
법정 건축물 사용 승인일				
현재 매각 가치($mil.)	$59.20	$74.60	$224.80	$358.60
미분양 호실의 추정 가치($mil.)	$75.80	$30.90	$38.90	$145.60
예상 프로젝트 가치($mil.)	$135.00	$105.50	$263.70	$504.20

출처: 페리닷인베스트먼트 투자설명서

주거용담보대출증권에 대한 채권 관리는 독일계 은행인 바이에리쉐 하이포운트 베린스뱅크 AG Bayerishe Hypo-und Vereinsbank AG의 싱가포르 오피스에 의해 이루어졌다. 6년물 채권의 만기는 2007년 6월이다. 발행 기관인 캐피탈랜드는 채권을 발행하여 기존 대출 상환 및 세 개의 주거용 개발 사업에 대한 건설 자금으로 사용했다. 사례 연구 그림 8.3은 건설 중인 3개의 주거용 프로젝트에서 발생하는 중도금 현금 흐름을 기반으로 발행한 주거용담보대출증권의 유동화 구조를 그래프로 보여준다.

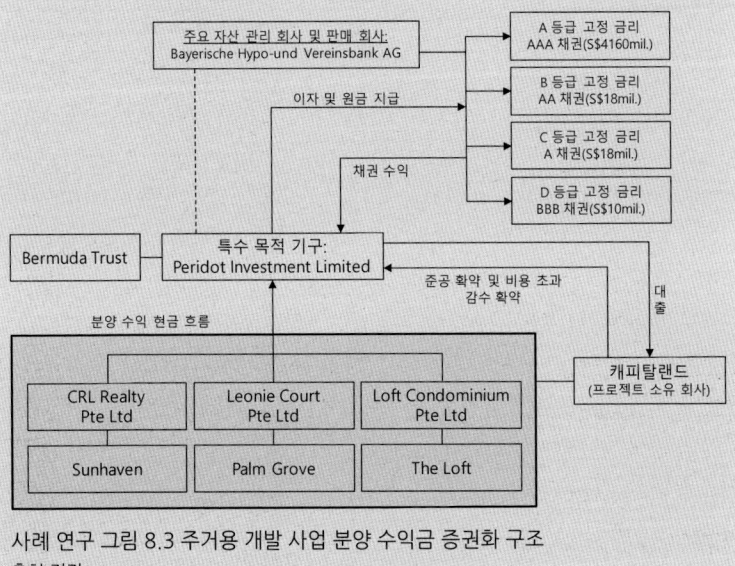

사례 연구 그림 8.3 주거용 개발 사업 분양 수익금 증권화 구조
출처:저자

표 8.3 주거용 개발 사업 현금 흐름 증권화

발행자	발행인	발행일	만기일	담보물	발행 가치 (S$/US$ million)	(S$million)
Silverlac Investment Ltd	Pidemco Land	1999년 7월	2002년 7월	The Clearwater	S$100.00	S$100.00
Brizay Property Pte Ltd	Tan Chong International	2000년 9월	미상	Wilby Residence	S$146.00	S$146.00
Peridot Investment Corporation	CapitaLand Residential Limited	2001년 6월	2009년 6월	The Loft, Palm Grove, Sunhaven	S$200.00	S$200.00
Jasmine Investment Corp	Keppel Land	20002년 6월	2007년 12월	Edgewater, Butterworth8, Amaranda Garden	S$302.00	S$302.00
Aragon Investment Corp	Capitaland Residential	2003년 1월	2009년 12월	Waterina Project	S$121.00	S$121.00
Riviera Investment	Centrepoint Properties	20003년 8월	2006년 8월	Cote d'Azur	US$162.00	S$275.53[#1]
Arwen Investment Corp	CapitaLand Residential	20004년 4월	2006년 12월	Botanic on Lloyd와 The Imperial	S$155.60	S$155.60
Faramir Investment Corp	CapitaLand Residential	20006년 3월	2009년 3월	Citylights와 Varsity Park	S$332.70	S$332.70
Okeanos Investment corp	CapitaLand/Hwa Hong Corp	20007년 1월	2009년 6월	Rivergate	US$477.00	S$687.45[#2]
Vesta Investment Corp	CapitaLand Residential/Lippo Resources China	20007년 7월	2009년 10월	Metropolitan, Scotts HighPark	US$346.00	S$498.66[#2]

[#1]환율 US$1:S$1.7008 (2003년) (출처: 싱가포르 통계청), [#2]환율 US$1:S$1.4412 (2007년) (출처: 싱가포르 통계청)
출처: 캐피털랜드, 저자

8.5.3 상업용담보대출증권

2002년 싱가포르 증권거래소에 캐피탈몰 트러스트과 아센다스 리츠 Ascendas REIT가 성공적으로 상장하면서 리츠는 부동산 개발 회사들이 자본 시장에서 자금 조달을 하는 데 있어서 새로운 수단으로 자리매김하였고 기존의 상업용부동산대출채권을 대체하였다. 새로운 리츠 회사들의 주식 상장과 기존 리츠의 포트폴리오 확장을 통해 싱가포르 리츠 산업은 급속하게 성장했다. 리츠는 상대적으로 보수적인 대출 레버리지 한도에도 불구하고 시장 금리 리스크에 대한 헤지 수단으로 적극 활용되었다.[22] 리츠는 중장기 고정 이자율의 상업용담보대출증권Commercial Mortgage Backed Securities(CMBS)을 발행함으로써 부동산을 담보로 한 변동 금리 대출을 유동화하였다. 이 과정에서 상업용 부동산 담보 대출의 변동 금리 대출을 상업용담보대출증권의 고정 금리로 바꾸었다.

상업용부동산대출채권(CREBB)과 달리, 다계층 증권 모델은 리츠에 의한 상업용담보대출증권 발행에 적용되었다. 다수의 상업용 담보 대출을 특수 목적 기구로 편입한 후 특수 목적 기구는 이를 트렌치화 하여 증권을 발행하였다. 상업용담보대출증권의 트렌치 구조는 미국의 상업용담보대출증권과 동일한 구조를 보인다. 다만, 은행이 아닌 리츠를 통해 발행되는 차이가 있다.

캐피탈리테일 싱가포르CapitaRetail Singapore Limited(사례 연구 8.4 참고)와 같은 리츠 및 사모 펀드들은 싱가포르 상업용담보대출증권 시장의 주요 발행 기관이다. 캐피탈랜드몰 트러스트는 특수 목적 기구

---

22) 리츠는 35%를 초과하여 대출을 받을 수 없으며, 신용 평가 기관으로부터 신용 등급 보고서를 획득한 경우에는 부동산 펀드 가이드라인에 의거하여 60%까지 대출을 받을 수 있다.

인 실버메이플Silver Maple Corporation Limited을 설립하여 3개의 리테일 부동산을 기초로 한화 약 1천 3백억 원(S$172million) 규모의 대출과 한화 약 2백 2십억 원(S$28million) 규모의 한도 대출로 구성된 상업용담보대출증권을 2002년 2월 발행하였다.

사례 연구 8.4: 캐피탈리테일 싱가포르가 발행한 상업용담보대출증권

캐피탈리테일 싱가포르가 발행한 상업용담보대출증권은 싱가포르 리츠가 상업용 부동산 담보를 증권화하는 전형적인 구조를 보인다. 캐피탈리테일 싱가포르는 캐피탈랜드가 2003년 9월 한화 약 4천억 원(S$500million)을 투자하여 교외 지역의 3개 쇼핑몰을 매입하기 위해 설립한 사모 부동산 펀드이다. 캐피탈리테일 싱가포르는 한화 약 2천 3백억 원(S$296.17million) 규모의 채권을 발행하였는데 유로 달러로 발행된 두 개의 트렌치로 구성된 상업용담보대출증권과 싱가포르 달러로 발행된 세 개의 트렌치로 구성된 채권을 발행하였다. (발행자가 보유한 E등급 채권은 배제한다).[1] 상업용담보대출증권의 예정 만기일은 2008년 2월 27일이지만, 필요 시에 2009년 8월 27일까지 금리를 상승하여 대출의 만기 연장이 가능하다. 선순위 A등급 채권과 선순위 B등급 채권은 변동 금리이며 선순위 채권의 가치는 한화 약 1천 4백억 원(180.17million) 수준이다. 후순위 채권은 고정 금리로 세 종류의 트렌치로 구성되어 있다. 후순위 D등급 채권과 후순위 E등급 채권은 신용 평가 기관에 의한 등급이

---

1) 환율: € $1:S$2.2243 (2004년) (출처: 싱가포르 통화청).

없다. 상업용담보대출증권의 종류는 다음과 같이 요약된다.

상업용담보대출증권	발행 가치	금리	신용 평가 기관	
			무디스	S&P
A 등급	€67.5million	변동 금리	Aaa	AAA
B 등급	€13.5million	변동 금리	Aa2	AA
C 등급	S$33.0million	고정 금리	A2	A
D 등급	S$83.0million	고정 금리	등급 없음	등급 없음
E 등급	S$213.0million	고정 금리	등급 없음	등급 없음

출처: 무디스/ 스탠다스앤푸어스

상업용담보대출증권은 싱가포르 교외 지역의 3개의 리테일 몰(롯 1Lot 1, 부킷 판장 플라자Bukit Panjang Plaza, 리버베일 몰Rivervale Mall)에 대한 담보 대출을 기반으로 한다. 담보 부동산에 대한 설명은 아래와 같다.

부동산	부동산 유형	기간	연면적 (sqf)	임대 면적 (sqf)	담보 대출 (S$mil.)	감정 평가[%] (S$mil.)
Rivervale Mall	셍캉 뉴타운의 4층 교외 쇼핑센터	1997년 12월 6일부터 99년 간 유효	109,244	80,686	$40.674	$67.80
Lot One Shoppers Mall	코아추캉의 7층 교외 쇼핑센터	1993년 12월 1일부터 99년 간 유효	301,516	207,961	$152.00	$253.30
Buiking Panjang Plaza	부킷 판장의 3층 교외 쇼핑센터	1994년 12월 1일부터 99년 간 유효	215,259	146,030	$100.54	$167.60

[%]CB 리차드 엘리스CB Richard Ellis의 독립 평가

세 개의 쇼핑몰을 담보로 한 대출은 한화 약 2천 3백억 원(S$ 293.17million) 규모이며 담보 대출 비율은 감정 평가 대비 60%이다. 트렌치 구조는 선순위 채권 투자자(A등급부터 D등급까지)에게 채무불이행 리스크에 대한 상대적인 안정성을 제공한다. 선순위 채권은 등급이 없는 E등급 채권 소유주보다 담보물에 대한 우선 수익권을 갖는다. 3개의 담보 대출은 상업용담보대출증권의 신용을 강화하기 위해 연대 담보가 설정된다. 증권 발행 기관인 캐피탈몰 트러스트는 자기 자본 S$45million과 대출 S$15million을 포함한 한화 약 4백 8십억 원(S$60million)을 투자하여 E등급 채권 30%를 매입한다. 캐피탈리테일 싱가포르가 보유한 3개의 쇼핑몰을 캐피탈몰 트러스트의 자산 포트폴리오에 포함하지 않고, E등급 채권을 인수하는 우회 방식으로 자산을 간접 소유하여 캐피탈몰 트러스트와 자산과의 직접적인 연관성을 약화시켰다.[2] 캐피탈리테일 싱가포르가 발행한 상업용담보대출증권 중 E등급 채권은 캐피탈몰 트러스트에 8.2% 수익률을 주었다.

사례 연구 그림 8.4는 캐피탈리테일 싱가포르의 상업용담보대출증권의 구조를 보여준다. A등급과 B등급은 유로존 내 각국 은행들 간의 금리 지급이 유럽 통화(유로)로 이루어짐에 따라 고정 금리가 아닌 변동 금리로 만들어졌다.

캐피탈리테일 싱가포르에서 발생하는 배당 전 현금 흐름은 BNP 파리바스BNP Paribas와 중국인상업은행Overseas Chinese Banking

---

[2] "CapitaMall Trust - An Indirect Route to Asset Acquisition," Asia Pacific Equity Research Report, J.P. Morgan Securities에서 2003년 9월 10일 발간.

Corporate의 스와프swap 계약을 통해 통화 및 금리 리스크로부터 보호된다.

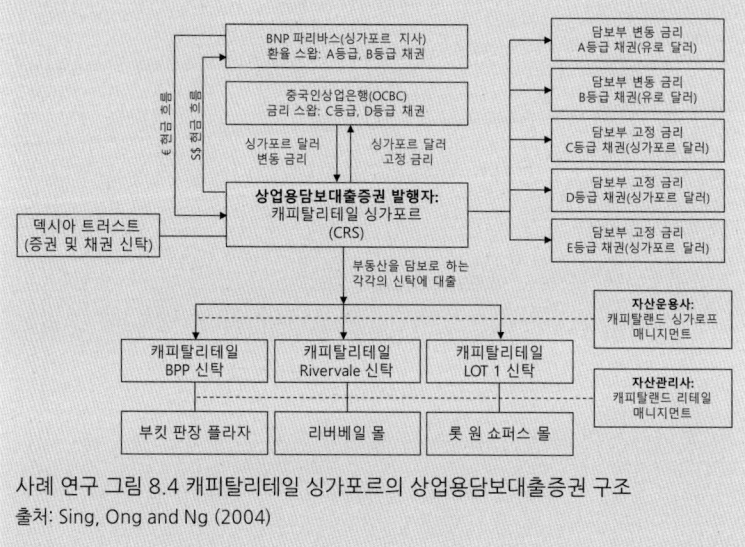

사례 연구 그림 8.4 캐피탈리테일 싱가포르의 상업용담보대출증권 구조
출처: Sing, Ong and Ng (2004)

[한도 대출은 대출 기관이 자금 대출의 한도를 정하고 차입자에게 일정 기간 동안 대출 한도 내에서 계속해서 대출해 주는 기법을 말한다. 옮긴이의 설명].

미국 화폐로 표기된 한화 약 5천 2백억 원(US$522.6million) 규모의 상업용담보대출증권이 세 개의 트렌치로 구성되어 2003년 6월과 2005년 10월에 걸쳐 발행되었다. 이 상업용담보대출증권은 캐피탈몰 트러스트 포트폴리오에 있는 9개의 리테일을 기초로 했다. 아센다스 리츠는 특수 목적 기구인 에머랄드에셋Emerald Asset Limited을 통해 40개의 산업용 부동산에 대한 담보 대출을 기초로 하여 한화 약 4천 9백억 원(S$623.56million) 규모의 상업용담보대출증권을 두 개의 트렌치로 나누어 2004년과 2005년에 각각 발행하였다. 2006년 9월을 기준으로 총 31개의 상업용담보대출증권이 총 한화 약 4조 7천억 원(S$5.91billion) 규모로 발행되었다(표 8.4 참고).

상업용담보대출증권은 사모 부동산 펀드, 부동산 개발 회사, 리츠, 부동산 증권 유통 시장, 기관투자자에게 여러 혜택을 주었다. 상업용담보대출증권은 유럽 자본 시장과 같이 선순위 부동산 투자에 대한 높은 수요가 있는 곳에서 투자를 받을 수 있는 수단을 리츠에 제공하였다. 리츠는 상업용담보대출증권을 통해 안정적이고 장기적인 자금을 조달할 수 있었고 금리 변동과 같은 시장 리스크를 헤지할 수 있었다. 특히, 상업용담보대출증권을 통한 자금 조달은 장기 선순위 채권과 리스크가 낮은 상품 간의 수익률 차이가 적을 때 매력적이다. 또한 담보 대출을 한데 모으면서 규모의 경제를 통한 자금 조달 비용의 절감 효과가 있다. 더불어 상업용담보대출증권은 기관투자자들에게 고정 수익 형태의 투자 선택권을 넓혀준다. 또한, 채권 시장의 등급 조건과 감독 역할은 부동산 증권화 시장의 정보 효율성을 높인다.[23]

---

23) Sing, T.F., Ong, S.E. and Ng, K.H. (2004), "Commercial Mortgage Backed Securitization in Singapore: The Challenges Ahead," Real Estate Finance, pp. 14-27.

표 8.4 싱가포르 상업용담보대출증권 목록

상업용담보대출증권 발행자	상업용 부동산 저당권 설정자	발행일	채권 기간	트렌치, 채권 등급	통화	발행 규모 ($mil.)	총 규모 (SGD$mil.)	상업용 부동산
Silver Maple Investment Corporation Limited#1	CapitaMall Trust(CMT)	2002년 2월 26일	5년	Series 001: 고정 금리 채권	SGD	$172.00	S$969.96	CMT 포트폴리오의 세 리테일 몰: Funan the IT Mall, Junction 8, Tampines Mall
		2003년 6월 26일	7년	Series 018: 변동 금리 채권	USD	$72.10		The IMM Building
		2004년 8월 2일	5년	Series 022: 변동 금리 채권	USD	$195.00		Plaza Singapura
		2005년 10월 31일	7년	Series 025: 변동 금리 채권	USD	$255.50		Parco Bugis Junction, Hougang Plaza, Jurong Entertainment Centre, Sembawang Shopping Centre
CapitaRetail Singapore Ltd	각각 부동산을 보유한 3개의 신탁으로 구성	2004년 2월 4일	4년	Class A: 변동 금리 채권	EUR	$67.50	S$492.46	세 리테일 몰: Reivervale Mall, Lot One Shoppers Mall, Bukit Panjang Plaza
				Class B: 변동 금리 채권	EUR	$13.50		
				Class C: 고정 금리 채권	SGD	$33.00		
				Class D: 고정 금리 채권	SGD	$83.00		
				Class E: 고정 금리 채권	SGD	$213.00		

상업용담보대출증권 발행자	상업용 부동산 저당권 설정자	발행일	채권 기간	트렌치, 채권 등급	통화	발행 규모 ($mil.)	총 규모 (SGD$mil.)	상업용 부동산
Silver Loft Investment Corporation Limited	Capita Commercial Trust(CCT)	2004년 5월 16일	5년	Class A1: 변동 금리 채권 Class A2: 변동 금리 채권 Class A3: 변동 금리 채권 Class A4: 변동 금리 채권	USD USD USD USD	$90.00 $147.00 $47.00 $56.60	S$520.06	Capital Tower, 6 Battery Road, StarHub Centre, Robinson Point, Bugis Village, Golden Shoe Car Park, Market Street Car Park
Emerald Assets Limited	Ascendas REIT	2004년 8월 5일	5년	변동 금리 채권	EUR	$144.00	S$623.56	17개 부동산: 비즈니스 파크(6개), 경공업 산업용 부동산(4개), 하이테크 산업용 부동산(3개), 물류 부동산(5개)
		2005년 5월 12일	7년	변동 금리 채권	EUR	$165.00		23개 부동산: 물류 부동산(6개), 하이테크 산업용 부동산(6개), 경공업 산업용 부동산(10개), 비즈니스 사이언스 파크(1개)

상업용담보대출증권 발행자	상업용 부동산 저당권 설정자	발행일	채권 기간	트렌치, 채권 등급	통화	발행 규모 ($mil.)	총 규모 (SGD$mil.)	상업용 부동산
Winmall Ltd	Jurong Point Reality Ltd	2004년 10월 27일	5년	Class A: 변동 금리 채권	SGD	$73.00	S$520.00	Jurong Point Shopping Centre
				Class B: 고정 금리 채권	SGD	$86.00		
				Class C: 고정 금리 채권	SGD	$9.00		
				Class D: 고정 금리 채권	SGD	$36.00		
				무등급 채권(고정/변동 금리 & 후순위 변동 금리)	SGD	$316.00		
Platinum AC1 Ltd	Suntec REIT	2005년 5월 30일	4.5년	변동 금리 채권	EUR	$320.00	S$645.76	Suntec City Mall & Suntec Office Towers(집합 건물)
Triumph Assets Ltd	Fortune REIT	2005년 7월 28일	5년	Class AAA: 변동 금리 채권	HKD	$1735.00	S$466.27	리테일 부동산 11개(홍콩)
				Class AA: 변동 금리 채권	HKD	$360.00		
Orion Prime Ltd	Prime REIT	2005년 9월 20일	5년	Class A: 변동 금리 채권	HKD	$290.00	S$375.75	Ngee Ann City & Wisma Atria Shopping Centre(집합 건물)
				변동 금리 채권	EUR	$186.20		

상업용담보대출증권 발행자	상업용 부동산 자당권 설정자	발행일	채권 기간	트랜치, 채권 등급	통화	발행 규모 ($mil.)	총 규모 (SGD$mil.)	상업용 부동산
Blossom Assets Ltd	K-REIT Asia	2006년 5월 17일	5년	Tranche A: 변동 금리 채권	EUR	$80.40	S$192.52	네 개의 오피스 빌딩: Keppel Tower, GE Tower, Bugis Junction Tower, Prudential Tower(strata floors)
				Tranche B: 변동 금리 채권	EUR	$15.00		
Silver Oak Limited	CapitaMall Trust & Capita Commercial Trust	2006년 9월 7일	5년	Class A1: 변동 금리 채권	USD	$427.00	S$844.60	Raffles City: 오피스 타워, 호텔, 쇼핑센터, 컨벤션 센터, 주차장
				Class A2: 변동 금리 채권	EUR	$30.00		
				Class B: 변동 금리 채권	USD	$86.50		
Star Topaz Limited	Frasers Centrepoint Trust	2006년 9월 19일	5년	변동 금리 채권	SGD	$260.00	S$260.00	세 개의 쇼핑몰: Causeway Point, NorthPoint and AnchorPoint

비고:

Asia1 커런시 컨버터	SGD	USD	EUR	HKD
환율 (2007년 2월 28일)	1.000	1.5269	2.018	0.1955

출처: 저자 편집, 신용 평가 기관(피치, 무디스, 스탠다드앤푸어스) 발행 모기지 연간 보고서

8.5.4 부동산참여증권

2014년 12월, 시티디벨로먼트는 이체 증권 구조를 활용하여 한화 약 12조 원(S$15billion) 가치의 복합 용도 시설인 퀘이사이드 컬렉션Quayside Collection을 유동화하였다.[24] 퀘이사이드 컬렉션은 센토사 섬에 위치한 복합 용도 시설로 240개의 객실을 갖춘 고급 호텔, 1,239평(44,121sqf) 면적의 리테일 공간, 228개의 주거 유닛으로 구성되었다. 세 개의 금융 기관이 조인트 형태(CDL(37.5%), 블랙스톤(48.9%), CIMB(13.6%))로 특수 목적 기구가 발행한 한화 약 6천억 원(S$750million) 규모의 부동산참여증권Property Participation Securities을 공동 소유했다. 발행 증권은 퀘이사이드 컬렉션으로부터 발생하는 현금 흐름을 담보로 5년 동안 연 5%의 수익률을 보장한다. 개발 사업이 진행 중인 주거 시설이 목표한 5년 후에 매각되면, 매각으로 인해 발생한 수익은 부동산참여증권 소유자에게 배당된다.

8.6 결론

싱가포르에서 증권화는 주로 부동산 개발 회사, 상업용 부동산 소유주, 리츠 등의 노력으로 이루어졌다. 이에 반해 은행들은 증권 발행 시장에서의 대출 사업을 장악하는 데 초점을 두었다. 몇몇 은행들은 증권 유통 시장의 구조화에 있어서 능동적인 역할을 했다. 이들 은행은 전문적인 지원 업무, 자산의 집합, 특수 목적 기구 설립, 투자자에 증권 배분, 현금의 모집 및 배분과 같은 전반적인 업무를 담당하였다.

미국 시장과 비교해서, 싱가포르의 증권화 시장은 상대적으로 생소

---

24) Khoo, Lynette (2014), "CDL ties up with Blackstone, CIMB to monetise Sentosa Cove assets," Business Times, 17 December 2014.

하고 아직 초기 단계다. 1985년 경제 침체 이후 유동성 경색과 1997년 발발한 아시아 금융 위기로 인해 싱가포르 부동산 개발 회사들은 증권화를 자금 조달의 대체 수단으로 활용하게 되었다. 부동산 개발 회사들은 1986년에 담보대출채권이 시장에 최초로 도입된 이후 금융 혁신 상품들을 주도적으로 활용하였다. 하나의 상업용 빌딩을 담보로 발행되었던 단순한 담보대출채권에서 시작하여 싱가포르에서의 자산 증권화 모델은 시간이 갈수록 계속 진화하여 더욱 정교해졌고 다양한 자산, 다양한 트렌치 구조로 발전해 나갔다. 상업용담보대출증권은 2002년 이후 시장 금리 리스크를 헤지하는 수단으로서 부동산 펀드 및 리츠들에서 활용되었다.

   2007년 서브 프라임 위기는 싱가포르 상업용담보대출증권 시장에 상당한 파급효과를 가져왔다. 상업용담보대출증권 시장은 추가적인 증권 발행 없이 일시적으로 중단되었다. 저금리 환경과 미국 및 선진국들의 통화 확장 정책에 따른 대규모의 유동성 증가는 미국 등 선진국의 대출 시장에 상대적으로 저렴한 자금 조달을 가능하게 했다. 하지만, 싱가포르 부동산 시장에서의 상업용담보대출증권의 필요성이 크게 대두되었다. 시장에서의 자금 조달 비용이 상승하고 정부가 은행 대출 한도를 제한하면, 싱가포르 부동산 증권 유통 시장은 더욱 활발해질 것으로 예상된다.

# 4부
부동산 산업의 인재 양성

9장
부동산 교육

유시밍

싱가포르의 기적

이번 장에서는 전 세계 및 싱가포르에서의 부동산 교육의 발전 과정을 살펴보고 부동산 산업 발전을 위해 인재 양성 측면에서 교육의 역할을 살펴본다. 싱가포르의 부동산 산업은 독립 후 50년 동안 계속 발전해 왔으며 부동산 교육 과정 역시 지속적으로 변화하는 산업의 요구에 부응하기 위해 상당한 변화를 겪어왔다. 실질적으로 싱가포르에서 부동산 학위 과정을 유일하게 갖춘 싱가포르국립대학교 부동산학과는, 독립 후 4년이 지난 1969년에 설립되어 산업 초기부터 현재까지 부동산 분야에 수많은 졸업생을 배출해 왔다. 이들은 민간 부문과 공공 부문에 고르게 진출하였다. 컨설팅, 리츠, 부동산 펀드, 부동산 개발, 기타 부동산 관련 민간 회사와 여러 정부 기관에 진출하여 핵심적인 역할을 담당하고 있다.

이번 장은 싱가포르 부동산 산업에 종사하는 싱가포르국립대학교 부동산학과 졸업생들의 견해를 다루고 있다. 대부분은 1969년 해당 학과 설립 당시의 초기 구성원들이며 이후 사회에 나아가 부동산 업계의 각 분야에서 큰 기여를 해 왔다. 이는 싱가포르 부동산 업계의 핵심 리더들과 싱가포르국립대학교 간의 긴밀한 관계성을 반영한다.

9.1 부동산 교육의 성장과 발전

대학에서 부동산 교육을 제공하기 시작한 것은 영국의 경우 20세기 초, 미국의 경우 20세기 이전으로 거슬러 올라간다. 수년간 부동산 학위 과정은 미국식 모델과 영국식 모델, 두 가지 모델을 통해 발전해 왔다. 부동산 교육 초기 단계에서 영국식 모델은 실물 부동산에 대한 전문적인 기술과 지식을 전달하는 것이 핵심 과제였고, 이에 반해 미국식 모델은 보다 광범위한 영역에서 부동산 경영 및 관리에 초점을 두었다. 오늘날 많은 회사가 실물 부동산 및 경영 관리 모두에서 높은 이해도를 갖춘 졸업생을 찾으면서 두 모델 간 융합이 나타나기 시작했다.

영국에서는 부동산 대학 설립과 함께 토지 측량을 위한 전일제 교육이 실시되었고, 1922년에 왕실로부터 인가를 받았다. 1918년부터 런던대학교에서 전일제 또는 시간제 수업을 통한 부동산 학사 학위 취득이 가능했다. 케임브리지대학교University of Cambridge에서도 1919년 부동산 학위 과정이 시작되었다. 부동산 관련 학위는 하나의 시스템으로 지속되었지만, 1964년 CNAACouncil for National Academic Awards가 설립되면서 폴리텍 및 대학을 통한 3차 교육이 시작되는 토대가 마련되었다. 미국의 부동산 교육은 영국에 비해 비교적 이른 시기에 시작되었다.

1892년 미국의 위스콘신대학교에서 대학 수준의 부동산 교육 과정이 처음 시작되었다. 1927년 전미부동산위원회National Real Estate Boards(현재 전미부동산협회National Association of Realtors로 명칭이 변경)의 교육 및 연구 위원장인 아서 마르케Arthur Mertzke는 부동산 산업에 입문하는 이들에게 높은 수준의 부동산 특화 교육이 필요하다는 사실을 인지하였다.[1] 당시 52개의 대학에서 특화된 부동산 교육을 제공하였다.

전통적으로 영국 왕실이 인정한 토지 측량 교육은 감정 평가, 법, 경제, 건축 시공, 설계와 같은 5가지 영역에 초점을 두었다. 시간이 지나면서 부동산 산업의 수요에 발맞추기 위해 부동산 경영, 금융, 정보 기

---

[1] Mertzke, A. (1927) "Status of real estate education in the United States", National Real Estate Journal, June 1927.

술과 같은 영역들이 핵심 과목으로 도입되었다. 영국식 모델은 전문 측량 기사에게 부동산 개발 사업 및 기술적인 측면에서 요구되는 핵심적인 역량을 교육하는 것을 목표하였다. 당시 졸업생들은 실물 부동산에 관한 필수 지식 및 기술뿐만 아니라 건축가, 토지 측량 기사, 엔지니어 등에 대한 심도 있는 이해를 할 수 있도록 교육받았다. 다각적 차원의 교육 방식에 의해 부동산 법률 및 도시 계획, 심지어 건축 시공에 대한 이해를 갖춘 측량 기사가 양성되었다.

이와 대조적으로 미국식 모델의 경우 부동산 교육이 경영학 측면에서 발전하였다. 바이머Weimer(1956)는 부동산 교육 과정에서 적절한 접근 방식은 경영 또는 관리 측면이라고 주장하였다.[2] 그는 회사의 조직 구조 관점에서의 부동산의 기능, 회사에서 수행되는 다른 기능들과 부동산 관리와의 관계 그리고 부동산을 포함한 회사 경영에서 발생하는 문제들에 대해 합리적인 결정을 도출하기 위한 분석 방법의 중요성이 더욱 강조될 것이라고 주장하였다. 다소Dasso(1976)는 나아가 재무 관리financial management가 학문적 관점에서 부동산의 위상과 가장 잘 맞는다고 주장하였다.[3] 그래스캠프(1976)는 주요 대학의 부동산 교육 과정이 경영학적 측면에 중점을 두고 편성되어야 한다고 생각했다.[4] 미국식 모델 발전의 기원은 영국식과 다르다. 미국식 모델이 포함하는 내용은 영국식 모델과 다르지만 부동산 교육을 다각적인 관점에서 접근한다는 점에서는 동일하다.

---

2) Weimer, A. (1956) "The teaching of real estate and business administration", Land Economics, Feb 1956.

3) Dasso, J (1976) "Real estate education at the university level", Recent Perspectives in Urban Land Economics, University of British Columbia.

4) Graaskamp, J. (1976) "Redefining the role of university education in real estate and urban land economics", The Real Estate Appraiser, Mar-April, 23-6.

싱가포르의 부동산 프로그램은 영국식 및 미국식 모델을 결합하였다. 예를 들어 도시 계획 및 법률에 있어서는 영국식 모델을 도입하였고, 금융 및 경영 관리 측면에서는 상당 부분 미국의 부동산 프로그램과 유사하게 구성하였다.

전 세계적으로 오늘날의 부동산 교육은 대학 차원 수준으로 발달하였다. 부동산 교육은 선진국 및 개발 도상국 모두에서 계속 성숙해지고 있으며, 그 명성과 지위가 한층 더 높아지고 있다. 중국 대학에서도 부동산 프로그램이 빠르게 늘어나고 있는데, 이는 지난 20년에 걸친 중국 내의 부동산 가격 상승과 급격한 도시화로 인한 결과이다.

다른 국가들의 대학 내 부동산 프로그램의 발전은 주로 제2차 세계대전 종전 이후부터 시작되었다. 특히, 영국 연방 국가들의 교육 시스템은 기술 과정 중심에서 직업적 학위로 자연스럽게 발전하면서 학위 프로그램이 도입되었다. 1969년 싱가포르대학교University of Singapore에서 부동산 학사 학위가 시작되었다. 같은 해에 프린스 에드워드 로드Prince Edward Road에 위치한 싱가포르 폴리텍에 부동산경영대학이 설립되었다. 1970년대 초에는 전일제 교육 프로그램 뿐만 아니라, 시간제 전문가 과정-학위 전환 과정이 도입되었다. 호주와 뉴질랜드의 경우는 부동산 감정 평가 및 토지 경제학 과정이 이전부터 존재했지만, 부동산 정규 학위는 1970년대와 1980년대 초반에 도입되었다.

9.2 싱가포르 부동산 교육에서의 주요한 이정표

초기 싱가포르의 부동산 교육은, 뉴질랜드 정부가 신생 국가인 싱가포르를 지원하기 위한 목적으로 후원한 콜롬보 장학금 제도Colombo

Plan scholarship에 의해, 뉴질랜드 대학 감정 평가 교육, 뉴질랜드 폴리텍 기술 교육, 영국 부동산 경영 대학 교육 과정을 통해 주로 이루어졌다. 1960년대 및 1970년대 당시, 부동산 경영 학위 프로그램은 작은 규모로 진행되어 부동산 분야의 졸업생이 부족하였고, 콜롬보 장학금 제도를 통한 학위 취득자들은 싱가포르 국세청에서 부동산 감정 평가사로 근무하였다. 1980년대 초반 싱가포르 현지 대학의 정원은 50명 수준이었지만, 그 이후로 정원이 계속 증가하며 최근에는 약 150명 수준이 되었다.

싱가포르에서 대학 수준의 부동산 교육은 건축학School of Architecture 및 부동산 경영학Department of Building and Estate Management 교수진들이 현재 싱가포르 폴리텍 캠퍼스의 전신이었던 교육 기관을 1969년 프린스 에드워드 로드 지역에 설립하면서 공식적으로 시작되었다. 그리고 이 교육 기관은 1970년대 초반 레이디 힐 로드Lady Hill Road 지역에 위치한 킨로스 하우스로 이전했다. 1976년 싱가포르대학교의 켄트 리지Kent Ridge 캠퍼스가 문을 열던 시점에 해당 교육 기관은 한번 더 이전하였다. 부동산 경영학과는 물리적인 실물 자산에 초점을 맞춘 학위 과정 BSc(Building)과 경영학 관점에서의 학위 과정 BSc(Estate Management)을 제공했다. 두 학위 과정 모두 4년제 명예 학위 프로그램이었다.

1969년, 대학 학위 수준의 교육 과정이 싱가포르에 처음 도입됨과 동시에 폴리텍 대학에서는 당시 부동산 전문가 과정을 공부하는 학생들을 위해 시간제 전문가 과정-학위 전환 과정을 몇 년 동안 제공했다. 부동산 교육은 폴리텍 대학에서 처음 시작되었고 현재까지 이루어지고 있음을 인지할 필요가 있다. 폴리텍 졸업생들의 대학 학부 학위에 대한 수요가 증가하면서, 1999년부터 2006년까지 대학 학부에서 부동산 관리와 감정 평가 두 가지의 시간제 학위 과정을 제공했다. 오늘날까지도 폴리텍 대학은 부동산 및 부동산 관련 교육 과정을 제공하고 있으며, 싱가포르국립대학교는 싱가포르에서 부동산 학위 과정을 제공하는 유일한 대학으로 자리매김했다.

초기의 부동산 경영학부 프로그램의 학생 수는 대략 20명이었다. 몇몇의 전일제 교수(주로 외국인 교수)가 수업을 담당하였고 현지의 시간제 직원 몇 명이 보조 역할을 하였다. 부동산 경영학부 프로그램 수는 1970년대 후반 및 1980년대 초반에 두 배 이상 증가하였다. 1980년에 싱가포르대학교와 난양대학교Nanyang University가 합쳐지면서 싱가포르국립대학교National University of Singapore가 되었고, 싱가포르 출신의 전일제 교수 수가 증가하였다. 이에 전문기술교육위원회 Council of Professional and Technical Education는 증가하는 입학 정원을 수용할 수 있도록, 부동산 경영학의 입지가 확대될 수 있는 기반을 마련했다. 1990년대에 들어서면서 학생 및 교수진의 수가 급격히 증가하였고, 오늘날에는 약 700명의 학생 정원과 25명 이상의 전일제 교수진을 보유하게 되었다. 이는 싱가포르국립대학교 부동산학과가 전 세계에서 규모가 가장 큰 부동산 교육 기관 중 한 곳임을 입증한다.

주요한 사건 중 하나는 1996년에 기존 부동산 경영학부BSs(Estate Management)의 명칭이 부동산 학부BSs(Real Estate)로 변경된 것이다. 이는 부동산 경영이라는 좁은 범위에서 벗어나서 부동산 산업과 관련된 모든 분야를 아우르는 넓은 개념으로 인식이 전환되었음을 보여준다. 또 다른 주요 사건은 10년 뒤인 2006년에 빌딩 학사BSs(Building) 과정이 프로젝트 및 시설 경영 학사BSs(Project and Facilities Management) 과정으로 명칭이 바뀐 것이다. 30년 이상, 두 학위 과정(부동산학과/프로젝트 및 시설 경영학과)은 처음 1년의 교육 과정을 유사한 강의로 진행하며 자원을 공유하는 이점을 누렸다. 또한 학생들이 유사 분야인 건설 및 부동산 업계와의 네트워크를 형성할 수 있는 플랫폼 역할을 하며 졸업 후에 업계에서 활용할 수 있는 관계성을 형성해 주었다. 실제로 빌딩 및 부동산 경영 동창회Building and Estate Management Alumni(BEMA)가 1993년 설립되면서, 두 학부의 졸업생들이 관계성을 유지할 수 있게 되었다.

전문 학위의 주요한 특징은 전문 기관에 의해 승인을 받아야 한다는 것이다. 이는 졸업생들이 졸업과 동시에 해당 전문 분야의 일원이 되었으며, 필수적인 업무 역량을 갖추었음을 의미한다. 학사 학위는 1980년대 이후 싱가포르 측량 및 감정 평가 기관Singapore Institute Surveyors and Valuers에 의해 승인되었고, 1989년에는 영국 왕립공인측량기관Royal Institution of Charted Surveyors에 의해 승인받았다. 이를 통해 회원들은 업계에서의 풍부한 네트워크와 커리어 계발이 가능하였고, 해당 멤버십을 인정하는 해외의 국가에서 일할 수 있는 기회를 제공받았다. 더불어, 해당 멤버십은 싱가포르에서 감정 평가사 자격을 취득하는 데 있어서 필수적인 조건이 되었다.

부동산 자산 관리 분야의 실무자를 위한 고등 학위를 제공하기 위한 목적으로 부동산 자산관리 석사MSc(Property and Maintenance Management) 과정이 1986년 도입되었다. 이는 1992년에 부동산 석사MSc(Real Estate)로 대체되었는데, 부동산 업계의 다양한 분야에 종사하고 있는 실무자들(주로 학부에서 부동산이 아닌 다른 분야를 전공한)에게 부동산 분야의 이론적이고 개념적인 지식을 전수하였다. 2004년부터는 싱가포르국립대학교 경영대학원과 함께 부동산 특화 MBA 프로그램을 진행하였고, 2013년부터는 건축학부와 함께 도시계획 석사 과정을 운영하고 있다.

또한 부동산학과는 석사, 박사 후 연구 활동을 지속하는 연구 과정을 운영한다. 싱가포르 부동산학과의 명성이 지난 15년 동안 크게 높아짐에 따라, 특히 아시아 태평양 지역에서 명성이 높아짐에 따라, 연구 학위research degree에 지원하는 지원자 수가 계속 증가하고 있다. 1991년 부동산 연구 센터Center for Real Estate Studies가 처음 세워졌고, 2007년에는 부동산 연구소Institute of Real Estate Studies가 되면서 대학 기관으로 승격하였다. 해당 기관은 국제적인 플랫폼으로서 직원 및 학생들이 연구에 몰두할 수 있도록 지원한다.

9.3 진화하는 교육 과정

부동산 경영 학사BSs(Estate Management) 과정은 건설 산업에서 관리 및 행정직으로 일할 능력을 갖춘 인재를 양성할 목적으로 1969년 설립되었고, 공사 견적 전문가, 감정 평가사, 부동산 경영 전문가 등 업계의 전문가와 연계하여 교육하였다. 영국식 모델을 기반으로 한 교육 과정으로 구성되었으며, 당시에 상대적으로 좁은 부동산 고용 시장에 인력을 공급하고자 하였다. 1970년대에 부동산학과 졸업생들이 사회에 처음 진출할 당시 싱가포르의 부동산 시장은 규모가 작고 발달하지 못했다. 당시 학사 교육 과정은 정부 기관, 법률 기관, 부동산 개발 회사, 컨설턴트, 부동산 자산 보유 기업의 선호도에 맞게 설계되었다. 이후 싱가포르 및 아시아 지역에서 전통적인 부동산 분야와 더불어 금융,

은행, 투자 분야의 시장이 확대되었고, 이로 인해 부동산 분야의 취업 시장의 폭은 크게 넓어졌다.

시장의 변화는 교육 과정의 변화를 요구하였고, 이로 인해 지난 40년 동안 부동산 교육 과정은 주기적인 변화를 겪어왔다. 교육 과정의 개정은 부동산 산업의 요구에서부터 시작된다. 부동산 대학 차원에서 여러 단계의 면밀한 조사를 통해 교육 과정의 개정을 논의하고, 대학 이사회의 승인을 거쳐 교육 과정의 개정이 이루어진다. 이러한 개정 절차는 통상적으로 6개월에서 18개월이 소요되었고, 교육 과정의 주요한 변경은 5년에서 7년 사이에 한번 이루어진다. 또한, 부동산 시장에 큰 영향을 주는 정부 정책의 주요한 변화 등으로 인해 산업에 변화가 있을 때에는 빈번하게 교육 과정이 바뀐다.

싱가포르국립대학교의 부동산 교육 과정은 세계화 추세로부터 영향을 받고 변화하였다. 첫째, 부동산 보유자의 부동산 증권화에 대한 수요가 증가하면서 부동산 금융 및 증권화에 관한 전문성을 지닌 인력에 대한 시장 수요가 높아졌다. 둘째, 싱가포르 부동산 개발 회사의 지역적 확대가 이루어졌고, 이와 더불어 중국, 인도, 베트남 같은 신흥 경제의 급속한 도시화가 진행되면서, 졸업생들은 싱가포르와 인근 지역에서 도시 규모의 대규모 개발 사업을 위한 도시 계획 정책 수립에 참여할 수 있는 기회를 얻을 수 있었다. 이러한 시장 수요를 충족하기 위해 2010년 부동산 교육 과정 개정 시에는, 금융과 도시 계획 두 분야에 관한 전문 과정이 도입되었다.

지난 50년 동안 싱가포르의 대학 교육은 교수법 측면에서도 커다란 변화를 겪었다. 첫째, 마지막 학년의 졸업 시험 평가 시스템은 1995년에 모듈러식 교육 과정으로 대체되었다. 모듈러식 교육 과정은 학생들이 다양한 전공의 수업을 선택할 수 있게 하여 학문적 관심 분야를 넓힐 수 있도록 한다. 특히 공학, 건축, 부동산과 같은 전문적인 학위 과정의 학생들이 전문성을 갖추는 데 상당한 영향을 주었다.

다음은 부동산 교육에서 있었던 5가지의 근본적 차원에서의 변경 사항을 요약한 것이다.

1. 광범위한 지식 기반 학습. 학생들은 부동산 개발 사업과 관련된 기술적인 학습 이외에도 인문/사회 과학 분야 및 과학/기술 분야를 포함한 넓은 분야를 학습한다. 또한, 싱가포르의 역사 및 개발 과정과 같은 싱가포르에 관한 학습도 요구된다.
2. 다른 학문과 연계한 유연한 교육 과정. 모듈러 기반의 교육 과정으로 전환함으로써 학생들은 부동산 분야뿐만이 아닌 다양한 분야에 대한 학습 기회를 제공받았다.
3. 부동산의 역할에 대한 인식의 변화. 급속한 도시화와 자본 시장의 성장 및 세계화로 인해 학생들은 부동산의 역할과 중요성을 인식하게 되었다. 대학은 이와 같은 관심에 대응하기 위해 부동산과 도시, 두 가지 교육 과정을 제공하였다.
4. 부동산 금융의 중요성 증가. 부동산 시장이 실물 자산 시장에서 자본 시장 중심의 비즈니스 모델로 옮겨가면서, 졸업생들에게 부동산 및 금융과 관련된 지식을 갖추게 하기 위해 자본 시장 및 금융과 관련된 심도 깊은 모듈을 통합하였다.
5. 싱가포르에서 해외로. 1990년대부터 지역화 및 세계화로 인해 해외의 부동산 개발 회사 및 자본이 싱가포르로 유입되었다. 싱가포르의 부동산 개발 회사들은 더 큰 경제적 기회를 찾기 위해 외부 세계로 진출하였다. 이는 졸업생들이 해외에서 실무 경험을 쌓을 수 있

는 기회가 많아졌음을 의미한다. 외국 선진 사례에 대한 학습 과정이 교육 과정에 포함되었고, 교환 프로그램을 통해 해외 교육 기관에서 학습할 수 있는 기회가 제공되었다. 예를 들어, 싱가포르국립대학교 부동산학과는 교환 학생 프로그램을 통해 외국에서 온 학생들에게 싱가포르의 비즈니스 환경과 정책에 대한 통찰력을 얻을 수 있는 기회를 제공하였고, 반면에 싱가포르국립대학교 부동산 학부 3학년생은 여름 프로그램을 통해 외국 국가들의 사회 경제적, 인구 통계적, 정치적 사항들을 부동산 관점에서 심도 있게 이해할 수 있었다.

오늘날 부동산 학사 과정은 국내 및 세계적 관점에서 건축 환경의 물리적, 경제적, 제도적, 사회적 측면을 이해하고 부동산 개발 및 관리에 대한 전문 지식과 역량을 갖춘 부동산 전문가를 양성하는 것을 목표로 한다. 도시 계획, 법, 경제, 금융, 감정 평가, 경영 및 관리 등의 핵심 분야와 관련된 과목들은 대부분 유지되었지만, 건물 이론, 건물 서비스, 토지 측량과 같은 기존의 기술 과목들은 부동산 업계의 변화하는 요구에 맞춰 투자, 시장 분석, 리서치와 같은 상업용 중심의 모델로 대체되었다. 표 9.1은 빌딩 및 건설 사업, 법, 도시 계획, 경제, 감정 평가, 금융, 관리와 같은 핵심 분야를 기준으로 1969년과 2015년 교과 과정을 비교한 것이다. 부동산 교육 과정은 개정을 거듭하였고, 교육 과정의 주요 중점 사안이 변화했음을 분명히 확인할 수 있다. 1965년 교육 과정은 부동산 개발 사업 초기 단계에 요구되는 빌딩 및 건설 산업 분야에서의 기술 전문성을 강조하였지만, 2015년 교육 과정은 취업 시장의 변화에 따라, 경영 및 금융에 치중하였다.

표 9.1 1969년과 2015년 부동산 교육 과정 비교

핵심 주제	1969	2015
빌딩 및 건설	• History of Building • Surveying and Levelling • Theory of Design of Structures 1-2 • Building Sciences 1-3 • Theory and Practice of Building 1-4 • Earth Sciences • Building Services and Equipment • Quantity Surveying	• Understanding Design and Construction
법	• Elements of Law 1-4	• Land Law • Real Estate Finance Law • Real Estate Development Law
도시 계획	• Town and Country Planning	• Urban Land Use and Development • Urban Planning • Advanced Topics in Urban Planning • Urban Design and Conservation • Urban Planning Seminar • Advanced Urban Planning Theories • Public Policy and Real Estate Markets • Urban Planning in Asian Cities
경제	• Economics of Industry • Real Estate Economics • Construction Economics and Cost Planning	• Principles of Economics • Introduction to Statistics • Real Estate Market Analysis • Real Estate Economics • Real Estate Development

핵심 주제	1969	2015
감정 평가	• Valuation of Land and Buildings 1-2	• Principles of Real Estate Valuation
		• Property Tax and Statutory Valuation
		• Advanced Real Estate Valuation
금융	• Finance Theory	• Fundamentals of Real Estate Finance
	• Principles of Accounting 1-2	• Real Estate Finance
		• Real Estate Investment Analysis
		• Corporate Investment in Real Estate
		• Real Estate Finance Seminar
		• REIT Management
		• Real Estate Securitisation
		• Real Estate Risk Analysis and Management
경영 및 관리	• Theory of Management	• Property and Facilities Management
	• Estate Management 1-2	• Professional Communication
		• Real Estate Marketing and Negotiation
		• Real Estate Practice and Ethics
		• Research Methodology
		• Quantitative Methods in Real Estate
		• Advanced Real Estate Marketing

9.4 부동산 전공자의 산업에서의 위상

부동산 컨설턴트 및 개발 회사들은 싱가포르 부동산 산업의 주요한 강점으로 싱가포르의 훈련된 부동산 전문가를 꼽는다. 기업들은 폴리텍에서 싱가포르국립대학교 부동산학과에 이르기까지, 다양한 교육 기관에서 부동산 교육을 받은 졸업생을 고용할 수 있었다. 이는 아직까지도 부동산 전문가를 양성하는 고등 전문 기관이 없는 몇몇 아시아 국가들과 비교할 때 뚜렷한 장점으로 여겨진다. 실제로 지난 10년 동안 부동산 개발 회사들은 중국과 베트남 같은 개발 도상국에서 프로젝트를 진행할 때 싱가포르국립대학교에서 공부한 중국인 또는 베트남인 졸업생을 채용하였다. 이들은 현지 사정에 대한 이해도가 높다는 점과 공인된 국제 기관에서 교육 과정을 마쳤다는 강점을 지니고 있었다. 아시아 개발도상국에서 싱가포르로 공부하러 오는 해외 유학생 수의 증가는, 싱가포르국립대학교가 개발도상국의 부동산 시장에 간접적으로 도움을 준다는 것을 의미한다.

부동산 회사들은 투자 및 금융 분야에 대한 전문 지식을 갖춘 졸업생을 선호하기 시작했다. 부동산에 대한 핵심적인 이해를 바탕으로 이를 금융과 융합할 수 있는 인력에 대한 수요가 매우 높아졌다.

실용적 수업은 전문 학위의 근간으로 간주되며, 교육 과정의 중요한 구성 요소이다. 교육 과정의 정원 수가 적었던 초기 몇 년 동안은 학생들이 방학 기간 동안 민간 기업에서 일할 수 있는 기회가 제공되었다. 전문적인 교육 기관으로 승인을 받은 이후부터는, 실무 교육이 의무화되었으며 대학은 학생들이 민간 기업 및 공공 기관에서 일할 수 있도록 의무적으로 인턴십 기회를 주선해 주었다. 그러나 정원 수가 증가함에 따라, 모든 학생을 의무적으로 현업에 배치하기에는 현실적인 어려움이 있었다. 이에, 우수한 성적의 3학년 학생들에게만 제한적으로 부동산 인턴십 프로그램이 선택 과목으로 제공되었다. 인턴십 프로그램이 제한적으로 제공되었음에도 불구하고, 대부분의 학생들은 2학년과 3학년 방학 기간 동안 적어도 한번은 인턴십 경험을 쌓을 수 있었다. 이러한 경험은 학생들이 부동산 산업에 진출하는 데 도움이 되었다.

오늘날 기업들은 효과적인 의사소통 능력을 갖춘 졸업생을 선호한다. 부동산 컨설팅 산업의 사례를 보면 기존에는 부동산 소유권자를 위한 컨설팅 서비스를 담당하며 전통적인 부동산 서비스를 제공하였지만, 최근에는 부동산 소유권자 및 임차인을 컨설팅하는 비율이 각각 절반 수준에 이르렀으며, 과거보다 더욱 광범위한 영역에서 컨설팅 서비스를 제공한다. 이는 졸업생들이 보다 광범위한 지식을 갖추고 산업에서의 변화에 적응할 수 있도록 하기 위함이다. 또한 공공 부문, 임대인, 임차인, 고객, 거주자를 포함한 모든 이해 관계자와 효과적으로 의견을 교환할 수 있어야 함을 의미한다.

싱가포르국립대학교는 모든 졸업생이 경쟁력 있는 전문성과 더불어 유창한 의사소통을 갖춘 인재가 되어 사회에 진출할 수 있도록 부동산 리더십 등 여러 가지 프로그램을 진행하고 있다. 이를 통해 학생들이 업계 리더들과의 세션에 참여하고, 기타 다른 업계의 세미나에 참여하여 그들의 잠재된 리더십을 발휘할 수 있도록 유도한다.

9.5 부동산 연구 및 고위직 교육 과정

부동산 교육은 실제로 국가의 인프라 및 경제 발전에 중요한 역할을 담당한다. 특히 건축 환경의 개발, 사용, 관리에 필수적인 전문 인력을 시장에 공급한다. 업계에서 요구되는 필수적인 기술과 지식을 학생들이 함양할 수 있도록 교육 과정을 편성하여, 졸업생들이 사회에 진출하여 전문가로서 활동할 수 있는 역량을 갖추도록 하였고, 이는 싱가포르의 산업화와 도시 전경의 변화에 도움을 주었다. 싱가포르가 서비스 중심의 지식 기반 경제로 전환함에 따라 부동산 교육은 경영 및 금융에 더욱 중점을 두었다. 싱가포르국립대학교는 유일하게 부동산 교육을 제공하는 대학이며 연구 및 기업 고위직 교육에도 상당한 공헌을 했다.

대학에서 연구 분야는 가장 중요시되는 분야이며, 연구 성과는 대학의 명성에 직접적인 영향을 준다. 이러한 관점에서, 싱가포르국립대학교 부동산학과는 부동산 연구소의 설립과 함께 부동산 연구 분야에 있어 전 세계 최고 수준의 대학 중 한 곳이 되었고, 아시아를 대표하는 대학이 되었다. 싱가포르국립대학교의 명성이 날로 높아짐에 따라 칭화대학교, 홍콩대학교, 매사추세츠대학교, MIT와 같은 해외의 유명 대학들과 파트너십을 맺게 되었다. 이는 미국의 최고 수준의 대학에서 박사 학위를 받는 연구진들을 싱가포르국립대학교로 유치하는 데 도움이 되었다.

부동산학과는 정규 교육 이외에도, 고위직 임원들을 위한 교육과정 및 프로그램을 수년 동안 진행하고 있다. 임원 교육 과정에는 싱가포르 외무부, 법률 기관, 민간 회사에서부터 외국의 정부 기관 및 외국 기업이 참여했다. 싱가포르는 공공 주택, 지역 의회 등과 관련된 도시 관리법을 배우고자 하는 외국의 고위 공무원들이 싱가포르국립대학교 부동산 학과에서 교육받을 수 있도록 후원하였다. 또한, 대학에서는 주택개발위원회, 주롱타운공사, 국가공원위원회, 싱가포르 국토청과 같은 정부규제위원회를 위한 맞춤형 부동산 교육 과정을 제공한다. 또한 베트남의 가격정책부Ministry of Pricing 및 중국의 도시들을 위해 특별하게 기획된 부동산 교육을 진행하였으며, 인도네시아의 부동산 교육 과정 개발을 위한 부동산 교육을 진행하기도 하였다. 또한, 부동산 대학은 부동산과 자본 시장을 연결하기 위한 취지로, 부동산 금융 프로그램 과정을 성공적으로 설립하였다.

9.6 앞으로의 도전 과제

대중의 부동산에 대한 인식은 부동산 교육이 극복해야 할 도전 과제이다. 부동산 뉴스가 언론에서 상당한 부분을 차지하고 있지만, 일반인들은 부동산하면 복덕방을 떠올린다. 그 이외의 부동산 관련 영역에서 전문가적 활동은 사람들에게 생소하게 느껴진다. 왜냐하면 부동산은 당연하게 여겨지는 삶의 일부이기 때문이다. 부동산에 대한 사람들의 무지와 부족한 인식은 대학에서 제공하는 부동산 학위 프로그램에 사람을 유치하는 데 있어 장애물이 되었다.

오늘날 교육에 있어서 가장 중요한 도전 과제 중 하나는 끊임없는 변화에 대응하는 것이다. 계속해서 성장하는 자산 운용업에서 부동산 전문 인력의 영향력이 커짐에 따라, 변화하는 부동산 업계의 요구를 충족시키기 위한 유연한 교육 과정이 필요하다. 현재의 모듈러식 시스템은 맞춤식의 광범위한 교육을 제공하기 위한 효과적인 수단이 된다. 그러나 대학들은 학생들의 전문성 향상을 위한 핵심적인 사항에 대해서는 타협하면 안된다. 또한, 환경적 측면에서 지속 가능성은 그 중요성이 계속해서 높아지는 중요한 분야이다. 급속한 도시화 및 세계화로 인해 발생하는 문제들을 해결하기 위한 사회적 관심이 높아지고 있으며, 이는 부동산 교육 과정에 직접적인 영향을 주었다.

싱가포르의 부동산 업계가 직면한 또 다른 주요 과제는 기술 혁신으로 급격하게 변화하는 부동산 산업에의 대응이다. 디지털 기술의 영향력과 모바일 통신의 힘은 부동산 업계의 모든 분야에서 관찰된다. 전자상거래의 편리성 및 경제성으로 인해 소상공인이 직면한 도전 과제에서부터, 호텔 업계의 주요한 경쟁자로 부상한 에어비앤비Airbnb의 커다란 성공에 이르기까지, 부동산 전공자들은 물리적인 부동산 및 부동산 사용 가치에 대한 기술 혁신의 영향을 평가하기 위해, 기술이 어떻게 최종 사용자에게 영향을 미치는지, 그리고 기술이 어떻게 개인의 행동과 개인들 간의 상호 작용에 영향을 미치는지 이해해야 한다. 또한 소프트웨어 및 응용 프로그램을 활용하여 커뮤니케이션을 향상시켜야 한다. 소프트웨어를 활용하면 부동산 자산 관리 서비스에서의 정교함과 반응도를 높일 수 있을 것이다. 부동산 업계는 리얼에스테이트 익스체인지Real Estate Exchange, 프로퍼티구루PropertyGuru와 같은 데이터 업체들과의 경쟁을 피할 수 없을 것이다. 이들 업체는 현재까지 데이터를 제공하는 역할에 머물러 있지만, 향후에는 자신들의 온라인 플랫폼을 활용하여 기존의 부동산 컨설턴트 및 중개인 등을 대체하여 부동산 매각을 중개하고 임대차를 연결할 것이다.

학문적인 관점에서도 모바일 통신 기술은 유례 없는 방식으로 학문 기관의 영향력을 확장시켰다. 온라인 강의 및 가상 교실은 기존의 전통적인 강의 방식을 대체하거나 보완한다. 이는 집을 나서지 않고도 학위를 취득할 수 있음을 의미한다. 이러한 새로운 방식의 학습 콘텐츠 제공으로 인하여 언제 어디서나 학습이 가능하게 되었고, 부동산 교육 공급자는 교육의 수혜자가 학습 콘텐츠에 쉽게 접근할 수 있게 하는 혁신적인 방법을 고민하게 하였다. 대학은 향후 부동산 전문 인력이 될 가능성이 있는, 젊고 민감하며 모바일 친화적인 세대의 마음을 잡기 위해 새로운 기술들을 하루빨리 활용해야 할 필요가 있다. 학생들은 부동산 전문가가 되기 위한 개인별 맞춤 학습을 스스로 구성하는 데 어려움을 겪기 때문에, 대학에서 제공하는 엄격하고 전체론적인 부동산 교육을 필요로 한다.

부동산 교육에 있어 핵심적인 도전 과제는 상호 간의 경계가 모호해지고, 다양한 기술을 통해 변화하는 세상과의 연관성을 유지하는 것이다. 부동산 교육 과정은 빠르게 변화하는 시장 상황에 대응하기 위해 유연해야 하지만, 동시에 부동산 전문가로서의 능력을 갖추게 하기 위한 핵심적인 교육은 유지해야 한다. 더불어, 교육 기관은 변화하는 산업에 대응해야 할 뿐만 아니라, 학생들의 가치관 형성에 도움을 주며 이들의 가치관의 변화에도 적응해야 한다.

10장
싱가포르 부동산의 변혁

싱텐푸 / 유시밍

싱가포르의 기적

10.1 들어가며

위스콘신-메디슨대학교의 제임스 A. 그래스캠프James A. Grasskamp 교수는 부동산을 다음과 같이 정의했다.

> "일반적으로 부동산은 고정적인 지리학과 비교했을 때, 사람에 의해 규정되는 공간으로, 특정 기간 동안 이루어지는 인간의 활동을 포함한다. 공간이 3차원(길이, 너비, 높이)이라면, 부동산은 공간이라는 3차원에 소유 및 이익 창출 기간이라는 요소가 추가된 4차원의 영역에 속한다. 이는 부동산이 시공간적 특성을 가짐을 의미한다. 시공간적 특성이란 한달 간의 아파트 임대차 기간, 하룻밤의 모텔 투숙 기간, 1년의 토지 임대차 기간, 1시간의 테니스 코트 대여 기간 등으로 설명된다. 부동산의 근본적인 특성은 공간에 대한 시간 단위당 이에 상응하는 화폐 가치가 존재한다는 것이다. 부동산 프로젝트에 관한 가치 판단은, 선good과 미beauty라는 규정하기 힘든 추상적인 기준으로 판단되지만, 화폐 경제에서 궁극적인 기준은 돈cash이다".[1]

나아가 그래스캠프 교수는 부동산 개발이 공간에 대한 시간을 형성하는 과정이라고 묘사한다. 부동산 개발 과정에 관계된 이해 집단으로는 공간 프로듀서(부동산 개발 회사), 공간 사용자(가정 및 회사), 인프라 및 서비스 제공자(정부)가 있다.

---

1) Grasskamp, J.A. (1981) "Fundamentals of Real Estate Development," Urban Land Institute, Development Component Series, Washington DC.

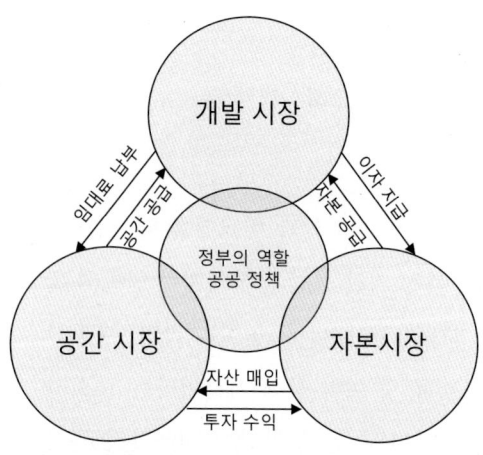

그림 10.1 부동산 시장 시스템
출처: 저자

　기업은 부동산 자본 시장에서 공간 사용에 대한 시간을 시간당 자본 단위로 전환하는 역할을 한다. 부동산 시장 시스템은 공간 시장과 자본 시장으로 대표되는데 이들 두 시장은 정부에 의해 연결된다. 싱가포르 정부는 자본 시장에서의 기업 활동을 규제하고 인프라 및 서비스를 제공한다. (이에 대해서는 2장에서 상세하게 다루었다.) 또한 싱가포르 정부는 적정 가격의 공공 주택을 시장에 공급하고, 민간 부동산 개발 회사들이 새로운 상업용 및 주거용 공간을 건설하는 데 필요한 토지를 매각하는 역할을 수행한다. 부동산 개발 회사들은 은행에서 대출을 받거나 자본 시장 내에서 증권을 발행하여 필요한 자금을 확보한다. 시장에서 생성된 공간은 주거, 비즈니스, 생산 등 다양한 수요를 지닌 사용자들의 공간에 대한 수요를 충족한다. 사용자는 공간을 사용하기 위한 임대료를 지불해야 하는데, 이때 임대료는 자본 시장에서 투자자의 수익에 근거한 부동산 가치(시간 단위당 자본 가치)를 근간으로 산정된다. 정부는 공간 시장과 자본 시장의 전환에 있어 공정 거래를 보장하는 규제적 역할과 부동산 시장 시스템을 보완하는 역할을 한다.

서로 다른 주체들 간의 상호 작용과 각 시장 간의 상호 연결은 부동산 시스템이 원활하게 작동함을 의미한다. 부동산 시스템이 효율적으로 작동하면 조직적이고 지속 가능한 도시화, 부의 창출, 일-삶-놀이의 균형을 통한 삶의 질을 높이는 공간 창출이 가능하다. 지난 50년간, 싱가포르는 급격한 도시화를 경험하며 제3세계 국가에서 선진 도시 국가로 부상하였다. 이와 같은 성공은 정치 지도자들의 장기적인 비전과 강한 의지 없이는 이뤄낼 수 없었다. 부동산 시스템에 얽혀 있는 다양한 이해 당사자들 간의 협업 또한 필수적이다. 정부는 장기간에 걸친 도시화 계획 로드맵을 마련한다. 또한 부동산 개발 회사는 금융 시장에서의 자본을 활용하며, 리스크를 감수하는 기업가 정신을 발휘한다. 또한 건전한 경제 생태계는 부동산 공간에 대한 시장 수요를 창출한다. 궁극적으로 시스템상 모든 당사자는 국가 건설 및 도시 성장에 직간접적으로 관여한다.

싱가포르국립대학교 부동산학과는 1969년 빌딩 및 부동산 경영학과Department of Building and Estate Management라는 명칭으로 처음 설립되었다. 학과 설립의 목표는 싱가포르 독립 이후 국가 건설을 위한 부동산 전문가를 양산하는 3차 교육 및 전문 교육을 제공하는 것이었다. 해당 학과는 1995년에 건축대학 소속의 빌딩 및 부동산학과School of Building and Real Estate로 명칭이 변경되었다. 2001년 6월에는 디자인환경대학 소속으로 변경되었다. 같은 해에 빌딩 및 부동산학과는 빌딩학과Department of Building와 부동산학과Department of Real Estate로 분리되었다. 2006년에는 대학 부동산 연구소가 설립되었고 이를 통해 높은 수준의 부동산 연구를 진행하게 되었으며, 싱가포르국립대학교 부동산학과의 명성이 높아졌다.

싱가포르국립대학교 부동산학과는 수많은 부동산 전문가를 업계에 배출하였고, 싱가포르가 세계적으로 살기 좋은 도시[2], 비즈니스하기 좋은 도시[3]라는 명성을 갖는 데 직간접적으로 기여하였다. 싱가포르국립대학교 부동산학과 출신들은 그들의 부동산 기술과 전문 지식을 활용하여, 싱가포르 부동산 시장을 넘어 해외 부동산 시장 곳곳에 진출하였다. 이번 장은 이 책의 마지막 장으로, 싱가포르 내의 부동산 업계 리더로서 입지를 확보한 싱가포르국립대학교 부동산학과 동문으로부터 싱가포르 도시 개발의 과거와 미래에 대한 그들의 생각을 듣고자 한다. 이번 장의 앞으로 남은 부분은 크게 세 가지 주제로 나뉜다. 첫 번째 부분에서 부동산 시장 시스템에 대해 논의하며, 두 번째 부분에서는 싱가포르국립대학교 부동산학과가 부동산 전문가 및 리더를 지속적으로 배출하기 위해 요구되는 교육 시스템에 대해 논의한다. 세 번째 부분은 부동산 업계에서 지난 50년 동안 싱가포르의 변천사를 직접 경험한 동문들의 의견을 들어보고, 향후 부동산 시장에 대한 전망을 논의한다. 이들의 관점과 의견은 책의 구성에 따라 여러 주제로 나뉜다. 마지막 네 번째 부분에서는 향후 부동산 시장에 영향을 미칠 거대한 트렌드에 대해 논의한다.

---

[2] ECAEmployment Conditions Abroad의 설문 조사에 따르면, 국외 거주자들 입장에서 싱가포르는 아시아에서 가장 살기 좋은 곳이며, 가장 선호되는 도시이다(출처: Rachel Boon, "Singapore remains the most liveable place in Asia for expatriates: Poll," The Straits Times, 23 January 2015).

[3] 세계은행그룹World Bank Group은 싱가포르를 2005년, 2006년 연속으로 아시아에서 사업하기 가장 좋은 도시로 선정하였다(출처: http://www.doingbusiness.org/data/exploreeconomies/singapore#close).

10.2 부동산 전문가 및 리더 양성 교육

그림 10.2는 부동산 전문가 및 리더 양성에 있어 중요한 역할을 담당하는 싱가포르국립대학교 부동산학과의 생태계 시스템을 나타낸다. 싱가포르국립대학교는 3차 교육 기관으로서 도시화 및 개발 과정에 있어 필수 역할을 수행할 전문 인력을 양성한다. 이를 통해 싱가포르가 살기 좋은 지속 가능한 글로벌 도시로 변모하는 데 다양한 측면에서 상당한 기여를 했다.

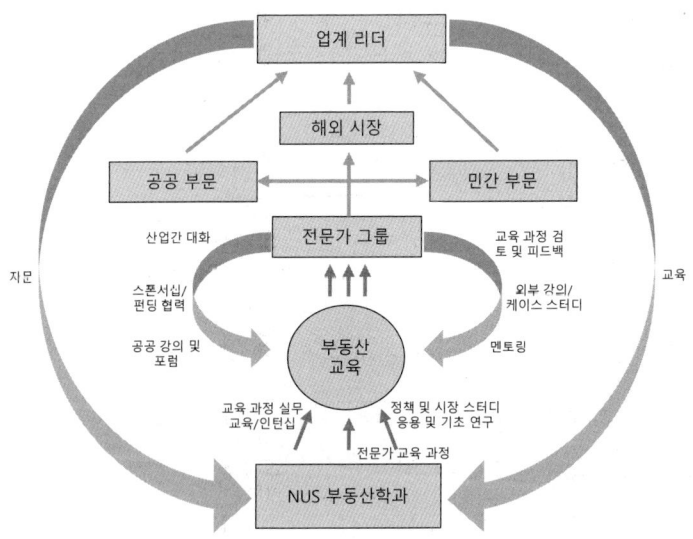

그림 10.2 부동산 전문가 생태계 시스템

싱가포르국립대학교 부동산학과 졸업생들은 싱가포르 내 민간 부문, 공공 부문에서 활동하고 있으며, 해외 부문의 경우 도시 개발, 건축 환경, 부동산 비즈니스 등 여러 분야에서 활동하고 있다. 특히 부동산 업계에 저명한 리더들을 배출하였는데 이들은 싱가포르가 현대적인 정원 속 도시로 거듭나는 데 중요한 역할을 하였다. 싱가포르국립대학교 부동산학과는 동문 간의 플랫폼 및 채널을 통해 산업 간 대화, 공공 포럼, 세미나, 멘토링 등에 참여한다. 동문 및 업계 전문가들은 학생들을 위한 외부 강의, 업계에서의 경험 공유, 직업에 대한 자문 역할을 하기도 한다. 이들은 대학의 교육 과정 및 교수법이 부동산 업계의 최근 변화에 발맞추길 희망한다.

졸업생 상당수가 업계에서 리더십을 발휘하고 있으며, 다양한 방법으로 그들의 시간과 자원을 모교에 공헌하고 있다. 일부는 모교를 위한 자문 역할을 수행하고 있으며, 일부는 대학에서 일하고 있다. 또한 학계에서 시간제, 전일제, 종신 교수 등으로 종사하며 다음 세대의 리더를 배출하는 데 공헌하기도 한다.

림란윤Lim Lan Yuan 박사는 부동산학과 초기 졸업생 중 한 명으로 1987부터 2000년까지 싱가포르국립대학교 빌딩 및 부동산학과의 학과장을 역임했다. 식니후앗 박사는 본서의 공동 저자로 싱가포르국립대학교를 졸업하였고, 현재는 싱가포르국립대학교 부동산학과 교수이자 대학 부동산 연구소 소장을 역임하고 있다. 학계에 오기 전에는 싱가포르 투자청 부동산부문의 회장직을 역임하였다. 아미 코르Amy Khor(1981) 박사는 현재 보건복지부 및 환경수자원부의 수석 각료 직책을 맡고 있는데 이전에는 부동산학과 교수였다. 무하마드 패슬 이브라힘Muhammad Faishal Ibrahim은 부동산학과 교수이며, 동시에 교육부 및 사회가족개발부에서 의회 비서 역할을 수행하고 있다.

졸업생들은 감정 평가, 도시 계획, 컨설팅 등 여러 민간 부문과 제정 이사회(IRAS, HDB, URA, JTC, SLA, AVA 등) 및 공공 부문에서 그들의 리더십을 발휘하고 있다. 업계의 저명한 리더 중 일부(지아쟁홍Chia Ngiang Hong(1972), 폴린고Pauline Goh(1981), 탄포홍Tan Poh

Hong(1981), 제라드리Gerard Lee(1984), 푸아섹관Pua Seck Guan(1988), 퀵와이케옹Kwok Wai Keong(1973))는 부동산학과 자문위원회에서 자문 역할을 수행하고 있다.

10.3 지난 50년의 변천사에 대한 회상

싱가포르국립대학교 부동산학과를 졸업한 30명의 업계 리더들의 이야기를 정리하였다. 표 10.1은 30명 동문들의 이름과 소속을 정리한 것이다. 책의 전체적인 구성에 맞추어 이들의 견해를 10개의 주제로 분류하였다. (동문들 개개인의 의견은 그들이 속한 기관 및 회사의 의견을 대표하지 않는다.)

10.3.1 제3세계 빈민국에서 세계 최고 수준의 경제 국가로

천연자원이 부족한 싱가포르는 1965년 독립 이후, 산업화 전략을 도입하여 경제를 활성화하고 고용을 창출하고자 하였다. 독립 후 반세기 동안 싱가포르의 산업화 전략은 1970년대에 노동 중심 산업, 1980년대에 자본 중심 및 고기술 산업, 1990년대에 기술 및 투자에 중점을 둔 고부가가치 제조 산업, 2000년대에 기술 연구 및 혁신을 활용하는 지식 기반 산업군으로 매우 빠르게 변화하였다. 산업화 전략은 국가 경제 및 1인당 국내총생산의 성장을 통해 싱가포르를 제3세계 빈민국에서 세계 최고 수준의 경제 국가로 이끌었다.

> "단순한 중개 무역 도시였던 싱가포르가 50년도 채 안되는 짧은 기간에 번성한 메트로폴리스로 성장한 것은 정말 놀라운 일이다."
>
> — 지아앵홍

표 10.1 부동산 업계 리더로 활동 중인 동문 리스트

번호	이름	직책	소속	졸업연도
1	Chang Yoke Ping Frances	Property & Projects Director	Dairy Farm Singapore	1992
2	Chia Ngiang Hong	Group General Manager	City Developments Limited	1977
3	Chng Shih Hian	Executive Director	Suntec Real Estate Consultants Pte Ltd	1988
4	Chong Siak Ching	Chief Executive Officer	National Gallery Singapore	1981
5	Choo Kian Koon Steven	Chairman	VestAsia Group	1974
6	Chua Yang Liang	Head of Research & Consultancy, Singapore/ Head of Research, South East Asia	Jones Lang LaSalle Property Consultants Pte Ltd	1995
7	Goh Pauline	Chief Executive Officer (Singapore and South East Asia)	CBRE Pte Ltd	1981
8	Kwok Wai Keong	Managing Director	GIC	1973
9	Lee How Cheng Gerard	Chief Executive Officer	Lion Global Investors Ltd	1984
10	Leong Hong Yew	Director, Corporate, Policy & Planning Group (CPG), Policy & Research Division (PRD)	JTC Corporation	1992
11	Lim Swe Guan	Chairman	Asia Pacific Real Estate Association (APREA)	1979
12	Lim Tong Weng Eugene	Key Executive Officer	ERA Realty Network Pte Ltd	1991

번호	이름	직책	소속	졸업연도
13	Liow Kim Hiang	Professor	Department of Real Estate, School of Design and Environment, National University of Singapore	1985
14	Muhammad Faishal Ibrahim	Parliamentary Secretary and Member of Parliament (Nee Soon GRC)	Ministry of Education and Ministry of Social and Family Development	1993
15	Ng Seng Tat Michael	Group General Manager	UIC Limited and Singapore Land Limited	1988
16	Ong Choon Fah	Chief Executive Officer	DTZ Debenham Tie Leung (SEA) Pte Ltd	1981
17	Ooi Thian Leong Joseph	Dean's Chair Associate Professor	Department of Real Estate, National University of Singapore	1988
18	Phua Jimmy	Managing Director, Head of Real Estate Investments Asia	Canada Pension Plan Investment Board (CPPIB) Asia Inc.	1991
19	Poh Boon Kher Melvin	Managing Director	Fission Development Pte Ltd	1997
20	Pua Seck Guan	CEO & Executive Director	Perennial Real Estate Holdings Pte Ltd	1988
21	Sum Siok Chun Patricia	Managing Director	The Real Advisory Pte Ltd	1985
22	Tan Bee Kim	Senior Executive Director	Wheelock Properties (Singapore) Limited	1986
23	Tan Chew Ling	Group Director, Estate Administration & Property Group	Housing & Development Board	1990
24	Tan Swee Yiow	President (Singapore)	Keppel Land International	1985

번호	이름	직책	소속	졸업연도
25	Tan Tin Kwang William	General Manager (North China)	Keppel Land China Limited	1993
26	Tan Wee Kiong Augustine	President (REDAS) / Executive Director (Property Sales & Corporate Affairs)	Real Estate Developers' Association of Singapore (REDAS)/ Far East Organization	1983
27	Tay Kah Poh	Executive Director, Head of Residential Services	Knight Frank Pte Ltd	1983
28	Yap Neng Tong Jonathan	Chief Investment Officer	Ascendas-Singbridge Pte Ltd	1992
29	Yeo Eng Ching Danny	Group Managing Director	Knight Frank Pte Ltd	
30	Yeo Huang Kiat Dennis	Managing Director, Asia Industrial and Logistics Services	CBRE Pte Ltd	1988

"지난 반세기에 걸친 싱가포르 개발사에서 산업용 부동산의 경관은 계속해서 변화하였다. 이러한 진화는 싱가포르가 제3세계 국가에서 선진 국가로 변혁되는 과정에서 나타났다. 싱가포르는 국가의 지리적 위치를 전략적으로 활용하여 1950년대에 작은 규모의 중개 무역으로 산업을 시작하였고, 1960년대와 1970년대에는 자본 집약적 산업을 통해 계속해서 성장하여 1980년대에는 지식 기반 산업으로 진보하였고, 오늘날에는 기술 기반 제조 부분의 선구자적 위치에 서있다. 또한 이러한 산업을 지원하는 물류, 창고, 교통 부문에 있어서도 커다란 발전을 이루었다."

- 데니스여Dennis Yeo

싱가포르 정부는 제한적인 토지 자원을 고려할 때, 토지 용도 및 교통 체계를 장기적 관점에서 신중하게 계획해야 함을 인식하였다. 첫 마스터 플랜은 1958년 8월 8일 승인되었고, 이는 싱가포르의 도지 용도 및 개발의 기준이 되었다. 주거용, 상업용, 산업용 용도의 토지를 제외하고 인프라 시설 및 녹지 공간을 위한 토지를 충분하게 확보하는 것이 중요한 과제였다. 하지만 마스터 플랜의 정적인 특성은 사회, 경제의 역동적인 변화에 대응하기에 부족하다고 판단되었고, 싱가포르 정부는 1967년에 유엔의 지원을 통해 도시 계획 프로젝트를 진행하였다. 유엔의 도시 계획 프로젝트 권고안을 기반으로 장기적인 관점의 도시 내의 토지 용도 및 개발 계획이 수립되었고, 이를 기반으로 1971년 싱가포르의 첫 번째 컨셉 플랜이 도입되었다.

"50년이라는 기간 동안, 싱가포르는 조용한 어촌 마을에서 전 세계에서 가장 친환경적이며 살기 좋은 삶의 환경을 지닌 세계 6대 도시로 성장하는 놀라운 여정을 지나왔다. 이는 정부 차원에서 세계 최고 수준의 비즈니스 환경을 만들고, 물적 인프라에 투자하며, 살기 좋은 품격 있는 도시를 만들고자 장기적으로 노력한 결과이다."

– 어거스틴 탄 Augustine Tan

법적인 토지 용도에 관한 마스터 플랜(5년마다 검토)과 20년 동안의 장기 개발 계획을 담은 컨셉 플랜[4]은 싱가포르가 '번성한 세계 최고 수준의 도시', '정원 속 도시'라는 비전을 실현하는 데 있어 청사진 역할을 하였다.[5]

"싱가포르는 50년 만에 제3세계 국가에서 글로벌 경제 대국으로 도약하면서, 진흙 투성이 늪 지대의 시골 마을에서 고가 횡단보도 및 고속도로가 정비되고, 금융 지구가 번성하고, 공공 주택 산업이 활성화된 도시로 변모하였다."

– 총시악칭 Chong Siak Ching

"싱가포르는 한 세대만에 제3세계 국가에서 세계 일류 도시로 성장하는 급속한 변천 과정을 경험하였고, 이에 따라 부동산 산업도 비약적으로 발전했다. 초고층 상업용 건물들은 글로벌 대기업들을 유치하였고, 기존의 늪 지대 및 슬럼가 지역은 세계 최고 수준의 연구 시설로 대체되었다."

– 옹춘파 Ong Choon Fah

---

4) 첫 번째 컨셉 플랜은 20년의 장기 계획이며, 1991년, 2001년, 2011년에 개정되었다.
5) 컨셉 플랜을 통한 도시재개발청의 비전은 2001년 '번성하는 세계적 수준의 일류 도시'에서, 2011년 '정원 속 도시'로 개정되었다.

10.3.2 민간 기업과 공공 기관의 강력한 파트너십

장기적인 컨셉 플랜은 세계적 수준의 창이공항, 세계에서 가장 분주한 항구, MRT 네트워크, 마리나 시티 비즈니스 구역과 같은 싱가포르의 주요한 공공 인프라 개발 사업의 청사진 역할을 하였다. 싱가포르 정부는 최고 수준의 지식 기반 산업 클러스터를 만들기 위해 주롱타운공사를 통해 클린테크 파크, 주롱섬, 사이언스 파크 I, II, III, 퓨저노폴리스, 바이오폴리스, 에어로스페이스 공원Aerospace Park을 비롯한 현대적이고 혁신적인 산업 시설을 개발하였다.

> "싱가포르의 산업용 부동산은 경제 변혁과 함께 발전하였고, 동시에 산업용 부동산이 경제 변혁의 촉매제 역할을 하며 상호작용하였다. 산업 경관의 변화를 단적으로 보여주는 사례는 주롱 지역 산업 단지이다. 주롱 지역은 독립 이후 초기에는 저층 공장 지대였으나, 지금은 번성한 산업 단지로 변혁되었으며, 이러한 변화는 1970년대와 1980년대에 싱가포르 여러 지역에서 관찰되었다. 1990년대에는 자본 집약 경제를 지원하기 위해 웨이퍼 팹 파크Wafer Fab Parks, 주롱섬과 같은 특화된 공원이 조성되었다. 최근에는 지식, 혁신 집약 경제 발전을 위해 원노스 지역 개발 사업과 창이 비즈니스 파크Changi Business Park, 메이플트리 비즈니스 시티Mapletree Business City와 같은 비즈니스 파크가 개발되었다. 산업용 부동산 시장이 점점 투명해지고 투기 세력이 잠잠해지면서, 향후 산업용 부동산 시장은 더욱 안정화되고 지속 가능할 것이다."
>
> — 렁홍유Leong Hong Yew

민간 기업들은 개발 사업을 위한 자본을 마련하는 데 주요한 역할을 하였다. 또한 글로벌 기업들의 수요를 충족하는 상업용 및 산업용 부동산을 개발하였으며, 높은 수준의 주거환경을 찾는 거주자를 위한 주거용 부동산을 민간 주택 시장에 공급하였다.

지아앵홍은 개발 계획이 현실화되는 과정에서 민간 부동산 개발 회사들의 기여를 다음과 같이 설명하였다.

"초창기 부동산 개발 사업은 정부를 제외하고는 몇몇 주요 부동산 개발 회사들이 주도하였고, 이들로 인해 싱가포르의 스카이라인이 변화하였다. 당시 가장 중요한 사안은 비즈니스 공간과 주거 공간의 기본적인 수요를 충족할 수 있는 공급이었다. 하지만 싱가포르가 발전하면서 비즈니스 및 라이프스타일에 있어 급속한 변화가 나타나고 사람들의 기대치와 수요가 높아짐에 따라 새로운 문제들이 나타났다. 이를 극복하기 위해 민간 기업과 공공 기관은 보다 협력적인 파트너십을 통해서 고층 빌딩이 가득한 도시 건설을 위해 협력했다. 싱가포르가 발전하면서 부동산 개발 사업 기회를 확보하기 위한 경쟁은 더욱 심해졌다. 부동산 개발 회사들은 경쟁에서 살아남기 위해 기업가 정신이 요구되었으며, 창의적인 아이디가 필요했으며, 국내를 넘어 해외로 진출하기 시작했다. 부동산 개발 회사들은 싱가포르의 비전인 스마트 국가를 건설하고 싱가포르 내 건축 환경을 개선하기 위해 그들의 혁신성, 지속 가능성, 기술적 탁월함을 계속해서 향상시키며 주요한 역할을 수행할 것이다."

2015년에 싱가포르 부동산디벨로퍼협회Real Estate Developers' Association of Singapore의 회장을 역임했던 어거스틴 탄은 민간 부동산 개발 회사들의 헌신을 재차 강조하며 다음과 같이 말했다.

"싱가포르 부동산디벨로퍼협회와 회원들은 보다 건설적이고 안정적인 부동산 시장을 만들고, 앞으로 다가올 부동산 산업에 대비하기 위해 혁신적인 도시 계획, 훌륭한 기업 지배 구조, 확고한 민간과 공공 간의 파트너십에 대한 싱가포르 정부의 장기적인 접근을 기대하고 있다."

경제 성장과 고용 창출은 급속한 도시화와 도시 국가의 변혁을 이끈 동력이다. 도시의 청사진 및 비전은 민간 기업과 공공 기관 사이의 긴밀한 협력이 없었으면 이루어질 수 없었다.

"공공과 민간 파트너십 모델Public Private Partnership Model은 지난 반세기 동안 효과적으로 작동하였다. 싱가포르 부동산 산업은 싱가포르를 세계 지도 상의 관문 도시로 만들고자 했던 정부로부터 큰 수혜를 입었다."

- 폴린고

일각에서는 토지 용도 계획과 부동산 시장은 서로 긴밀하게 엮여 있다고 주장한다. 도시 개발에 있어 싱가포르 정부의 친기업 성향과 시장 중심적 접근 방식이 없었으면 싱가포르 부동산 시장이 지금과 같은 글로벌 시장으로 성장하지 못했을 것이다. 자유 방임주의 성향을 지닌 싱가포르 부동산 산업은 발전을 거듭했고, 이는 국가의 경제 성장과 고용 창출에 중요한 기여를 하였다.

"싱가포르의 인프라 및 비즈니스 환경은 세계 최고 수준이다. 이러한 조건 아래, 싱가포르 부동산 산업은 전 세계의 투자자로부터 관심을 받는 글로벌 시장이 되었다. 향후 부동산 산업의 성공은 아세안ASEAN과 같은 보다 광범위한 경제공동체와의 연계 여부에 달려있다. 아세안에서 완전한 통합이 이루어진다면 동남아시아는 세계에서 7번째로 큰 시장 경제를 갖게 된다. 싱가포르는 아세안의 주요 회원국으로서 글로벌 시장에서 투자처의 입지를 더욱 확고히 할 수 있다. 규제 장벽이 제거될 때 부동산 투자 활동은 더욱 활발해지며 자본 흐름이 증가한다. 국내총생산의 증가와 고용의 활성화는 자국 내 상품 및 서비스 생산의 증가로 이어지며, 이는 상업용, 산업용, 물류용 부동산에 대한 수요 증가로 이어진다."

— 폴린고

"공공 부문과 더불어 민간 부동산 개발 회사들은 싱가포르 도시 경관의 변혁에 중요한 역할을 한다. 부동산은 싱가포르 경제에서 주요한 기둥이다. 싱가포르 상위 20개 기업 중에서 4분의 1은 부동산 회사이거나 부동산 서비스를 제공하는 비즈니스를 한다. 부동산은 고정 자산 전체의 절반을 형성한다. 직장인 다섯 명 중 한 명은 부동산 및 건설 업계에 종사한다."

— 어거스틴 탄

"과거의 싱가포르 부동산 시장은 지역의 유명 부동산 개발 회사, 부유한 가족 기업, 정부 연계 기업들이 주도하였다. 이들의 활동은 주로 국내 시장에 집중되었다. 때로는 일본 및 인도네시아 기업들이 주거용 및 상업용 부동산 개발 사업에 진출하거나, 투자 목적으로 실물 자산을 매입하였다. 싱가포르는 시간이 지남에 따라 점차 급격하게 성장하는 아시아에서 국제적인 관문 도시로 변혁하였으며, 부동산 산업 역시 크게 바뀌었다. 은행, 금융, 석유, 가스, 기술, 생명 과학, 의학, 의약 등 다양한 산업군에 다국적 기업들이 유입되었고, 싱가포르 내 인구가 빠르게 증가하였다. 이러한 상황 속에서 모든 종류의 부동산 개발 사업에서 주요한 변화가 감지되었으며, 개발 사업에 참여하는 참여자의 성격, 부동산 프로젝트 수행 방식, 투자 방식 또한 변화하였다."

— 마이클응Michael Ng

10.3.3 국민을 위한 주택

적정 가격의 주택 공급과 주택 소유권 확보는 1959년 자체 정부 수립 이래로 싱가포르 정부가 매우 중요하게 여기는 건국 과제이다. 오늘날 싱가포르 가정의 80% 이상이 공공 주택에 거주하고 있으며, 이 중 90% 이상이 공공 주택을 소유하고 있다. 이는 전 세계적으로 가장 높은 수준의 주택 보유율이다.

"1965년, 싱가포르 공공 주택 분야에서 '국민들을 위한 주택 소유 계획'이 추진되는데 채 1년이 걸리지 않았다. 이 계획은 싱가포르의 초대 총리인 리콴유의 비전에서 시작되었는데, 그는 이민 사회에서 국민 개개인의 주택 소유가 필수적이라고 굳게 믿었다. 퀸즈타운Queenstown에 위치한 투룸, 쓰리룸 형태의 1,600가구의 공공 주택 단지는 첫 분양 당시 모든 가구가 전부 매각되었다. 오늘날 90만 가구 이상의 공공 주택이 매각되었고, 이 중 약 92%의 공공 주택에 소유자가 실거주하고 있다. 시장의 주택 설계 방식이 점차 다양해짐에 따라 싱가포르 3세대 이민자들은 개인 콘도미니엄으로 여겨질 만한 공공 주택을 소유하기 시작했다. 신규 아파트 단지들은 더욱 높고, 친환경적이고, 스마트하다. 현대적인 시설을 갖추었음에도 여전히 상대적으로 저렴한 가격을 유지하고 있다. 또한 주택을 재판매할 수 있는 매매 시장이 형성되었다. 공공 주택 정책은 매우 정교화되었으며, 사회의 다양한 계층을 아우르는 모든 구성원, 특히 생애 첫 주택 구매자에게 혜택을 제공하기 위해 설계되었다."

— 탄쥬링Tan Chew Ling

싱가포르 거주자들의 부는 점차 증가하였고, 인구 구조 및 라이프 스타일이 변화함에 따라, 공공 및 민간 시장은 더 나은 주거환경과 다양한 주택 선택권을 제공하며 시장의 변화하는 요구에 대응해야 했다.

"주거용 부동산 시장은 지난 50년 동안 큰 변화를 겪었다. 대다수 싱가포르 국민의 첫 주택은 주택개발청이 공급한 공공 주택이다. 이는 처음 가정을 이룰 때 제공되는 기본 주택이며, 향후에 민간 시장의 주택 매입에 있어 주춧돌 역할을 한다. 오늘날 주택개발청 주택 보유자가 투자 목적으로 민간 시장의 주택을 보유하는 것은 흔한 일이 되었다."

— 유진림 Eugene Lim

"공공 주택은 향후에도 계속해서 진화할 것이다. 새롭고 더욱 개선된 공공 주택 개발 사업을 통해, 단지가 활성화되고 싱가포르 중심 상업 지역에 더욱 견고한 커뮤니티가 형성될 것이다. 때때로 변동성을 보이겠지만, 공공 주택 시장은 장기적인 관점에서 안정적이고 지속 가능할 것이다."

— 탄쥬링

대다수의 싱가포르 국민들에게 있어 주택은 더 이상 지붕 역할을 하는 공간이 아니다. 주택은 거주민들이 성장 과정에서 경험했던 즐거운 기억들을 상기시키는 공간이다.

"공공 주택, 민간 주택, 정원, 기타 공공장소들은 싱가포르가 그들의 집이라는 것을 상기시켜준다. 단순한 건물을 넘어, 공간을 관리하고, 사물 인터넷을 접목하는 등 소프트웨어 요소를 접목하였다."

— 옹춘파

비슷한 연배의 노인들이 같은 생활 영역에 거주할 수 있는 환경을 조성함으로써 그들에게 친숙함을 제공할 수 있다.

"싱가포르 부동산 산업의 경관은 점차 고령화되는 사회를 맞이하여 변화해야 한다. 예를 들어, 부동산 개발 사업 및 편의 시설은 급속한 고령화 시대의 수요에 대응하고 이를 충족시켜야만 한다. 즉, 노인들을 배려한 주거, 건강, 리테일, 교통 시설들을 조성해야 한다. 노인들의 삶을 편안하게 하는 특성을 갖춘 시설들은 해당 시설을 갖춘 공간에 대한 사회적 수요가 높아질 때 부동산 가치를 더욱 높이는 데 일조할 것이다."

— 무하마드 패슬 이브라힘

주택 소유 제도는 이민자들이 싱가포르에 온전히 정착할 수 있도록 돕는 정책적 도구로 활용되어 왔다. 새로운 이민자들은 자신들의 가족을 안전하고 편안하게 부양하기 위한 목적으로 싱가포르 이민을 결정하였다.

"싱가포르는 명실상부 글로벌 도시로서 이곳에서 일하고, 살고, 놀고자 하는 글로벌 인재들을 유치한다. 대부분의 경우 싱가포르에 귀화하거나 영주권을 얻어 싱가포르에 정착하고 가족을 부양한다."

— 유진림

10.3.4 살고, 일하고, 놀기 위한 최고의 도시

싱가포르는 제한된 토지 자원으로 인해 토지 사용의 최적화와 집중화를 고민하면서도, 다른 한편으로는 녹지 보전 지역, 공개 공간, 저수지 지역을 보존하기 위해 힘썼다. 어거스틴 탄의 설명을 들어보자.

> "미래의 싱가포르 도시 계획과 인프라 개발은, 높은 삶의 수준의 지속 가능하고 살기 좋은 환경을 조성하기 위해 경제 성장, 사회 복지, 환경 간의 균형을 맞춰야 한다."

싱가포르 도시 계획자들은 토지 사용을 최적화하는 분산화된 고밀도 주택 개발을 통해 주거, 여가, 업무가 한곳에서 이루어지는 높은 수준의 지속 가능한 환경을 제공하였다. 이에 대한 어거스틴 탄의 의견을 들어보자.

> "분산화를 통한 도시 개발은 주거 공간에 인접한 곳에 더 많은 업무 공간, 리테일 공간, 여가 공간들이 생겨나게 하며, 이는 상업용 부동산, 산업용 부동산, 리테일 부동산, 복합용 부동산 개발에 있어 전례 없는 기회를 가져올 것이다. 인구가 증가하고 소비자의 라이프스타일이 변화함에 따라, 주거 공간을 재정의하고 더 나은 삶을 제안하기 위한 혁신들이 일어날 것이다."

토지 일괄 매각은 부동산 소유자들이 그들이 소유한 낙후된 부동산을 부동산 개발 회사에게 일괄적으로 매각할 때 주로 발생한다. 멜빈 포Melvin Po는 토지 일괄 매각 제도가 토지 개발 밀도를 높이고 도시 재생 사업을 가속화했다고 설명한다.

"싱가포르는 지난 50년 동안 급속한 도시화를 경험했다. 30~40년 전에 지어진 도심 지역 인근의 오래된 건물들은 낮은 개발 밀도를 보이며, 경제적으로 낙후하여 재개발 사업이 요구된다. 또한, 도시재개발청이 발간한 개발 가이드 플랜은 고밀도 개발에 있어 투명성과 명료성을 제고하였다. 이 두 가지 요인은 토지 가격 상승과 더불어, 토지의 일괄 매각을 가능하게 하였고 이는 도시 재개발과 제한된 토지 자원의 최적화를 가능하게 하였다. 도시 재생 관점에서 노후 건물 재개발이 지닌 이점을 인식한 정부는 토지 일괄 매각을 촉진하기 위한 법적 체계를 명확히 하였다. 1999년에는 토지 일괄 매각 과정에서의 공정성과 투명성을 높이기 위해 토지등기(집합 건물)법이 개정되었다. 특히 토지 소유자 일부의 알박기를 막기 위해 전체 토지 소유자의 80% 이상이 동의하면, 구역 내 토지 전체의 일괄 매각을 가능하게 하는 법률이 마련되었다."

2030년까지 도심 내 터미널(탄종 파가르, 케펠Keppel, 브라니Brani)과 파시르 판장 터미널의 이전으로 마리나 베이의 3배 규모인 약 3,025,000평(1,000ha) 이상 면적의 토지가 향후 개발 사업 및 사용이 가능한 공간으로 생겨날 것이다. 무하마드 패슬 이브라힘의 말을 들어보자.

"… 그레이터 서던 워터프론트Greater Southern Waterfront 프로젝트 같은 새로운 개발 사업은 싱가포르 부동산 시장이 새로운 균형점을 찾도록 할 것이다."

그레이터 서던 워터프론트 프로젝트를 통해 해당 지역은 주거, 상업, 엔터테인먼트, 문화 목적의 용도로 개발될 것이고 이를 통해 살고, 일하고, 놀기 좋은 세계적인 일류 도시라는 싱가포르의 입지는 더욱 견고해질 것이다.

전자상거래 및 IT 활용이 가능한 업무 공간의 등장은 쇼핑에서의 소비 행태와 오피스에서의 업무 과정을 변화시킬 것인데 이와 관련된 데니스여의 의견을 들어보자.

> "토지 용도와 건물 기준을 사람들이 일하고, 생활하고, 즐기는 방식에 영향을 미치는 사회적 트렌드에 맞게 설정하면, 모든 부동산 실사용자가 혜택을 얻는 효율적이고 잘 설계된 건물을 위한 개발 사업을 진행할 수 있다. 전자상거래가 이러한 트렌드의 예이다. 전자상거래는 싱가포르 내의 상품과 서비스를 생산, 저장, 이동, 거래하는 방식을 변화시킬 것이다. 데이터 및 정보 기술의 저장, 관리, 활용에 대한 끊임없이 증가하는 수요는 산업 환경의 변화를 주도하는 주요 요인이 될 것이다."
>
> — 데니스여

일-삶-놀이를 건물 내에 통합하는 것은 미래의 상업용 빌딩에 있어 중요한 트렌드가 될 것이다. 탄비킴Tan Bee Kim의 말을 들어보자.

> "미래의 싱가포르 상업용 건물은 제한된 토지로 인해 건물의 높이가 높고, 이와 동시에 넓은 지하 공간을 가질 것이다. 또한 상업용 건물은 사용자의 변화하는 요구와 선호도에 맞게 새로운 경제로 진화해야 한다. 성공적인 상업용 건물은 이전의 건물

에서 상상할 수 없었던 물리적, 사회적 특성을 건물 내에 통합했다. 새로운 상업용 건물은 밀레니엄 세대의 선호도에 적합한 시설을 갖추어 그들의 라이프스타일과 일과 삶의 균형을 맞추도록 해야 한다. 기존의 상업용 건물들과는 다르게 요가 스튜디오, 체육 시설, 보육 시설, 휴식 공간, 샤워 시설, 자전거 시설 등의 휴식 및 소통을 위한 새로운 공간들을 갖추어야 한다. 삶, 일, 놀이를 촉진하는 창의적인 비즈니스 환경에서 기업과 직원들은 더 건설적으로 일할 수 있을 것이다."

도시 계획에 있어 대중교통 시스템과 주요 도로망은 자동차 이용도가 낮은 도시를 설계하는 데 필수적인 요소로서, 이는 MRT 및 버스 환승 센터와 인접한 접근성을 통해 실현 가능하다. 이에 대한 무하마드 패슬 이브라힘의 견해는 다음과 같다.

"MRT와 버스로 싱가포르 대부분의 지역에 갈 수 있다는 것은 교통 측면에서 싱가포르 내의 연결성이 높아졌음을 의미한다. 새롭게 조성된 MRT 노선과 역은 인근 지역에 활력을 가져오고 개발 사업을 활성화할 것이다. 이를 통해 부동산 가치는 상승할 것이며, 싱가포르 전역에 더 많은 거점 지역이 조성될 것이다."

10.3.5 기업 부동산 서비스 제공자

현지 국내 회사와 외국계 글로벌 회사는 부동산 중개업 및 부동산 전문 자문업 시장에서 서로 경쟁하며 공존한다. 지난 10년 동안 부동산 시장으로 자본의 유입이 증가하면서 싱가포르 부동산 시장은 여러 변화를 경험하였다. 기업 부동산 서비스는 새로운 변화에 따라 그들의 업무 범위를 개선하고 확장해야 한다.

"공공 부문과 민간 부문 가릴 것 없이 부동산 펀드와 리츠를 조성한다는 것은 부동산 산업에서 자산 운용 및 금융 모델링에 대한 이해도가 높은 부동산 전문가를 요구함을 의미한다. 부동산 서비스 산업이 직면한 새로운 도전은 실물 부동산 시장에서의 매매, 임대, 감정 평가 서비스에 한정되지 않는다. 이는 하나의 체제 아래 모든 부동산 산업과 금융 연계 서비스를 아울러야 함을 의미하며, 모는 관문 도시에서 새로운 세대의 글로벌 투자자들의 수요를 충족해야 함을 의미한다. 즉 진정한 의미에서의 글로벌 서비스 기업으로 변모해야 함을 말한다."

– 데니스여

"지난 50년 동안 부동산 서비스 산업은 국가의 성장과 함께 진화해 왔다. 전통적인 실물 부동산 시장에서 국내 및 글로벌 사모 펀드와 리츠에 의한 고도화된 유동화 산업으로 발전하였다. 부동산 서비스는 고도화된 산업에 맞게 발전하였다. 산업은 항상 변화하기 때문에 이러한 혁신적 변화는 피할 수 없다. 오늘날 시장에는 부동산 산업이 변화해야만 하는 요소들이 산재해 있다. 새로운 시대의 도래는 피할 수 없으며, 부동산 시장은 기술의 발전으로 인해 구조적인 변화를 맞이하게 될 것이다. 시장 정보에 대한 접근성이 향상될 뿐만 아니라 부동산 소비자와 공급자 간의 연결성이 높아질 것이며 스마트폰에서의 터치 한 번, 컴퓨터에서 마우스 클릭 한 번으로 연결될 것이다. 정보의 비대칭성이 약해져 감에 따라 전통적인 부동산 산업은 치열한 경쟁을 맞게 될 것이다. 부동산 시장에서의 투명성이 점점 높아지면서, 부동산 서비스의 성격 또한 변화해야 한다. 부동산 업무에 기술을 적용하는 것 그 자체는 사소한 부분이며, 근본적으로 사용자 개개인에게 맞는 맞춤형 서비스를 제공하는 것이 중요하다. 부동산 자산 관리사는 산업에 대한 깊은 통찰력을 바탕으로 개개인에게 맞는 신뢰도 높은 자문을 제공해야 한다."

— 촤양량 Chua Yang Liang

10.3.6 국내 시장에서 글로벌 시장으로의 도약

국가 간의 부동산 시장을 구분하는 물리적, 지리적 경계가 모호해지고 규제가 점차 완화되고 있다. 더 많은 부동산 투자자들과 부동산 개발 회사들은 그들의 위험을 분산하기 위해 싱가포르 외부 지역에서의 부동산 사업을 확장하고 있다.

"전 세계 부동산 산업은 기업과 사람들의 변화하는 요구에 따라 계속해서 진화해 왔다. 싱가포르는 이제 세계적 수준의 글로벌 도시가 되었고 새롭고 대담한 개발 사업에 대한 포용성이 높아지고 있다."

— 탄스위이우 Tan Swee Yiow

"세계화로 인해 투자자들은 더 이상 국경으로부터 제한을 받지 않는다. 싱가포르 및 전 세계 부동산 투자자들이 전 세계 주요 거점 도시에서 투자 기회를 찾는 움직임이 계속됨에 따라 세계화 현상은 더욱 가속화될 것이다. 기업은 지속적으로 새로운 시장에 진출할 것이고, 다른 국가로 사람들이 이동하면서 부동산 전문가의 서비스를 필요로 할 것이다. 세계적인 주요 관문 도시에서 영향력이 부족한 부동산 서비스 회사들에게는 외국과 국내를 넘나드는 기업들의 수요를 충족시키는 것이 비즈니스에 있어 중요한 과제가 될 것이다."

— 데니스여

"전 세계 부동산 업계가 싱가포르를 눈여겨보고 있다. 해외의 부동산 개발 회사 및 부동산 펀드가 싱가포르 시장에 적극적으로 진출하고 있다. 2002년 싱가포르 증권거래소에 리츠가 처음 상장한 이후로, 싱가포르 리츠 산업이 급속하게 발전하였고 싱가포르의 부동산 산업은 새로운 차원으로 진화하였다. 싱가포르 국내의 중소 부동산 회사 및 대형 부동산 회사들은 개발도상국뿐만 아니라 선진국의 주요 부동산 시장에 과감하게 진출하였다. 영국, 미국, 유럽, 중국, 한국, 일본, 호주, 베트남, 말레이시아, 인도네시아, 미얀마 및 기타 여러 국가에 진출하여 주목할 만한 부동산 투자 및 개발 사업을 진행하였다."

— 마이클옹

파트리샤 섬Patricia Sum은 국내의 부동산 회사들이 그들의 부동산 포트폴리오를 확장하기 위해 해외 시장에 적극적으로 진출하였음에 동의하였는데, 상세 의견은 다음과 같다.

"지난 50년 동안 싱가포르는 CK 탕CK Tang이 탕스 쇼핑센터 Tangs Shopping Center와 메리어트 호텔Marriot Hotel로, 패러 코드 Farrer Court가 드리돈 콘도미니엄으로, 마르코폴로 호텔Marco Polo Hotel이 그란지 레지던스Grange Residences로, 페터슨 지역 잔디밭 광장이 이온ION으로 변모하는 과정을 목격하였다. 이러한 상전벽해와 같은 변화를 통해 국내의 부동산 회사들은 그들의 사업을 번창시킬 수 있었고, 외국의 투자자들이 개발 과정에 참여하였으며, 정부 연계 기업들이 사업의 주도권을 지녔으며, 싱가포르 부동산 산업이 세계적인 부동산 펀드 및 리츠 산업으로 진입하는 계기가 되었다."

"해외 부동산의 편입은 높은 성과를 목표로 하는 부동산 펀드에 있어 필수적인 사항이다. 특히 내수 시장에 상당한 자본과 저축성 자금이 있음에도 불구하고 국내에서의 투자 기회가 제한된 국가에서는 해외 부동산에 투자하려는 동기가 높다."

— 림스웨관Lim Swe Guan

투자 포트폴리오에서 부동산 자산군에 대한 할당량을 높이는 기관 투자자 및 펀드들은 해외 부동산에 주목하였다. 지미 푸아Jimmy Phua의 설명을 들어보자.

"PERE(부동산 리서치 업체)에 따르면 2014년 전 세계 상위 30위 글로벌 기관투자자의 부동산 투자는 한화 약 567조 원($567billion) 규모를 넘어섰는데, 이는 3년 만에 한화 약 100조 원($100billion) 이상 증가했음을 의미한다. 국부 펀드, 연기금, 보험 회사들은 노령 인구 증가와 같은 구조적인 인구 구조의 변화로 더 높은 수익률의 투자처를 찾게 되었고, 이로 인해 그들의 투자 포트폴리오에서 부동산 투자에 대한 할당을 늘리고 있다. 국제적인 기관투자자들의 참여로 부동산 투자 시장에서 경쟁이 점차 치열해지고 있으며, 이는 그들의 투자에 대한 규칙에 변화를 가져올 것이다. 또한 아시아는 상대적으로 높은 성장률을 보이며, 투자 다변화의 혜택에 대한 매력을 지닌 지역이다. 이 지역에서의 부동산 투자에 있어 가장 큰 도전 과제는 매우 다양하고 복잡한 아시아 부동산 시장에 대한 이해이다. 투자자들은 아시아 지역의 빠르게 변화하는 부동산 환경에 대응하기 위해 완벽한 기업 지배 구조, 세계적 수준의 역량, 비전과 리더십을 갖춘 아시아 지역 파트너사와의 전략적 제휴를 모색하고 있다. 일부 싱가포르 회사는 이러한 사실을 인지하고 있지만, 대부분의 회사들은 글로벌 투자자들의 관심을 사려 깊게 생각하지 않는다. 이처럼 장기적이고 다양한 형태의 자본을 활용하면 싱가포르 부동산 업계는 또 한번의 큰 도약을 통해 세계적 수준의 위상을 갖게 될 것이다."

부동산 자본 시장의 발전으로 인해 보다 많은 투자 기회가 생기고 있다

"과거 50년은 싱가포르가 제3세계 국가에서 일류 국가로 거듭나는 여정이었으며, 부동산 경기를 활용한 투자자들에게는 흥분되는 기간이었다. 초기에는 사모 형태의 자본이 부동산 실물 시장에 집중되었지만, 투자 환경이 계속 진화하였고, 스카이라인이 변화하면서, 사모 시장과 공모 시장 모두에서 자기 자본과 대출을 활용한 부동산 투자가 더욱 확대되었다. 부동산은 기관 투자자의 투자 포트폴리오 자산군으로 편입되었다."

― 쿽와이케옹

해외 부동산 투자에 있어서 위험성은 점점 더 높아지고 있다. 림스웨관의 말을 들어보자.

"해외 투자를 통해 투자 다변화와 높은 리스크에 맞는 수익률을 기대할 수 있다. 다변화는 외화 (특히 싱가포르 달러에 약세를 보이는 통화) 및 내수 경제와 이질적인 외부 경제에 노출되면서 이루어진다. 이뿐만 아니라 특정 국가에서는 인구 통계학적 추세와 소비 패턴이 우호적인 성격을 갖고 있으며, 이를 통한 혜택을 얻기 때문에, 적합한 국가에 투자한다면 좋은 수익률을 기대할 수 있다. 해외 투자는 틀림없이 위험성을 갖는다. 일부는 시장 성숙도, 정보의 투명성, 운영 요소 등 산업에서의 위험성이며, 또 다른 일부는 부동산 권리 약화, 소유권 확보를 위한 비용 상승 등을 초래하는 정부 정책 변경과 같은 정치, 국가적 측면에서의 위험성이다."

그러므로 해외 부동산 투자자에게 리스크 관리 전략은 중요하다. 이에 대한 림스웨관의 추가 설명은 다음과 같다.

"투자자들은 특정 국가 내에서의 리스크와 성장 동력을 계량화하는 것 이외에도, 해당 부동산 시장이 어떻게 운영되는지 전반적으로 이해해야 한다. 예를 들어, 부동산 가치에 영향을 주는 중요한 요인들, 임차인이 임대인에게 갖는 권리 그리고 그 반대의 경우를 들 수 있다. 투자에 성공하기 위해서는 부동산 감정평가 및 금융 기술을 갖추는 것만으로는 부족할 수 있다. 특정 부동산 시장에 투자하는 데 있어서 그 시장이 지닌 미묘한 차이에 익숙해져야 하는데 이를 위해서는 오랜 기간이 소요된다."

또한 제라드리는 싱가포르가 세계적인 자본 수도 중 한 곳으로 부상하면서 부동산 가격이 시장 변동성에 더욱 민감해질 수 있다고 경고하였다. 그의 의견을 들어보지.

"제3세계 도시에서 세계적으로 손꼽히는 금융 중심지가 된 것은 실로 놀랄 만한 일이다. 하지만 이러한 성취와 더불어 여러 문제도 존재한다. 최고의 금융 도시의 특성 중 하나는 부동산 가격이 소득 증가율보다 빠른 속도로 상승한다는 것이다. 글로벌 주식시장이 하향세를 겪고 있을 때에도 뉴욕과 런던과 같은 글로벌 도시들의 부동산 가치는 거의 하락하지 않았다."

10.3.7 리츠의 등장과 금융 혁신

2002년 7월 캐피탈랜드몰 트러스트(이전, 캐피탈몰 트러스트)의 상장은 싱가포르의 부동산 시장에서 중요한 이정표가 되었다. 스티븐추 Steven Choo는 다음과 같이 언급했다.

"싱가포르 부동산 역사에서 가장 중요한 획기적 사건 중 하나는 2002년 초 리츠 산업의 탄생이다. 天時(하늘이 정한 시기), 地利(지리), 人(인간), 和(화합)이 만나서 위기 속에서 기회를 만든 성공적 사례이다. 당시 싱가포르는 닷컴 버블 붕괴와 9/11 테러 이후 경제를 부흥시키기 위한 방법을 모색하던 중이었다. 경제검토위원회Economic Review Committee와 규제 기관은 싱가포르가 지닌 자산운용 산업의 중심지로서 입지를 성장 및 강화하고, PMET(전문가Professionals, 관리자Managers, 경영진Executives, 기술자Technicians)를 위한 일자리를 창출하며, 투자 기반을 확대하기 위한 수단으로서 리츠 도입을 승인하였다. 싱가포르 부동산 산업은 특히 비주거용 부동산 부분에서 성장 모멘텀을 유지하기 위해 기존의 전통적인 대출 금융 구조에 더하여 자본 시장을 혁신하고 활용할 준비가 되어 있었다. 캐피탈랜드와 아센다스와 같은 대표적인 리츠 스폰서 기관들은, 그들의 포트폴리오에서 자산을 배제하는 부외금융 효과를 얻고, 수수료 기반의 비즈니스로 확장해 나갔으며, 이를 위해 전문가로 구성된 팀을 조직하였다."

리츠 시장은 부동산 개발 회사에게 그들이 소유한 수익성 상업용 부동산을 유동화할 수 있는 대안을 제시하였다. 기존의 부동산 실물 시장을 자본 시장과 통합하여 개인 및 기관투자자가 부동산 자산을 투자하고 보유할 수 있는 새로운 방법을 제시한 것이다. 캐피탈랜드몰 트러스트의 최고경영자였던 푸아섹관은 다음과 같이 말했다.

"싱가포르 리츠 산업은 지난 14년 동안 번성하였고, 리츠 산업의 시가 총액 및 자산 규모는 매우 빠르게 성장하였다. 개인투자자 및 은퇴자들은 리츠를 정기적인 수익을 보장하며 투자 다변화 효과를 제공하는 상대적으로 안전한 투자 수단으로 여기게 되었고, 리츠 스폰서 기관과 부동산 소유자들은 리츠를 통해 자산을 매각하는 플랫폼으로 활용하였다."

아센다스-싱브릿지는 캐티탈랜드몰 트러스트가 주식에 상장된 직후인 2002년에 최초의 오피스 및 산업 리츠를 주식에 상장했다. 아센다스 인디아 트러스트(아센다스-싱브릿지가 스폰서 기관으로서 주식에 상장시킨 두 번째 리츠)의 최고 경영자였던 조나단엡Jonathan Yap은 다음과 같이 말했다.

"싱가포르 리츠의 도입과 성장은 기관투자자 및 개인투자자를 위한 새로운 투자 상품이 만들어진 것을 넘어, 싱가포르의 부동산 시장을 성장시키는 데 도움이 되었다. 첫째, 부동산 개발 회사의 비즈니스 모델을 새로운 차원으로 이끌었는데, 수익형 부동산의 유동화를 통해 높은 자본 효율성을 갖게 하였다. 또한, 이를 통해 부동산 업계의 전문성이 향상되었다. 마지막으로 싱가포르가 아시아 지역을 대표하는 투자처로 자리매김할 수 있게 기여했다."

푸아섹관은 리츠 시장의 성장은 자산 운용 및 기타 금융 서비스 분야로부터의 비즈니스 및 인재 유치로 이어진다고 주장했다.

"투자 및 대출 분야의 뱅커, 법률 전문가, 자산운용사, 리츠 매니저 등을 포함하는 리츠 전문가 커뮤니티 형성은 아직 불투명하다. 리츠 산업의 발전과 더불어, 부동산 전문가들은 그들의 업무 범위가 단순히 부동산 실물 자산 관리를 넘어, 펀드 관리 및 자본 운용까지 확장되었음을 인지하기 시작했다. 대출 시장 역시 다양한 대출 기구를 통해 대중성과 역할이 증대하였다."

조나단 옙은 리츠 시장에서 자산 운용의 전문성에 대해 동의하며 다음과 같이 말했다

"아센다스-싱브릿지는 엄격하지만 혁신적인 방법으로 부동산 투자를 끊임없이 창조하고, 향상시키고, 개방하였고 이를 통해 부동산 투자, 개발, 관리를 통합하였다. 아센다스-싱브릿지는 공모 및 사모 펀드에 대한 헌신적인 스폰서 기관으로서, 싱가포르 리츠 산업에서 그들의 위치를 더욱 공고히 하며 싱가포르 리츠 시장의 성장에 계속해서 기여할 것이다."

다수의 리츠가 증권거래소에 상장되면서, 싱가포르는 아시아 리츠 시장의 허브가 되었다.

"싱가포르가 지속적으로 기업 공개 및 지배 구조에 대한 표준을 강화함에 따라 투자자들은 보다 우수한 해외 리츠 상품이 싱가포르 증권거래소에 상장될 것을 기대하게 되었다. 미국과 호주와 같이 성숙한 시장이 경험했던 것과 마찬가지로, 싱가포르 리츠 시장이 성숙됨에 따라 통합적, 구조적 변화도 예상할 수 있다. 궁극적으로, 싱가포르 리츠 시장이 보다 높은 위상을 갖고 번성하기 위해서는, 잘 운영되는 시장 환경을 바탕으로 보다 영향력 있는 국내 및 해외의 부동산 관계자들이 활동하고, 우수한 리츠 상품들이 마련되어야 한다."

- 푸아섹관

싱가포르가 세계 최고의 금융 중심지 중 한 곳으로 부상하면서, 개인들은 부동산 가격의 상승을 경험하게 되었다. 하지만 이와 동시에 부동산 간접 투자 상품을 통해 그들의 자산을 지킬 수 있는 방안 또한 갖게 되었다. 제라드리는 다음과 같이 말했다.

"이러한 현상을 방관한다면 사회적인 시기심을 유발할 것이다. 불행하게도, 세계적인 금융 중심지에서 부동산 투자는 일반이 접근할 수 없는 규모이며, 심지어 주택을 마련하는 것도 힘들다. 최근 정부는 싱가포르 저축채권Singapore Savings Bonds을 도입했다. 이것은 투자자들이 자신의 몫을 확보할 수 있는 채권으로 가격 변동성에 시달리지 않고 장기간 투자하면 높은 수익을 얻을 수 있는 채권이다. 치솟은 부동산 가격으로 인한 상대적 박탈감에 대처하기 위해 싱가포르 국민들에게 싱가포르 저축채권 성격의 부동산 상품을 제공해야 할 필요가 있다. 이는 외부 시장으로부터 낮은 변동성을 가져야 하며, 오랜 기간 투자를 한 경우에는 큰 보상이 이루어질 수 있도록 해야 한다. 싱가포르 저축채권과 마찬가지로 민간 기업에서는 이러한 투자를 구조화할 수 없고 오직 정부만이 할 수 있다. 싱가포르 정부는 거대한 부동산 자산을 소유하고 있기 때문에 싱가포르 부동산저축증권Singapore Property Savings Security을 발행할 수 있다. 해당 증권의 수익은 정부가 보유한 부동산 자산 가치와 관련이 있다. 변동성을 최소화하기 위해 싱가포르 부동산저축증권의 가격은 정부가 보유한 시장 부동산 가치의 장기 이동 평균(예: 10년 이동 평균)과 연관되어야 한다."

제라드리는 다음과 같이 말하였다.

"싱가포르 저축채권과 마찬가지로 싱가포르 부동산저축증권은 싱가포르 국민을 위한 차별화된 자산이 될 것이다."

고도화된 금융 상품은 부동산에 투자하려는 기관투자자의 요구를 충족시키기 위해 만들어졌다.

"뱅킹 부문에서 관찰되는 활발한 변화와 연계하여 이를 지원해야 한다. 이는 옵션 상품인 바닐라 바이라테랄 대출 파이낸싱vanilla bilateral loan financing[바닐라 바이라테랄 대출 파이낸싱은 단일 대주가 단독으로 대출하는 것을 의미하며, 여러 대주가 함께 대출하는 신디케이션 파이낸싱과 대조된다. 옮긴이의 말]에서부터 신디케이션 프로젝트 파이낸싱, 사채 발행, 중기채, 메자닌 펀딩 그리고 현지 은행 및 유럽, 동남아시아, 일본, 미국의 은행 지점들을 포함한 해외 지점의 자산 유동화로의 변화를 포함한다. 부동산에 대한 투자 옵션은 프로젝트에 대한 직접적인 자본 투자에서부터 부동산 상장 회사 및 리츠의 주식 매입까지 모두 아우른다."

— 파트리샤 섬

10.3.8 미래가 준비된 부동산학과 졸업생

부동산은 실물 시장에 한정되지 않으며 사람을 위한 비즈니스이다. 옹 춘파의 말을 들어보자.

"부동산 종사자들은 중요한 역할을 한다. 건설 환경은 우리 사회의 안녕에 중대한 영향을 미친다. 우리는 도시를 건설하고 도시는 우리를 만든다. 어떤 형태의 도시 국가가 미래 싱가포르 세대들에게 필요할까? 우리 모두는 차이를 만들어낼 수 있다. 우리는 더 나은 내일을 위한 용기와 비전을 가져야만 한다. 하지만 종종 중요하게 여겨야 할 것의 중요함을 인지하지 못한다. 궁극적으로 부동산은 단순히 건물에 관한 것이 아니라 사람에 관한 것이다."

싱가포르국립대학교 부동산학과는 부동산 산업을 위한 인재를 교육하고 양성하는 기관으로서, 미래의 부동산 산업을 이끌어갈 전문가들이 어떤 기술과 지식을 갖추어야 할지 고민한다. 이에 대한 몇 가지 의견들이 있다.

"싱가포르의 부동산학과 졸업생들은 미래 지향적이고, 글로벌 마인드를 갖추고, 친화력이 높고, 언변에 능하고, 자신감 있는 부동산 리더가 되어야 한다. 그리고 자신 스스로 뿐만이 아닌 그들이 속한 회사의 부를 창출해야 하며, 사회적 이슈에 민감하고, 도덕적이며, 환경의 중요성을 인지해야 한다."

― 다이카포Tay Kah Poh

"싱가포르는 2030년까지 650~690만명 수준의 이민자를 수용할 계획이며, 이로 인해 현재보다 더 많은 주택이 지어질 것이다. 부동산에 대한 필요와 판매자, 구매자, 임대인, 임차인의 요구는 점차 복잡해질 것이다. 그러므로, 미래의 부동산 종사자들은 주거용 부동산 산업에서 만날 고객들에게 높은 수준의 경험을 제공하기 위해 진지한 자세로 교육받고 훈련받아야 한다."

― 유진림

"부동산 부문에서 커리어를 쌓는데 그 어느 때보다 기회가 많은 시기이다. 싱가포르국립대학교 부동산학과는 부동산 산업의 발전 과정에서 맞게 될 문제들을 계속해서 극복해 나갈 것이며, 최고의 인재를 유치하고 글로벌 부동산 시장의 요구에 부응할 수 있도록 준비할 것임을 확신한다. 또한 환경성과 지속 가능성 부분에 있어서도 선도해 나갈 것이라 믿는다."

― 마이클웅

"중국-싱가포르 산업 협력 단지인 쑤저우 산업 단지에서부터 중국-싱가포르 톈진 에코시티까지, 베이징에서 상하이와 난닝까지, 싱가포르 부동산 개발 회사 및 전문가들은 품질과 표준에 있어 벤치마킹 대상으로 널리 알려져 있다. 이는 잘 조직되고 규율이 잡힌 싱가포르 부동산 산업과 전문성을 지닌 싱가포르 부동산 종사자가 있어 가능했다. 이는 싱가포르가 보유한 가장 큰 자산이며, 새로운 차원으로 도약할 수 있게 한다. 글로벌 시장에서의 치열한 경쟁에도 불구하고 싱가포르가 지닌 핵심 가치를 바탕으로, 싱가포르의 부동산 전문가들은 앞으로도 아시아 지역의 롤모델이 될 것이다."

- 윌리엄 탄틴쾅William Tan Tin Kwang

10.3.9 부동산 교육 및 연구 분야에서의 혁신

조셉우이Joseph Ooi가 설명하기를 싱가포르국립대학교 부동산학과는 1969년부터 정규 대학 교육 과정을 제공했으며 해당 분야에서 세계 최고가 되기 위한 목표를 세웠다고 한다.

"싱가포르는 아시아 지역의 부동산 연구 및 교육 분야의 중심이 되었다. 싱가포르국립대학교 부동산학과는 부동산 학사 및 석사 학위 프로그램을 통해 싱가포르 건설 환경 및 국가의 발전에 크게 기여한 부동산 전문가를 배출한 풍부한 역사를 지니고 있다. 싱가포르국립대학교는 연구 분야에 있어서도 아시아 지역을 선도하는 대학이 되었다."

싱가포르국립대학교 부동산학과는 부동산 시장의 변화에 맞추어, 부동산 교육 과정과 교수법을 지속적으로 검토해야 한다. 그중 일부 의견을 아래에 정리하였다.

"싱가포르 탄생 50주년을 맞이하여, 향후 10년 동안의 부동산 교육에 대해 말하고 싶다. (실제로 5년을 바라보는 것도 힘들지만 말이다.) 싱가포르, 특히 싱가포르국립대학교는 부동산 교육에 있어 명실상부 아시아 최고 수준의 교육 기관이 될 것이다. 항상 혁신적으로 접근하며, 다른 분야와 연계되어 있고, 실용적으로 적용하며, 글로벌 관점에서 생각하는 싱가포르국립대학교는 부동산 교육 분야의 선구자가 될 것이다. 부동산은 도시 경제, 기업 그리고 가계의 재무제표 상에서 매우 중요한 부분을 차지한다. 효과적이고, 기술론적인 교수법을 통해 학생들이 부동산이라는 흥미로운 분야에서 평생 학습할 수 있는 실력과 수단을 갖출 수 있도록 교육해야 한다."

— 다이카포

리오우킴향Liow Kim Hiang은 또한 다음과 같이 주장했다.

"싱가포르국립대학교 부동산 교육은 부동산 시장과 국내, 아시아, 세계적 수준에서의 자본시장의 역동성에 대한 심도 있는 지식과 인식을 전달해야 한다. 따라서 현대의 부동산 교육은 부동산 및 도시 개발, 법률 스터디, 감정 평가, 자산 관리, 도시 경제, 포트폴리오 자산 운용, 부동산 자본 시장, 유동화 투자 상품 등 다양한 주제를 포함해야 한다."

싱가포르국립대학교 부동산학과 프로그램의 부학과장인 조셉우이는 싱가포르국립대학교의 부동산 교육이 직면한 주요 문제점을 언급했다.

"리츠 및 펀드 자산 운용 비즈니스의 성장에 따라 부동산 비즈니스는 점점 더 고도화되고 세계화되었다. 싱가포르국립대학교 부동산학과는 교육 과정에 대한 검토를 지속한다. 예를 들어, 부동산과 자본 시장의 긴밀한 통합에 따라 부동산학과 학사 과정 학생은 부동산 금융 부분을 특화할 수 있다. 많은 신흥 경제국에서 선호하는 싱가포르가 지닌 도시 계획 분야에 있어서의 전문성을 습득하기 위해 부동산학과 학생은 부동산학 학부 과정과 도시 계획 석사 과정을 함께 진행하며 5년 안에 졸업할 수 있는 학위 프로그램에 등록할 수 있다. 교육 과정은 새롭게 정비되었으며, 레민 비즈니스 스쿨Renmin Business School과 싱가포르국립대학교 비즈니스 대학과의 이중 학위 프로그램을 진행하기 위해 전략적으로 의견을 교류하고 있다. 세 개의 모듈로 구성된 부동산 금융 코스웍이 있으며, 이는 고위 경영자를 대상으로 한다. 코스웍 프로그램은 부동산 및 자본 시장을 연결하는 역할을 하며 2011년부터 성공적으로 운영되고 있다. 싱가포르국립대학교는 실물 부동산에 대한 깊은 지식과 이해를 기반으로, 자본 시장 구조에 대한 이해도가 높은 새로운 세대의 부동산 전문가를 양성하고자 한다. 졸업생 및 업계 관계자와의 전략적 파트너십을 중요하게 생각하며, 졸업생들이 새로운 부동산 세계의 도전에 직면하고, 기회를 잡을 수 있는 능력을 갖출 수 있도록 지속적으로 노력하고 있다."

리오우킴향은 연구가 교육을 보완한다고 주장한다. 그는 또한 연구의 방향성이 부동산 시장에서의 공간-시간(도시 경제urban economics)과 화폐-시간(금융 경제financial economics) 차원에서의 상호 작용을 이해하는 것에 더욱 중점을 둬야 한다고 강조한다. 그의 말을 들어보자.

"부동산은 국가 경제에서 중요한 자원 구성 요소이며, 주식 및 채권 시장의 자본화에 필적하는 주요한 글로벌 자산이다. 그러므로 도시 개발, 경제 발전, 부의 창출 및 축적에 대한 부동산의 기여뿐만 아니라 '도시 경제' 및 '금융 경제' 측면에서의 부동산 특성에 대한 이해는 싱가포르국립대학교의 교육 및 연구의 방향성에 근간이 되며, 학자들의 학문적 방향성에 대한 안내 역할을 한다. 사분면 모델four-quadrant model은 글로벌 관점에서 부동산에서 공간(도시 경제)과 자산(금융 경제), 서로 간의 상호 작용에 대한 깊은 이해도와 연구 전문성을 요구한다. 포트폴리오 및 자산 운용 차원에서의 부동산 및 다른 투자 자산에 대한 이론적 응용 연구 및 혁신은 부의 창출, 부의 관리, 리스크 관리를 의미하며 이는 글로벌 투자 및 컨설팅 분야에서 주요 과제가 될 것이다. 마지막으로 주거용 부동산에 대한 연구는 인구 고령화, 사회적 부의 재분배, 기술 발전 맥락에서의 도시 경제 영역이 주류가 될 것이다."

10.3.10 변화하는 미래의 필요에 대한 대응

옹춘파는 향후 싱가포르가 성장하는 과정에서 직면할 도전들에 대해 다음과 같이 언급했다.

"싱가포르의 토지 자원은 제한적이지만 공간과 아이디어 측면에서는 결코 부족함이 없다. 급성장하는 지역에 위치한 싱가포르는 변화하는 지정학적 상황 속에서 인근 국가들과 적절한 관계성을 유지하기 위해 지속적으로 노력해야 한다. 오늘날의 도전 과제는 과거 개척자들이 경험한 과제들과는 다르다. 오늘날의 과제들은 싱가포르의 제한된 토지 자원을 어떻게 장점으로 바꿀 수 있을까? 점점 더 하나의 지구촌이 되어가는 현 시대에서 인종적, 사회적, 종교적 차원의 조화를 어떻게 이룰 것인가? 기술을 어떻게 활용할 수 있을까? 어떻게 하면 전 세계 속에서 싱가포르의 가치를 높일 수 있을까? 등에 도전해야 한다."

하트웨어heart-ware(예술 문화), 소프트웨어(정보 통신 및 기술), 지속 가능성 및 친환경, 이 세 요소는 향후 산업에서 중요한 게임 체인저 역할을 수행하고, 부동산 공간을 창출하는 데 영향을 미칠 것이다.

첫째, 독립 후 지난 50년 동안 싱가포르 국민들의 주거, 고용, 부의 축적에 대한 기본적 필요를 충족시켜 왔다면, 이제는 문화와 예술을 추구할 시기가 되었다. 총시악칭은 다음과 같이 말하였다.

"향후 50년 동안 싱가포르 부동산 산업은 예술과 문화의 발전을 이끌 것이다. 경제적인 부를 얻기 위해 빠르게 성장하는 국가들은 사회가 분열되는 양상을 보이곤 하는데, 이때 예술과 문화적 유산은 사회적 융합을 이끌 수 있는 방안이 된다. 싱가포르는 독립 50주년을 맞이하여, 보태닉 가든Botanic Gardens을 유네스코 세계 문화 유산에 등재시켰다. 싱가포르의 역사적 유산을 간직한 대법원과 시청을 새롭게 개장한 국립 갤러리National Gallery가 2015년 11월에 문을 열었다. 아랍에미리트연방의 루브르 아부 다비Luvre Abu Dhabi, 홍콩 서구룡 지역 문화 지구에 위치한 M+와 같은 예술 기관 및 문화 지구가 설립되는 것과 유사한 모습이다. 오늘날의 경제 대국들은 그들의 예술 및 문화 사업을 개선하기 위해 힘쓰고 있다. 도시가 성숙하고 시간이 지남에 따라, 스페인 빌바오의 구겐하임 박물관이나 프랑스 므쯔의 퐁피듀 센터와 같이 예술, 문화 아이콘을 통해 기존의 산업 도시를 새로운 브랜드를 지닌 문화적 관광 도시로 탈바꿈하려는 시도가 이루어지고 있다."

이어서, 총시악칭은 다음과 같은 낙관론을 펼쳤다.

"향후 50년 이내에, 싱가포르의 도시 전경은 아름다운 녹지 공간 가운데 금융 기관들이 밀집한 초고층 빌딩과 상징적인 예술물과 문화 유산이 조화를 이룬 모습을 기대할 수 있다."

둘째, 정보 통신 및 기술의 발전으로 인해 오피스에서의 업무 과정, 리테일 유통 과정, 상품 생산 과정이 장기간에 걸쳐 변화되고 있다. 최종 사용자의 행동 양식의 변화는 향후 부동산 공간의 효율적인 운영 방식을 변화시킨다. 데니스여는 다음과 같이 예측한다.

"인터넷과 첨단 통신 기술은 크고 작은 방식으로 싱가포르 사람들이 살고, 일하고, 노는 방식을 변화시킨다. 이러한 추세에 따라 우리의 건설 환경 또한 바뀔 것이다."

퀵와이케옹의 설명을 들어보자.

"3D 인쇄, 고급 분석 기법, 스마트 기계, 사물 인터넷과 같은 기술 혁신은 사람들이 일하고, 쇼핑하고, 노는 방식을 변화시킨다. 이러한 발전은 공간 시장에 영향을 미치고 시장의 판도를 바꿀 것이다. 이를 통해 사람들이 부동산의 위치에 대해 가진 기존의 통념이 바뀔 것이며, 임대인과 임차인 사이에 오랜 기간 형성된 관계가 바뀔 것이다. 이러한 변화가 가져오는 영향을 사전에 감지한다는 것이 쉽지 않은 일이지만, 이를 관측하여 행동한 이에게는 보상이 뒤따를 것이다."

"싱가포르의 미래를 위한 다음 단계는 과거의 성취, 오늘날의 선진 정보 통신 기술 그리고 지역적 유리함을 활용한 산업 환경을 조성하는 데 있다. 이를 통해 싱가포르는 계속 성장하고 번영할 것이며, 사람들은 더 나은 삶을 영위할 것이다."

— 데니스여

부동산 공간은 새로운 시대의 노동과 생산 과정에 맞게 재설계되고 적용되어야 한다.

"디자인, 기능, 금융, 소유 구조 측면에서 볼 때 싱가포르의 상업용, 산업용 부동산 분야는 계속해서 외부의 변화에 적응해야 하며, 산업과 연계하여 실현성을 지녀야 한다. 산업용 건물은 더 이상 생산과 보관을 위한 남루한 장소가 아니며 설계, 연구, 생산 분야에 있어 데이터 집약적인 비즈니스를 영위하는 지식 기반 인력의 요구를 충족시키기 위해 생활, 업무, 놀이 시설을 통합시킨 장소가 되었다. 창고 시설은 싱가포르 강가의 창고에서 시작하였지만, 오랜 기간 발전하여 오늘날에는 램프 시설을 갖춘 여러 층의 최첨단 시설로 지어지며, 시간에 민감한 물류 시설, 생산 체인, 높은 가치의 무수한 네트워크를 구축한 시설이 되었다."

- 증시햔Chng Shih Hian

전통적인 부동산 오프라인 리테일 모델은, 오프라인과 온라인이 결합하여 새로운 쇼핑 경험을 제공하는 비즈니스 모델로부터 도전을 받고 있다. 증시햔은 다음과 같이 말하였다.

"리테일 시설은 점차 복잡하게 진화하고 있다. 초기에는 길거리 상점 및 오래된 숍하우스에서 물건을 판매하였지만, 지금은 거대한 쇼핑 단지에서 물건을 판매하며 다양한 이웃 주민 및 소비자들의 취향을 고려해야만 한다."

프란스창Frances Chang도 비슷한 견해를 갖고 있다.

"리테일 산업에 오랜 기간 근무한 사람들조차도 기존의 오프라인 시장이 이렇게 빠르게 변화할거라 예측하지 못했다. 부동산 대 정보 기술? 온라인 쇼핑의 등장은 리테일 부동산 시장을 어떻게 바꿀 것인가? 소비자들은 모두 시간이 부족하며 집에서 안락하게 할 수 있는 쇼핑은 매력적이다. 전자상거래의 급속한 성장이 싱가포르 리테일 부동산 시장의 미래에 의미하는 바는 무엇일까? 리테일 부동산 산업에 진출하려는 부동산학과 졸업생들에게 미칠 영향은 무엇인가? 내 생각으로는 기존의 리테일

몰은 유지될 것이다. 다만, 오프라인 리테일은 더 높은 수준의 쇼핑 경험을 고객에게 제공해야 하며, 기술을 활용하여 그들의 판매 채널을 원활하게 해야 한다."

셋째, '지속 가능성'과 '친환경'은 향후 부동산 개발 사업에 있어 중요한 유행어가 될 것이다. 기업이 그들의 사회적 책임을 인식하면서 부동산 산업에서 친환경 자재와 기술에 대한 수요가 증가할 것으로 예상된다.

"환경적 측면에서의 지속 가능성에서 친환경은 다가올 부동산 산업에서 프런티어가 될 것이다."

– 증시햔

"이와 동시에 환경, 에너지 비용, 정부 규정에 대한 우려로 지속 가능성에 대한 요구가 높아지고 있다. 오늘날 기업들은 친환경을 추구하는 것이 더 이상 선택 사항이 아니라, 제품과 서비스의 미래를 위한 경쟁력이라고 인식한다. 부동산 개발 회사는 정부뿐만이 아닌 혁신적인 공급 업체와 긴밀하게 협력하여 보다 지속 가능한 건설 환경을 조성하기 위해 혁신적 기술을 활용해야 한다. 케펠랜드는 부동산을 사람들의 삶에 감동을 주고 그들의 삶을 변화시키는 사업으로 생각한다. 꿈을 실현하고, 삶을 만들고, 도시의 풍경을 만드는 사업에 종사하고 있는 것이다. 사려 깊은 혁신이 사려 깊은 경험으로 이어질 거라는 믿음이 있다. 케펠 베이와 마리나 베이 지역 해변가에 상징적인 주거 공간을 만들었고, 이곳의 성공을 통해 싱가포르 부동산 산업을 세계적 수준으로 이끌었다. 이는 확고한 자세를 가지고 남들과 다르게 생각했기 때문에 가능했다. 케펠랜드는 차별화된 프리미엄이 가미된 높은 수준의 부동산을 만들고 운영하며 삶-일-놀이가 공존하는 활기찬 환경을 창조할 것이다."

- 탄스위이우

10.4 싱가포르 부동산 산업에 다가올 새로운 변혁

지난 반세기 동안 싱가포르 부동산 산업은 싱가포르가 제3세계 도시에서 세계적인 일류 도시로 도약할 수 있도록 이바지했다. 싱가포르는 아시아에서 리츠를 도입한 초기 국가로서 혜택을 입었고, 아시아를 대표하는 리츠 시장으로 자리매김했다. 싱가포르 리츠 시장은 시가 총액 기준으로 일본 다음으로, 아시아에서 두 번째로 큰 시장이 되었다. 부동산은 물리적 공간일 뿐 아니라, 글로벌 투자 자산이 되었다. 2000년대에 들어서면서부터 연기금, 국부 펀드, 보험 회사, 헤지 펀드, 고액 자산가를 포함한 기관투자자들이 싱가포르의 주요 상업용 및 고급 주거용 부동산을 매입하기 위해 대규모의 외국 자본을 싱가포르에 본격적으로 유입시켰다. 유동성 과잉으로 인해 싱가포르 내 부동산 가격이 급등하였고, 2010년에는 과열된 부동산 시장을 안정화하기 위해 정부가 직접 시장에 개입하였다. 정부는 거시 건전성을 강조하며 매수자와 매도자에게 인지세를 부과하였다.

시장 환경은 상호 간에 더욱 통합되고 연관되었다(그림 10.3 참고). 리츠와 다른 금융 시장의 혁신은 시장에서의 가격 및 정보 수집 프로세스를 개선하는 장점이 있다. 하지만 주식시장의 변동성은 리츠를 통해 부동산 시장에 부정적인 파급 효과를 미칠 수도 있다. 부동산 개발 시장에서 외국계 부동산 개발 회사와의 경쟁 및 토지 가격의 상승은 부동산 개발 회사가 부동산 시장에서 매도자-매수자, 임대인-임차인 간의 관계를 장기간에 걸쳐 구축하도록 하는 '소프트 터치soft-touch' 식 접근을 시도하는 동기가 된다. 부동산 개발 회사의 시장에서의 평판 구축은 부동산 사업에서 많은 시간과 노력이 드는 핵심 업무 중 하나이다. 시장이 정상화되고 수요와 공급이 안정되었을 때 정부는 민간 부문과 협력하여 싱가포르를 장기적 관점에서 번성하고 살기 좋은 정원 도시로 만들 것이다.

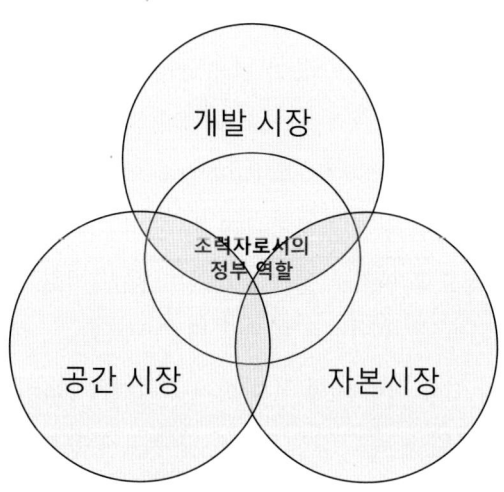

그림 10.3 보다 통합된 부동산 시장

공간 생산자(부동산 개발 회사), 공간 사용자 그리고 자본 공급자/투자자가 새로운 부동산 비즈니스 모델을 만들어내고, 위치에 대한 기존의 이론과 임대인과 임차인 간의 관계가 재해석되면, 부동산 시장은 변화할 수밖에 없다. 싱가포르 부동산 산업에 있어서 변화의 물결은 무엇이 될 것인가? 앞서 언급한 저자의 견해와 관찰을 토대로 보았을 때, 다섯 가지의 피할 수 없는 트렌드가 향후 싱가포르 부동산 시장의 성장에 영향을 미칠 것으로 예상된다. 아래의 주제로 부동산 산업에 다가올 트렌드를 정리하였다.

기술은 살고, 일하고, 노는 공간에 대한 수요 창출

인터넷 및 무선 통신의 확산으로 업무 흐름이 혁신적으로 변화했다. 온라인 쇼핑 검색 및 매치 경험, 기술 연구 및 가치 창출 산업에서 지식 클러스터 집적화 방식 등이 나타났다. 주택의 경우는 스마트 기능, 에너지 효율 장치, 녹지 공간 등의 특성을 지닌 고급 주거 시설에 대한 선호도가 높아질 것이다. 또한 도시의 수준이 더욱 높아짐에 따라, 사람들은 그들의 삶의 공간과 지역 공동체 속에서 예술과 문화에 더 많은 관심을 기울일 것이다. 세인트 레지스St. Regis와 같은 일부 주거 개발 사업은 유명한 예술가의 작품을 개발 사업에 포함시켰다.

다양한 공급처와 지리적으로 인접한 물류 센터의 지원, 그리고 상품에 대한 주문 이행과 배송 추적 기술의 발전은 타오바오Taobao, 아마존, 아이튠즈 뮤직 등과 같은 여러 대형 전자 상거래 업체의 역량을 향상시켰으며, 이는 출판, 음악 등의 산업에 커다란 영향을 주었다.

통신 및 정보 기술의 발전은 새로운 부동산 공간을 형성할 것이며, 새로운 부동산 공간은 새로운 기술에 적응해야 할 것이다. 기술과 부동산, 이 두 가지는 지속 가능한 환경 속에서 스마트 빌딩/주택을 건설하는 데 상호 보완적인 역할을 해야 한다.

환경 친화적이고 지속 가능한 건축 환경을 갖춘 도시

싱가포르 환경부, 수자원부, 국가개발부는 2015년에 '지속 가능한 싱가포르 청사진Sustainable Singapore Blueprint'[6]을 공동 발표하여 '살기 좋고 사랑이 넘치는 가정', '활기차고 지속 가능한 도시', '능동적이고 품위 있는 커뮤니티'에 대한 국가 비전 및 계획을 제시하였다. 정부는 싱가포르 건설청의 주도 아래 부동산 개발 사업에서 친환경 인증 획득을 적극적으로 추진하고 있다. 부동산 개발 회사는 '친환경적'이고 '지속 가능한' 방식으로 새로운 부동산 공간을 개발하도록 권장된다. 이를 위해 첨단 빌딩 기술을 활용하여 건물 내의 에너지, 물, 순환 효율을 개선하고, 태양열 패널과 같은 대체 청정 에너지를 적용하여 정원 속에 지속 가능하고 살기 좋은 주택과 도시 건설에 동참한다. '친환경' 캠페인은 사용자들이 자신들의 행동을 변화시켜 탄소 배출량을 감소시킬 수 있도록 각 가정에 주요 메시지를 전달한다.

도심과 파시르 판장Pasir Panjang 지역의 항구 터미널이 이전되면, 그레이터 서던 워터프론트 개발을 위해 현재 마리나 베이 면적의 3배가 넘는 토지에 대한 개발 제한이 풀릴 것이다. 이를 통해 민간과 공공 부문은 공동으로 협력하여 아시아 지역에서 가장 지속 가능하고 살기 좋은 도시 모델을 만들 기회를 갖게 될 것이다.[7] 이와 함께, 파야 레바 공군 기지의 이전으로 인하여 싱가포르는 넓은 면적의 개발 가능한 토지를 확보하게 되고, 주변 지역의 높이 제한 또한 해제된다.

---

6) 출처: http://www.mewr.gov.sg/ssb/files/ssb2015.pdf
7) 2011년, Siemens-Economist Intelligence Unit의 조사 결과에 따르면 싱가포르는 아시아에서 가장 친환경 도시로 선정되었다.

풍부한 현지 및 글로벌 부동산 기회

싱가포르 내 부동산 개발 시장은 많은 외국계 부동산 개발 회사의 진입으로 인하여 경쟁이 점점 더 치열해지고 있다. 그러나 지속적인 경제 성장과 함께 도시화 및 새로운 개발 사업은 더 많은 자본의 유입을 필요로 한다. 외국계 부동산 개발 회사의 참여는 경쟁을 심화시키고, 국내의 부동산 개발 회사를 긴장하게 한다. 동시에 외국계 부동산 개발 회사는 싱가포르에 새로운 기술과 새로운 공간 창출 방법을 소개하기도 한다. 이와 마찬가지로, 이미 해외의 부동산 시장에 진출한 싱가포르 부동산 개발 회사들은 자국의 경험을 해외에 전파할 수 있고, 반대로 해외에서의 경험과 모범 사례를 활용하여 각 회사만의 독창성을 발휘하여, 싱가포르 내 부동산 개발 사업의 질을 높일 수 있다. 대규모의 복합 개발 프로젝트를 수행하기 위해 국내 부동산 개발 회사와 외국계 부동산 개발 회사 간의 합작 투자도 예상된다.

싱가포르 정부는 중국, 베트남, 인도 등과의 정부 간 프로젝트를 통해 싱가포르 외부 지역에서 새로운 투자 기회를 만드는 데 앞장서고 있다. 중국-싱가포르 톈진 에코시티와 같은 정부 간 프로젝트는 싱가포르의 도시 및 타운 개발 방식을 보여줄 뿐만 아니라, 새로운 도시 생활 아이디어를 실험하고, 싱가포르의 도시 및 토지 이용 계획에 대한 경험을 제공할 수 있다. 중국 충칭에서 진행되는 세 번째 중국-싱가포르 정부 간 프로젝트는 '현대적인 연결성과 서비스'를 주제로 스마트 기술과 최첨단 공급망을 활용하여 새로운 차원의 비즈니스 솔루션을 모색한다. 이 프로젝트는 중국의 '원벨트, 원로드 One Belt, One Road' 계획

을 촉진하기 위한 시범 프로젝트가 될 것이다.[8]

자본 시장 관점에서 싱가포르는 아시아의 금융 중심지로서 해외 투자자들이 동남아시아 및 인근 지역에서 투자 기회를 모색할 때 거쳐 가는 이상적인 관문 도시이다. 싱가포르의 정치적 안정성, 투명성, 강력한 지배 구조, 효율적인 금융 시스템은 싱가포르 현지에 더 많은 금융 기관을 유치하고 투자 자금을 끌어들이는 긍정적 요인이 된다. 기관투자자의 펀드 자금이 부동산에 더 많이 할당되면서, 전 세계의 더 많은 자금이 국내외에서 양질의 투자처를 찾고 있다. 글로벌 투자 자금의 유입으로 인해 현지 부동산 가격은 글로벌 자본 시장의 변동성에 영향을 받을 수 있다. 더 많은 리스크 헤지 상품과 파생 상품 및 유동화 구조와 같은 금융 혁신 기법들은 서브 프라임 위기와 같은 극단적인 금융 위험으로부터 투자자를 보호하기 위해 생겨날 것이다. 또한 데이터 분석, 클라우드 컴퓨팅, 데이터 저장의 활용으로 금융 시장 및 부동산 시장 애널리스트, 펀드 매니저, 기관 등이 투자 위험과 미래의 가격 추세를 분석하는 방법을 바꿀 것이다.

통합된 부동산 자본 시장

리츠와 싱가포르의 주요 상업용 부동산에 투자하는 기관투자자의 자금이 풍부해지면서, 수익형 부동산 자산에 대한 수요가 증가할 것이다. 싱가포르의 부동산 증권화 규모가 미국과 호주와 같은 성숙한 시장에 비해 절반 혹은 그 이하의 규모이지만, 시장에서의 수요 증가로 리츠 및 자본 시장의 사모 펀드가 보유한 수익형 부동산을 통한 증권

---

8) 중국의 원벨트, 원로드 계획은 고대의 두개의 무역로를 재활성화하고, 유라시아와 연계한 거대한 단일 시장으로 만드는 것을 목표로 한다(출처: "Third G-to-G project to be in Chongqing," Today Online, 7 November 2015).

화 규모가 성숙 시장을 따라잡을 수도 있을 것이다. 싱가포르는 아시아 지역의 리츠 허브로서 해외 기관투자자로부터 자금을 조달하여 아시아 지역에 투자하는 플랫폼 역할을 할 수 있을 것이다. 또한 싱가포르는 금융 혁신을 실험하고, 지역 간의 자금 공급자(투자자)와 사용자(기업 및 주택 구매자) 사이의 유동성 및 리스크 매칭을 개선하기 위한 유동화 기술을 적용할 수 있는 유리한 위치에 있다.

부동산 개발 회사는 자본 시장을 통해 물리적 자산을 현금화할 수 있고, 이를 통해 확보한 자본을 활용하여 더욱 생산적인 개발 사업 및 토지 매입 사업에 자금을 활용할 수 있다. 시티디벨로먼트의 수익 참가형 증권은 부동산 개발 회사가 새로운 자금을 확보하기 위해 금융 혁신을 어떻게 활용하는지 보여주는 예이다. 더불어 부동산 개발 회사는 자산 운용 및 자산 관리와 같은 서비스를 리츠에 제공함으로써 수수료 기반의 수익을 얻을 수 있다.

싱가포르 리츠 시장이 성숙해지면서 리츠의 기업 공개 및 지배 구조가 더욱 강화될 수 있다. 전문적인 펀드 매니저의 인력 수가 확대될 수 있으며, 이는 싱가포르 증권거래소에 더 많은 리츠가 상장되는 데에 중요한 역할을 할 것이다. 또한 해외 부동산, 다양한 자산 등급, 다른 자산 관리 모델(내부 대 외부), 성과 기반 수수료 구조 등 리츠 투자자를 위한 다양한 옵션을 제공하려는 움직임이 나타나고 있다.

부동산 지식과 전문적 기술을 넘어서

싱가포르 부동산 시장이 계속해서 세계화되면서 감정 평가, 투자 타당성 분석, 재무 구조, 리스크 평가 등에 있어서 국제적으로 인정되는 원칙과 관행이 적용될 것이다. 기업 부동산 서비스 제공업체는 그들의 글로벌 네트워크를 통해 중개인과 협업하여 대규모의 해외 거래를 중개할 수 있다. 투자 은행과 회계 및 세무 자문 회사와 같은 기타 전문 서비스 업체들은 해외 거래 중개에 있어 주도적인 역할을 수행한다. 부동산 서비스 제공업체는 해외 투자에 있어 단순히 실물 자산 거래에만 집중하는 것을 넘어 실사, 계약, 환 헤지 등 그들의 자문 서비스 영역을 확대하여 경쟁력을 확보해야 한다.

부동산 개발 회사들은 개발 사업 전반에 있어 그들의 통합적 능력을 향상시켜야 한다. 개발 계획, 프로젝트 관리 단계에서부터 금융 및 자산 운용까지 다양한 능력을 통합해야 한다. 캐피탈랜드의 100% 자회사인 캐피탈몰 아시아는 통합형 리테일 몰 사업 모델의 단적인 사례로서, 리테일 부동산 투자, 개발, 쇼핑몰 운영, 자산운용, 펀드 운용까지 모든 역할을 수행한다.

부동산 졸업생과 전문가에게 변화하는 부동산 시장은 위협이자 기회이다. 부동산 교육은 과거의 실물 자산 범위를 뛰어 넘어 새로운 지식과 기술을 필요로 하는 부동산 업계의 요구에 대응하기 위해 지속적으로 교육 과정을 검토해야 한다. 부동산 교육 과정에 '금융' 과정을 포함한다면, 부동산 졸업생들이 보다 나은 금융 지식을 함양하여 복잡한 구조의 부동산 거래를 더 쉽게 평가하고 분석할 수 있을 것이다. 해외 부동산 투자가 증가함에 따라, 부동산 졸업생들은 글로벌한 관점을 지녀야 하며, 싱가포르 이외의 지역에서 새로운 기회를 모색할 준비가 되어 있어야 한다. 새로운 세대의 졸업생들은 부동산 산업의 리더로서 부동산 산업이 맞이할 다음 변혁기에서 새로운 길을 개척해 나갈 것이다.

감사의 말

책의 집필은 힘든 여정이었다. 주변의 많은 지원과 도움이 없었다면 집필 과정은 더욱 힘들었을 것이다. 이 책을 완성하는 데 도움을 준 다음 사람들에게 진심으로 감사의 마음을 전하고 싶다.

국가개발부 장관인 로렌스웡이 추천사를, 싱가포르국립대학교 총장인 탄초르추완 교수가 책의 서문을, 싱가포르국립대학교 부동산 연구소 소장이자 부동산학과 학과장인 덩융헝 교수가 '들어가며'를 작성해 주었다.

책 표지 디자인을 위해 아이디어를 제안한 DP 아키텍츠DP Architects 에 감사의 말을 전한다. 다운타운 앳 마리나 베이Downtown @ Marina Bay 사진을 공유한 도시재개발청과 콘도미니엄 프로젝트의 사진을 공유한 시티디벨로먼트, 캐피탈랜드, 펄이스트, 케펠랜드 그리고 IMM 건물의 사진을 공유한 캐피탈랜드에 감사의 마음을 전한다.

3장과 4장에 수록된 다양한 자료를 제공해 준 부동산 개발 업체 및 컨설턴트(시티디벨로먼트, 캐피탈랜드, 펄이스트, 구코랜드, 케펠랜드, 페리니얼 리얼이스테이트 홀딩스, ERA 리얼티 네트워크ERA Realty Network Pte Ltd, CBRE, DTZ, JLL, 나이트 프랭크)에게도 감사의 마음을 전한다.

Ang Wee Gee, China Boon Kuah, China Ngiang Hong, Chong Siak Ching, Jack Chua, Chris Fossick, Pauline Goh, Eugene Lim, Phillip Ng, Ong Choon Fah, Ong Teck Hui, Pua Seck Guan, Willy Shee, Tan Tiong Cheng, Edmund Tie, Danny Yeo는 바쁜 일정에도 불구하고 그들의 소중한 시간을 할애해 주었으며, 싱가포르 부동산에 대한 재미있는 이야기를 공유해 주었다.

5장에 도움을 준 웬디웡Wendy Wong과 노엘네오Noel Neo에게, 그리고 7장에서 호주 리츠 시장의 사례를 작성해 준 피터 버워에게 감사의 마음을 전한다.

10장에서 도움을 준 아래의 싱가포르국립대학교 부동산학과 동문들의 많은 기여와 노력에 감사한다. 명단은 다음과 같다.

Chang Yoke Ping Frances, Chia Ngiang Hong, Chng Shih Hian, Chong Siak Ching, Choo Kian Koon Steven, Chua Yang Liang, Goh Pauline, Kwok Wai Keong, Lee How Cheng Gerard, Leong Hong Yew, Lim Swe Guan, Lim Tong Weng Eugene, Liow Kim Hiang, Muhammad Faishal Ibrahim, Ng Seng Tat Michael, Ong Choon Fah, Ooi Thian Leong Joseph, Phua Jimmy, Poh Boon Kher Melvin, Pua Seck Guan, Sum Siok Chun Patricia, Tan Bee Kim, Tan Chew Ling, Tan Swee Yiow, Tan Tin Kwang Willian, Tan Wee Kiong Augustine, Tay Kah Poh, Yap Neng Tong Jonathan, Yeo Eng Ching Danny, Yeo Huang Kiat Dennis.

우리의 연구를 효과적으로 도와준 연구 어시스턴트인 쟌넷여에게도 감사함을 전한다. 이 책의 제작에 싱가포르국립대학교 부동산 연구소, 싱가포르국립대학교 그리고 월드 사이언티픽 퍼블리싱의 출판팀이 도움을 주었다.

또한 이름을 거론하지 않았지만 이 책이 완성될 수 있도록 도움을 준 모든 이에게도 감사의 마음을 표한다.

마지막으로, 가족들의 끊임없는 지원에 감사한다. 이 책은 여러분 모두를 위한 것이라 전하고 싶다.

― 식니후앗, 싱톈푸, 유시밍

저자 소개

식니후앗Seek Ngee Huat

싱가포르국립대학교 부동산 연구소 소장이자, 부동산학과 교수이다. 또한 글로벌 로지스틱 프로퍼티의 회장이며, 캐나다 브룩필드 자산운용 Brookfield Asset Management Inc., Canada의 이사회 이사이자, 프레이저스 센터포인트의 수석 고문이다.

식 박사는 15년 동안 싱가포르 투자청 부동산부문GIC Real Estate Pte Ltd의 회장을 역임했으며, 2011년 은퇴했다. 은퇴 후 2년 동안 GIC 그룹의 이사회에서 고문 역할을 담당했으며, GIC 부동산 이사회의 이사를 역임하였다. GIC에 합류하기 전에는, 시드니에 있는 존스랑우튼의 선임 파트너로 있었다. 그는 광화 경영대학Guanghua School of Management, 베이징대학교Peking University, 브라질의 경영대학인 펀다카오 돔 케이브럴 Fundacao Dom Cabral의 자문 위원을 역임했으며, 또한 케임브리지대학교와 하버드대학교Harvard University의 부동산 자문 위원을 역임하였다. 또한 미국연금부동산협회Pension Real Estate Association의 이사였다.

식 박사는 2007년에 싱가포르 행정 골드 메달Singapore Public Administration Gold Medal, 2015년에 싱가포르국립대학교 우수상NUS

Outstanding Service Award, 2011년에 싱가포르국립대학교 특별 동문상 NUS Distinguished Alumni Service Award을 수상했다. 그는 싱가포르대학교에서 부동산 경영학BSc(Estate Management)을 전공하였고, 브리티시컬럼비아대학교University of British Columbia에서 경영학 석사MSc(Business Administration) 학위를, 호주국립대학교Australian National University에서 도시 연구 박사PhD(Urban Research) 학위를 취득했다.

싱텐푸Sing Tien Foo

싱가포르국립대학교 부동산학과 교수이자, 부동산학과 경영/금융 부서의 부학과장이다. 더불어 싱가포르국립대학교 부동산 연구소의 부소장이다. 아시아부동산협회Asian Real Estate Society와 글로벌중국부동산회의Global Chinese Real Estate Congress의 이사회에서 이사를 역임하고 있다. 2010년부터 현재까지 항소위원회(토지 취득)Appeal Board(Land Acquisition)의 법률 심사 위원을 맡고 있다. NUS-REDAS 부동산 전망지수NUS-REDAS Real Estate Sentiment Index의 공동 대표 조사관이기도 하다.

싱가포르국립대학교 학부 및 대학원에서 부동산 금융과 투자 모듈을 가르치고 있다. 연구 분야는 주택 정책, 부동산 금융, 증권화 등을 포함한다. 1999년 영국 케임브리지대학교에서 박사 학위를 받았으며, 케임브리지 영국연방 장학금과 해외 연구 학생상을 수상했다. 영국 케임브리지대학교에서 토지경제학 석사 학위를 받았고, 싱가포르국립대학교 부동산경영 학사 학위를 취득할 당시 최고 우등상을 받았다. 1989년 엔지 앤 폴리텍Ngee Ann Polytechnic에서 빌딩경영학부Building Management를 졸업했다.

유시밍 Yu Shi Ming

뉴질랜드 오클랜드대학교University of Auckland, New Zealand에서 도시 감정 평가 학사 학위를 취득했으며, 콜롬보 플랜 장학금을 받았다. 영국 레딩대학교University of Reading에서 석사 및 박사 학위를 취득했다. 1981년에 수석 강사로 싱가포르국립대학교에 합류한 이후, 지난 30년 동안 폭넓은 수업, 연구, 자문 경험을 쌓았다. 그는 부동산 감정 평가/주택/도시 및 시설 관리 분야에서 학생들을 가르치고 논문을 발표했다. 또한 많은 국제 회의에서 논문을 발표했고 아시아, 중동, 아프리카에서 고위직 과정을 가르치고 있다.

주택개발청, 부동산중개업위원회Council of Estate Agencies(CEA), 자원 매입 및 배상단Resource Acquisition and Compensation Panel, 감정평가위원회Valuation Review Board, 서해안지역의회West Coast Town Council 등 여러 정부 기관에서 위원으로 활동하고 있다. 싱가포르국립대학교에서 2000년부터 2007년까지 디자인환경대학의 부학장, 2007년부터 2013년까지 부동산학과의 학과장을 역임했다.

크라우드펀딩에 참여하신 분들

〈싱가포르의 기적〉은 독자님의 와디즈 크라우드펀딩 참여로 출간되었습니다.

김민균	김보현	김슬아	김시아
김영웅	김정섭	김진성	김태윤
김태중	김태훈	김헌기	김현동
김혜윤	남성태	류상호	류은서
박병호	박영재	박준일	배덕상
서영규	신윤아	안준용	양지혜
오승훈	우성철	윤동건	윤성민
이민찬	이상민	이순영	이승민
이지웅	이지원	이원희	이호성
정보람	조태민	최승호	피종철
한재희	홍만희	황윤상	

이 책 판매를 통한 차밍시티의 순수익 10%는 도시의 문제 해결을 위해 기부됩니다.

싱가포르의 기적